Programación en inteligencia artificial y *big data* aplicables en entornos 5G. IFCD99

Yolanda López Benítez

ic editorial

Programación en inteligencia artificial y *big data* aplicables en entornos 5G. IFCD99
© Yolanda López Benítez

1ª Edición

© IC Editorial, 2025

Editado por: IC Editorial
c/ Cueva de Viera, 2, Local 3
Centro Negocios CADI
29200 Antequera (Málaga)
Teléfono: 952 70 60 04
Fax: 952 84 55 03
Correo electrónico: iceditorial@iceditorial.com
Internet: www.iceditorial.com

ISBN: 979-13-7027-060-5
Depósito Legal: MA 1693-2025

Impresión: PODiPrint
Impreso en Andalucía – España

Nota de la editorial: IC Editorial pertenece a Innovación y Cualificación S. L.

Especialidad formativa

Se entiende por especialidad formativa la agrupación de contenidos, competencias profesionales y especificaciones técnicas que responde a un conjunto de actividades de trabajo enmarcadas en una fase del proceso de producción y con funciones afines.

Las especialidades formativas de Uso General, Formación Complementaria, Formación Modular y las especialidades formativas dirigidas a la obtención de certificados de profesionalidad se incluyen en el Fichero de Especialidades del Servicio Público de Empleo Estatal para su gestión en todo el territorio nacional por cualquier Administración competente.

Las especialidades complementarias, pertenecen todas a la Familia profesional de Formación Complementaria (FCO) y tienen la consideración de formación transversal en áreas que se consideran prioritarias tanto en el marco de la Estrategia Europea para el Empleo y del Sistema Nacional de Empleo como en las directrices establecidas por la Unión Europea. Se consideran áreas prioritarias las relativas a tecnologías de la información y la comunicación, la prevención de riesgos laborales, la sensibilización en medio ambiente, la promoción de la igualdad, la orientación profesional y aquellas otras que se establezcan por la Administración competente.

Las especialidades de Certificado de profesionalidad tienen una duración especificada en su normativa reguladora.

En el resultado de la búsqueda, se muestran las unidades de competencia, todos los módulos formativos con su duración y las unidades formativas del certificado correspondiente, con su duración. Las horas del certificado, exclusivo de las especialidades de certificado de profesionalidad, con alta igual o superior a 2008, son las horas totales más las horas del módulo de Prácticas Profesionales no Laborales.

➲ **Si la especialidad tiene unidades formativas,** las horas totales, presencial, distancia, teleformación serán igual a la suma de esas horas de las unidades formativas de los distintos módulos, sin que se repita ninguna Unidad formativa.

⮕ **Si la especialidad no tiene unidades formativas,** las horas totales, presencial, distancia, teleformación serán igual a las sumas de esas horas de los módulos formativos, eliminando las horas de los módulos repetidos.

https://sede.sepe.gob.es/especialidadesformativas/RXBuscadorEFRED/BusquedaEspecialidades.do

(Fuente: Servicio Público de Empleo Estatal)

Índice

OBJETIVOS GENERALES

Los objetivos generales de **Programación en inteligencia artificial y *big data* aplicables en entornos 5G. IFCD99,** son:

- Planificar y desarrollar programas de inteligencia artificial y big data en entornos Java utilizando tecnologías avanzadas de comunicación en entornos de cobertura 5G.
- Mejorar la seguridad en todas las etapas del ciclo de vida de los sistemas de información desde el análisis hasta la implantación, a través de las medidas de seguridad adecuadas.
- Adquirir un conocimiento integral sobre la tecnología y servicios del 5G, comprendiendo su historia, evolución, oportunidades de mercado, aplicaciones, casos de uso y su impacto en el teletrabajo y el puesto de trabajo digital.
- Utilizar el lenguaje Java en el desarrollo ce proyectos de inteligencia artificial con tecnología aplicables a entornos 5G.
- Manejar datos de forma efectiva haciendo uso de la inteligencia de negocios bajo cobertura 5G.
- Aplicar herramientas de inteligencia artifcial para la generación de código y mejorar la implementación y uso de sistemas basados en conocimiento en distintos contextos y dominios.
- Realizar proyectos de inteligencia artificial y *big data* sobre tecnologías aplicables en entornos de cobertura 5G.

Unidad de aprendizaje 1

Aproximación a la seguridad en los sistemas de información

Contenido

Objetivos

El objetivo general de esta Unidad de Aprendizaje es:

→ Mejorar la seguridad en todas las etapas del ciclo de vida de los sistemas de información desde el análisis hasta la implantación, a través de las medidas de seguridad adecuadas.

Los objetivos específicos de esta Unidad de Aprendizaje son:

→ Garantizar la seguridad en el análisis de sistemas de información mediante la identificación de posibles amenazas y vulnerabilidades en la fase de planificación del sistema y la adopción de medidas para mitigar estos riesgos.

→ Mejorar la seguridad en el diseño de sistemas de información mediante la adopción de un enfoque centrado en la seguridad en la fase de diseño, lo que incluye la identificación de posibles amenazas y vulnerabilidades, así como la adopción de medidas para mitigar estos riesgos.

→ Fortalecer la seguridad en la codificación de sistemas de información mediante la implementación de técnicas y buenas prácticas de codificación segura para prevenir vulnerabilidades y evitar la explotación de posibles brechas de seguridad.

→ Implementar medidas de protección en la fase de definición de requisitos del sistema para asegurar la autenticidad y confidencialidad en una aplicación.

→ Garantizar la seguridad en las pruebas de sistemas de información mediante la realización de pruebas de seguridad exhaustivas y la adopción de medidas de corrección adecuadas en caso de que se encuentren vulnerabilidades de seguridad.

→ Mejorar la seguridad en la etapa de implantación de sistemas de información mediante la adopción de medidas de seguridad adecuadas, incluyendo la configuración segura del sistema y la implementación de medidas de seguridad para proteger el sistema de posibles amenazas y vulnerabilidades.

1. Introducción

En el ámbito de la seguridad informática, la protección de los sistemas de información es un tema de gran importancia. Los sistemas de información son vulnerables a diferentes tipos de amenazas y ataques que pueden afectar gravemente a la integridad, confidencialidad y disponibilidad de la información. Por lo tanto, es esencial que las personas usuarias de tecnologías y las organizaciones adopten medidas de seguridad adecuadas durante todo el ciclo de vida de un sistema de información, desde el análisis hasta su implantación.

La seguridad presenta diferentes etapas del ciclo de vida de un sistema de información: seguridad en el análisis, diseño, codificación, pruebas y etapa de implantación. Cada una de estas etapas contiene sus propias amenazas y vulnerabilidades de seguridad, por lo que es necesario implementar las medidas adecuadas en cada una de ellas para asegurarlas.

Es importante conocer cada una de estas etapas del ciclo de vida de los sistemas de información con el objetivo de comprender mejor los desafíos de seguridad asociados a cada una de ellas y las medidas de seguridad adecuadas que se pueden adoptar para mitigar todos los riesgos asociados.

Para facilitar el aprendizaje se tomará como ejemplo la historia de un grupo de amigos amantes de la tecnología y de la programación decididos a emprender un proyecto de alta dimensión.

2. Conocimiento y aplicación de la seguridad en análisis de sistemas de información

 HILO CONDUCTOR

Marta, Carlos, Ana y Luis son un grupo de amigos que comparten una pasión común: la programación y la tecnología. Siempre estaban al tanto de las últimas tendencias en desarrollo de *software* y soñaban con crear su propia aplicación innovadora que pudiera marcar la diferencia en el mundo digital. Sin embargo, antes de embarcarse en su gran proyecto, se dieron cuenta de que necesitaban partir de una base sólida en cuanto a la seguridad de los sistemas de información. Sabían que la protección de los datos, la confidencialidad y la

Continúa en página siguiente >>

<< Viene de página anterior

integridad eran aspectos fundamentales que debían considerar desde el inicio de su proceso de desarrollo.

Desde el contexto de la seguridad, la **información** se refiere a un conjunto de datos que tienen un valor para una organización o individuo y que deben ser protegidos de posibles amenazas o riesgos como accesos no autorizados, modificaciones no deseadas, pérdidas o daños.

NOTA

La seguridad de la información se basa en una serie de principios fundamentales que deben tenerse en cuenta para garantizar que los datos están protegidos de forma adecuada.

La **seguridad de la información** se ocupa de proteger la **confidencialidad, integridad y disponibilidad** de la información (principios de la seguridad de la información), asegurando que los datos estén protegidos contra cualquier amenaza o riesgo que pueda comprometer su seguridad.

VÍDEO

Escanea el siguiente QR, para acceder a un vídeo en el que se explican algunos conceptos importantes relacionados con los principios de la seguridad

Continúa en página siguiente >>

<< Viene de página anterior

informática. El objetivo de este vídeo es dar a conocer enfoques de la seguridad de la información para poder comenzar a tener una empresa cibersegura, o bien navegar por el ecosistema digital a nivel de usuario con criterios sólidos de seguridad.

https://redirectoronline.com/ifcd990101

 ACTIVIDAD COMPLEMENTARIA

1. Visiona el siguiente vídeo escaneando el QR y reflexiona sobre si las personas y las empresas están preparadas para afrontar eficientemente la seguridad de la información.

https://redirectoronline.com/ifcd990100

Considera factores como la conciencia sobre la seguridad de la información, las medidas de protección implementadas, la capacitación y la formación del personal, además de la capacidad de respuesta frente a los ciberataques.

2.1. Principios de la seguridad de la información

A continuación, podrás saber más de cada uno de los principios que rigen la seguridad de la información pulsando en cada apartado:

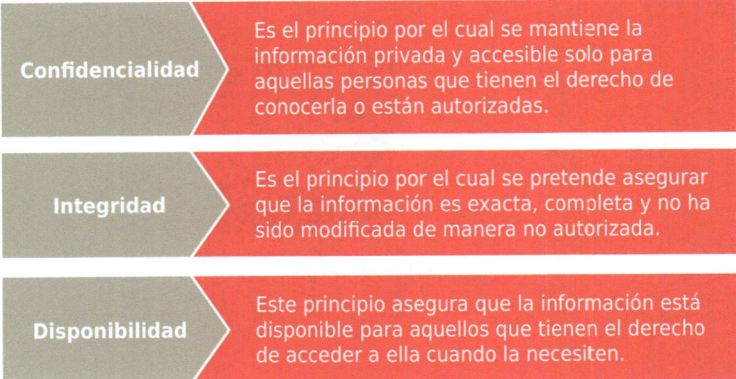

Confidencialidad	Es el principio por el cual se mantiene la información privada y accesible solo para aquellas personas que tienen el derecho de conocerla o están autorizadas.
Integridad	Es el principio por el cual se pretende asegurar que la información es exacta, completa y no ha sido modificada de manera no autorizada.
Disponibilidad	Este principio asegura que la información está disponible para aquellos que tienen el derecho de acceder a ella cuando la necesiten.

2.2. Medida de seguridad proactiva

La **doble autenticación,** también conocida como autenticación de **dos factores (2FA),** es una medida de seguridad activa que permite mejorar la seguridad de la información en un sistema. Podría ser un buen ejemplo de medida para ser implementada en la fase de análisis del sistema de información, concretamente en la etapa de definición de los requisitos del sistema, debido a sus beneficios en términos de protección de la identidad y la confidencialidad de los datos.

La doble autenticación, o *Two-Factor Authentication,* consiste en requerir al usuario que proporcione dos formas diferentes de verificación de su identidad para acceder a un sistema o una aplicación. Generalmente, se utiliza una combinación de algo que el usuario sabe (como una contraseña) y algo que el usuario posee (como un código enviado a su teléfono móvil). Esta combinación de factores brinda una capa adicional de seguridad, ya que incluso si un atacante logra obtener las credenciales de inicio de sesión del usuario, por ejemplo mediante un ataque de *phishing,* no podrá acceder a la cuenta sin el segundo factor de autenticación.

IMPORTANTE

La implementación de la doble autenticación en la fase de análisis del sistema de información y en la definición de los requisitos del sistema es crucial, porque permite considerarla como un requisito de seguridad fundamental desde las etapas iniciales del proyecto de desarrollo de *software*. Al incluir esta medida en los requisitos del sistema, se garantiza que se le dará prioridad durante todo el ciclo de vida del desarrollo, desde el diseño hasta la implementación.

La **doble autenticación** mejora la seguridad de la información de diversas maneras. Descubre a continuación en qué se basa esta afirmación:

Protección contra contraseñas débiles o robadas
Al requerir un segundo factor de autenticación, se reduce la dependencia exclusiva de las contraseñas, que pueden ser vulnerables a ataques de fuerza bruta o ser comprometidas. Esto aumenta la dificultad para que los atacantes accedan a las cuentas incluso si obtienen las contraseñas.

Prevención del acceso no autorizado
La doble autenticación garantiza que solo las personas autorizadas, que posean los factores de autenticación adicionales, puedan acceder al sistema. Esto reduce el riesgo de que individuos no autorizados obtengan acceso a información confidencial o realicen acciones maliciosas.

Refuerzo de la seguridad en dispositivos móviles
Dado que la mayoría de las personas llevan consigo sus teléfonos móviles, la doble autenticación aprovecha estos dispositivos como una segunda capa de seguridad. Utilizando aplicaciones de autenticación o mensajes de texto se mejora la seguridad en un dispositivo que, generalmente, está en posesión de las personas usuarias.

En conclusión, se puede afirmar que la doble autenticación es una medida de seguridad activa que mejora la protección de la información al requerir múltiples factores para verificar la identidad del usuario. Su implementación en la fase de análisis del sistema de información, especialmente en la definición de los requisitos del sistema, permite garantizar que la seguridad sea un componente integral del proyecto de desarrollo de *software* desde sus etapas iniciales. Esto contribuye a proteger la confidencialidad, integridad y disponibilidad de la información en el sistema, mitigando riesgos de acceso no autorizado y protegiendo la identidad de los usuarios.

2.3. Autenticidad y no repudio

Es importante destacar que, además de la confidencialidad, integridad y disponibilidad, la seguridad de la información se basa en otros fundamentos por los que los activos de información puedan estar mejor protegidos. Estos son la **autenticidad** y el **no repudio.**

Veamos qué significa cada concepto:

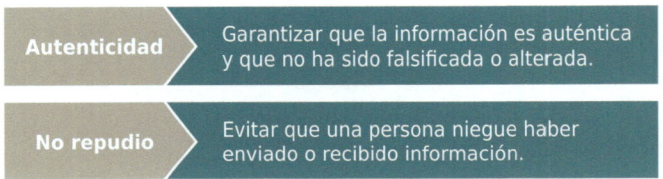

| Autenticidad | Garantizar que la información es auténtica y que no ha sido falsificada o alterada. |
| No repudio | Evitar que una persona niegue haber enviado o recibido información. |

El siguiente ejemplo muestra cómo es posible identificar posibles amenazas y vulnerabilidades en la fase de planificación de un sistema de información, de tal manera que estas circunstancias pueden poner en peligro la **confidencialidad, disponibilidad, integridad, autenticación** y **no repudio.** Además, se podrá descubrir qué medidas se pueden adoptar para mitigar esos riesgos.

◉ EJEMPLO

Imagina que una empresa quiere implementar un sistema de gestión de nóminas para su personal. En la fase de planificación se pueden identificar posibles amenazas y vulnerabilidades que pongan en peligro la confidencialidad, integridad y disponibilidad de los datos, así como la autenticación y no repudio de las transacciones. Algunos ejemplos de riesgos pueden ser:

- Amenazas externas: un *hacker* podría acceder al sistema y robar información confidencial, como los datos de los empleados y sus salarios.

Continúa en página siguiente >>

<< Viene de página anterior

- Amenazas internas: un empleado con intenciones maliciosas podría acceder a información sin autorización, como los datos de las nóminas de otros compañeros.
- Vulnerabilidades del sistema: el sistema podría tener vulnerabilidades de seguridad que permitan a un atacante comprometer la integridad o disponibilidad de los datos.
- Fallos técnicos: un fallo técnico en el sistema podría impedir el acceso a la información de nóminas en un momento crítico, como el pago de salarios.

Para **mitigar estos riesgos,** se pueden adoptar medidas como:

- Implementar una autenticación sólida, como contraseñas fuertes, una autenticación de dos factores o una autenticación biométrica para evitar accesos no autorizados al sistema.
- Limitar los permisos de acceso a los datos, de modo que solo los empleados que necesitan acceder a los datos de las nóminas tengan permiso para hacerlo.
- Realizar pruebas de penetración en el sistema para identificar vulnerabilidades y corregirlas antes de que puedan ser explotadas por un atacante.
- Implementar copias de seguridad y planes de contingencia para garantizar la disponibilidad de la información de nóminas en caso de un fallo técnico o un desastre natural.

 **APLICACIÓN PRÁCTICA**

A continuación, se presentan varios ejemplos en los que tienes que relacionar su definición con el correspondiente concepto (disponibilidad, integridad, no repudio, confidencialidad, autenticidad):

1. **Capacidad de demostrar que una entidad ha realizada una acción y no puede negar haberla hecho. Ejemplo: un sistema de firma electrónica que proporciona un registro y la hora de la firma para asegurar que el firmante no pueda negar haber firmado el documento.**
2. **Protección de la información para asegurar que no se haya alterado ni modificado sin autorización. Ejemplo: un sistema de facturación electrónica que impide que los usuarios puedan modificar o alterar el monto de las facturas emitidas.**

Continúa en página siguiente >>

<< Viene de página anterior

3. **Protección de la información, de tal manera que solo puedan acceder a ella las personas autorizadas. Ejemplo: un sistema de gestión de citas médicas donde solo los pacientes pueden acceder a su información personal y médica.**
4. **Se refiere a la capacidad de verificar que una entidad es quien dice ser. Ejemplo: un sistema de banca en línea que requiere que los usuarios ingresen un código de seguridad único para confirmar que son ellos los que realizan una transacción.**
5. **Garantía de que la información y los recursos estén disponibles para los usuarios autorizados cuando los necesiten. Ejemplo: un sistema de reserva de vuelos que permite a los usuarios reservar un vuelo en línea en cualquier momento.**

Solución

Las respuestas serían:

1. No repudio
2. Integridad
3. Confidencialidad
4. Autenticidad
5. Disponibilidad

En conjunto, todos estos conceptos proporcionan un enfoque holístico para proteger la información y los datos. La confidencialidad asegura que la información solo sea accesible para aquellos autorizados a verla, la integridad garantiza que la información no sea alterada o modificada sin autorización, la disponibilidad garantiza que la información y los recursos estén disponibles para los usuarios autorizados cuando los necesiten, y la autenticidad es el principio que verifica que una entidad o un usuario sea quien dice ser.

2.4. Ciclo de vida del desarrollo de sistemas de información

El **ciclo de vida del desarrollo de sistemas de información** es un proceso utilizado en la creación de sistemas de información. Este procedimiento se divide en diferentes tramos que se ejecutan secuencialmente y que abarcan desde la concepción del sistema hasta su implementación y mantenimiento.

Seguidamente, se mostrarán las diferentes fases que componen el ciclo de vida del desarrollo de sistemas de información:

Análisis

En esta primera etapa se definen los requisitos del sistema y se identifican las necesidades del usuario.

Diseño

En esta segunda fase se define la arquitectura del sistema, se especifican los componentes y se establecen las funcionalidades que se deben implementar.

Implementación

En esta tercera fase se desarrolla el *software* y se llevan a cabo las pruebas necesarias para garantizar que el sistema funciona correctamente.

Pruebas

En esta cuarta etapa se llevan a cabo pruebas de aceptación y se comprueba que el sistema cumple con los requisitos y especificaciones definidos previamente.

Implantación

En esta quinta fase se instala el sistema y se pone en marcha en el entorno de producción.

Mantenimiento

Finalmente, en la última fase, se realizan tareas de mantenimiento y se resuelven los problemas que puedan surgir durante la operación del sistema. Conjunto de procesos que tiene como finalidad la protección (acceso, uso, divulgación, interrupción o destrucción no autorizada) con independencia del lugar que se utilice para almacenarla y distribuirla.

Cada una de las fases del ciclo de vida del desarrollo de sistemas de información es clave para el éxito del proyecto. La seguridad en cada escalón es fundamental para garantizar que el **sistema de información** se desarrolle de forma segura y sin vulnerabilidades que puedan ser explotadas posteriormente.

Un sistema de información puede estar compuesto por los siguientes elementos:

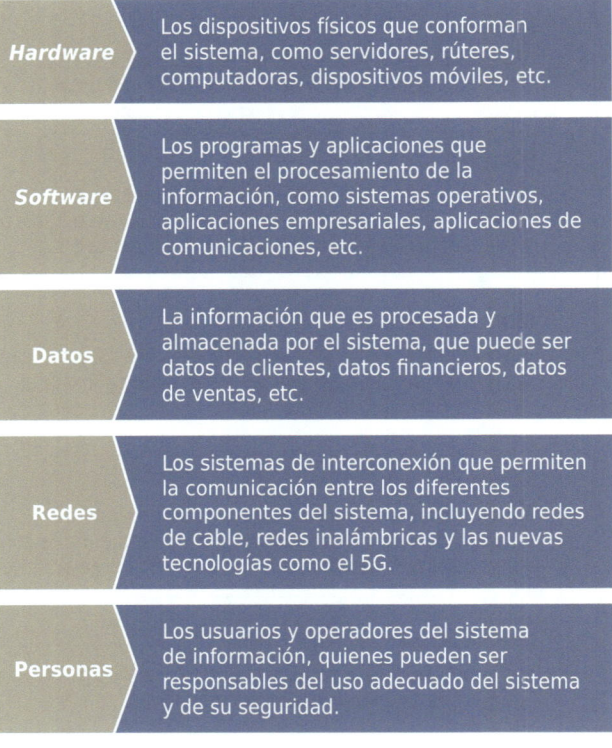

Hardware	Los dispositivos físicos que conforman el sistema, como servidores, rúteres, computadoras, dispositivos móviles, etc.
Software	Los programas y aplicaciones que permiten el procesamiento de la información, como sistemas operativos, aplicaciones empresariales, aplicaciones de comunicaciones, etc.
Datos	La información que es procesada y almacenada por el sistema, que puede ser datos de clientes, datos financieros, datos de ventas, etc.
Redes	Los sistemas de interconexión que permiten la comunicación entre los diferentes componentes del sistema, incluyendo redes de cable, redes inalámbricas y las nuevas tecnologías como el 5G.
Personas	Los usuarios y operadores del sistema de información, quienes pueden ser responsables del uso adecuado del sistema y de su seguridad.

IMPORTANTE

Es importante destacar que los sistemas de información basados en el 5G incluyen una nueva tecnología de comunicación inalámbrica de alta velocidad. Esto concede una mayor conectividad y un procesamiento de datos más rápido y eficiente, lo que, a su vez, permitirá nuevas aplicaciones y el crecimiento de nuevos servicios *online.*

Antes de seguir avanzando es importante explicar qué es un **sistema de información.**

 **DEFINICIÓN**

Sistema de información

Hace referencia a un conjunto de componentes interrelacionados que trabajan juntos para recopilar, procesar, almacenar y distribuir información con el fin de apoyar en la toma de decisiones, la coordinación y el control en una organización.

Los sistemas de información pueden ser manuales o automatizados, y pueden ser manuales o automatizados, y pueden ser utilizados para manejar datos estructurados (como números y fechas) o no estructurados (como texto y archivos multimedia).

En general, un sistema de información consta de cuatro componentes principales: entrada (entrada de datos), procesamiento (transformación de datos en información), salida (presentación de información procesada) y almacenamiento (almacenamiento de datos de información).

Los sistemas de información pueden utilizarse en cualquier tipo de organización para ayudar en la toma de decisiones estratégicas y para coordinar y controlar todas las actividades.

 EJEMPLO

Algunos ejemplos de sistemas de información incluyen sistemas de gestión de inventarios, sistemas de nómina, sistemas de gestión de proyectos y sistemas de gestión de relaciones con la clientela.

Como se ha descrito anteriormente, un sistema de información está compuesto de elementos tan conocidos como: *hardware, software,* datos, redes y personas. En base a ello, se identifican vulnerabilidades que pueden presentar cada uno de estos elementos a través de sencillos ejemplos, de tal manera que, conociéndolos, sea posible anticiparse y mitigar ciertos riesgos cibernéticos con medidas de seguridad.

A continuación, se presentan algunos ejemplos de posibles vulnerabilidades asociadas a cada parte que conforma un sistema de información:

- **⊃ *Hardware.*** Los dispositivos pueden ser dañados por el uso inadecuado, desastres naturales, fallos de suministro eléctrico, etc.
Por ejemplo, un fallo en el sistema de alimentación eléctrica puede provocar una interrupción en la energía que dañe los discos duros del servidor de una empresa.
- **⊃ *Software.*** Los errores de programación pueden ser aprovechados por atacantes para explotar sus vulnerabilidades.
Por ejemplo, una vulnerabilidad en un sistema de gestión de contenidos puede permitir a un atacante acceder a información confidencial de la organización.
- **⊃ Datos.** La exposición indebida de información puede llevar a la pérdida de la confidencialidad.
Por ejemplo, un empleado puede enviar por error un correo electrónico con información sensible a un destinatario incorrecto.
- **⊃ Redes.** Las redes pueden ser vulnerables a ataques de denegación de servicio (DDoS) o intrusiones no autorizadas.
Por ejemplo, una red inalámbrica mal configurada puede permitir a un atacante obtener acceso a la red interna de una organización.
- **⊃ Personas.** Los empleados pueden ser vulnerables a ataques de ingeniería social, *phishing,* etc.
Por ejemplo, un atacante puede enviar un correo electrónico de *phishing* que parezca legítimo y que solicite al destinatario que revele sus credenciales de inicio de sesión.

IMPORTANTE

Es importante que las organizaciones implementen medidas de seguridad adecuadas para cada uno de estos elementos, como controles de acceso físico y lógico, copias de seguridad regulares, actualizaciones de *software,* etc. De esta manera, se pueden reducir los riesgos y aumentar las garantías de seguridad del sistema de información en su conjunto.

Fase 1. Análisis del sistema de informac ón

El **análisis de sistemas de información** es la **primera etapa en el ciclo de vida del desarrollo de sistemas de información.** En esta fase inicial se lleva a cabo una serie de trabajos que se definen a continuación:

1. **Se definen los requisitos del sistema.** Es el proceso de identificar y establecer las necesidades y expectativas del usuario final y los objetivos del sistema que se van a desarrollar. Es un proceso crítico en donde los requisitos pueden ser funcionales o no funcionales.
   Los requisitos funcionales describen las funcionalidades que el sistema debe ofrecer.
   Mientras que los requisitos no funcionales se refieren a otros aspectos del sistema, como la usabilidad, la seguridad, el rendimiento y la escalabilidad.
   Por ejemplo, en el desarrollo de un sistema de gestión de inventario para una tienda, algunos requisitos funcionales podrían ser la capacidad de realizar un seguimiento de los niveles de inventario, la capacidad de realizar pedidos automáticamente cuando los niveles de inventario son bajos, y la capacidad de generar informes de inventario. Algunos requisitos no funcionales podrían ser: la facilidad de uso del sistema para el personal de la tienda, la seguridad del sistema para proteger la información confidencial del inventario y el rendimiento del sistema para garantizar que el proceso de inventario no se vea afectado negativamente por el sistema.
   Definir los requisitos del sistema es fundamental para el éxito del proyecto y para garantizar que el sistema desarrollado cumpla con las expectativas del usuario final. Además, ayuda a evitar problemas y costosos cambios durante las fases posteriores del ciclo de vida del desarrollo de sistemas de información.
2. **Se identifican las necesidades del usuario.** Consiste en comprender las necesidades, expectativas y objetivos del usuario final del sistema que se va a desarrollar.
   Por ejemplo, en el desarrollo de un sistema de reservas de viajes *online,* algunas necesidades del usuario podrían ser la capacidad de buscar y reservar vuelos, hoteles y coches de alquiler de manera rápida y fácil, la posibilidad de ver reseñas y puntuaciones de otros usuarios para tomar decisiones con más nivel de información, y la facilidad de uso y navegación del sitio web.
   Para identificar estas necesidades se pueden utilizar técnicas como entrevistas, encuestas, grupos focales y observación directa de los usuarios en su entorno de trabajo. Es importante involucrar a los usuarios finales en este proceso para asegurarse de que el sistema desarrollado cumpla con estas necesidades y expectativas.
   Identificar las necesidades del usuario es fundamental para el éxito del proyecto, ya que ayuda a garantizar que el sistema desarrollado sea útil

y relevante para el usuario final y cumpla con los objetivos del proyecto. También ayuda a evitar costosos cambios y retrasos en las fases posteriores del ciclo de vida del desarrollo de sistemas de información.

3. **Se establecen los objetivos y metas que el sistema debe cumplir.** Es un proceso fundamental en la fase de análisis del ciclo de vida del desarrollo de sistemas de información, y consiste en definir claramente lo que se espera que el sistema haga y cómo se medirá su éxito.

   Por ejemplo, en el desarrollo de un sistema de gestión de inventario para una empresa minorista algunos objetivos y metas podrían ser:

   ◌ Aumentar la eficiencia en la gestión de inventario en un 20 %.
   ◌ Reducir las pérdidas de inventario en un 10 %.
   ◌ Proporcionar informes de inventario en tiempo real para la toma de decisiones de gestión.

   Establecer estos objetivos y metas permite al equipo de desarrollo del sistema entender claramente lo que se espera del sistema y cómo se medirá su éxito. También ayuda a asegurar que el sistema cumpla con las necesidades y expectativas del usuario final.

   Una vez establecidos los objetivos y metas se pueden utilizar técnicas como la revisión de la literatura, la observación del trabajo y la consulta con expertos en el campo para asegurarse de que sean realistas y alcanzables. Es importante garantizar que los objetivos sean claros, específicos, medibles, alcanzables, relevantes y con un plazo determinado para su cumplimiento (conocidos como los criterios SMART).

NOTA

El acrónimo SMART es una herramienta que se utiliza habitualmente para establecer objetivos y metas de manera efectiva.

SMART (acrónimo en inglés) se compone de las siguientes letras, que representan las características esenciales que deben cumplir los objetivos o las metas:

- Específico *(Specific)*: el objetivo debe ser claro y concreto, describiendo lo que se quiere lograr de manera detallada y precisa.
- Medible *(Measurable)*: el objetivo o la meta debe ser cuantificable, de tal forma que se puedan establecer indicadores para medir su avance y éxito.
- Alcanzable *(Attainable)*: el objetivo debe ser realista y alcanzable, teniendo en cuenta los recursos y capacidades disponibles para lograrlo.

Continúa en página siguiente >>

<< Viene de página anterior

- Relevante *(Relevant)*: el objetivo debe ser alineado con los objetivos y estrategias generales de la organización o proyecto, y ser importante para el logro de los mismos.

Con plazo determinado *(Time-bound):* el objetivo marcado debe tener un plazo específico para su cumplimiento, de tal forma que se puedan establecer fechas límite para su consecución.

La utilización de los criterios SMART permite establecer objetivos de forma efectiva, facilitando su seguimiento y evaluación en el proceso de desarrollo de sistemas de información.

Como se ha explicado en líneas anteriores, es en esta primera etapa del ciclo de vida del desarrollo de sistemas de información donde se establecen los procesos y funcionalidades que deben ser implementados en el sistema para cumplir con los objetivos de este. También es en esta etapa inicial donde se identifican los **riesgos** y **amenazas** de seguridad que pueden afectar al sistema en un futuro.

En el contexto de la seguridad de la información, los términos "riesgos" y "amenazas" se utilizan para describir situaciones que pueden poner en peligro la seguridad de los datos. Aunque a menudo se utilizan indistintamente, tienen significados diferentes:

Amenazas	Hace referencia a cualquier situación o evento que pueda causar daño a la información o a los sistemas que la manejan. Las amenazas pueden provenir tanto de fuentes internas (como el personal de la organización) como externas (como *hackers* o virus informáticos). Ejemplos de amenazas pueden incluir *malware*, ataques de denegación de servicio, robo de datos, etc.
Riesgos	Son las probabilidades de que una amenaza se convierta en realidad y cause daño a la información o a los sistemas que la manejan. El riesgo se puede medir evaluando la probabilidad de una amenaza y el impacto potencial que tendría si se produjera.

👁 EJEMPLO

Imagina que una empresa tiene un sistema de correo electrónico que utiliza para comunicarse internamente con el personal y con su clientela. Un día, varios empleados reciben correos electrónicos fraudulentos que parecen ser enviados por un cliente de la empresa, a través de los cuales se solicita que el personal proporcione sus credenciales de inicio de sesión, es decir, el acceso a los recursos empresariales.

Estos correos electrónicos recibidos son en realidad un ataque de *phishing*, diseñado para engañar a los empleados y robar de esta manera las credenciales de acceso al correo corporativo. Si un empleado cae en la trampa de esta amenaza cibernética y proporciona dicha información, el atacante podría acceder al sistema de mensajería de la empresa y a toda la información confidencial o comunicaciones que contiene dicha aplicación.

En el ejemplo anterior, la amenaza es el ataque de *phishing* por correo electrónico. El riesgo asociado con esta amenaza dependerá de factores como: la cantidad de correos electrónicos fraudulentos que se envían, la calidad de la formación en seguridad de los empleados y el acceso que tendría el atacante a la información confidencial si lograra robar las credenciales. La evaluación del riesgo es importante para que la empresa pueda tomar medidas para mitigar la amenaza, como la implementación de medidas de seguridad adicionales, la autenticación multifactorial, la formación del personal sobre los peligros del *phishing* y la implementación de políticas de seguridad de correo electrónico mucho más estrictas.

Dicho todo lo anterior, hay que entender que la seguridad en el análisis de sistemas de información es de vital importancia para garantizar la protección adecuada de los activos de información.

IMPORTANTE

Si los requisitos y las funcionalidades del sistema no se han definido adecuadamente, el sistema de información puede ser vulnerable a diversos tipos de ataques, así como ser una fuente de amenazas de seguridad.

Un sistema de información es vulnerable cuando presenta debilidades o faltas que lo hacen susceptible a ser atacado o comprometido por parte de amenazas externas o internas. Lo cual quiere decir que hay una posibilidad de que la seguridad del sistema pueda ser comprometida o violada, pudiendo conducir a la pérdida, robo o divulgación no autorizada de información confidencial, interrupciones en la disponibilidad del sistema o daños a la integridad de la información.

IMPORTANTE

Un sistema de información vulnerable podría ser explotado por ciberdelincuentes o *hackers* con malas intenciones para obtener acceso no autorizado a información valiosa, o para realizar acciones malintencionadas en contra de la organización, de sus usuarios o de la clientela. Por lo tanto, es importante que las organizaciones identifiquen y aborden las vulnerabilidades en sus sistemas de información, evitando así riesgos innecesarios y garantizando la seguridad de sus activos de información.

Una vez comprendidos los conceptos, riesgos, amenazas y vulnerabilidades, es fácil llegar a la conclusión de la importancia de implementar medidas de seguridad adecuadas durante el análisis de los sistemas de información. Esto se hace con el objetivo de garantizar que el sistema se diseñe y se implemente con la seguridad adecuada desde el principio. Por lo tanto, la seguridad en esta etapa del ciclo de vida del sistema es fundamental para garantizar que el sistema se desarrolla desde el inicio de forma segura y sin vulnerabilidades de seguridad que pudieran ser explotadas con posterioridad.

En el ámbito de la seguridad de la información, la información se considera un activo valioso que debe ser protegido adecuadamente para evitar cualquier daño o perjuicio a la organización o individuo que la posee y gestiona.

Fase 2. Diseño del sistema de información

La **fase de diseño** es la **segunda etapa del ciclo de vida del desarrollo de sistemas de información.** En esta etapa se utiliza la información recopilada durante la fase de análisis para **diseñar la estructura y el funcionamiento del sistema.**

 **IMPORTANTE**

El objetivo principal de esta etapa es crear un diseño lógico y físico del sistema de información que cumpla con los requisitos y necesidades de los usuarios y de la organización en su conjunto.

Veamos a continuación a qué se hace referencia cuando se nombra la parte lógica y física de un sistema de información:

- **Diseño lógico.** El diseño lógico de un sistema de información hace referencia a la estructura y al comportamiento lógico del sistema, es decir, cómo se organizarán y relacionarán los componentes lógicos del sistema.

Este diseño se centra en la funcionalidad del sistema y en cómo se cumplirán los requisitos del usuario y de la organización.

Los componentes lógicos de un sistema de información incluyen:

- Datos: es la información que se almacena y procesa en el sistema.
- Procesos: son las operaciones que se realizan con los datos, como la entrada, el procesamiento y la salida.
- Interfaces: son los puntos de interacción entre el usuario y el sistema, como pantallas de entrada y salida, botones, menús y formularios.
- Reglas de negocio: son las políticas, procedimientos y reglas que rigen el comportamiento del sistema.
- Estructuras de datos: son las formas en que se organizan los datos, como tablas, archivos y registros.
- Arquitectura del sistema: es la estructura general del sistema, incluyendo la distribución de componentes y la forma en que se comunican entre sí.

Estos componentes lógicos son importantes en el diseño de un sistema de información ya que deben ser coherentes y eficientes para garantizar su correcto funcionamiento.

- **Diseño físico.** Se refiere a la implementación real del sistema, incluyendo la elección de *hardware* y *software* específico, y cómo se conectarán y configurarán los componentes físicos del sistema. Este diseño se centra en los aspectos técnicos y de infraestructura del sistema.

  Durante esta segunda fase de diseño, se definen las características y especificaciones técnicas del sistema, así como la arquitectura de *software, hardware* y comunicaciones que se utilizará para su implementación.

NOTA

El diseño de un sistema de información también incluye la creación de prototipos y modelos de prueba para validar el diseño y obtener la retroalimentación de los usuarios. Además, se definen los criterios de seguridad y privacidad para garantizar que el sistema sea seguro y cumpla con las políticas y regulaciones aplicables.

En la fase de diseño del sistema de información, una medida de seguridad de la información que se puede implementar es la **encriptación de datos.**

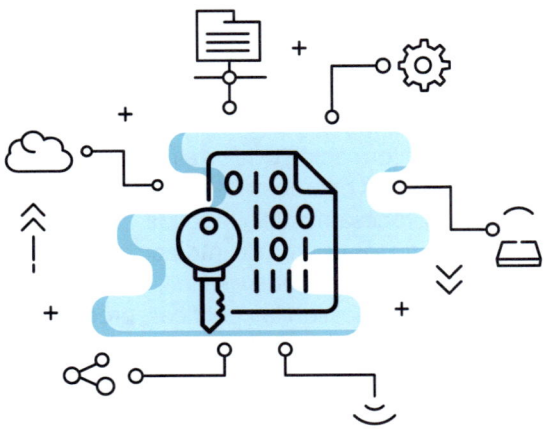

La encriptación es un proceso que convierte la información en un formato ilegible para aquellos que no tienen la clave de desencriptación correspondiente. Es una forma efectiva de proteger la confidencialidad de los datos, especialmente cuando se almacenan o transmiten a través de redes.

👁 EJEMPLO

Un ejemplo práctico sería el diseño de un sistema de almacenamiento en la nube. En esta etapa se puede implementar la encriptación de datos para garantizar que la información almacenada en la nube esté protegida de accesos no autorizados.

Esto implica que antes de que los datos se almacenen en el servidor de la nube, se encriptan utilizando **algoritmos criptográficos** seguros. De esta manera, incluso si alguien obtiene acceso a los datos en la nube, no podrá leer ni comprender su contenido sin la clave de desencriptación adecuada.

Asimismo, en el diseño del sistema se deben considerar aspectos como la gestión de claves, el almacenamiento seguro de las claves de encriptación y la implementación de protocolos de autenticación sólidos para garantizar que solo los usuarios autorizados puedan acceder a los datos encriptados.

Fase 3. Implementación del sistema de información

La **fase de implementación** del sistema de información es la **tercera etapa del ciclo de vida del desarrollo de sistemas de información.** En esta etapa se lleva a cabo la construcción y la implementación del sistema diseñado en la fase anterior. En general, se considera que esta es la etapa más crítica del ciclo de vida del desarrollo de sistemas de información.

Durante la fase de implementación se realizan diversas tareas que quedan establecidas en el orden que se muestra a continuación:

---

1. Construcción del sistema

Se lleva a cabo la programación y el desarrollo del *software* y *hardware* necesarios para que el sistema funcione adecuadamente.

---

2. Pruebas del sistema

Se realizan pruebas exhaustivas para asegurarse de que el sistema funcione correctamente y que cumple con los requisitos especificados en la fase de diseño.

---

3. Instalación del sistema

Una vez que se han completado el desarrollo y las pruebas, el sistema se instala en los servidores y equipos de los usuarios finales.

---

4. Formación de los usuarios

Se proporciona formación a los usuarios finales para que puedan utilizar el sistema correctamente.

---

5. Configuración y personalización del sistema

Se realiza la configuración y personalización del sistema para adaptarlo a las necesidades específicas de la organización.

---

6. Puesta en marcha

Una vez que se han completado todas las anteriores, el sistema se pone en marcha y se empieza a hacer uso de él.

NOTA

Durante la fase de implementación es fundamental asegurarse de que el sistema es seguro y de que está protegido contra amenazas y riesgos de seguridad. Para lograrlo, se deben seguir las mejores prácticas de seguridad de la información e implementar un sistema de seguridad sólido y confiable.

En la fase de implementación del sistema de información, una medida de seguridad de la información que se puede contemplar es la configuración segura de los componentes del sistema. Esto implica aplicar configuraciones y ajustes adecuados para garantizar la seguridad y protección de los datos y recursos del sistema.

EJEMPLO

Un ejemplo práctico sería la implementación de un sistema de gestión de bases de datos en una empresa. Durante la fase de implementación, se deben aplicar medidas de seguridad, como:

- **Configuración segura de la base de datos.** Se deben establecer políticas de seguridad, como la asignación de permisos y privilegios adecuados a los usuarios, restricciones de acceso a la base de datos y encriptación de datos sensibles.
- **Protección contra ataques.** Se deben implementar mecanismos de seguridad para proteger la base de datos contra ataques, como *firewalls,* sistemas de detección y prevención de intrusiones, y protección contra *malware.*
- **Actualizaciones y parches.** Es importante mantener el sistema actualizado con las últimas actualizaciones y parches de seguridad proporcionados por el proveedor de la base de datos. Esto ayuda a cerrar posibles vulnerabilidades conocidas y garantizar un entorno seguro.
- **Auditoría y monitoreo.** Se debe implementar un sistema de auditoría y monitoreo que registre y supervise las actividades en la base de datos. Esto permite detectar cualquier actividad sospechosa o intento de acceso no autorizado.

Todas estas medidas de seguridad ayudan a garantizar que el sistema de gestión de bases de datos esté debidamente protegido contra posibles amenazas

Continúa en página siguiente >>

<< Viene de página anterior

y que los datos de la empresa estén seguros y confidenciales. Es importante considerar estas medidas durante la fase de implementación para establecer una base de sólida de seguridad en el desarrollo del sistema de información.

Fase 4. Pruebas del sistema de información

La **cuarta fase del ciclo de vida del desarrollo de sistemas de información** es la **fase de pruebas.** En esta etapa se realizan diversos ensayos para asegurar que el sistema cumpla con los requisitos establecidos en la fase de definición y los criterios de calidad establecidos en la fase de diseño.

Las pruebas se llevan a cabo en diferentes niveles del sistema, desde las pruebas unitarias de los componentes individuales hasta las pruebas de integración del sistema completo. Se utilizan diferentes **técnicas de prueba** para verificar el rendimiento, la funcionalidad, la seguridad y la compatibilidad del sistema.

De rendimiento
Se utilizan para evaluar la velocidad, la capacidad de respuesta, la escalabilidad y la estabilidad del sistema bajo diferentes cargas de trabajo y situaciones de estrés. Las pruebas de rendimiento pueden incluir pruebas de carga, pruebas de estrés, pruebas de volumen, pruebas de tiempo de respuesta, etc.

De funcionalidad
Se utilizan para verificar que el sistema cumpla con los requisitos funcionales especificados en la fase de definición y la fase de diseño. Las pruebas de funcionalidad se centran en evaluar el comportamiento del sistema ante diferentes entradas y condiciones.

Continúa en página siguiente >>

<< Viene de página anterior

De seguridad
Se utilizan para identificar y evaluar las vulnerabilidades del sistema y su capacidad para resistir ataques y amenazas de seguridad. Las pruebas de seguridad pueden incluir pruebas de penetración, pruebas de intrusión, pruebas de vulnerabilidad, etc.

De compatibilidad
Se utilizan para verificar la capacidad del sistema para funcionar correctamente en diferentes plataformas, dispositivos y entornos de red. Las pruebas de compatibilidad pueden incluir pruebas de interoperabilidad, pruebas de portabilidad, etc.

NOTA

Cada técnica de pruebas se adapta a los objetivos específicos de cada fase del ciclo de vida del desarrollo de sistemas de información, por lo que es importante seleccionar y aplicar la técnica adecuada en caso.

Las pruebas también permiten detectar y corregir errores en el sistema antes de su implementación, lo que reduce los costes y riesgos asociados con la corrección de errores en la fase de operación.

IMPORTANTE

Es clave realizar las pruebas de forma rigurosa y exhaustiva para garantizar que el sistema sea confiable y cumpla con las expectativas del usuario.

Fase 5. Implantación del sistema de información

La **fase de implantación** es la quinta fase del ciclo de vida del desarrollo de sistemas de información, y se refiere al proceso de instalación, configuración y puesta en marcha del sistema en el ambiente de producción. Durante esta fase se llevan a cabo una serie de actividades con el fin de asegurarse de que el sistema esté preparado para funcionar en el entorno en el que se va a utilizar.

La implantación implica varios pasos, incluyendo:

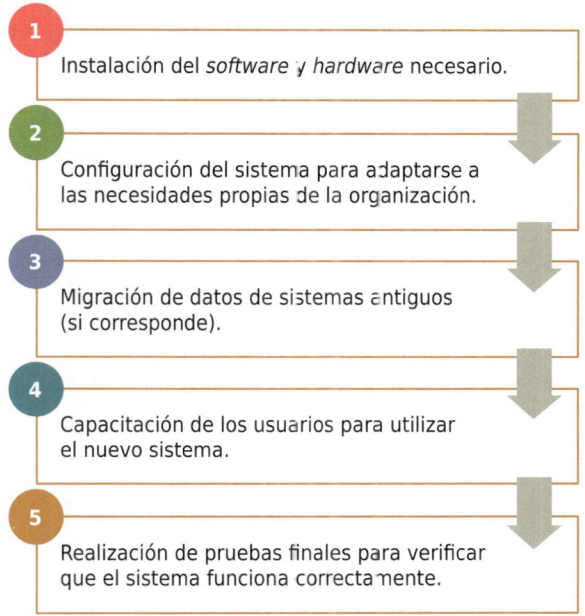

1 Instalación del *software* y *hardware* necesario.

2 Configuración del sistema para adaptarse a las necesidades propias de la organización.

3 Migración de datos de sistemas antiguos (si corresponde).

4 Capacitación de los usuarios para utilizar el nuevo sistema.

5 Realización de pruebas finales para verificar que el sistema funciona correctamente.

 **EJEMPLO**

Imagina que una empresa de ventas de ropa decide implementar un nuevo sistema de información para su negocio. Después de haber pasado por las fases de análisis, diseño, desarrollo y pruebas del sistema llega el momento de la implantación.

Para llevar a cabo la implantación, la empresa podría seguir los siguientes pasos:

1. Preparar el entorno: antes de la instalación del sistema es necesario asegurarse de que el entorno tecnológico esté preparado para la nueva implementación. Esto incluye la instalación de servidores, actualizaciones de *software*, y otros requisitos necesarios.

Continúa en página siguiente >>

<< Viene de página anterior

2. Instalar el *software:* una vez que el entorno está listo, se procede a la instalación del *software* en los equipos y dispositivos necesarios. Es importante asegurarse de que la instalación se realice de forma correcta para evitar problemas futuros.
3. Configuración y personalización: el siguiente paso es configurar y personalizar el sistema para que se adapte a las necesidades de la empresa cuya actividad es comercial. Esto puede incluir la configuración de usuarios y permisos de acceso, instalación de programas específicos de gestión de la clientela, así como la personalización de los campos y pantallas del sistema.
4. Capacitación de los usuarios: una vez que el sistema está instalado y configurado, es importante capacitar al personal para que puedan utilizar el sistema de manera correcta. Esto puede incluir sesiones de entrenamiento, manuales de usuario y otros recursos de apoyo.
5. Pruebas y ajustes: una vez que los usuarios están capacitados, se realizan pruebas adicionales para asegurarse de que el sistema funciona de manera óptima. Si se detectan problemas, se realizan ajustes para corregirlos antes de poner el sistema en producción.
6. Puesta en marcha: finalmente, una vez que el sistema está listo y ha sido probado, se pone en marcha de manera oficial para que la empresa pueda comenzar a utilizarlo en su día a día.
7. Es importante recordar que la implantación de un sistema de información es un proceso complejo que requiere una planificación cuidadosa, además de la coordinación entre los diferentes equipos involucrados. Con una buena planificación y ejecución, la empresa puede asegurarse de que la implantación del nuevo sistema sea exitosa.

Es importante tener en cuenta que la implantación no termina una vez que el sistema está en funcionamiento. Es necesario realizar una supervisión y hacer ajustes si son requeridos y necesarios. Esto es parte del mantenimiento, la última fase del ciclo de vida del desarrollo de sistemas de información.

En la fase de pruebas del sistema de información, una medida de seguridad de la información que se puede contemplar es la **identificación y resolución de posibles vulnerabilidades y brechas de seguridad.**

Durante las pruebas se busca detectar y corregir cualquier fallo o debilidad que pueda comprometer la seguridad del sistema.

Una medida específica en esta fase podría ser la realización de **pruebas de penetración,** también conocidas como **pruebas de *hacking* ético.** Estas pruebas simulan ataques cibernéticos para evaluar la resistencia del sistema y descubrir posibles vulnerabilidades. A través de estos ensayos se identifican brechas en la seguridad, como puertos abiertos no autorizados, configuraciones incorrectas o débiles, o vulnerabilidades en el código del *software*.

 EJEMPLO

Imagina que se está desarrollando un sistema de gestión de información personal para una organización. Durante las pruebas de penetración, un equipo de seguridad informática simularía un ataque externo e intentaría acceder a la base de datos de información personal. Si logran encontrar una vulnerabilidad, como una inyección de SQL o una autenticación débil, se documentaría y se tomarían medidas para corregir el problema antes de la implementación.

Al mismo tiempo que se llevan a cabo las pruebas de penetración, también se pueden tomar otras medidas de seguridad en la fase de pruebas. Por ejemplo, las pruebas de estrés, que sirven para evaluar la resistencia del sistema ante altas cargas de trabajo o pruebas de compatibilidad, las cuales permiten verificar que el sistema funcione correctamente en diferentes entornos y dispositivos.

Fase 6. Mantenimiento del sistema de información

La **fase de mantenimiento del sistema de información** es la **última fase del ciclo de vida del desarrollo de sistemas de información.** Durante esta fase, el sistema ya está en funcionamiento y se deben realizar acciones de mantenimiento para asegurar que este siga funcionando de manera óptima.

El mantenimiento del sistema de información incluye la corrección de errores, la optimización del rendimiento, la actualización del software y la gestión de cambios. Es importante tener un equipo de mantenimiento capacitado y dedicado que pueda abordar los problemas del sistema y garantizar su continuidad.

NOTA

La fase de mantenimiento también puede incluir la implementación de nuevas funcionalidades y mejoras del sistema para satisfacer las necesidades cambiantes de los usuarios.

En la fase de mantenimiento del sistema de información, una medida de seguridad de la información que se puede aplicar es la **actualización y parcheo de *software*.** Esta medida consiste en mantener el sistema actualizado con las últimas versiones de *software* y aplicar los parches de seguridad que sean necesarios para mantener la aplicación en estado óptimo de seguridad.

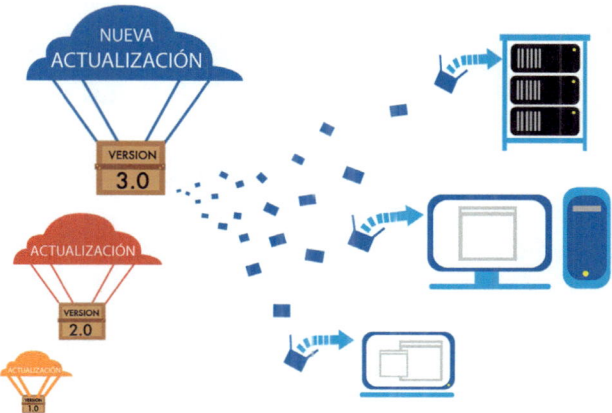

La actualización y parcheo de software es esencial para garantizar que el sistema esté protegido contra las últimas vulnerabilidades y amenazas conocidas. Los desarrolladores y proveedores de software suelen lanzar actualizaciones periódicas que incluyen mejoras de seguridad y correcciones de errores. Al aplicar estas actualizaciones, se cierran posibles brechas de seguridad que podrían ser explotadas por atacantes.

Un ejemplo de esta medida de seguridad sería la actualización regular del sistema operativo utilizado en el sistema de información. Los fabricantes de sistemas operativos, como *Microsoft* con *Windows* o *Apple* con *macOS,* lanzan actualizaciones periódicas que contienen mejoras de seguridad. Al instalar estas actualizaciones se solucionan vulnerabilidades conocidas y se refuerza la seguridad del sistema.

 EJEMPLO

Otro ejemplo sería la actualización de los componentes de *software* utilizados en el sistema, como bibliotecas o *frameworks.* Estos componentes pueden tener vulnerabilidades conocidas que podrían ser explotadas. Mantenerlos actualizados con las últimas versiones y aplicar los parches de seguridad pertinentes es esencial para reducir los riesgos de seguridad.

En el contexto de desarrollo de *software,* las bibliotecas y *frameworks* son conjuntos de códigos predefinidos y funcionalidades que se utilizan para agilizar y facilitar el proceso de desarrollo de aplicaciones.

Continúa en página siguiente >>

<< Viene de página anterior

Una biblioteca es un conjunto de funciones, clases o componentes que se pueden reutilizar en diferentes proyectos. Proporciona una serie de características y utilidades que los desarrolladores pueden utilizar en sus aplicaciones. Las bibliotecas suelen estar escritas en un lenguaje de programación específico y se distribuyen como archivos de código fuente o como archivos binarios.

Por otro lado, un *framework* es un conjunto más completo de herramientas y librerías que proporciona una estructura y una metodología para el desarrollo de aplicaciones.

FRAMEWORK

Un *framework* define una arquitectura básica y establece reglas y convenciones para organizar y escribir el código. Además, incluye una serie de bibliotecas y utilidades que facilitan tareas comunes en el desarrollo de aplicaciones, como el acceso a bases de datos, el manejo de la interfaz de usuario, la gestión de sesiones y la seguridad, entre otros.

Las bibliotecas y *frameworks* son recursos muy útiles para los desarrolladores, ya que permiten aprovechar soluciones previamente desarrolladas, reduciendo el tiempo y esfuerzo requerido para implementar determinadas funcionalidades. Además, su uso favorece la reutilización de código, la consistencia en la estructura del proyecto y la adopción de buenas prácticas de desarrollo.

En el contexto de seguridad de la información, es importante tener en cuenta las actualizaciones de las bibliotecas y *frameworks* utilizados en un sistema, ya que pueden contener vulnerabilidades conocidas. Por eso, es recomendable mantenerse al día con las versiones más recientes y aplicar los parches de seguridad correspondientes para garantizar la protección del sistema contra posibles amenazas.

Además de la actualización y del parcheo de *software,* otras medidas de seguridad que se pueden aplicar en la fase de mantenimiento incluyen **la monitorización continua del sistema** para detectar posibles intrusiones o actividades sospechosas, la realización regular de **copias de seguridad** para proteger los datos en caso de fallos o ataques, y la **gestión adecuada de los permisos y accesos de los usuarios.**

3. Conocimiento y aplicación de la seguridad en el diseño de sistemas de información

☞ HILO CONDUCTOR

Tras adquirir los fundamentos de la seguridad en el análisis de sistemas de información, nuestro grupo de amigos continuó su viaje hacia el éxito en el desarrollo de su aplicación. Ahora se encontraban en la fase de diseño, donde tenían que tomar decisiones cruciales que influirían en la seguridad de su sistema. Comprendieron rápidamente que la seguridad no podía ser un aspecto secundario en su proyecto. Era necesario contemplar medidas básicas de seguridad en cada etapa del ciclo de vida del desarrollo de su sistema de información. Desde la definición de los requisitos hasta la implementación y el mantenimiento, debían considerar la confidencialidad, la integridad, la disponibilidad y otros aspectos clave de la seguridad.

Conscientes de ello, Marta, Carlos, Ana y Luis se embarcaron en un intenso proceso de diseño, asegurándose de que cada componente, cada función y cada interacción estuvieran protegidos y fueran resistentes a posibles amenazas y vulnerabilidades. Con cada decisión tomada en el diseño de su sistema, el equipo se sentía más confiado y comprometido con la seguridad de la información. Sabían que estaban sentando las bases para un proyecto exitoso y protegido.

- -

Tal y como se ha comentado, la etapa de diseño de sistemas de información es fundamental en el ciclo de vida del desarrollo de sistemas de información, ya que es en este primer escalón donde se establecen las bases para garantizar la seguridad de la información que manejará el propio sistema. En consecuencia, la seguridad debe ser considerada desde el inicio del proceso de diseño, lo cual garantizará que el sistema cumpla con los estándares de seguridad requeridos y minimizará los riesgos de posibles vulnerabilidades en un futuro. Debido a esto, es esencial que las personas encargadas del diseño de sistemas de información tengan un sólido conocimiento en materia de protección de la información y apliquen prácticas de seguridad adecuadas para minimizar los riesgos potenciales.

La seguridad en el diseño de sistemas de información representa un factor decisivo, pues se trata de un proceso que busca garantizar que el diseño de los sistemas esté alineado con los objetivos de seguridad de la organización y que cumpla con los requisitos de seguridad necesarios para proteger la información sensible y crítica de la empresa.

La seguridad, en la etapa de diseño, se enfoca en la identificación de las amenazas, vulnerabilidades y riesgos potenciales que podrían afectar la seguridad de los sistemas de información. A partir de esta identificación se establecen las medidas de seguridad necesarias para mitigar los riesgos y proteger los activos de información.

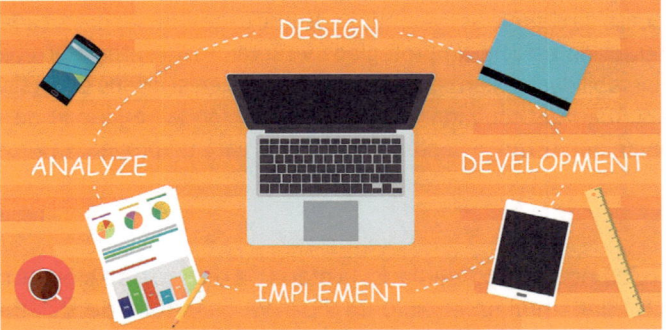

Es importante tener en cuenta que la seguridad no puede ser una ocurrencia tardía en el ciclo de vida del desarrollo de sistemas, sino que debe ser integrada en el proceso desde el inicio.

En la siguiente sección se abordarán los principales aspectos que se deben considerar en relación a la seguridad en el diseño de sistemas de información como, por ejemplo, la **identificación de las amenazas,** la **gestión de riesgos,** la **implementación de medidas de seguridad** y la **validación** de la eficacia de las mismas.

A continuación, se describen unos apartados para saber más sobre estos aspectos:

- **Identificación de los activos críticos de información.** La primera consideración clave en relación con la seguridad en el diseño de sistemas de información es la **identificación de los activos críticos de información** que se deben proteger. Esto incluye la identificación de los datos y sistemas, que son esenciales para el negocio y que podrían ser objetivos de ataques maliciosos. Es importante realizar una evaluación de riesgos para identificar qué datos y sistemas son más valiosos y cuáles son las posibles amenazas y vulnerabilidades que pueden enfrentar. A partir de esta evaluación, se pueden establecer controles de seguridad adecuados para proteger los activos críticos.
- **Implementación de medidas de seguridad adecuadas.** Una vez identificados los activos críticos, es importante implementar medidas de seguridad adecuadas para protegerlos. Esto puede incluir la implementación de controles de acceso para garantizar que solo las personas autorizadas tengan acceso a los sistemas y datos críticos, el cifrado de datos sensibles para protegerlos contra el acceso no autorizado y la implementación de *firewalls* y sistemas de detección de intrusiones para proteger contra ataques externos. También se deben establecer políticas y procedimientos claros para garantizar la seguridad de la información, incluyendo la creación de contraseñas seguras, la concienciación y capacitación del personal en las mejores prácticas de seguridad y la realización de pruebas de penetración regulares para identificar y abordar las posibles vulnerabilidades.
- **Diseño seguro del *software*.** El diseño seguro del *software* es otro aspecto esencial de la seguridad en el diseño de sistemas de información. Esto implica la incorporación de controles de seguridad en el diseño del *software* desde el principio, en lugar de agregarlos más tarde. Los desarrolladores deben estar capacitados en prácticas de seguridad de codificación y deben seguir las mejores practicas de codificación segura, como el uso de validación de entrada y salida de datos, la verificación de la entrada de datos, la validación de los parámetros de entrada y la autenticación y autorización adecuadas.
- **Mantenimiento y actualización regulares.** La seguridad en el diseño de sistemas de información no es una tarea exclusiva del inicio, sino que debe ser un proceso continuo. Los sistemas y datos críticos deben ser monitoreados regularmente para detectar y abordar posibles amenazas y vulnerabilidades. Además, se deben realizar actualizaciones constantes

para abordar nuevas amenazas de seguridad y garantizar que los sistemas y *software* estén siempre actualizados.

A continuación, se presentan algunas de las consecuencias que podrían desencadenarse si una empresa no le presta atención a la seguridad en la etapa de diseño del ciclo de vida de desarrollo de un sistema de información.

 EJEMPLO

Imagina que una empresa de comercio electrónico está desarrollando un nuevo sistema para el registro de sus clientes y la gestión de sus pedidos. Durante la fase de diseño se presta poca atención a la seguridad del sistema y se enfoca más en la funcionalidad y en la estética. Como resultado, el sistema es lanzado sin las medidas de seguridad adecuadas.

Un grupo de piratas informáticos detecta rápidamente las debilidades del sistema y logra infiltrarse en la base de datos de la empresa, consiguiendo robar información personal y financiera de miles de clientes. La empresa sufre un gran impacto en su reputación y pierde la confianza de su clientela, lo que provoca pérdidas de clientes y una caída considerable de las ventas.

Por si fuera poco, la empresa tendrá que invertir una gran cantidad de recursos en la reparación del sistema y en la mejora de su seguridad, lo que se traducirá en una pérdida económica significativa. Todo esto podría haberse evitado si se hubiera prestado la debida atención a la seguridad durante su fase de diseño.

4. Conocimiento y aplicación de la seguridad en la codificación de sistemas de información

👉 **HILO CONDUCTOR**

Marta, Carlos, Ana y Luis estaban emocionados con el avance de su proyecto. Habían superado la fase de diseño y ahora se adentraban en la codificación de su sistema. Sabían que la seguridad en la codificación era crucial para garantizar que su aplicación fuera resistente a posibles vulnerabilidades y ataques cibernéticos. Comenzaron a investigar sobre las mejores prácticas en seguridad de la información durante el proceso de codificación. Aprendieron sobre técnicas de codificación segura, como la validación de datos de entrada, el uso de parámetros seguros en consultas de bases de datos y la prevención de vulnerabilidades comunes, como inyecciones de código o ataques de *cross-site scripting*.

Para asegurar el seguimiento de estas buenas prácticas, Marta, Carlos, Ana y Luis se informaron sobre las bibliotecas y *frameworks* de seguridad disponibles, que les permitirían implementar medidas de protección en su código de manera más eficiente. Aprendieron a utilizar herramientas de análisis estático y dinámico para identificar posibles vulnerabilidades y corregirlas antes de que su sistema estuviera en producción. Con cada línea de código escrita, el equipo se esforzaba por conseguir que su aplicación fuera robusta y resistente a los posibles ataques. Sabían que la seguridad en la codificación era una responsabilidad compartida y estaban decididos a implementar las medidas adecuadas para proteger la información de sus usuarios.

La **seguridad en la codificación de sistemas de información** hace referencia a las medidas y técnicas que se utilizan para garantizar conceptos ya tratados como la **integridad, confidencialidad** y **disponibilidad** de los datos y sistemas a través de la programación del *software*.

La **codificación segura** *implica la aplicación de buenas prácticas de programación para evitar vulnerabilidades de seguridad que puedan ser explotadas por atacantes. Pero no solo eso, se deben seguir las directrices de seguridad establecidas en la fase de diseño para asegurarse de que el software es seguro y de que cumple con los requisitos de seguridad previamente establecidos.*

A continuación, se describen algunos aspectos clave que se deben considerar en relación con la seguridad en la codificación de sistemas de información:

Validación de entradas
Todas las entradas de datos del usuario deben ser validadas antes de ser procesadas por el sistema. Esto ayuda a prevenir ataques de inyección de código malicioso, como SQL *injection* o *Cross-Site Scripting* (XSS).

Control de acceso
El *software* debe implementar mecanismos de control de acceso para garantizar que solo los usuarios autorizados puedan acceder a los datos y funcionalidades del sistema.

Gestión de sesiones
El *software* debe gestionar correctamente las sesiones de usuario, incluyendo la autenticación y autorización, y asegurándose de que las sesiones se cierren correctamente.

Manejo de errores
El *software* debe estar diseñado para manejar adecuadamente los errores y excepciones. Las respuestas de error no deben dar información sensible del sistema y se deben registrar para su posterior análisis.

Continúa en página siguiente >>

<< Viene de página anterior

Encriptación

Los datos confidenciales deben ser encriptados en todo momento, tanto en el almacenamiento como en la transmisión. Esto ayuda a evitar la exposición de información sensible en caso de que un atacante acceda a los datos.

Pruebas de seguridad

El *software* debe ser sometido a pruebas de seguridad para identificar y corregir vulnerabilidades antes de ser puesto en producción. Estas pruebas pueden ser realizadas por especialistas en seguridad, contratistas externos o mediante el uso de herramientas automatizadas.

IMPORTANTE

En términos generales, la seguridad en la codificación de sistemas de información es un proceso crítico que debe ser integrado desde el inicio del desarrollo del *software* y mantenido a lo largo de toda la vida útil del sistema. La implementación de buenas prácticas de programación y la colaboración entre los equipos de desarrollo y seguridad pueden ayudar a garantizar que el *software* alcance un nivel óptimo de seguridad, protegiendo así los datos y sistemas de la organización.

---

5. Conocimiento y aplicación de la seguridad en pruebas

 ## HILO CONDUCTOR

El grupo de amigos avanzó confiado en su proyecto de desarrollo de una aplicación segura y confiable, enfrentándose al siguiente desafío con las pruebas de seguridad en su sistema de información. Marta, Carlos, Ana y Luis, entu-

Continúa en página siguiente >>

<< Viene de página anterior

siasmados con los avances en análisis, diseño y codificación, reconocieron la importancia crucial de someter su aplicación a ensayos exhaustivos. Comprendieron que las pruebas eran fundamentales para identificar vulnerabilidades. Utilizaron métodos de penetración, realizaron test de estrés y aprovecharon herramientas automatizadas, corrigiendo y mejorando continuamente la seguridad de su aplicación.

Para todos ellos, las pruebas de seguridad no fueron simplemente un paso aislado, sino un proceso continuo que debía realizarse regularmente para adaptarse a los nuevos riesgos y amenazas emergentes en su viaje emprendedor.

La **seguridad en la etapa de pruebas** es otro de los aspectos críticos para garantizar que el sistema de información cumple con los requerimientos de seguridad y que no presenta vulnerabilidades antes de su implantación. En esta etapa, se deben llevar a cabo pruebas rigurosas para identificar cualquier debilidad o vulnerabilidad del sistema.

Entre los aspectos que se deben considerar en relación con la seguridad en la etapa de pruebas de un sistema de información, se pueden destacar los siguientes:

Selección de las técnicas de pruebas adecuadas
Es importante seleccionar las técnicas de pruebas adecuadas que permitan identificar todas las vulnerabilidades y debilidades del sistema.

Identificación y clasificación de los riesgos de seguridad
Se deben identificar y clasificar los riesgos de seguridad que pueden afectar al sistema. Es importante considerar no solo los riesgos técnicos, sino también los riesgos organizativos y humanos.

Planificación de las pruebas
Se debe planificar cuidadosamente las pruebas a realizar, teniendo en cuenta los objetivos de las pruebas, los requisitos de seguridad, los recursos necesarios y el calendario de las mismas.

Continúa en página siguiente >>

<< Viene de página anterior

Realización de pruebas exhaustivas
Es fundamental realizar pruebas exhaustivas que cubran todos los aspectos del sistema, incluyendo la funcionalidad, el rendimiento, la seguridad y la compatibilidad.

Documentación de los resultados de las pruebas
Se deben documentar los resultados de las pruebas, incluyendo las debilidades y vulnerabilidades identificadas, para poder corregirlas antes de la implantación del sistema.

IMPORTANTE

La seguridad en la etapa de pruebas es fundamental para garantizar que el sistema de información sea seguro antes de su implantación y para minimizar los riesgos de seguridad que puedan afectar a la organización.

6. Conocimiento y aplicación de la seguridad en la etapa de implantación de sistemas de información

HILO CONDUCTOR

Una vez satisfechos con los resultados de las pruebas de seguridad, Marta, Carlos, Ana y Luis se prepararon para la fase final del desarrollo de su sistema de información, que consistiría en la implantación de la aplicación. Llenos de emoción, se dirigían hacia la culminación de meses de arduo trabajo y dedicación, listos para lanzar su producto al mercado digital. Sin embargo, antes de este importante despliegue, reconocieron la importancia crítica de garantizar la seguridad del sistema, conscientes de que un avance descuidado podría poner en riesgo la integridad del proyecto.

La seguridad en la etapa de implantación de sistemas de información debe servir para garantizar que el sistema es implementado de manera segura y que los activos de información del sistema estarán siempre protegidos.

A continuación, se describen algunos aspectos que se deben considerar en esta etapa:

- **Verificación de seguridad en la infraestructura.** Se debe verificar que la infraestructura en la que se va a implantar el sistema sea segura y esté protegida contra posibles ataques externos o internos. Esto incluye la red, los servidores, los dispositivos de almacenamiento y cualquier otro componente que forme parte de dicha infraestructura.
- **Configuración de seguridad.** Es importante configurar adecuadamente la seguridad en los diferentes componentes del sistema de información, incluyendo la configuración de cortafuegos, la asignación de permisos de acceso y la configuración de los protocolos de seguridad.
- **Verificación de la integridad del sistema.** Antes de poner en marcha el sistema, se deben realizar pruebas exhaustivas para verificar que el sistema esté funcionando correctamente y que no haya vulnerabilidades de seguridad que puedan ser explotadas.

La programación en inteligencia artificial y *big data,* principalmente aplicables en entornos 5G, presenta además una serie de desafíos en términos de seguridad que son importantes a tener en cuenta. Algunos de los aspectos a considerar son: la **privacidad de los datos,** los **riesgos de sesgos,** la **propiedad intelectual** y la **ciberseguridad.**

Para saber un poco más sobre ello, lee con atención cada uno de los siguientes apartados:

- **Privacidad de los datos.** Las tecnologías de *big data* y la inteligencia artificial se basan en el análisis de grandes cantidades de datos, lo que puede poner en riesgo la privacidad de los usuarios. Es importante implementar medidas de seguridad para proteger la privacidad de los datos, como la encriptación de los datos sensibles y la implementación de políticas de acceso y uso de datos.
- **Riesgo de sesgos.** Los sistemas de inteligencia artificial pueden estar sesgados por la calidad y cantidad de los datos utilizados en su entrenamiento. Esto puede resultar en decisiones discriminatorias o injustas. Es importante tomar medidas para minimizar estos sesgos, como la selección cuidadosa de los datos de entrenamiento y la monitorización constante de los resultados del sistema.
- **Protección de la propiedad intelectual.** Las tecnologías de *big data* y la inteligencia artificial pueden procesar grandes cantidades de datos, incluyendo información protegida por derechos de propiedad intelectual.

Es importante tomar medidas para proteger estos derechos, como la implementación de medidas de control de acceso y la firma de acuerdos de confidencialidad con los proveedores de datos.

➲ **Ciberseguridad.** El procesamiento de grandes cantidades de datos en entornos 5G puede aumentar la exposición del sistema a amenazas cibernéticas, como el *malware* y los ataques de denegación de servicio (DDoS). Es importante implementar medidas de seguridad para proteger el sistema contra estas amenazas, como e. uso de *software* de seguridad y la monitorización constante del sistema.

 IMPORTANTE

La seguridad de los sistemas de información en entornos 5G que involucren programación en inteligencia artificial y Big Data es un aspecto crítico que debe ser cuidadosamente considerado y abordado para proteger la privacidad y los derechos de propiedad intelectual de las personas usuarias y minimizar la exposición del sistema a amenazas cibernéticas.

 TAREA 1

Carlos es un estudiante de programación apasionado por el desarrollo de aplicaciones móviles. Recientemente, decidió emprender un proyecto personal para desarrollar una aplicación de mensajería segura. Sin embargo, mientras estudia sobre seguridad en los sistemas de información, se da cuenta de que hay una medida de seguridad activa que podría implementar en la fase de análisis del sistema de información, específicamente en la etapa de definición de los requisitos del sistema. Carlos se siente confundido y busca orientación sobre qué medida de seguridad activa sería apropiada para su proyecto. El joven, está

Continúa en página siguiente >>

<< Viene de página anterior

analizando los requisitos de su sistema de mensajería segura y desea implementar una medida de seguridad activa en esta etapa de desarrollo de su proyecto.

En base al enunciado, ¿qué medida de seguridad activa sería apropiada para que Carlos implementara en su proyecto?

7. Resumen

El siguiente esquema resume los puntos clave tratados con relación a la seguridad en los sistemas de información. Se abordan diferentes aspectos a considerar en cada etapa del ciclo de vida del desarrollo de sistemas de información, que van desde el análisis hasta la implantación. El objetivo es garantizar la seguridad de la información y proteger los sistemas contra posibles riesgos y amenazas cibernéticas. Este esquema puede ser útil para tener una visión general de los aspectos clave a tener en cuenta en la seguridad de los sistemas de información durante su desarrollo.

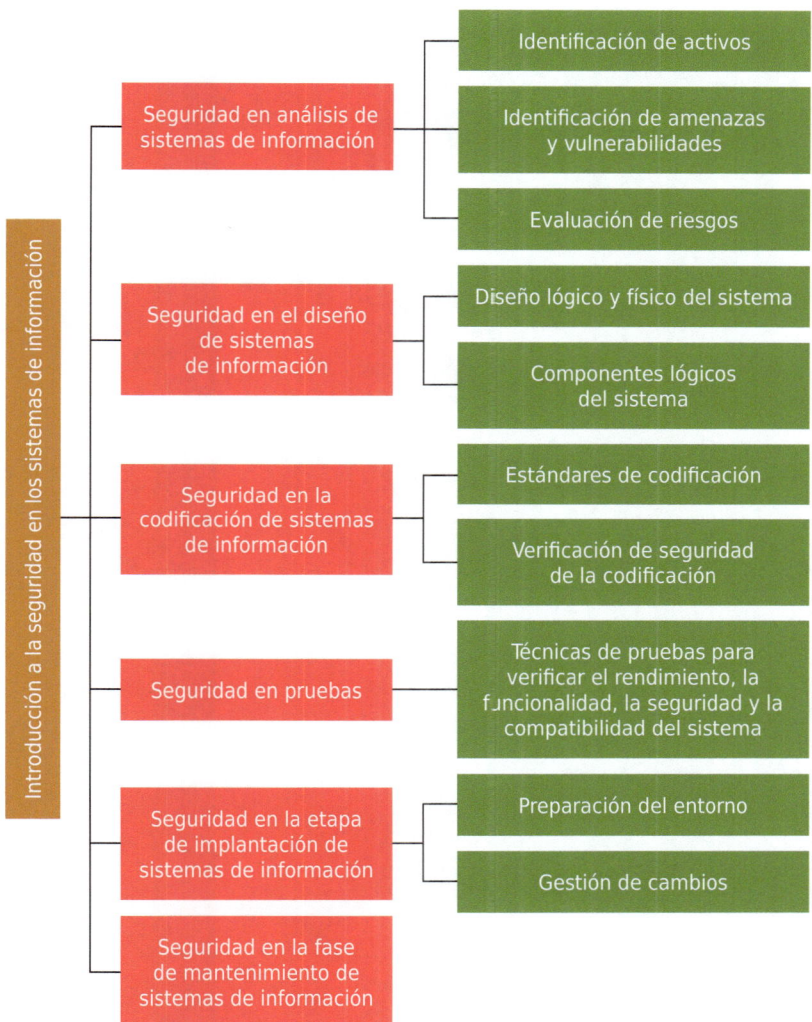

Ejercicios de autoevaluación
Unidad de Aprendizaje 1

1. **Indica si las siguientes afirmaciones son verdaderas o falsas:**

   a. El concepto hito tecnológico en el contexto de las redes móviles hace referencia a un evento o avance significativo que marca un cambio notable en la tecnología y en la evolución de las comunicaciones inalámbricas.

   - ■ Verdadero
   - ■ Falso

   b. Después del 2G, la tecnología avanzó hacia las redes de tercera generación (3G), que introdujeron la capacidad de enviar mensajes de texto.

   - ■ Verdadero
   - ■ Falso

   c. Uno de los momentos más significativos en cuanto a avances fue la introducción de los estándares GSM *(Global System for Mobile Communications)* en la década de 1990, que estableció las bases para la interoperabilidad de las redes móviles en todo el mundo.

   - ■ Verdadero
   - ■ Falso

2. **¿Cuál de las siguientes afirmaciones describe una característica clave del 5G relacionada con la gestión de grandes volúmenes de datos?**

   a. Mayor ancho de banda.
   b. Mayor velocidad de descarga.
   c. Menor latencia.
   d. Uso de tecnologías avanzadas de modulación.

3. ¿Cuál de las siguientes generaciones de tecnología móvil introdujo la transmisión de datos de alta velocidad y permitió la proliferación de servicios de datos móviles, videoconferencias y navegación por Internet en dispositivos móviles?

    a. 2G (Segunda Generación).
    b. 3G (Tercera Generación).
    c. 4G (Cuarta Generación).
    d. Despliegue de LTE *(Long-Term Evolution)*.

4. ¿Cuál de las siguientes afirmaciones es verdadera con respecto a la digitalización de señales en el contexto del GSM?

    a. La digitalización de señales en el GSM resultó en una menor eficiencia en el uso del espectro.
    b. La digitalización permitió una calidad de voz inferior en comparación con los sistemas analógicos.
    c. La digitalización mejoró la calidad de voz, la eficiencia en el uso del espectro y la capacidad de transmitir datos.
    d. La digitalización solo afectó a la capacidad de transmitir datos y no a la calidad de voz.

5. ¿Cuál es uno de los propósitos de establecer límites y asignaciones específicas según las regulaciones en el contexto de las redes móviles?

    a. Maximizar la interferencia entre diferentes servicios de comunicación.
    b. Garantizar que las frecuencias se utilicen de manera ineficiente.
    c. Asegurar la calidad y confiabilidad de las redes móviles al evitar interferencias.
    d. Restringir el acceso al espectro solo a proveedores específicos.

6. ¿Cuál es una de las características clave del 5G relacionada con la capacidad para manejar una mayor cantidad de dispositivos conectados simultáneamente?

    a. Mayor latencia.
    b. Espectro de frecuencia más amplio.
    c. Velocidades de descarga más lentas.
    d. Arquitectura de red rígida.

7. **¿En qué sector el 5G habilita la telemedicina de alta calidad, permitiendo la atención médica sin que el especialista y el paciente se encuentren en el mismo lugar?**

   a. Industria
   b. Salud
   c. Transporte
   d. Agricultura

8. **¿Cuál de las siguientes profesiones se encarga de diseñar, implementar y mantener redes 5G?**

   a. Desarrollador de aplicaciones 5G.
   b. Ingeniero de sistemas de IoT.
   c. Ingeniero de redes 5G.
   d. Especialista en ciberseguridad de 5G.

9. **¿Cuál es uno de los impactos económicos directos de la implementación de redes 5G?**

   a. Incremento de la demanda de profesionales en áreas como las telecomunicaciones.
   b. Reducción de empleo en el sector de la tecnología de la información (TIC).
   c. Desaceleración del crecimiento económico.
   d. Disminución de la competitividad global de los países adoptantes.

10. **¿Cómo el 5G contribuye a la Industria 4.0 al habilitar la combinación con la inteligencia artificial (IA)?**

   a. Mejorando la velocidad de impresoras industriales.
   b. Permitiendo la transmisión rápida de correos electrónicos en entornos de fabricación.
   c. Facilitando la implementación de aplicaciones de IA en tiempo real para el mantenimiento predictivo y la automatización industrial avanzada.
   d. Optimizando la comunicación telefónica en la cadena de producción.

Identificación de la tecnología y servicios del 5G

Contenido

1. Introducción
2. Aproximación a la historia y evolución de las redes móviles
3. Conocimiento de las redes 5G
4. Identificación de oportunidades de mercado y nuevas profesiones
5. Verticalización del 5G. Ámbitos de aplicación
6. Análisis de casos de uso de 5G
7. Aplicación al teletrabajo y puesto de trabajo digital
8. Resumen

Objetivos:

El objetivo general de esta Unidad de Aprendizaje es:

→ Adquirir un conocimiento integral sobre la tecnología y servicios del 5G, comprendiendo su historia, evolución, oportunidades de mercado, aplicaciones, casos de uso y su impacto en el teletrabajo y el puesto de trabajo digital.

Los objetivos específicos de esta Unidad de Aprendizaje son:

→ Identificar hitos tecnológicos y regulaciones clave en la historia de las redes móviles.

→ Reconocer la importancia de la 5G como una revolución en las comunicaciones móviles.

→ Analizar las características técnicas y arquitectura de las redes 5G.

→ Identificar los principales actores involucrados en la implementación de la tecnología 5G.

→ Explorar las oportunidades de negocio que el 5G ofrece en diferentes sectores.

→ Analizar el impacto económico y laboral de la adopción de la tecnología 5G.

→ Identificar los diversos ámbitos de aplicación de la tecnología 5G, como la industria, salud, ciudades inteligentes, etc.

→ Analizar casos de éxito en la implementación de 5G en diferentes industrias.

→ Explorar ejemplos concretos de aplicaciones y casos de uso de la tecnología 5G.

→ Analizar cómo el 5G impulsa la innovación en áreas como IoT, realidad virtual, vehículos autónomos, etc.

→ Evaluar el impacto de estos casos de uso en la vida cotidiana y la industria.

1. Introducción

En la actualidad, la tecnología móvil se ha convertido en un pilar fundamental de las personas y en un motor de transformación en todos los ámbitos de la sociedad. Una de las evoluciones tecnológicas más significativas en este campo es la llegada de las redes 5G, una revolución que promete cambiar la forma en que nos conectamos, trabajamos y vivimos.

Explorar la fascinante historia y evolución de las redes móviles, desde sus primeros pasos hasta el advenimiento de del 5G, identificando hitos tecnológicos y regulaciones clave en el camino, nos ayudará a comprender mejor la evolución tecnológica de las redes 5G y nos permitirá analizar sus características técnicas y su arquitectura, entendiendo cómo superan a sus predecesoras en velocidad, latencia y capacidad.

La 5G brinda grandes oportunidades de trabajo en diversos sectores, desde la industria y la salud hasta las ciudades inteligentes.

Es necesario dar importancia a la verticalización del 5G y a su variedad de aplicaciones en el mundo real. A través de casos de éxito entenderemos cómo esta tecnología está transformando industrias enteras y mejorando la vida de las personas en general.

El 5G desempeña un papel fundamental en el teletrabajo y el puesto de trabajo digital. Esta tecnología habilita nuevas formas de trabajo y explora las herramientas y tecnologías que permiten un entorno laboral más flexible y eficiente.

Para facilitar el aprendizaje, nos seguiremos basando en el caso de Marta, Carlos, Ana y Luis un grupo de amigos apasionados de la tecnología y de la programación en busca de nuevos retos.

2. Aproximación a la historia y evolución de las redes móviles

☞ HILO CONDUCTOR

Después de su exitoso viaje en el mundo de la seguridad de la información, Marta, Carlos, Ana y Luis decidieron explorar la historia y evolución de las redes móviles como un paso más en su aprendizaje tecnológico. Comenzaron a investigar cómo había avanzado la comunicación inalámbrica desde los primeros teléfonos móviles hasta la llegada de la red 5G. A medida que exploraban los hitos tecnológicos, comprendieron cómo cada generación de redes móviles había habilitado nuevas posibilidades y cómo el 5G estaba a punto de revolucionar la conectividad en todo el mundo.

La historia y evolución de las redes móviles son un viaje fascinante a través del tiempo, marcado por avances tecnológicos significativos que han transformado la forma en que las personas se comunican y conectan en el mundo digital. A lo largo de este epígrafe se explorarán los hitos clave en la historia de las redes móviles, desde sus inicios hasta la llegada del 5G. Con ello se pretende entender cómo estas redes se han desarrollado y habilitado la comunicación móvil tal como se conoce hoy en día.

Evolución del teléfono

El concepto de "hito tecnológico" en el contexto de las redes móviles hace referencia a un evento o avance significativo que marca un cambio notable en la tecnología y la evolución de las comunicaciones inalámbricas.

 SABÍAS QUE...

Los hitos tecnológicos representan momentos cruciales en el desarrollo de las redes móviles, introduciendo nuevas capacidades, estándares o tecnologías

Continúa en página siguiente >>

<< *Viene de página anterior*

que tienen un impacto sustancial en la forma en que las personas se conectan y se comunican a través de dispositivos móviles.

2.1. Comprender la evolución de las redes móviles

Las **redes móviles** han recorrido un largo camino desde sus primeros días. Inicialmente, en la década de 1980, las redes móviles eran analógicas y se centraban principalmente en proporcionar llamadas de voz. La tecnología avanzó hacia las redes de segunda generación (2G), que introdujeron la capacidad de enviar mensajes de texto. Las redes 3G permitieron la transferencia de datos a velocidades más altas, lo que permitió allanar el camino para la navegación web y el correo electrónico en dispositivos móviles. Las redes 4G llevaron la conectividad a un nivel completamente nuevo, permitiendo la transmisión de vídeo en alta definición y habilitando la explosión de aplicaciones móviles.

Finalmente, llegamos al 5G, la quinta generación de redes móviles, que está redefiniendo la forma en que las personas usuarias se conectan. El 5G ofrece velocidades de descarga ultrarrápida, latencia mínima y la capacidad de conectar una multitud de dispositvos de forma simultánea. Esto abre la puerta a aplicaciones revolucionarias e innovadoras como vehículos autónomos, ciudades inteligentes *(smartcity)*, realidad virtual, etc. Comprender esta evolución es esencial para apreciar cómo el 5G representa un salto cuántico en la conectividad móvil.

2.2. Identificar hitos tecnológicos y regulaciones clave

A lo largo de esta evolución, varios **hitos tecnológicos** y **regulaciones** desempeñaron un papel fundamental en la conformación de las redes móviles.

En definitiva, estos avances tecnológicos en cuanto a las redes móviles se refieren, pueden resumirse en estos principales hitos:

2G (Segunda Generación)
Introducción de la tecnología digital en las redes móviles, permitiendo la transmisión de datos y mejor calidad de voz en comparación con las redes analógicas de la primera generación.

3G (Tercera Generación)
Habilitó la transmisión de datos de alta velocidad, lo que se tradujo en la proliferación de servicios de datos móviles, videoconferencias y navegación por internet en dispositivos móviles.

4G (Cuarta Generación)
Proporcionó velocidades de conexión significativamente más rápidas y una mayor capacidad para admitir servicios de transmisión de vídeo en alta definición (HD) y aplicaciones mucho más avanzadas.

Despliegue de LTE *(Long-Term Evolution)*
Un estándar de red 4G que mejoró aún más la velocidad y eficiencia de las conexiones inalámbricas, facilitando el camino para la transición completa a la tecnología 4G.

Desarrollo y despliegue de 5G (Quinta Generación)
La introducción de la tecnología 5G representa un hito actual, ya que ofrece una mayor velocidad, menor **latencia** y una capacidad de conexión masiva. Esto permite una mayor cantidad de dispositivos conectados y nuevas aplicaciones innovadoras.

NOTA

Estos hitos tecnológicos han sido cruciales para la evolución de las redes móviles, mejorando la eficiencia, la velocidad y la capacidad, y brindando nuevas posibilidades para la conectividad inalámbrica.

Uno de los momentos más significativos en cuanto a avances, fue la introducción de los **estándares GSM** *(Global System for Mobile Communications)* en la década de 1990, que estableció las bases para la interoperabilidad de las redes móviles en todo el mundo.

Logotipo de GSM (Global System for Mobile Communications)

El GSM o sistema global para comunicaciones móviles, es un estándar de comunicaciones móviles que fue introducido en los años 1990 y jugó un papel fundamental en la evolución de las redes móviles. Este estándar estableció una plataforma global para la telefonía móvil, permitiendo la interoperabilidad entre diferentes redes y dispositivos en todo el mundo. Fuente imagen: Desconocida bajo licencia de Dominio público.

Existen una serie de elementos que caracterizan el estándar GSM:

◗ **Digitalización de señales.** El GSM marcó la transición de la comunicación móvil desde sistemas analógicos a digitales. Esta digitalización permitió:

◗ Una mejor calidad de voz.
◗ Mayor eficiencia en el uso del espectro, y:
◗ La capacidad de transmitir datos.

◗ **Tarjetas SIM.** Introdujo el uso de tarjetas SIM *(Subscriber Identity Module)*, que almacenan información clave del usuario y permiten la portabilidad del servicio entre dispositivos. Esta característica ha sido esencial para:

◗ La flexibilidad y movilidad en las comunicaciones móviles.

◗ **Estándar de conmutación de circuitos.** Utilizó conmutación de circuitos para establecer conexiones de voz. Este enfoque garantizaba:

◗ Una conexión constante durante una llamada, aunque requería un ancho de banda constante incluso en momentos de silencio.

⊃ **Seguridad mejorada.** El GSM incorporó:

    U Mejoras significativas en la seguridad de las comunicaciones, utilizando **algoritmos de cifrado** para proteger las transmisiones de voz y datos.

Igualmente, otro hito importante fue la implementación de **regulaciones de espectro radioeléctrico.** Este hecho fue clave para garantizar la asignación adecuada de frecuencias para las redes móviles.

 **DEFINICIÓN**

Regulaciones espectro radioeléctrico

Son normas gubernamentales que permitieron la expansión de la cobertura móvil y la capacidad de las redes.

- -

Las normativas surgidas a raíz del desarrollo del espectro radioeléctrico son significativas por varios motivos:

Prevención de interferencias
Establecer límites y asignaciones específicas con idea de evitar interferencias entre diferentes servicios de comunicación y garantizar la calidad y confiabilidad de las redes móviles.

Optimización del espectro
Las regulaciones permiten la asignación eficiente del espectro, asegurando que las frecuencias se utilicen de manera óptima para maximizar la capacidad y la cobertura de las redes móviles.

Promoción de la competencia
Las regulaciones también pueden fomentar la competencia al garantizar que diferentes proveedores tengan acceso equitativo al espectro. Esto beneficia a las personas consumidoras al ofrecer opciones y servicios de mejor calidad.

Continúa en página siguiente >>

<< Viene de página anterior

> **Expansión de la cobertura**
> La planificación adecuada del espectro facilita la
> expansión de la cobertura de las redes móviles,
> permitiendo que más áreas geográficas sean atendidas
> y más usuarios se beneficien de estos servicios.

2.3. Reconocer la importancia de la 5G

La llegada de la 5G ha sido uno de los hitos más significativos en la historia de las redes móviles. No es solo una mejora incremental, también ha significado una revolución en las comunicaciones móviles.

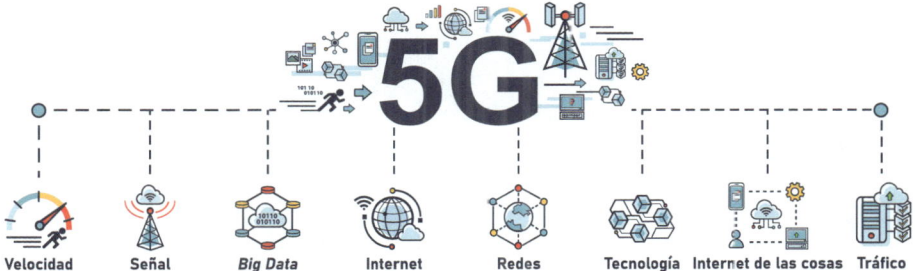

| Velocidad | Señal | *Big Data* | Internet | Redes | Tecnología | Internet de las cosas | Tráfico |

La 5G está diseñada para brindar una conectividad excepcionalmente rápida y confiable, lo que convierte en una habilitadora clave del Internet de las Cosas (IoT), la inteligencia artificial y una amplia gama de aplicaciones avanzadas.

La red 5G no solo promete velocidades de descarga más veloces, sino que también reduce significativamente la **latencia.** Esta circunstancia es fundamental para aplicaciones en tiempo real como, por ejemplo, la cirugía asistida por robots y los vehículos autónomos, así como otras muchas innovaciones tecnológicas.

La latencia es un concepto que hace referencia al tiempo que tarda un conjunto de datos en viajar desde el origen hasta el destino, específicamente el tiempo que transcurre entre el envío de una señal y la recepción de la respuesta. En el contexto de las redes y de las comunicaciones, la latencia se mide generalmente en milisegundos y es un indicador crítico de la eficiencia y la velocidad de una red.

EJEMPLO

Imagina que estás jugando a un juego *online* en el que necesitas reaccionar rápidamente a las acciones de otros jugadores. La latencia en este caso se manifestaría como el tiempo que transcurre desde que realizas una acción (como presionar un botón para disparar) hasta que ves la respuesta en la pantalla (el disparo efectuado o la reacción del entorno en el juego).

Imagina ahora que tienes una latencia de red baja de 20 ms. Esto significa que, después de presionar el botón, verías la respuesta en tan solo 20 ms. En cambio, si la latencia fuera alta, por ejemplo, de 200 ms, experimentarías un retraso más significativo entre tu acción y la respuesta en el juego. Esta velocidad afectaría negativamente a tu experiencia de juego.

¿Imaginas el papel de la latencia en una intervención quirúrgica "a distancia" con una mano quirúrgica robotizada?

Reconocer la importancia de la 5G en la actualidad y en el futuro es esencial para comprender cómo esta tecnología está transformando la sociedad y la manera en que las personas se relacionan en la era digital.

NOTA

La revolución del 5G está en marcha, en consecuencia, la sociedad actual está experimentando un cambio de paradigma en las comunicaciones móviles.

3. Conocimiento de las redes 5G

HILO CONDUCTOR

Impresionados por la historia de las redes móviles, Marta, Carlos, Ana y Luis se sumergieron en el mundo de las redes 5G. Aprendieron las características técnicas de esta nueva generación de redes, incluyendo su alta velocidad y su

Continúa en página siguiente >>

<< Viene de página anterior

baja latencia. También se dieron cuenta de cómo el 5G se estaba convirtiendo en la base para la próxima ola de innovación tecnológica, permitiendo aplicaciones como la realidad aumentada y el Internet de las Cosas (IoT). Comprendieron que el 5G estaba a punto de cambiar la forma en que las personas se comunican y trabajan.

Como ya se ha observado, las redes 5G representan un avance tecnológico significativo en el mundo de las comunicaciones. Con su implementación se espera una revolución en la conectividad y en la utilización de los dispositivos móviles. A lo largo de este epígrafe se ahondará en las características técnicas y la arquitectura de las redes 5G, destacando cómo se diferencian de las redes 4G y quiénes son los principales actores que están impulsando su implementación.

Entre otras cosas, al estándar 5G es mucho más rápido que su predecesor, el 4G.

3.1. Características técnicas y arquitectura de las redes 5G

Las redes 5G están diseñadas para proporcionar una conectividad móvil excepcionalmente rápida y confiable. Para lograr esto, se basan en una serie de características técnicas y una arquitectura avanzada:

➲ **Velocidad.** La red 5G ofrece velocidades de descarga significativamente más rápidas que las redes 4G. En algunas implementaciones, se pueden alcanzar velocidades de gigabit por segundo, lo que significa que permite descargas instantáneas de contenido en alta definición.

- **Latencia mínima.** La latencia es el tiempo que transcurre desde que se envía una solicitud de datos hasta que se recibe una respuesta. El 5G reduce la latencia a niveles extremadamente bajos. Esta característica es esencial para aplicaciones en tiempo real como videoconferencias y juegos online basados en la nube.
- **Capacidad mejorada.** Las redes 5G pueden manejar una mayor cantidad de dispositivos conectados de manera simultánea. Esta particularidad es esencial para el creciente **internet de las cosas (IoT)** y la conectividad de **dispositivos inteligentes** en hogares y ciudades.
- **Espectro de frecuencia más amplio.** El 5G utiliza un espectro de frecuencia mucho más amplio, incluyendo ondas milimétricas. Esto permite una mayor capacidad y velocidad. Sin embargo, estas frecuencias de alta frecuencia también tienen un alcance más limitado, lo que significa que requiere una infraestructura de torres y estaciones base más densa.
- **Arquitectura de red flexible.** La arquitectura de red 5G es altamente flexible y se basa en tecnologías como *Network Function Virtualization* (**NFV**) y *Software-Defined Networking* (**SDN**). Esto permite una configuración y gestión más eficientes de la red y una mayor adaptabilidad a las necesidades cambiantes.

Arquitectura de las redes 5G

El principal propósito de las generaciones previas de redes móviles era proporcionar servicios de datos móviles y confiables a las personas usuarias. Sin embargo, la tecnología 5G ha ampliado significativamente este objetivo al ofrecer una variedad mucho más amplia de servicios inalámbricos a través de diversas plataformas y redes multicapa.

Es posible afirmar que, la arquitectura de las redes 5G, se caracteriza por presentar un marco de trabajo realmente dinámico y flexible que permite dar sustento a diversas aplicaciones.

La tecnología 5G introduce una arquitectura más inteligente, especialmente en las redes de acceso por radio denominadas RAN, que ya no están limitadas por la complejidad de la infraestructura o por la proximidad de las estaciones base.

Al no verse las redes condicionadas por infraestructuras complejas, se facilita el camino hacia una **RAN virtual, flexible** y **desagregada.** Conceptos que hacen referencia a una evolución en la arquitectura de red inalámbrica, específicamente dentro del contexto de las redes móviles, como el 5G. Veamos qué significan estos términos:

Virtual	Significa que ciertas funciones y componentes de la RAN se ejecutan en entornos virtualizados en lugar de depender completamente de hardware físico. Esto proporciona flexibilidad en la asignación de recursos y permite una gestión más eficiente de la red.
Flexible	Se trata de la capacidad de adaptarse y escalar según las demandas cambiantes del tráfico y las aplicaciones. Una RAN flexible puede ajustar dinámicamente sus recursos para optimizar el rendimiento en tiempo real.
Desagregada	Implica la separación de componentes y funciones específicas dentro de la RAN. En lugar de tener una estructura monolítica, donde todas las funciones están integradas, una RAN desagregada divide estas funciones, permitiendo la implementación independiente de cada una. Esta característica facilita la actualización y la introducción de nuevas tecnologías sin afectar toda la red.

Otra importante característica de este tipo de arquitecturas es que cuentan con nuevas interfaces que crean puntos de acceso de datos adicionales. O lo que es lo mismo, el 5G no solo se trata de velocidad de conexión, sino que redefine la infraestructura de red para adaptarse mejor a diversas aplicaciones y servicios.

◎ EJEMPLO

En lugar de solo ofrecer velocidades de descarga más rápidas, el 5G facilita la implementación de aplicaciones como vehículos autónomos, salud remota y ciudades inteligentes al proporcionar una infraestructura más eficiente y versátil.

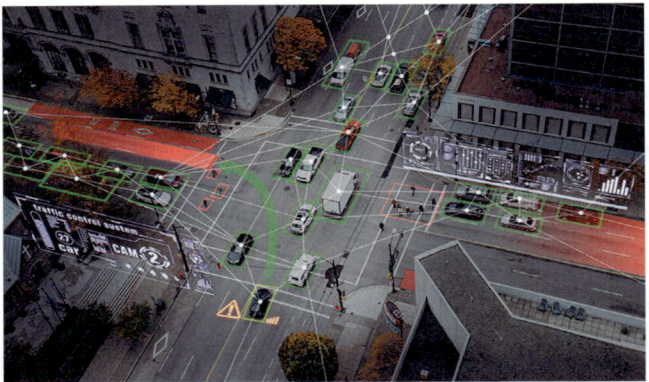

Simulación integrada del sistema de control y conducción autónoma en una ciudad inteligente.

Iniciativa 3GPP para el diseño de la arquitectura 5G

El Proyecto de Asociación de Tercera Generación, conocido como 3GPP, aborda diversas tecnologías de telecomunicaciones entre las que están las redes de acceso por radio o RAN, **redes centrales de transporte** y **funciones de servicios:**

➲ **Redes centrales de transporte.** Son la infraestructura y los sistemas que gestionan la transmisión de datos entre las estaciones base, que son donde conectan los dispositivos móviles, y otros elementos de la red, como las redes de acceso por radio (RAN) y los servidores centrales.

Estas redes se encargan de transportar la información de manera eficiente y segura entre diferentes partes de la red móvil.

⊃ **Funciones de servicios.** Son los servicios y capacidades específicas que proporciona una red. En el contexto de las telecomunicaciones, estas funciones incluyen servicios como la autenticación de usuarios, la gestión de llamadas, el enrutamiento de datos, la seguridad de la red, etc. En esencia, las funciones de servicios son los distintos elementos y procesos que permiten que una red móvil ofrezca una variedad de servicios a los usuarios finales.

El enfoque del 3GPP en la arquitectura de red 5G se orienta más hacia los servicios que las generaciones anteriores, promoviendo **modularidad, reusabilidad** y **autosuficiencia** en las funciones de red. Estos tres conceptos son principios de diseño que buscan optimizar la eficiencia, flexibilidad y mantenimiento de las funciones de red en el contexto de las telecomunicaciones. Veamos cada uno de estos términos:

⊃ **Modularidad.** La modularidad implica dividir un sistema o una red en módulos independientes y autónomos, cada uno de los cuales realiza una función específica. Estos módulos, o bloques de construcción, son intercambiables y se pueden modificar sin afectar el funcionamiento global del sistema.

Por ejemplo, en el contexto de funciones de red, la autenticación de usuarios, la gestión de tráfico y la seguridad podrían ser módulos separados y modulares. Esto significa que si se necesita actualizar la seguridad, se podría cambiar el módulo de seguridad sin afectar a otras funcionalidades.

⊃ **Reusabilidad.** La reusabilidad implica diseñar funciones de red de manera que puedan ser utilizadas en diferentes contextos o aplicaciones sin necesidad de modificaciones significativas. Un componente reutilizable permite ser implementado en diversas partes de la red sin perder su funcionalidad.

Por ejemplo, si una función de cifrado es diseñada para ser reutilizable, podría ser implementada en diferentes puntos de la red para garantizar la seguridad de la comunicación en cada uno de esos puntos.

⊃ **Autosuficiencia.** La autosuficiencia hace referencia a la capacidad de una función de red para operar de manera independiente y sin depender en exceso de otros componentes. Una función autosuficiente puede cumplir su propósito sin requerir continuamente la intervención de otras funciones.

Por ejemplo, una función de enrutamiento autosuficiente puede tomar decisiones de enrutamiento sin depender en exceso de otras funciones de la red, lo que permitiría contribuir a una operación mucho más eficiente.

IMPORTANTE

Con los principios de diseño (modularidad, reusabilidad y autosuficiencia), se busca crear funciones de red más flexibles, mantenibles y adaptables a medida que evolucionan las necesidades y tecnologías de las telecomunicaciones.

- -

APLICACIÓN PRÁCTICA

A continuación, se presentan varias definiciones que tendrás que relacionar con su correspondiente concepto (modularidad, reusabilidad, autosuficiencia):

1. **Hace referencia a la capacidad de una función de red para operar de manera independiente y sin depender en exceso de otros componentes. Una función autosuficiente puede cumplir su propósito sin requerir continuamente la intervención de otras funciones.**
2. **Implica diseñar funciones de red, de manera que puedan ser utilizadas en diferentes contextos o aplicaciones sin necesidad de modificaciones significativas. Un componente reutilizable permite ser implementado en diversas partes de la red sin perder su funcionalidad.**
3. **Implica dividir un sistema o una red en módulos independientes y autónomos, cada uno de los cuales realiza una función específica. Estos módulos, o bloques de construcción, son intercambiables y se pueden modificar sin afectar el funcionamiento global del sistema.**

Solución

Las respuestas serían:

1. Autosuficiencia
2. Reusabilidad
3. Modularidad

Estos módulos, considerados bloques de construcción, son intercambiables y modificables sin afectar el funcionamiento global del sistema.

Continúa en página siguiente >>

<< Viene de página anterior

Hay que destacar que la tecnología 5G utiliza una amplia gama de frecuencias que van desde ondas milimétricas hasta frecuencias de la banda C.

 **DEFINICIÓN**

Banda C
Es una parte del espectro electromagnético que abarca ciertas frecuencias específicas. Dentro del contexto de las telecomunicaciones y de las redes móviles, la banda C hace referencia generalmente a un rango de frecuencias en el espectro de microondas. Las frecuencias exactas pueden variar según las regiones geográficas y los estándares de telecomunicaciones específicos, pero generalmente caen en el rango de 3.7 GHz a 3.98 GHz.

Algunos puntos clave sobre las frecuencias de la banda C son los siguientes:

1. **Uso en telecomunicaciones.** Las frecuencias de la banda C se utilizan en diversas aplicaciones de telecomunicaciones, entre las que están las comunicaciones por satélite, las transmisiones de televisión por satélite, los enlaces de microondas y algunas implementaciones de tecnologías inalámbricas.
2. **Características técnicas.** Las frecuencias de la banda C son parte de las microondas, esto se traduce en que tienen longitudes de onda más corta en comparación con frecuencias más bajas. Esta característica hace que sean más adecuadas para ciertos tipos de comunicaciones de alta frecuencia y transmisiones a largas distancias.
3. **Reasignación para 5G.** En el contexto de la tecnología 5G, algunas frecuencias de la banda C y otras bandas están siendo consideradas y reasignadas para ampliar el espectro disponible y satisfacer la creciente demanda de capacidad y velocidad en las redes móviles.

NOTA

Es importante señalar que las bandas de frecuencia y sus asignaciones específicas pueden variar según las regulaciones y los estándares adoptados en diferentes regiones del mundo.

Tanto la amplia gama de frecuencias que permite la adaptación a diferentes aplicaciones como la computación perimetral multiacceso o MEC son esenciales para la arquitectura 5G. Esto es así porque proporcionan baja latencia, alto ancho de banda y acceso en tiempo real a la información de la red RAN.

Por otra parte, la virtualización de funciones de red permite la creación de un ecosistema 5G al separar el *software* del *hardware*.

La arquitectura de red RAN 5G también se beneficia de la desagregación, liderada por iniciativas como la **alianza O-RAN,** mejorando la flexibilidad y facilitando nuevas oportunidades de competencia.

La Alianza O-RAN *(Open Radio Access Network)* que traducido al español significa Alianza de Acceso Radio Abierto, es una iniciativa en la industria de las telecomunicaciones que promueve la desagregación y apertura de la infraestructura de acceso radioeléctrico (RAN). En términos más sencillos, busca separar y abrir las partes clave de las redes móviles, como son las estaciones base, con idea de fomentar la interoperabilidad y la innovación.

La **interfaz eCPRI** *(Evolved Common Public Radio Interface)*, la segmentación de redes y la conformación de haces son tecnologías clave para la eficacia de la arquitectura 5G, permitiendo redes virtuales y optimizando recursos para diversos casos de uso, como el IoT. La conformación de haces masiva es particularmente revolucionaria, pues utiliza conjuntos de antenas MIMO para enviar paquetes de datos de manera eficiente, abordando los desafíos de ancho de banda de la tecnología 5G.

Los **principales clave de la conformación de haces masiva** son los siguientes:

Múltiples antenas
La tecnología Massive MIMO implica la implementación de un gran número de antenas en las estaciones base, mucho más que las soluciones tradicionales.

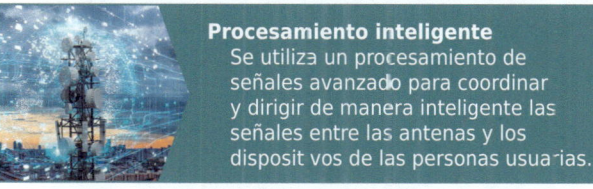

Procesamiento inteligente
Se utiliza un procesamiento de señales avanzado para coordinar y dirigir de manera inteligente las señales entre las antenas y los dispositivos de las personas usuarias.

Formación de Haces
En lugar de transmitir señales de manera omnidireccional, la tecnología Massive MIMO permite formar haces direccionales precisos hacia los usuarios específicos. Esto mejora a eficiencia espectral y la capacidad de la red.

 **EJEMPLO**

Vislumbremos una ciudad inteligente *(smartcity)* que implementa tecnología 5G para mejorar diversos aspectos de la vida de las personas. La amplia gama de frecuencias utilizadas en la red 5G permite adaptarse a diversas aplicaciones en la ciudad. Por ejemplo, la computación perimetral multiacceso garantiza que los dispositivos conectados en la ciudad, como semáforos inteligentes y sensores de tráfico, puedan acceder rápidamente a información crítica con baja latencia, esto permite una gestión eficiente del tráfico en tiempo real.

Además, la virtualización de funciones de red en la infraestructura de la ciudad separa el *software* del *hardware,* creando un ecosistema ágil para la red 5G. La arquitectura de red RAN 5G, impulsada por la desagregación respaldada por la alianza O-RAN, brinda flexibilidad a la ciudad al facilitar la integración de

Continúa en página siguiente >>

<< Viene de página anterior

nuevas tecnologías y crear oportunidades para la competencia entre proveedores de servicios.

La *smartcity* también se beneficia de tecnologías clave como la interfaz eCPRI, que optimiza las pruebas de la red, la segmentación de redes para gestionar eficazmente distintos casos de uso, y la conformación de haces masiva, revolucionando la transmisión de datos eficientemente. En este escenario, la tecnología 5G mejora la calidad de vida de las personas al permitir una conectividad inteligente y optimizada a lo largo y ancho de la ciudad.

 ACTIVIDAD COMPLEMENTARIA

2. Son muchas las tendencias y posibilidades que se discuten sobre cómo el 5G está cambiando la vida de las personas. A continuación, se propone un hilo de debate para discutir sobre las siguientes cuestiones. Ofrece tu opinión al respecto:

   · ¿Cómo crees que las redes 5G podrían evolucionar para abordar desafíos específicos o mejorar aún más la vida de las personas?
   · ¿Qué avances tecnológicos adicionales podrían aprovechar las redes 5G para crear nuevas experiencias o servicios?
   · ¿Cuáles crees que serían los mayores beneficios y desafíos para las personas en un mundo impulsado por la tecnología 5G?

Núcleo de red 5G

La arquitectura del núcleo de redes 5G describe la conformación de haces masiva, que como se ha dicho se trata de una tecnología avanzada en comunicaciones inalámbricas, particularmente en 5G. En lugar de transmitir señales inalámbricas de manera tradicional en todas direcciones, la conformación de haces masiva utiliza un gran número de antenas en las estaciones base para dirigir de manera precisa las señales hacia usuarios específicos.

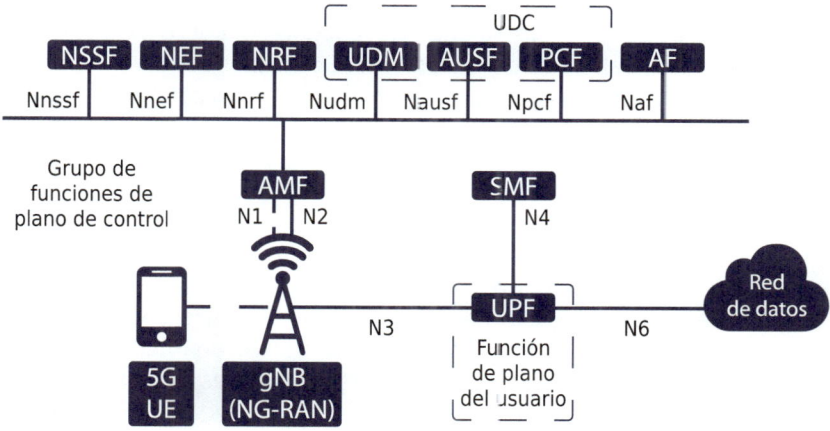

Para comprender esta arquitectura, basta imaginar una estación base de telefonía móvil equipada con una gran cantidad de antenas en vez de las pocas que se utilizaban antes. En lugar de enviar señales en todas direcciones, estas antenas pueden trabajar juntos para enfocar haces de señales hacia dispositivos móviles específicos, como teléfonos inteligentes. Esto es similar a apuntar un foco de luz directamente hacia un área específica en lugar de iluminar todo el entorno.

Son varios los beneficios que otorga la arquitectura del núcleo 5G. Entre ellos están los siguientes:

Mejora de la capacidad
Con más antenas, la estación base puede manejar más conexiones simultáneas, mejorando la capacidad total de la red.

Eficiencia espectral
Al enfocar las señales, se reduce la interferencia, permitiendo un uso más eficiente del espectro de radio.

Mayores velocidades de datos
Al dirigir haces usuarios específicos, se logra una transmisión de datos más rápida y eficiente.

Para transitar de la tecnología 4G a la 5G de una forma óptima, es fundamental llevar a cabo un proceso gradual y seguir una estrategia correctamente planificada. Un elemento esencial en este cambio es la progresiva transición de las opciones de arquitectura de la tecnología 5G desde el modo no independiente al modo independiente. En el estándar no independiente de la tecnología 5G, finalizado a fines de 2017, se utilizan las redes centrales y RAN LTE existentes como punto de anclaje, con la adición de una portadora de componentes 5G. Aunque este modo aún depende de la arquitectura existente de la tecnología 4G, logra aumentar el ancho de banda incorporando frecuencias de ondas milimétricas.

Por el contrario, el modo independiente de la tecnología 5G implica la implementación completa de la tecnología 5G desde cero, con una nueva arquitectura de núcleo de red y la implementación total de todos los componentes de *hardware,* características y funciones específicas de la tecnología 5G. Conforme el modo no independiente cede gradualmente ante las nuevas implementaciones de arquitecturas de red móvil 5G, una cuidadosa planificación e implementación asegurarán una transición fluida para la base de usuarios.

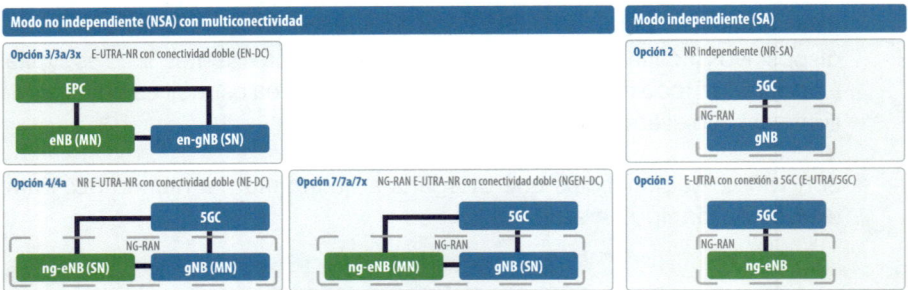

Opciones de arquitectura para la impementación de redes 5G NR

Adopción de la arquitectura a nivel geográfico

La **expansión de la tecnología 5G a nivel global requiere una colaboración coordinada** a escala mundial para integrarla en diferentes regiones geográficas.

Regiones tecnológicamente avanzadas como Norteamérica, Asia y Europa están liderando la implementación, mientras que otros países están siguiendo simplemente su ejemplo. Actualmente, existen cientos de redes 5G activas en todo el mundo, y se proyecta que las conexiones móviles 5G superarán los 2.000 millones para el año 2025.

Ahora bien, la implementación de la tecnología 5G ha presentado desafíos en Europa debido a la proximidad de los países vecinos y la proliferación de portadoras. Aunque en otras reg ones la adopción ha experimentado ciertos retrasos, la Comisión Europea ha establecido la **brújula digital,** una política que busca garantizar el acceso a la tecnología 5G en todas las áreas habitadas para el año 2030.

 SABÍAS QUE...

Países industrializados como China, Japón e India están realizando inversiones significativas en la transición a la tecnología 5G impactando positivamente en los sectores de fabricación, diseño de dispositivos electrónicos y *software* en todo el mundo. En India, los principales proveecores de servicios de telecomunicaciones planean lanzar servicios 5G después de una subasta de espectros en agosto de 2022, y se estima que China tendrá instala das 3,64 millones de estaciones base 5G para 2025. Este despliegue global destaca la importancia del 5G en la globalización y su papel crucial en e desarrollo tecnológico a nivel mundial.

Seguridad

La implementación de la tecnología 5G trae consigo beneficios significativos en términos de rendimiento y variedad de aplicaciones, aprovechando recursos basados en la nube, virtualización, segmentación de redes y otras tecnologías emergentes.

Los siguientes ejemplos ilustran cómo la tecnología 5G impulsa mejoras significativas en diferentes sectores, brindandc beneficios tangibles en términos de rendimiento y diversidad de aplicaciones:

➲ **Rendimiento mejorado en *streaming* de vídeo:**

　 ◊ **Antes del 5G.** Con tecnologías anteriores, la transmisión de vídeos en alta definición podía experimentar interrupciones y tiempos de carga prolongados.
　 ◊ **Con 5G.** La velocidad mejorada permite la transición sin problemas de contenido en ultra alta definición (UHD) y realidad virtual (VR) sin demoras, ofreciendo una experiencia de visualización ininterrumpida.

➲ **Aplicaciones de Realidad Aumentada (AR) en el comercio minorista:**

- ☝ **Antes del 5G.** Las aplicaciones de AR podían ser lentas y limitadas, afectando la experiencia del usuario.
- ☝ **Con 5G.** La baja latencia de 5G permite aplicaciones de AR en tiempo real para compras virtuales, donde los clientes pueden ver productos en 3D antes de adquirirlos, mejorando la toma de decisiones y la satisfacción de la clientela.

➲ **IoT en la agricultura inteligente:**

- ☝ **Antes del 5G.** La recopilación de datos en tiempo real en entornos agrícolas podía ser limitada y no siempre práctica.
- ☝ **Con 5G.** Sensores y dispositivos IoT en campos agrícolas pueden proporcionar datos continuos sobre condiciones del suelo, clima y crecimiento de cultivos. Esto permite una gestión más eficiente y precisa de los recursos, mejorando el rendimiento de las cosechas.

➲ **Telemedicina de alta calidad:**

- ☝ **Antes del 5G.** Las consultas médicas en línea podían tener limitaciones en términos de calidad de vídeo y comunicación.
- ☝ **Con 5G.** La tecnología 5G facilita consultas médicas en tiempo distancia.

NOTA

Aunque la velocidad mejorada es una característica destacada de la tecnología 5G, su impacto va más allá. Se considera una revolución industrial debido a su influencia en diversos sectores, desde el transporte hasta la agricultura. La arquitectura polifacética de la tecnología 5G con componentes como MEC, NFV, tecnología MIMO masiva y una arquitectura de núcleo de red basada en servicios, trabaja en conjunto para ofrecer la próxima generación de servicios. Las soluciones de prueba específicas para la tecnología 5G desempeñarán un papel crucial como facilitadores en la transición hacia este nuevo paradigma de comunicaciones.

A medida que la tecnología 5G amplía el modelo de confianza entre los clientes con más participantes en el proceso de prestación de servicios, se enfrenta a riesgos relacionados con el Internet de las cosas (IoT) y la proliferación de usuarios, generando una mayor cantidad de puntos finales no supervisados. Para abordar estos desafíos, la seguridad 5G incorpora características mejoradas, como la **autenticación unificada** y **esquemas de cifrado de clave pública** para reducir el riesgo de vulnerabilidades:

Autenticación unificada
La autenticación unificada en el contexto de la tecnología 5G hace referencia a un **método integral y coordinado de verificar la identidad de los usuarios y dispositivos que acceden a la red.** En lugar de depender de autenticaciones separadas para diferentes puntos de acceso, la autenticación unificada busca centralizar y simplificar el proceso. Esto implica un sistema coherente que sea capaz de verificar la identidad del usuario o dispositivo de forma eficiente, mejorando la seguridad al reducir las posibles vulnerabilidades.

Esquema de cifrado de clave pública
El esquema de cifrado de clave pública es una técnica criptográfica que utiliza un par de claves: **una clave pública y una clave privada.** En el contexto del 5G, este esquema se utiliza para cifrar y descifrar la información transmitida entre los dispositivos y la red. La clave pública es compartida y se utiliza para cifrar los datos, mientras que la clave privada, que solo la persona destinataria posee, se utiliza para descifrarlos. Este método proporciona una capa adicional de seguridad al proteger la información contra accesos no autorizados.

Para comprender mejor la autenticación unificada y el esquema de cifrado de clave pública en 5G basta con imaginar un usuario que se conecta a una red 5G desde su teléfono inteligente. En lugar de pasar por múltiples autenticaciones al cambiar entre torres de celdas o puntos de acceso, la autenticación unificada permitiría un proceso de verificación más fluido y coherente, simplificando la experiencia del usuario y fortaleciendo la seguridad.

Representación del acceso unificado 5G o autenticación unificada

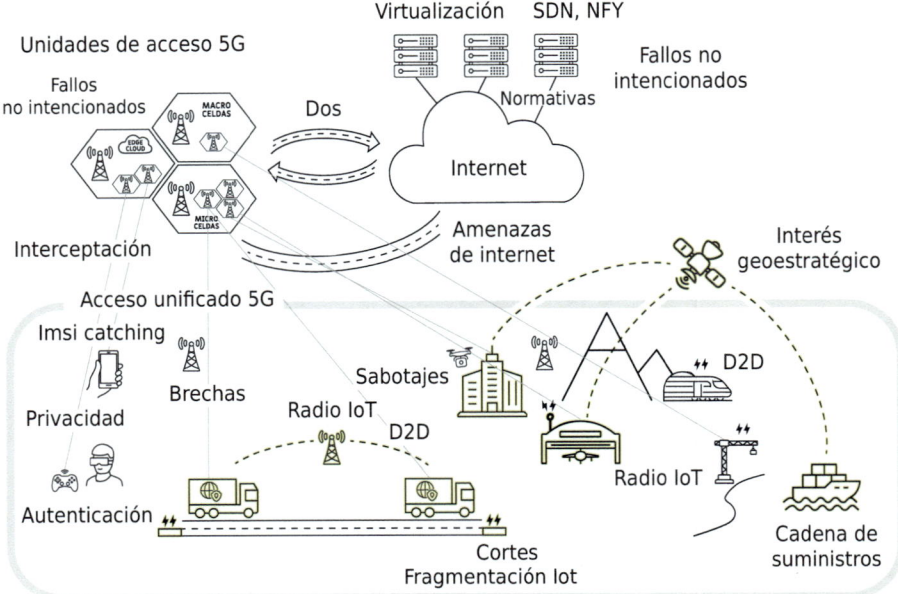

Por otra parte, si un usuario envía datos desde su dispositivo a través de una conexión 5G, esos datos se cifran con la clave pública antes de ser transmitidos. Solo la persona destinataria que posee la clave privada correspondiente puede descifrar y acceder a la información. Esto asegura que, incluso si los datos son interceptados durante la transmisión, no pueden ser comprendidos sin la clave correspondiente.

Criptografía de Clave Pública

Las **prácticas de seguridad recomendadas** incluyen la **monitorización continua de extremo a extremo de la red 5G.** Dada la virtualización de nodos críticos en la tecnología 5G es esencial evaluar constantemente la eficacia de la seguridad.

La monitorización continua de extremo a extremo en la red 5G implica un proceso constante y exhaustivo de supervisión que cubre todos los aspectos de la red, esto es, desde las aplicaciones y dispositivos hasta la arquitectura del sistema en su conjunto. Esta práctica se vuelve esencial debido a la virtualización de nodos críticos en la tecnología 5G, que incluye funciones de red clave. Veamos un desglose más detallado:

➲ **Aplicaciones:**

    ◊ **Supervisión activa.** Se realiza un seguimiento en tiempo real de las aplicaciones que utilizan la red 5G.

    ◊ **Rendimiento y disponibilidad.** Se evalúa el rendimiento de las aplicaciones y se verifica la disponibilidad para garantizar un funcionamiento óptimo.

Dispositivos:

- **Identificación y autenticación.** Se controla la identidad y autenticación de los dispositivos que se conectan a la red.
- **Seguridad del dispositivo.** Se verifica la conformidad con políticas de seguridad y se detectan posibles amenazas.

Arquitectura del sistema:

- **Nodos virtuales.** Dado que nodos críticos se virtualizan, se monitorea su rendimiento y seguridad.
- **Flujo de datos.** Se analiza el flujo de datos en toda la arquitectura para identificar posibles anomalías o intrusiones.

La virtualización de nodos críticos en la tecnología 5G significa que funciones clave, como servicios de red y almacenamiento, son representados ahora por un *software*. Esto hace que la evaluación continua de la seguridad sea vital debido a los siguientes aspectos:

Dinamismo de nodos virtuales
Al ser *software*, los nodos virtuales pueden cambiar dinámicamente, y su seguridad debe evaluarse constantemente para adaptarse a posibles amenazas.

Riesgos emergentes
La virtualización introduce nuevos riesgos de seguridad, como vulnerabilidades en el *software* o configuraciones incorrectas, que deben ser detectados y mitigados de manera proactiva.

Adaptación a amenazas evolutivas
La evaluación continua permite adaptarse a las amenazas en evolución, brindando una defensa robusta contra ataques y garantizando la integridad y confidencialidad de la red 5G.

IMPORTANTE

La monitorización continua de extremo a extremo y la evaluación de seguridad son prácticas esenciales para garantizar la fiabilidad y resistencia de la red 5G en un entorno dinámico y virtualizado.

3.2. Diferencias entre 4G y 5G

Para comprender completamente la red 5G es esencial compararla con la red 4G, su predecesora. Las diferencias clave entre ambas generaciones se centran en conceptos ya tratados, y en los que se profundizarán un poco más a través de una sencilla comparativa:

Velocidad	Mientras que las redes 4G ofrecen velocidades de descarga de hasta 100 megabits por segundo, las redes 5G pueden superar el gigabit por segundo en condiciones ideales. Esto supone que la red 5G es aproximadamente 10 veces más rápida que su red predecesora.
Latencia	Las redes 4G tienen una latencia típica de alrededor de 30 ms. Esta latencia es adecuada para la mayoría de las aplicaciones. En contraste, las redes 5G reducen la latencia a tan solo 1 ms, lo que significa que es esencial para ese tipo de aplicaciones en tiempo real y que pueden ser críticas.
Capacidad	Las redes 5G están diseñadas para manejar una mayor densidad de dispositivos por kilómetro cuadrado en comparación con las redes 4G. Esto es especialmente importante para entornos urbanos densamente poblados y para la creciente IoT.

 SABÍAS QUE...

La 5G tiene la capacidad de manejar grandes volúmenes de datos. Esta particularidad radica en varias características técnicas que son clave de esta tecnología de comunicación de quinta generación: mayor ancho de banda, mayor velocidad de descarga, baja latencia, uso de técnicas avanzadas de modulación, y la 5G introduce una arquitectura de red más avanzada, moderna y flexible.

- **Mayor ancho de banda.** La 5G opera en frecuencias más altas que sus predecesoras, lo que permite un mayor ancho de banda. Esta capacidad ampliada permite la transmisión simultánea de más datos, facilitando la gestión de grandes volúmenes de nformación.
- **Mayor velocidad de descarga.** La 5G ofrece velocidades de descarga significativamente más rápidas en comparación con las tecnologías anteriores.

Continúa en página siguiente >>

<< Viene de página anterior

Esto permite la transferencia rápida de datos entre dispositivos y servidores, facilitando el manejo eficiente de grandes cantidades de información.

- **Menor latencia.** La baja latencia de la 5G, es decir, el tiempo que tarda en transmitirse un paquete de datos desde el emisor hasta el receptor contribuye a la rápida respuesta de las aplicaciones y servicios. Esto es esencial al manejar grandes volúmenes de datos en tiempo real, como en el caso de la realidad virtual o la transmisión de video de alta calidad.
- **Uso de tecnologías avanzadas de modulación.** La 5G utiliza técnicas avanzadas de modulación para comprimir y descomprimir datos de manera eficiente. Esto maximiza la eficacia del espectro de frecuencias y aumenta la capacidad general de la red para manejar grandes flujos de datos.
- **Son redes de nueva arquitectura.** La 5G introduce una arquitectura de red más avanzada y flexible, que incluye la implementación de tecnologías como la red de acceso por radio (RAN) virtualizada y la computación en el borde. Estas características permiten un procesamiento de datos más cercano al usuario final, reduciendo la congestión de la red y mejorando la capacidad para gestionar grandes cantidades de datos de manera eficiente.

3.3. Principales actores involucrados en la implementación de la tecnología 5G

La **implementación de las redes 5G** es un esfuerzo colaborativo que involucra a diversos actores. Estos van desde proveedores de servicios de telecomunicaciones hasta fabricantes de equipos y organismos reguladores:

- ⮞ **Proveedores de servicios de telecomunicaciones.** Empresas como Verizon, AT&T, y Telefónica están desplegando redes 5G en todo el mundo, ofreciendo servicios de conectividad 5G a los consumidores y empresas.
- ⮞ **Fabricantes de equipos.** Empresas como Nokia, Ericsson, y Huawei están desarrollando la infraestructura de red necesaria para habilitar las redes 5G. Esto incluye estaciones base, antenas y equipamiento central.
- ⮞ **Reguladores y Gobiernos.** Los reguladores gubernamentales desempeñan un papel clave al asignar espectro de frecuencia para las redes 5G y establecer estándares de seguridad y cumplimiento normativo.
- ⮞ **Empresas de tecnología.** Empresas como Qualcomm e Intel están desarrollando componentes y tecnologías clave, como **chips** y **módems,** que permiten la conectividad 5G en dispositivos móviles.

NOTA

La implementación de las redes 5G es un esfuerzo colaborativo a nivel global. Estos actores trabajan en conjunto para llevar la conectividad 5G a hogares y organizaciones, permitiendo una nueva era de aplicaciones y servicios móviles avanzados.

4. Identificación de oportunidades de mercado y nuevas profesiones

☞ HILO CONDUCTOR

Con su conocimiento sobre las redes 5G en aumento, Marta, Carlos, Ana y Luis comenzaron a explorar las oportunidades de mercado que surgían en este nuevo panorama tecnológico. Se dieron cuenta de que el 5G estaba creando una demanda creciente de profesionales en áreas como la gestión de redes, el desarrollo de aplicaciones y la ciberseguridad. Estaban emocionados por las proyecciones de carreras en constante evolución y estaban listos para adentrarse en este emocionante mundo laboral.

Con la implementación de las redes 5G se está abriendo un amplio abanico de oportunidades laborales.

Las redes 5G está dando lugar a la creación de nuevas profesiones y roles especializados.

A continuación, se explorarán las diversas oportunidades de negocio que está generando el 5G en diferentes sectores, además de conocer las nuevas profesiones emergentes que están tomando forma en el contexto de las redes 5G. Finalmente, se analizará el impacto económico y laboral que esta tecnología está produciendo en todo el mundo.

4.1. Oportunidades de negocio en diferentes sectores

El despliegue de las redes 5G está generando oportunidades en una amplia gama de sectores productivos. Algunos de los ámbitos en los que más se están aprovechando las ventajas del 5G son las siguientes:

Industria
La red 5G habilita la automatización industrial avanzada, lo que permite mejorar la eficiencia y la productividad en la fabricación. Esto incluye, por ejemplo, el uso de robots autónomos y sistemas de control remoto.

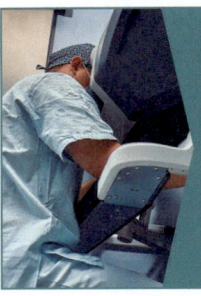

Salud
En el sector de la salud, el 5G permite la telemedicina de alta calidad. Este salto cualitativo facilita la atención médica sin que el especialista y el paciente se encuentren en el mismo lugar (medicina a distancia) y la cirugía asistida por robot. Además, la monitorización de pacientes y la gestión de datos médicos se benefician notablemente de la conectividad que ofrece la red 5G.

Transporte
La red 5G es fundamental para la conectividad de vehículos autónomos. Esto, sin duda, cambiará la forma en que las personas y mercancías se desplazan de un lugar a otro. También se utiliza en sistemas de transporte inteligente para mejorar la seguridad y la gestión del tráfico.

Entretenimiento y medios
La transmisión de contenido en 4K y 8K se beneficia de las velocidades de descarga ultrarrápidas que ofrece la red 5G. Con ello se brinda a los consumidores experiencias de entretenimiento de alta calidad.

Continúa en página siguiente >>

<< Viene de página anterior

Agricultura
La agricultura de precisión se aprovecha de la conectividad 5G para el seguimiento y la gestión de cultivos, optimizando la producción y el uso de recursos de forma eficiente.

4.2. Las nuevas profesiones y roles especializados

La llegada de las redes 5G ha dado lugar a la creación de nuevas profesiones y roles especializados:

- **Ingeniero de redes 5G.** Profesionales encargados de diseñar, implementar y mantener redes 5G.
- **Desarrollador de aplicaciones 5G**. Personas que crean aplicaciones y servicios optimizados para la conectividad 5G.
- **Especialista en ciberseguridad de 5G**. Expertos en la protección de redes y datos en el contexto de la 5G, ya que la seguridad es una preocupación crítica.
- **Ingeniero de sistemas de iot**. Profesionales que diseñan y gestionan sistemas de la Internet de las Cosas, que dependen en gran medida de la conectividad 5G.
- **Técnico de telemedicina**. Especialistas que facilitan la telemedicina y la atención médica remota utilizando la tecnología 5G.

 ## ACTIVIDAD COMPLEMENTARIA

3. Con idea de fomentar la creatividad y el pensamiento prospectivo, explora en la web y propón profesiones que podrían surgir con la implementación generalizada de las redes 5G. Para ello, sigue los siguientes pasos:

   1. Investiga sobre las capacidades y aplicaciones previstas de las redes 5G.
   2. Familiarízate con los sectores que se espera que experimenten un gran impacto.
   3. Reflexiona sobre cómo la tecnología 5G podría transformar la forma en que vivimos, trabajamos y nos comunicamos.
   4. Piensa en desafíos actuales que podrían abordarse o nuevas oportunidades que podrían surgir con la llegada del 5G.

Continúa en página siguiente >>

<< Viene de página anterior

5. Propón al menos tres profesiones del futuro que podrían emerger con la implementación generalizada de las redes 5G.
6. Considera tanto profesiones completamente nuevas como profesiones ya existentes que podrían evolucionar y transformarse significativamente debido al impacto del 5G.
7. Para cada profesión propuesta describe en detalle las responsabilidades, las habilidades requeridas, el entorno de trabajo y los posibles beneficios para la sociedad.
8. Comparte tus propuestas con el grupo y escucha las ideas de tus compañeros.
9. Discute cómo estas profesiones del futuro podrían contribuir al avance tecnológico y social.
10. Reflexiona sobre cómo la implementación del 5G no solo crea nuevas oportunidades profesionales, sino también desafíos éticos y sociales que podrían surgir.

4.3. Análisis del impacto económico y laboral de la adopción de la tecnología 5G

La adopción generalizada de la tecnología 5G está teniendo un impacto significativo en la economía y en el empleo a nivel global. Entre los aspectos clave a considerar se encuentran los siguientes:

Crecimiento económico
La implementación de la 5G impulsa la innovación y la eficiencia en los sectores mencionados anteriormente en el apartado anterior, lo que a su vez estimula el crecimiento económico.

Creación de empleo
La demanda de profesionales con conocimientos en 5G está en constante aumento, debido a ello, se están creando oportunidades laborales en áreas como la **tecnología de la información (TIC),** las telecomunicaciones y la ingeniería.

Continúa en página siguiente >>

<< Viene de página anterior

Inversión en infraestructura
La implementación de las redes 5G requiere inversiones significativas en infraestructura, como consecuencia, impulsa el empleo en la construcción y el mantenimiento de redes.

Competitividad global
Los países que lideran en la adopción de la 5G están ganando ventajas competitivas en la economía global y se están posicionando como líderes en innovación tecnológica.

IMPORTANTE

Las oportunidades de mercado y las nuevas profesiones que están surgiendo en el contexto de las redes 5G están transformando el mundo, emergiendo pues emergen nuevos paradigmas económicos, empresariales y laborales. Estos cambios constatan que esta tecnología es una fuerza impulsora en la sociedad moderna.

- -

5. Verticalización del 5G. Ámbitos de aplicación

☞ HILO CONDUCTOR

La historia de Marta, Carlos, Ana y Luis continuó con un enfoque en la verticalización del 5G. Aprendieron cómo esta tecnología estaba transformando una variedad de sectores, desde la medicina y la industria hasta el entretenimiento y las ciudades inteligentes. Se sorprendieron al descubrir cómo el 5G permitía soluciones específicas en cada campo y cómo las empresas estaban aprovechando estas oportunidades para mejorar la eficiencia y la calidad de vida.

- -

El 5G es una tecnología que trasciende la mera conectividad móvil y tiene un impacto significativo en una amplia variedad de sectores y áreas de aplicación. La **verticalización del 5G** busca adaptar las capacidades de la red 5G a aplicaciones y casos de uso específicos en diferentes sectores, optimizando así la infraestructura para satisfacer las demandas particulares de cada industria.

 ## RECUERDA

El beneficio más importante de la conectividad móvil impulsada por el 5G es su capacidad para proporcionar velocidades de conexión ultrarrápidas y una menor latencia. Esto permite una experiencia de usuario más fluida y rápida en aplicaciones como *streaming* de alta definición, juegos *online,* videollamadas y la habilitación de tecnologías avanzadas como el Internet de las Cosas (IoT) y la realidad aumentada.

Ahora, toca analizar los diversos ámbitos en los que el 5G está desempeñando un papel fundamental. Este análisis llevará a descubrir cómo esta tecnología habilita soluciones específicas en cada sector a través de casos de éxito en la implementación de 5G en diferentes industrias.

 ## SABÍAS QUE...

El concepto de verticalización del 5 hace referencia a la adaptación y personalización de las redes 5G para satisfacer las necesidades y requisitos específicos de diversas industrias o sectores. En lugar de ofrecer una solución genérica para todos los casos de uso, se propone dicha personalización. En otras palabras, implica la capacidad de personalizar y optimizar las redes 5G para aplicaciones y servicios particulares en diferentes verticales o sectores de la industria.

Hay que destacar que, la tecnología 5G está diseñada para ofrecer velocidades de conexión ultrarrápida, menor latencia y mayor capacidad de conexión simultánea, lo que la hace adecuada para una amplia gama de aplicaciones más allá de la conectividad de dispositivos móviles. La verticalización del 5G reconoce que diferentes sectores, como la salud, la manufactura, el transporte, la agricultura, etc., tienen requisitos y desafíos únicos.

Continúa en página siguiente >>

<< Viene de página anterior

Al adaptar y personalizar las redes 5G para satisfacer estas necesidades específicas se pueden habilitar aplicaciones y servicios más eficientes y especializados. Por ejemplo:

- En la industria de la salud, el 5G puede utilizarse para habilitar la telesalud, cirugías remotas asistidas por robots, o la transmisión rápida de datos médicos críticos
- En el sector manufacturero, el 5G puede respaldar la conectividad de la Internet de las cosas (IoT) para mejorar la automatización y la eficiencia en las cadenas de producción.

5.1. Diversos ámbitos de aplicación de la tecnología 5G

El 5G está impulsando nuevos paradigmas. Esto significa que está transformando múltiples ámbitos de la sociedad y la economía. Por ejemplo, el 5G está desempeñando un papel crucial en el desarrollo de la **inteligencia artificial (IA)** al potenciar diversas aplicaciones y sectores.

A continuación, se destacan algunos ejemplos de cómo el despliegue del 5G está influyendo en la integración de la IA en diferentes sectores:

- **Salud.** En el sector de la salud, el 5G facilita la transmisión rápida y segura de grandes cantidades de datos, como imágenes médicas de alta resolución y datos de monitoreo en tiempo real. Esto permite la implementación de sistemas de IA para el diagnóstico médico, el análisis de imágenes médicas y la gestión eficiente de la atención clínica y hospitalaria.
- **Industria.** La combinación de 5G e IA en entornos industriales da lugar a la **Industria 4.0.** La conectividad ultrarrápida y la baja latencia del 5G son fundamentales para habilitar aplicaciones de IA en tiempo real, como el mantenimiento predictivo de maquinaria, la optimización de procesos de fabricación y la automatización avanzada.
- **Ciudades inteligentes.** En el desarrollo de ciudades inteligentes, el 5G impulsa la implementación de sistemas de IA para el monitoreo y la gestión eficiente de recursos, como el tráfico, la energía y la gestión de residuos. La conectividad mejorada permite la recopilación y análisis de datos en tiempo real para tomar decisiones de valor basadas en información.
- **Vehículos autónomos.** El 5G es esencial para la comunicación entre vehículos autónomos y la infraestructura circundante. Facilita la transmi-

sión instantánea de datos críticos para la toma de decisiones en tiempo real, lo que resulta ser vital para la seguridad y la eficiencia de los vehículos autónomos que emplean sistemas avanzados de IA.

- **Educación.** En el ámbito educativo, el 5G permite la entrega de contenidos educativos en tiempo real y la participación en experiencias de aprendizaje con **realidad virtual y aumentada.** La combinación de 5G e IA puede mejorar la personalización del aprendizaje y facilitar la tutorización online utilizando sistemas de IA.
- **Agricultura inteligente.** El 5G facilita la implementación de soluciones de IA en la agricultura, como el monitoreo y control remoto de cultivos. Esto encierra el uso de drones y sensores conectados para recopilar datos que alimentan **algoritmos de IA,** optimizando así la gestión agrícola y mejorando los rendimientos de los cultivos.

 IMPORTANTE

El 5G desempeña un papel crucial en el avance de la Inteligencia Artificial al proporcionar la conectividad necesaria para la transmisión rápida de datos y el soporte de aplicaciones en tiempo real en una variedad de sectores. La combinación de estas dos tecnologías está impulsando la innovación y transformando la manera en que se interactúa con el mundo digital y físico.

5.2. Cómo el 5G habilita soluciones específicas en cada sector

El 5G no solo se aplica de manera uniforme en todos estos ámbitos, sino que habilita soluciones específicas para abordar desafíos particulares en cada sector. Prueba de ello es observable en los siguientes ejemplos:

Industria El 5G permite la comunicación de máquina a máquina (M2M) y la automatización avanzada, lo que permite mejorar la eficiencia y la calidad de la producción de productos en la industria.

Continúa en página siguiente >>

<< Viene de página anterior

Salud	La baja latencia del 5G es una característica fundamental principalmente para aplicaciones médicas que se realizan en tiempo real. La telecirugía es un buen ejemplo, lo mismo que la monitorización de pacientes con salud crítica.
Ciudades inteligentes	La conectividad 5G es otra característica clave que permite la implementación de sensores y dispositivos IoT, los cuales recopilan datos, que una vez transformados en información de valor, sirven para mejorar la gestión urbana.
Transporte	Igualmente, la conectividad 5G permite una comunicación instantánea entre vehículos y la infraestructura a través de las cuales estos circulan. Este aspecto es crítico para la seguridad y la eficiencia del transporte ya sea terrestre, aéreo o por mar.
Agricultura	El 5G posibilita la monitorización de cultivos y la gestión de la maquinaria agrícola de manera más precisa y eficiente.

5.3. Casos de éxito en la implementación de 5G en diferentes industrias

Para comprender completamente cómo el 5G está cambiando estos sectores, es importante analizar casos de éxito en su implementación, por ejemplo:

- **Empresas manufactureras.** Está utilizando 5G para mejorar la automatización y la gestión de la cadena de suministro, lo que se traduce en una producción más eficiente y una mayor calidad de productos. Igualmente, la conectividad 5G ha facilitado la sincronización precisa de robots y maquinaria, optimizando todo el proceso de fabricación.
- **Hospitales y clínicas.** Están aprovechando la 5G para realizar cirugías asistidas por robot y consultas médicas a distancia, lo que permite un acceso más amplio a la atención médica de calidad. Gracias a la baja latencia del 5G, los cirujanos pueden realizar procedimientos quirúrgicos de manera remota con precisión milimétrica, y los profesionales de

la salud pueden supervisar y responder instantáneamente a cambios en los signos vitales de los pacientes.

- **Ciudades como Barcelona y Singapur.** Están implementando soluciones de 5G para mejorar la gestión del tráfico, reducir la contaminación y brindar servicios urbanos más inteligentes. Por ejemplo, los sensores de tráfico conectados permiten ajustes instantáneos en los semáforos para optimizar el flujo de vehículos, reduciendo los tiempos de congestión y mejorando la movilidad y salud medioambiental.

- **Pruebas de vehículos autónomos.** Con tecnología 5G se están llevando a cabo en diversas ubicaciones del mundo, con la visión de mejorar la movilidad y la seguridad vial. Los vehículos, además, pueden comunicarse entre sí para evitar colisiones, y la infraestructura puede enviar actualizaciones en tiempo real sobre condiciones de tráfico, optimizando las rutas y reduciendo los tiempos de viaje.

- **Agricultores.** En varios países están utilizando 5G para implementar la agricultura de precisión, lo que se traduce en una mayor eficiencia y una menor huella ambiental. Los sensores conectados a los cultivos recopilan datos sobre la humedad del suelo, las condiciones climáticas y el estado de las siembras. Esto permite una gestión más precisa y eficiente de la irrigación y el uso de maquinaria agrícola, mejorando los rendimientos y reduciendo el desperdicio de recursos.

NOTA

Estos casos de éxito ilustran cómo el 5G está transformando sectores enteros y cómo estas redes brindan soluciones innovadoras a desafíos específicos en cada uno de ellos.

---

6. Análisis de casos de uso de 5G

 **HILO CONDUCTOR**

Siguiendo su aventura en el mundo del 5G, Marta, Carlos, Ana y Luis exploraron ejemplos concretos de aplicaciones y casos de uso de esta tecnología. Descubrieron cómo el 5G impulsaba la innovación en áreas cómo la telemedicina, la realidad virtual, los vehículos autónomos y la transmisión de vídeo de alta

Continúa en página siguiente >>

<< Viene de página anterior

calidad. A través de estos ejemplos, se dieron cuenta de cómo el 5G estaba transformando la vida cotidiana y brindando nuevas experiencias a las personas.

La tecnología 5G está impulsando una ola de innovación en diversos campos y habilitando una amplia gama de aplicaciones y casos de uso. En este apartado exploraremos ejemplos concretos de aplicaciones de la tecnología 5G, analizaremos cómo esta tecnología está impulsando la innovación en áreas como el IoT, la realidad virtual, los vehículos autónomos, etc., y evaluaremos el impacto de estos casos de uso en la vida diaria de las personas, así como en la industria.

6.1. Ejemplos concretos de aplicaciones de la tecnología 5G

La tecnología 5G está impulsando una serie de aplicaciones innovadoras en diferentes sectores. Ya se ha dicho que el IoT o Internet de las Cosas, se vale del 5G para contar con una conectividad masiva de dispositivos con esta tecnología. Por ejemplo, en la agricultura, los sensores conectados pueden proporcionar datos en tiempo real sobre las condiciones del suelo y las plantas. Lo mismo ocurre con la realidad virtual y la aumentada y otras aplicaciones. Sin embargo, es importante conocer ejemplos más concretos sobre los que se avecina en relación a estas tecnologías.

La implantación de la tecnología 5G permite a los agricultores organizar una gestión eficaz de la producción, dando lugar a lo que se conoce como agricultura inteligente.

 **VÍDEO**

En el marco del 36º Encuentro de la Economía Digital y las Telecomunicaciones de AMETIC, se llevó a cabo una mesa redonda enfocada en conocer más sobre la conectividad inteligente y las redes 5G. Escanea el siguiente QR para acceder y conocer estos conceptos:

https://redirectoronline.com/ifcd990202

6.2. Cómo el 5G impulsa la innovación en áreas específicas

El 5G impulsa la innovación de manera significativa en diversas áreas específicas gracias a sus características distintivas. El 5G, es un habilitador fundamental de la innovación en las áreas mencionadas en apartados anteriores.

 PARA SABER MÁS

Escanea el siguiente QR para acceder al artículo donde se pone de manifiesto numerosas publicaciones relacionadas con la innovación en diferentes áreas, entre las que destaca un artículo titulado de la siguiente manera:

https://redirectoronline.com/ifcd990203

6.3. Impacto de estos casos de uso en la vida cotidiana y la industria

La aplicación de la tecnología 5G tiene un impacto significativo en la industria, pero también en el día a día de las personas:

Educación remota
- La tecnología 5G posibilita experiencias educativas más inmersivas y accesibles. Clases en tiempo real, interacción con contenido multimedia avanzado y colaboración en línea se vuelven más fluidas, mejorando la calidad de la educación a distancia.

Entretenimiento extendido
- El 5G transforma la experiencia de entretenimiento con la transmisión de contenicos en ultra alta definición (UHD), realidad aumentada (AR) aplicada a juegos y eventos en vivo, brindando a los usuarios una inmersión más completa y envolvente.

Realidad aumentada en compras
- El 5G transforma la experiencia de compra mediante aplicaciones de realidad aumentada. Los usuarios pueden visualizar productos en 3D, probar virtualmente ropa y accesorios antes de comprar, llevando el comercio electrónico a un nivel mucho más interactivo.

Teletrabajo o trabajo en remoto
- El 5G tiene un impacto significativo en el teletrabajo al ofrecer una conectividad más rápida y confiable. Además, permite la adopción más amplia de herramientas y tecnologías avanzadas, una comunicación síncrona permitiendo mejorarla colaboración y la eficacia en el trabajo remoto.
- Estos ejemplos ilustran cómo el 5G no solo impacta en la industria, sino que también cómo impacta en un Sociedad en la vida de sus ciudadanos.

7. Aplicación al teletrabajo y puesto de trabajo digital

👉 HILO CONDUCTOR

Con el 5G en mente, Marta, Carlos, Ana y Luis se centraron en el teletrabajo y en el puesto de trabajo digital. Comprendieron cómo esta tecnología permitía una mayor flexibilidad en la forma en que las personas trabajan y se conectan. Investigaron herramientas y tecnologías que aprovechaban el 5G en el entorno laboral, permitiendo la colaboración remota y la productividad mejorada. Se dieron cuenta de que el 5G estaba transformando la definición misma del lugar de trabajo.

El **teletrabajo** se ha convertido en una práctica cada vez más común y el despliegue de la tecnología 5G está desempeñando un papel crucial en la implantación de este nuevo modelo laboral. Descubrir cómo el 5G hace posible el teletrabajo y la creación de puestos de trabajo digitales es el objetivo de este apartado, para ello, se han de identificar las herramientas y tecnologías que aprovechan las redes 5G en el entorno profesional y analizar los desafíos y beneficios del trabajo en remoto que proporciona un entorno 5G.

El teletrabajo ayuda a disminuir el estrés y aumentar la productividad.

7.1. Cómo el 5G facilita el teletrabajo y la creación de puestos de trabajo digitales

El teletrabajo, también conocido como **trabajo remoto o trabajo a distancia,** hace referencia a la modalidad laboral en la que las personas empleadas de una organización, realizan sus tareas y cumplen con sus responsabilidades laborales fuera de las instalaciones físicas tradicionales de la empresa. Este modelo implica el uso de **tecnologías de la información y comunicación** para llevar a cabo las funciones laborales, permitiendo a las personas trabajadoras realizar sus tareas desde ubicaciones remotas, como el hogar o cualquier otro lugar fuera de la oficina central.

NOTA

El teletrabajo ha ganado relevancia con la digitalización y la disponibilidad de herramientas que facilitan la colaboración en línea.

- -

Sin duda, y gracias a las características del 5G, estas redes habilitan el teletrabajo y la creación de **puestos de trabajo digitales** de diversas maneras:

> **Conectividad rápida y estable**
> El 5G proporciona velocidades de conexión ultrarrápidas y una menor latencia. Esto permite la realización de tareas en tiempo real y la colaboración a distancia sin prácticamente interrupciones.

> **Acceso a recursos en la nube**
> La fuerza del teletrabajo radica principalmente en el acceso a documentos y aplicaciones en basadas en la nube, por lo que el 5G garantiza una conectividad constante para acceder a estos recursos en cualquier lugar.

> **Comunicación unificada**
> Las videoconferencias y las llamadas en línea son aspectos fundamentales para el ejercicio del teletrabajo, y el 5G posibilita una comunicación de alta calidad y sin complicaciones.

Continúa en página siguiente >>

<< Viene de página anterior

> **Seguridad de datos**
> El protocolo de comunicación de las redes 5G brinda seguridad adicional a las comunicaciones en línea y a la transferencia de datos. Este aspecto es clave para proteger la información empresarial.

 **EJEMPLO**

Imagina a Laura, una profesional que realiza teletrabajo para una empresa internacional. Gracias al despliegue del 5G, su experiencia laboral se ha transformado de manera significativa:

- Laura puede realizar reuniones virtuales sin problemas de conexión. La velocidad ultrarrápida del 5G garantiza que las presentaciones en tiempo real y la colaboración en documentos compartidos fluyan sin interrupciones. De esta manera, se mejora la eficiencia y la calidad de la interacción con sus compañeros que están distribuidos por distintas áreas geográficas.
- Con el 5G, Laura accede a documentos y aplicaciones en la nube continuamente para poder realizar su trabajo. No importa dónde ella se encuentre geográficamente. Laura puede editar archivos, compartir información y colaborar en proyectos como si estuviera en la central. En definitiva, el teletrabajo impulsado por esta tecnología le brinda flexibilidad para desarrollar sus tareas desde casa, cafeterías o cualquier otro lugar remoto.
- Las videoconferencias y llamadas *online* son parte integral del día laboral de Laura. El 5G asegura una comunicación de alta calidad, permitiéndole participar en reuniones virtuales con claridad una excelente calidad de audio y también de vídeo. Esta circunstancia, fortalece la conexión con sus colaboradores, a pesar de la distancia física.
- La seguridad de los datos es una prioridad para la empresa de Laura. El protocolo de comunicación del 5G proporciona capas adicionales de seguridad muy superiores a las redes antecesoras. Esto, protege las comunicaciones en línea y la transferencia de paquetes de datos. De esta manera, y con este atributo, es posible aportar mayores garantías para mantener la confidencialidad y la integridad de la información empresarial.

El desarrollo y la implementación de nuevas tecnologías, incluida la conectividad 5G, ha dado lugar al nacimiento de diversas profesiones que se adaptan y aprovechan estos avances. Algunas de las profesiones que han surgido o se han vuelto más prominentes gracias a la conectividad que ofrecen las redes 5G y las tecnologías asociadas son las siguientes:

- **Ingenieros de Red 5G.** Son profesionales especializados en diseñar, implementar y mantener redes 5G, asegurando su eficiencia y seguridad.
- **Personas expertas en ciberseguridad.** Dada la mayor cantidad de datos transmitidos a través de redes 5G, la demanda de expertos en ciberseguridad ha aumentado para proteger la información contra posibles amenazas cibernéticas.
- **Desarrolladores de aplicaciones IoT.** Con la proliferación del Internet de las cosas o IoT habilitado por la conectividad 5G, los profesionales desarrolladores que pueden crear aplicaciones para dispositivos IoT tienen una demanda creciente.
- **Analistas de datos en tiempo real.** La baja latencia de las redes 5G permite el procesamiento de datos en tiempo real. Esto ha llevado a un aumento en la demanda de profesionales que pueden analizar datos de manera instantánea para tomar decisiones rápidas y eficaces.
- **Especialistas en *Edge Computing*.** La informática perimetral, denominada *Edge Computing*, es clave en un entorno 5G. Profesionales que pueden optimizar el procesamiento de datos en el borde de la red están en alta demanda.
- **Especialistas en realidad aumentada (AR) y realidad virtual (VR).** La mayor velocidad y capacidad de las redes 5G permiten experiencias totalmente inmersivas, esto impulsa la demanda de profesionales que pueden desarrollar contenido en estos formatos.
- **Profesionales de desarrollo de infraestructura.** Para implementar eficientemente redes 5G, se necesitan profesionales que pueden diseñar, construir y mantener la infraestructura física necesaria.
- **Personas expertas en optimización de redes.** A medida que las redes 5G evolucionan, se necesitan profesionales que puedan optimizar y mejorar continuamente su rendimiento.

IMPORTANTE

Estas nuevas profesiones reflejan la naturaleza cambiante del panorama laboral, donde la conectividad avanzada y las tecnologías emergentes están dando forma a roles especializados para satisfacer las demandas de la era digital con empleos de futuro.

Expertos en biometría

Numerosos estudios destacan el crecimiento significativo del mercado de **sistemas biométricos,** que se espera que aumente a 83.000 millones en 2027, con una tasa de crecimiento anual cercana al 20 %.

La biometría implica el reconocimiento único de individuos basado en rasgos físicos o conductuales. Se utiliza para la identificación y el control de acceso en informática.

Los rasgos físicos incluyen:

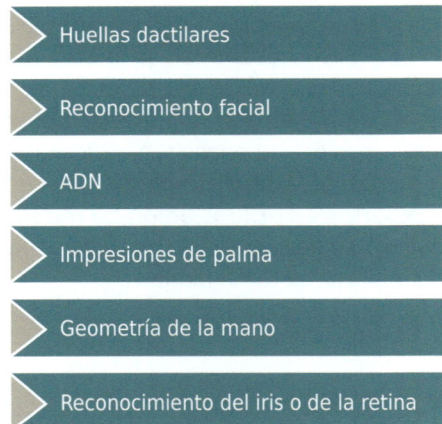

- Huellas dactilares
- Reconocimiento facial
- ADN
- Impresiones de palma
- Geometría de la mano
- Reconocimiento del iris o de la retina

Por otro lado, los rasgos conductuales están vinculados a patrones de comportamiento, como:

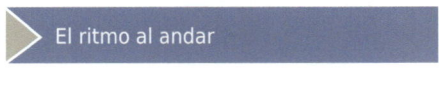

- El ritmo al andar

Continúa en página siguiente >>

<< Viene de página anterior

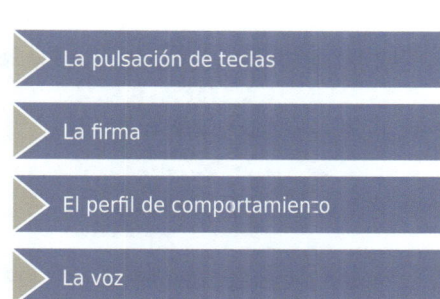

La relación de la biometría con el 5G radica en la continua evolución de esta ciencia de datos en entornos cotidianos. Buen ejemplo de ello es el reconocimiento facial y de huellas dactilares en el uso de los *smartphones,* que son cada vez más comunes.

Además, hay iniciativas innovadoras, como el proyecto piloto en Madrid que desde septiembre de 2019, los usuarios de autobuses pueden pagar mediante reconocimiento facial, eliminando la necesidad de llevar tarjetas o dinero físico.

Sin embargo, en este aspecto hay que destacar algunos desafíos, como el uso de *deepfakes* (noticias falsas) para eludir los sistemas de reconocimiento. Esto subraya la importancia de contar con **profesionales técnicos** que puedan desarrollar **sistemas biométricos seguros y resistentes,** lo cual es vital en un entorno tecnológico en constante cambio, como el impulsado por la conectividad 5G.

PARA SABER MÁS

Escanea el siguiente QR si quieres saber más sobre el sistema biométrico y las fases de prueba que está llevando a cabo la Comunidad de Madrid en el uso de la biometría en los autobuses de la FMT.

Continúa en página siguiente >>

<< Viene de página anterior

https://redirectoronline.com/ifcd990204

Expertos ingenieros de *software* de inteligencia artificial para análisis de mercado y minería de datos

La relevancia de la **inteligencia artificial (IA)** en el ámbito de la banca, servicios financieros y seguros sugiere que este mercado alcanzará los 25 mil millones de dólares en breve. De ahí la importancia de la figura del **ingeniero de *software* de inteligencia artificial para el análisis de mercado y minería de datos.**

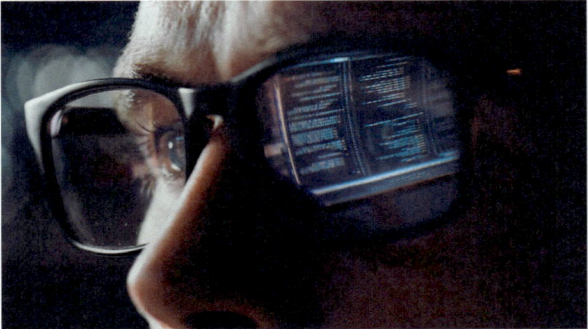

La inteligencia artificial implica la aplicación de ingeniería y ciencias computacionales para simular el razonamiento humano en máquinas o dispositivos electrónicos. Su integración en sectores como el consumidor final ha permitido comprender elementos fundamentales en la relación marca-consumidor.

SABÍAS QUE...

La capacidad de la IA para identificar estos elementos facilita la creación de vínculos emocionales con las personas consumidoras, estableciendo la base para la fidelización de la clientela.

En el contexto del análisis de mercados, la aplicación de la inteligencia artificial brinda a las empresas la capacidad de comprender a sus consumidores a un nivel más profundo, abriendo oportunidades para mejorar la relación marca-consumidor. El objetivo es crear un vínculo emocional que no solo atraiga a los consumidores, sino que también genere beneficios a través de esa conexión.

Relacionando todo esto con el 5G, la IA se beneficia de una conectividad más rápida y confiable para procesar grandes cantidades de datos en tiempo real.

 IMPORTANTE

La implementación del 5G puede potenciar las capacidades de la inteligencia artificial en diversos sectores, incluido el análisis de mercados y la fidelización del consumidor, al proporcionar una infraestructura de red más avanzada.

Personas expertas en diseño de wearables

Los *wearables* son dispositivos electrónicos que pueden emplearse en la vestimenta o en cualquier accesorio, interactuando de manera inalámbrica con las personas usuarias o con otros dispositivos conectados.

Aunque los más comunes son relojes o pulseras electrónicas, también se pueden incluir estos dispositivos en prendas como zapatillas deportivas, gafas, etc.

Estos dispositivos tienen diversas aplicaciones, por ejemplo, un anillo desarrollado por Motiv que, a pesar de su apariencia normal, puede medir el pulso cardíaco, la calidad del sueño y las calorías quemadas durante el ejercicio. Otro ejemplo ilustrativo es un accesorio *Wearable* para medir la cantidad de luz recibida a lo largo del día, con el objetivo de ajustar el ritmo circadiano y mejorar la calidad del sueño.

 IMPORTANTE

La conectividad mejorada ofrecida por el 5G puede potenciar la funcionalidad de los wearables al facilitar la transmisión rápida y confiable de datos entre los dispositivos y las plataformas de usuarios. Esto podría permitir una mayor integración de wearables en la vida diaria de las personas, así como el desarrollo de nuevas aplicaciones y funciones que se beneficien de la velocidad y baja latencia proporcionadas por el 5G.

Personas innovadoras de realidad aumentada para el desarrollo de hologramas

Muchos estudios proyectan que el mercado de **imágenes holográficas** alcance los 3.000 millones de dólares en 2024, con un crecimiento anual del 30 %.

A diferencia de las imágenes convencionales, un holograma no es una fotografía plana, sino una representación visual que muestra la apariencia tridimensional de un objeto.

La **realidad aumentada (AR)** se define como la combinación del entorno físico con información digital en tiempo real, creando una experiencia en la que el usuario interactúa simultáneamente con el mundo real y digital, utilizando varios sentidos como la vista, el oído y el tacto. Los hologramas, por otro lado, son imágenes tridimensionales creadas mediante el uso de la luz y sus propiedades.

La relación de esta profesión con las redes 5G es bien sencilla. La implementación del 5G podría potenciar significativamente el desarrollo de la realidad aumentada y la proyección de hologramas. La conectividad ultrarrápida y la baja latencia del 5G son fundamentales a la hora de proporcionar experiencias de AR más inmersivas y permitir la transmisión instantánea de datos para la proyección de hologramas en tiempo real. Esto significa que los profesionales en el desarrollo de realidad aumentada, especialmente aquellos enfocados en la creación de hologramas, podrían aprovechar las capacidades mejoradas del 5G para llevar estas tecnologías a nuevos niveles y hacerlas más accesibles en diversos entornos y aplicaciones.

SABÍAS QUE...

Para crear un holograma, se utilizan haces de luz láser para registrar la forma y la apariencia de un objeto desde diferentes ángulos. Luego, estos patrones de luz grabados se reproducen, y cuando se iluminan adecuadamente, recrean la apariencia tridimensional del objeto original. Los hologramas proporcionan una representación más realista y completa de los objetos en comparación con las imágenes bidimensionales tradicionales.

Personas expertas en el diseño de viviendas 3D *printing*

Un diseñador de viviendas con impresión 3D se encarga de crear y planificar hogares utilizando la tecnología de imprensión tridimensional.

La imprensión 3D en la construcción implica la creación de estructuras físicas mediante la adición de capas sucesivas de material.

 ## SABÍAS QUE...

A diferencia de los métodos tradicionales que implican la eliminación de material, la impresión 3D utiliza solo el material necesario, esto mejora la eficiencia del proceso y ofrece un resultado final mucho más sostenible.

Esta tecnología de impresión 3D está siendo empleada en el sector de la construcción, especialmente para la fabricación de **viviendas asequibles.** La impresión 3D en la construcción ofrece ventajas notables en términos de reducción de tiempos de fabricación y la posibilidad de personalización a costes más bajos en comparación con los métodos de construcción convencionales. Con todo y eso, se destaca su utilidad en la **construcción rápida de viviendas temporales,** especialmente en situaciones de emergencia como desastres naturales por cambio climático.

IMPORTANTE

La profesión de diseñador de viviendas con impresión 3D podría establecer una relación directa con las redes 5G en términos de la mejora de la conectividad y de la eficiencia en la transmisión de datos. Las redes 5G, con su mayor velocidad y capacidad de procesamiento, facilitan la comunicación rápida y sin problemas entre los profesionales del diseño y las impresoras 3D utilizadas en la construcción de esas viviendas. También hay que tener en cuenta otras consideraciones como:

- Las redes 5G permitirían a los diseñadores trabajar de manera remota, accediendo y colaborando en tiempo real en modelos de viviendas tridimensionales. Esto facilita la colaboración entre expertos en diseño, arquitectos y constructores, incluso si se encuentran en ubicaciones en áreas geográficas diferentes.
- La transmisión rápida de grandes conjuntos de datos es clave en la impresión 3D. Las redes 5G podrían acelerar el proceso de envío de datos de diseño complejos a las impresoras 3D, lo que se traduce en una producción más rápida y eficiente.
- Las viviendas impresas en 3D se benefician de la capacidad de monitoreo remoto proporcionada por las redes 5G. Sensores y dispositivos conectados transmiten datos en tiempo real sobre el progreso de la construcción, la calidad de la impresión y otros aspectos relevantes para culminar el proyecto con éxito.

7.2. Herramientas y tecnologías que aprovechan el 5G en el entorno laboral

En un entorno laboral impulsado por el 5G, existen diversas herramientas y tecnologías que aprovechan esta conectividad avanzada.

A continuación se muestran algunos ejemplos:

Videoconferencia de alta definición
Plataformas como *Zoom*, *Microsoft Teams* y *Google Meet* aprovechan el 5G para ofrecer videoconferencias de alta calidad con resoluciones nítidas y una experiencia sin interrupciones.

Continúa en página siguiente >>

<< Viene de página anterior

Escritorios virtuales y aplicaciones en la nube
Servicios como *Amazon Web Services* (AWS) y *Microsoft Azure* permiten a las empresas acceder a escritorios virtuales y aplicaciones empresariales en la nube con la velocidad y la confiabilidad del 5G.

Herramientas de colaboración en tiempo real
Aplicaciones de colaboración como *Slack* y *Asana* utilizan la baja latencia del 5G para permitir una comunicación y colaboración en tiempo real entre equipos distribuidos.

Seguridad cibernética avanzada
Las soluciones de seguridad cibernética basadas en el 5G, como las redes privadas virtuales (VPN) y la autenticación de dos factores (2FA), garantizan la protección de los datos empresariales.

7.3. Desafíos y beneficios del teletrabajo en un entorno 5G

Aunque el teletrabajo en un entorno 5G presenta múltiples **beneficios,** igualmente muestra importantes **desafíos:**

➲ **Beneficios:**

◊ **Flexibilidad.** Los empleados pueden trabajar desde cualquier lugar y en cualquier momento. Esta circunstancia permite mejorar el equilibrio entre el trabajo y la vida personal y familiar.
◊ **Productividad.** La alta velocidad y la conectividad confiable del 5G permiten una mayor productividad al permitir realizar tareas de manera más eficiente.
◊ **Reducción de costes.** Las empresas pueden ahorrar en gastos de oficina y equipos al fomentar el teletrabajo o trabajo en remoto.

➲ **Desafíos:**

◊ **Seguridad.** La seguridad de los datos y la protección de la privacidad son preocupaciones críticas en la modalidad de teletrabajo, puesto que esta actividad se desarrolla fuera de la protección física de una empresa.
◊ **Aislamiento.** Las personas que teletrabajan pueden experimentar aislamiento social por falta de interacción entre sus colegas de trabajo.

⦿ **Gestión de equipos en remoto.** Los profesionales de la gerencia deben adaptarse a la gestión de equipos dispersos y asegurarse de que el personal siga siendo productivo.

El 5G ha transformado la forma en la que se trabaja y ha hecho posible el teletrabajo y la creación de puestos digitales. Si bien presenta desafíos, los beneficios son significativos, y esta tendencia continuará influyendo en la forma en que las empresas organizar su fuerza laboral en el futuro.

SABÍAS QUE...

Uno de los desafíos más significativos en el despliegue de cobertura del 5G es la necesidad de una infraestructura más densa de estaciones base en comparación con las generaciones anteriores de tecnología móvil, como el 4G. El 5G utiliza frecuencias de onda milimétrica (mmWave), que ofrecen velocidades extremadamente altas, pero tienen un alcance más limitado y pueden ser bloqueadas por obstáculos físicos como edificios y árboles.

Este problema de alcance más corto significa que se requieren más estaciones base para proporcionar una cobertura adecuada. Además, las ondas mmWave pueden tener dificultades para penetrar en estructuras sólidas, esto podría afectar la calidad de la señal en entornos urbanos densos o en interiores de edificios. Por lo tanto, el despliegue exitoso de una red 5G robusta implica superar estos desafíos de cobertura, lo que significa que son necesarias inversiones significativas en infraestructura y una cuidadosa planificación de la ubicación de las estaciones base para garantizar que la cobertura y el servicio sea efectivo y consistente.

TAREA 2

En el dinámico mundo del emprendimento, Juan, un apasionado desarrollador de aplicaciones, se embarcó en la creación de una *app* móvil revolucionaria que aprovechara al máximo las capacidades del 5G. Su visión era desarrollar una plataforma que integrara la Internet de las Cosas (IoT), realidad virtual (RV) y la conectividad ultrarrápida del 5G para ofrecer experiencias únicas a las personas usuarias de esta aplicación.

Continúa en página siguiente >>

<< Viene de página anterior

En base a ello, ¿cómo puede la 5G potenciar la creatividad y la innovación en el desarrollo de aplicaciones móviles que incorporan tecnologías emergentes como el IoT y la RV?

- -

8. Resumen

Con la exploración de la evolución de las redes móviles desde sus inicios hasta la llegada del 5G se consigue destacar los hitos tecnológicos y las regulaciones clave que han marcado el camino de las comunicaciones móviles, así como la importancia que está tomando hoy en día la tecnología 5G. Una tecnología que está revolucionando la comunicación, pues ha introducido una velocidad y capacidad sin precedentes.

Analizando las características técnicas y la arquitectura de las redes 5G, se ha destacado la diferencia crucial entre el 4G y el 5G en términos de velocidad, latencia y capacidad. También se han identificado los actores clave que participan en la implementación de este tipo de tecnología, incluyendo empresas de telecomunicaciones y fabricantes de equipos.

Los distintos sectores del mercado están aprovechando las grandes oportunidades de negocio que las redes 5G ofrecen y el impacto económico y laboral en la adopción de estos protocolos de comunicación. Las nuevas profesiones y roles que surgen en el contexto de las redes 5G permiten recalcar la creación de empleos que subyacen relacionados con la implementación y el mantenimiento de la tecnología.

Con ejemplos concretos en industrias como la manufacturación, la atención médica y las ciudades inteligentes, se ha destacado cómo la 5G habilita soluciones específicas en cada sector e impulsa el éxito en estas industrias tan diversas. También se ha constatado con ejemplos concretos el impacto que produce implementar aplicaciones y tecnología 5G, y cómo el 5G impulsa la innovación y el emprendimiento en áreas como el Internet de las Cosas (IoT), la realidad virtual, los vehículos autónomos, etc.

Finalmente, se destacó que con el 5G se está potenciado el teletrabajo y la creación de puestos de trabajo digitales, destacando el uso de herramientas y tecnologías que aprovechan el potencial del 5G dentro de un entorno laboral, incluyendo en ello la optimización de las videoconferencias con la alta definición y el acceso a recursos basados en la nube.

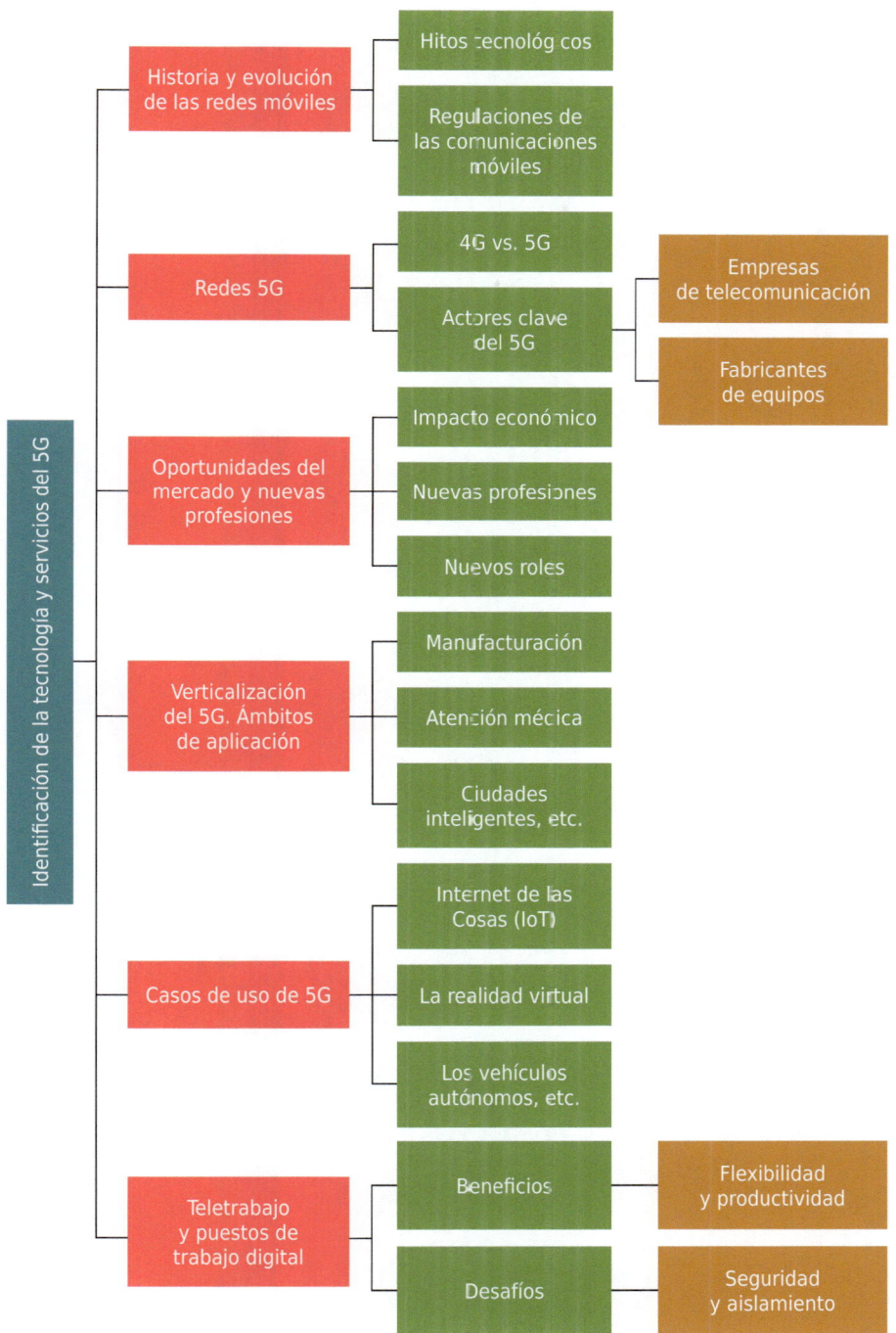

Ejercicios de autoevaluación
Unidad de Aprendizaje 2

1. Indica si las siguientes afirmaciones son verdaderas o falsas:

a. Los sistemas de información son vulnerables a diferentes tipos de amenazas y ataques que pueden afectar gravemente a la integridad, confidencialidad y disponibilidad de la información.

- ■ Verdadero
- ■ Falso

b. La seguridad de la información se basa en una serie de principios fundamentales que no tienen por qué ser considerados para garantizar que los datos estén protegidos adecuadamente.

- ■ Verdadero
- ■ Falso

c. El no repudio sirve para garantizar que la información es auténtica y que no ha sido falsificada o alterada.

- ■ Verdadero
- ■ Falso

2. ¿Qué consecuencias puede tener no dar importancia a la seguridad en la fase de diseño de un sistema de información?

a. Pérdida de datos
b. Rendimiento deficiente del sistema
c. Vulnerabilidades de seguridad
d. Falta de compatibilidad con dispositivos

3. ¿Cuál de los siguientes es un principio fundamental de la seguridad de la información?

a. Disponibilidad
b. Escalabilidad
c. Usabilidad
d. Portabilidad

4. ¿Qué se entiende por riesgos en el contexto de la seguridad de la información?

    a. Situaciones que pueden afectar negativamente a la seguridad de los sistemas.
    b. Medidas implementadas para proteger la información.
    c. *Software* malicioso utilizado para infiltrarse en sistemas.
    d. El grado de protección ofrecido por una medida de seguridad.

5. ¿Cuál es el motivo de establecer objetivos SMART a la hora de desarrollar un sistema de información?

    a. Definir los requisitos del sistema.
    b. Garantizar la disponibilidad del sistema.
    c. Establecer una dirección clara y alcanzable para el desarrollo del sistema.
    d. Mejorar la usabilidad de la interfaz de usuario.

6. ¿Qué significa el acrónimo SMART en el contexto de establecer objetivos y metas?

    a. *Specific, Measurable, Attainable, Relevant, Time-bound.*
    b. *Secure, Manageable, Adaptable, Reliable, Traceable.*
    c. *Safe, Monitored, Agile, Resilient, Timely.*
    d. *Strategic, Meaningful, Achievable, Resourceful, Targeted.*

7. ¿Qué se entiende por amenazas en el contexto de la seguridad de la información?

    a. Situaciones que pueden explotar vulnerabilidades y causar daño.
    b. Medidas implementadas para proteger la información.
    c. *Software* malicioso utilizado para infiltrarse en sistemas.
    d. El grado de protección ofrecido por una medida de seguridad.

8. ¿Cuál de las siguientes medidas de seguridad es una técnica de pruebas para verificar el rendimiento del sistema?

    a. Pruebas unitarias.
    b. Pruebas de penetración.

c. Pruebas de carga.
d. Pruebas de compatibilidad.

9. ¿Cuál es el propósito de la encriptación de datos en la seguridad de la información?

   a. Proteger la confidencialidad de los datos.
   b. Garantizar la integridad de los datos.
   c. Asegurar la disponibilidad del sistema.
   d. Prevenir ataques de suplantación de identidad.

10. ¿Qué se entiende por disponibilidad en el contexto de la seguridad de la información?

   a. Acceso autorizado a la información cuando sea necesario.
   b. La exactitud y completitud de los datos almacenados.
   c. La protección de los datos contra modificaciones no autorizadas.
   d. La capacidad de los sistemas de información para estar disponibles y operativos cuando se necesitan.

Lenguajes de desarrollo – Java. Programación en Java bajo cobertura 5G

Contenido

1. Introducción
2. Herramientas para trabajar con Java
3. IDE Eclipse – Variables y datos
4. Eclipse como IDE
5. Operaciones de asignación
6. Estructuras de control
7. Programación orientada a objetos
8. Paquetes estándar en Java
9. Applets
10. Ficheros en Java
11. Casos prácticos de inteligencia artificial
12. Resumen

Objetivos

El objetivo general de esta Unidad de Aprendizaje es:

→ Utilizar el lenguaje Java en el desarrollo de proyectos de inteligencia artificial con tecnología aplicables a entornos 5G.

Los objetivos específicos de esta Unidad de Aprendizaje son:

→ Aplicar de forma eficiente las herramientas de programación Java a fin de poder ser utilizadas para el desarrollo de aplicaciones con tecnologías asociadas.

→ Promover la conciencia acerca de la relevancia de adquirir habilidades sólidas en el lenguaje de programación Java para la ejecución exitosa de proyectos de inteligencia artificial aprovechando las capacidades del 5G.

→ Conocer elementos para implementar un proyecto práctico de realidad virtual haciendo uso de la conectividad 5G, demostrando la aplicación de forma efectiva de las tecnologías y herramientas asociadas en un entorno real.

1. Introducción

Si bien no es absolutamente necesario que cualquier persona que desee crear una aplicación deba conocer Java, existen varias razones por las cuales aprender este lenguaje de programación podría ser realmente beneficioso, especialmente, en ciertos contextos. La versatilidad, portabilidad, escalabilidad, entre otras características, son muchas de estas razones.

A lo largo del contenido se abordarán temas cruciales para comprender y dominar este lenguaje de programación, partiendo del marco de su trabajo de Java.

Para facilitar la adquisición de conocimientos sobre la temática tratada, nos basaremos en la experiencia de un equipo de trabajo formado por un grupo de amigos que están poniendo en marcha su propio proyecto de emprendimiento. Estos jóvenes están desarrollando una *app* con Java como lenguaje de programación.

2. Herramientas para trabajar con Java

☞ **HILO CONDUCTOR**

Marta, Carlos, Ana y Luis forman un equipo de trabajo sólido y estable. Son conscientes de que la tecnología avanza a pasos agigantados, por lo que no se desalientan y siguen esforzándose para seguir avanzando en su proceso de aprendizaje. Ya han puesto a prueba muchos de sus conocimientos a través del desarrollo de alguna que otra aplicación, sin embargo, ahora quieren hacer una gran apuesta y mejorar su idea con la ayuda de la realidad virtual. Están convencidos de que Java, como lenguaje de programación de alto nivel, será su mejor apuesta.

Java es un **lenguaje de programación de alto nivel orientado a objetos y multiplataformas** desarrollado por Sun Microsystems a principios de la década de los 90. Su diseño se centró en la portabilidad, eficiencia y seguridad, aspectos fundamentales que han contribuido a su adopción como lenguaje de programación en una variedad de campos. Estas aplicaciones abarcan desde el desarrollo de *software* de escritorio hasta sistemas embebidos y aplicaciones empresariales en servidores.

Su continua evolución y la gran solidez de su ecosistema hacen que JAVA, a pesar de la existencia de una amplia variedad de lenguajes, de programación, siga siendo una buena opción para muchos desarrolladores.

De forma metafórica hay que pensar en Java como un conjunto de herramientas que permiten construir todo tipo de cosas para diferentes lugares, desde simples juguetes hasta grandes edificios. Es decir, es como una caja de herramientas especial que se puede llevar a cualquier lugar y utilizar para construir cualquier cosa que se requiera. Además, el lenguaje de programación Java tiene instrucciones específicas que facilita hacer cosas de manera organizada y segura.

Dicho de otro modo, es como tener un montón de bloques de construcción que se pueden utilizar en diferentes lugares para crear algo nuevo cada vez. Y, lo más importante, cuando se usan estas herramientas de Java las creaciones son rápidas, seguras y confiables.

Es como tener una máquina bien engrasada que hace su trabajo sin problemas. Es por eso que mucha gente confía en Java para construir tantas cosas diferentes.

Como se ha dicho, se pueden utilizar las herramientas de Java para hacer programas que funcionen en muchos elementos y contextos diferentes como, por ejemplo, ordenadores, teléfonos, etc. Sin embargo, las personas inexpertas no llegan a imaginar que es posible incluso utilizar las herramientas de Java para programar sistemas grandes y poderosos que se utilizan a nivel científico.

Un ejemplo de ello son los superordenadores y los sistemas de alto rendimiento. Estos sistemas están diseñados para realizar cálculos extremadamente complejos que son demandados en campos tan interesantes como la investigación científica, la ingeniería, la meteorología, la medicina, entre muchos otros.

 EJEMPLO

En las investigaciones científicas se utilizan potentes ordenadores para simular fenómenos naturales complejos, como el clima, la formación de galaxias, el comportamiento molecular de los materiales o la predicción de desastres naturales. También se emplean en campos como la investigación biomédica para el descubrimiento de medicamentos, la genómica y el análisis de datos complejos.

Estos sistemas de alto rendimiento, conocidos con las siglas HPC, requieren una gran capacidad de procesamiento y memoria para ejecutar programas y modelos que realizan cálculos masivos y paralelos. Aunque los lenguajes de programación más comunes empleados para estos entornos son C, C++, Python o Fortran debido a su eficiencia y capacidad de optimización para tareas intensivas en cómputo, es posible utilizar herramientas de Java para llevar a cabo este propósito.

2.1. Composición de la plataforma Java

La plataforma Java se compone de un conjunto de programas y reglas especiales que hacen que la vida de los programadores sea mucho más fácil al proporcionarles todo lo que necesitan para crear y hacer funcionar programas Java de la forma más óptima.

Dentro de esta caja, se encuentran un montón de programas útiles:

- **Motor de ejecución.** Es el motor que hace que los programas Java se ejecuten.
- **Compilador.** Es el traductor que convierte el código que se escribe en instrucciones que el ordenador pueda entender.
- **Conjunto de bibliotecas.** Es un conjunto de libros de referencias llenos de soluciones ya hechas para problemas comunes.

 **APLICACIÓN PRÁCTICA**

Responde a las siguientes preguntas:

- **¿Qué componente de la plataforma Java se encarga de ejecutar programas Java?**
- **¿Cuál es el propósito del compilador en la plataforma Java?**
- **¿Qué función desempeñan las bibliotecas en la plataforma Java?**

Solución

El componente encargado de ejecutar programas Java recibe el motor de ejecución, que no es otra cosa que es un componente de *software* que interpreta y ejecuta el código de un programa. El compilador, por otra parte, es el elemento que convierte el código fuente Java a bytecode para poder ser ejecutable. Así como la funcionalidad de las bibliotecas, consiste en proporcionar conjuntos de utilidades y funciones para facilitar la creación y ejecución de programas Java.

2.2. Características de Java

Poco a poco, Java ha ido ganando popularidad a lo largo de los años gracias a su portabilidad, seguridad, orientación a objetos y a su capacidad para adaptarse a una gran variedad de aplicaciones:

- **Orientado a objetos.** Java sigue el paradigma de programación orientada a objetos. Esto significa que el código de programación se organiza en clases y objetos, facilitando la reutilización de código y la creación de sistemas más modulares y consistentes a lo largo del tiempo.
- **Portabilidad.** Uno de los mayores logros de Java es su capacidad para ejecutarse en múltiples plataformas sin necesidad de llevar a cabo

modificaciones. Esto se logra mediante el uso de la Máquina Virtual Java (JVM), que interpreta el código Java en *bytecode,* independientemente del *hardware* y del sistema operativo subyacente.

- **Seguridad.** Java incorpora medidas de seguridad a nivel de diseño. La ejecución de código en la JVM se realiza en un entorno controlado, ayudando así a prevenir problemas como la corrupción de memoria y accesos no autorizados.
- **Robustez y confiabilidad.** Java cuenta con un sistema de gestión automática de memoria *(Garbage Collection)* que ayuda a prevenir fugas de memoria. Además, tiene mecanismos para el manejo de excepciones, permitiendo mejorar la robustez del código.
- **Librerías estándar abundantes.** Java incluye una extensa librería estándar conocida como *Java Standard Edition – Java SE,* que proporciona clases y métodos predefinidos para tareas comunes. Gracias a ello, se consigue acelerar el desarrollo y reducir la cantidad de código que los programadores deben escribir.

 TAREA 3

Imagina que eres un desarrollador de *software* en una empresa de tecnología que ha decidido adoptar Java como lenguaje principal para sus proyectos. El equipo de desarrollo está en una fase de capacitación y debes realizar una actividad práctica con ellos para resaltar las características clave de Java que beneficiarán al equipo en sus futuros proyectos.

Dada la elección de Java como lenguaje principal para los proyectos de este equipo de trabajo, ¿cómo pueden las características fundamentales de Java contribuir al éxito y eficiencia de los desarrollos de proyectos?

2.3. Razones para considerar Java

Existen numerosas **razones por las cuales se considera a Java un lenguaje de programación muy popular** para el desarrollo de aplicaciones, son las siguientes:

Versatilidad
Java es utilizado en una amplia variedad de contextos, desde el desarrollo de aplicaciones móviles en Android, hasta aplicaciones empresariales y sistemas embebidos.

Comunidad y ecosistema
Java cuenta con una comunidad activa de desarrolladores y una amplia cantidad de recursos, tutoriales y documentación. También se nutre de numerosos *frameworks* y bibliotecas que facilitan el desarrollo en Java.

Plataforma Android
Java es el lenguaje de programación principal para el desarrollo de aplicaciones en la plataforma Android. Esto ha contribuido significativamente a su popularidad, ya que Android es el sistema operativo móvil más utilizado a nivel mundial.

Empresas y sistemas empresariales
Java es un lenguaje democratizado en entornos empresariales para desarrollar aplicaciones escalables y robustas. Muchas grandes empresas confían en Java para construir sus sistemas críticos.

 ACTIVIDAD COMPLEMENTARIA

4. Indaga en la web y proporciona al menos tres argumentos sólidos que respalden la elección de Java para el desarrollo de aplicaciones móviles. Puedes considerar aspectos como rendimiento, comunidad de desarrolladores, bibliotecas y *frameworks*, entre cualquier otro.

2.4. Funciones de Java

Es bien conocido por todos que Java es uno de los lenguajes de programación más sencillo de aprender, principalmente por su fácil uso a la hora de llevar a cabo la programación. Esto significa que Java es uno de los lenguajes más amigables para personas que se inician en tareas de programación.

A continuación, te mostramos cuáles son las cualidades de Java más relevantes que debes conocer:

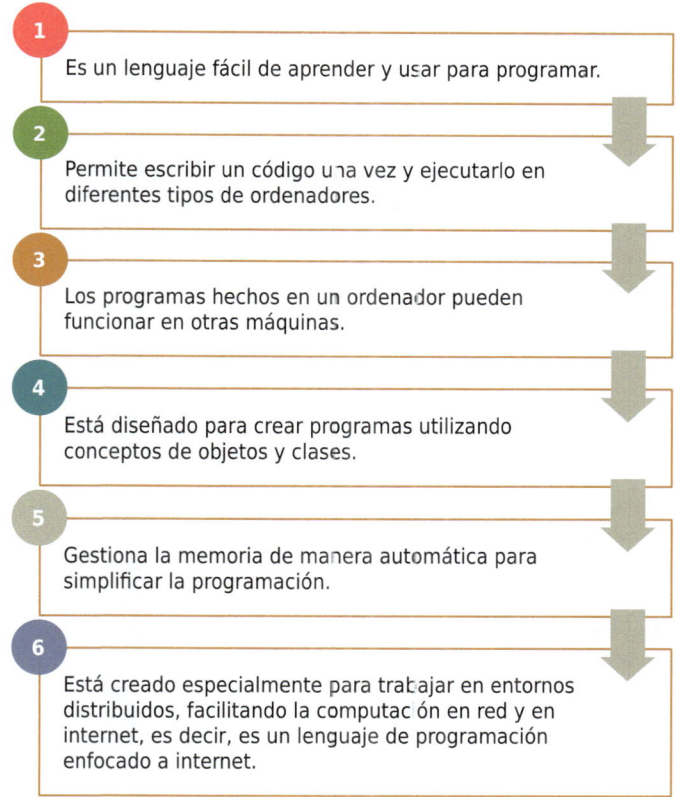

1 Es un lenguaje fácil de aprender y usar para programar.

2 Permite escribir un código una vez y ejecutarlo en diferentes tipos de ordenadores.

3 Los programas hechos en un ordenador pueden funcionar en otras máquinas.

4 Está diseñado para crear programas utilizando conceptos de objetos y clases.

5 Gestiona la memoria de manera automática para simplificar la programación.

6 Está creado especialmente para trabajar en entornos distribuidos, facilitando la computación en red y en internet, es decir, es un lenguaje de programación enfocado a internet.

2.5. Componentes Java

En el proceso de programación en Java existen dos componentes clave: el **código fuente** y el **código ejecutable** (código de máquina).

Código fuente

La persona encargada de la programación escribe el código fuente en Java, un lenguaje que puede entender fácilmente. Este código es legible por humanos y se escribe utilizando palabras y estructuras de programación que tienen sentido para los programadores.

Código ejecutable

Sin embargo, las computadoras y los chips de CPU no pueden entender directamente este código fuente. En su lugar, solo entienden el código de máquina, que es un conjunto de instrucciones binarias específicas para la CPU en la que se ejecutarán. Cada CPU tiene su propio conjunto único de instrucciones de máquina.

Para que el código fuente escrito por el programador sea ejecutable por la máquina, se necesita un paso intermedio: **la compilación.** El compilador de Java toma el código fuente escrito por el programador y lo convierte en un código intermedio llamado *bytecode*. Este *bytecode* no es un código de máquina directamente ejecutable, pero es comprensible por la **máquina virtual de Java (JVM).**

IMPORTANTE

Cuando se ejecuta un programa Java, la JVM toma este *bytecode* y lo interpreta, traduciéndolo al código de máquina específico de la CPU en la que se está ejecutando. Esta capacidad de la JVM para interpretar el *bytecode* y convertirlo en instrucciones ejecutables es lo que permite que los programas escritos en Java sean portables y se ejecuten en diferentes sistemas sin la necesidad de reescribir el código para cada tipo de CPU.

2.6. JDK (Kit de desarrollo Java)

Llegado a este punto, es posible que aún no se tenga claro por qué se ha de emplear un kit de desarrollo Java. A continuación, se listan los principales motivos y se proporcionan algunos ejemplos simples:

1. **Contiene todo lo que se necesita.** El JDK incluye todas las herramientas que se requieren para escribir programas en Java y para ejecutarlos. Basta recordar que es como tener una caja de herramientas con todo

lo necesario para construir el objetivo. Por ejemplo, imagina que estás construyendo una casa y en tu caja de herramientas tienes martillos, clavos, sierras y todo lo esencial para llevar a cabo esta actividad.

2. **Viene con muchas herramientas útiles.** Dentro del JDK hay herramientas especiales, como el compilador que convierte el código escrito en Java en un formato que la computadora puede entender. Basta recordar que es como tener un traductor que convierte lo que se escribe en un idioma a otro idioma. Por ejemplo, imagina que cuando escribes "Hola" en español y el traductor lo convierte a "Hello" en inglés.

3. **El compilador convierte el código en algo entendible para la máquina.** El compilador de Java toma el código que se escribe y lo convierte en algo llamado *bytecode*. Por ejemplo, imagina que estás escribiendo una receta y el compilador la convierte en un conjunto de instrucciones específicas para hacer una exquisita comida.

4. **El iniciador de aplicaciones ejecuta los programas.** Cuando se ejecuta un programa Java, el iniciador de aplicaciones abre el entorno de ejecución o JRE, carga la parte necesaria del programa y comienza a ejecutarlo. Por ejemplo, imagina que quieres arrancar tu coche, al encenderlo, el vehículo carga lo necesario y comienza a funcionar, así estará listo para llevar a cabo su propósito: trasladarte de un lado a otro.

 **APLICACIÓN PRÁCTICA**

¿Cuál es la función principal del compilador en el JDK de Java?

Solución

El compilador en el JDK de Java tiene la tarea de traducir el código fuente escrito por el programador en un formato llamado *bytecode,* que es entendible por la máquina. Es similar a un traductor que convierte el lenguaje humano a otro idioma, pero, en este caso, convierte el código a un formato ejecutable por la máquina.

3. IDE Eclipse - Variables y datos

☞ **HILO CONDUCTOR**

Conscientes del imparable avance tecnológico, y una vez decidido potenciar su experiencia con la integración de realidad virtual en sus proyectos, Marta, Carlos, Luis y Ana están convencidos de que Java puede ser la clave para dotar de excelencia a sus ideas emprendedoras, sobre todo después de practicarlo en un entorno de desarrollo integrado (IDE).

- -

Un **entorno de desarrollo** integrado conocido como **IDE** (acrónimo en inglés *de Integarted Development Environment)*, es una herramienta de *software* que proporciona un conjunto completo de características y herramientas para facilitar el desarrollo de *software*. Básicamente, un IDE integra tres elementos:

> Un editor de código fuente

> Unas herramientas de compilación

> Unas herramientas de depuración

La idea detrás de un IDE es proporcionar a los programadores un entorno único y cohesivo para escribir, compilar, depurar y administrar su código.

NOTA

IDE suele incluir también características adicionales como autocompletado, resaltado de sintaxis, gestión de proyectos, etc.

A continuación, se van a mostrar más detalles sobre los elementos que conforman un entorno de desarrollo integrado o IDE:

- **Editor de código fuente.** Un editor de código fuente es una herramienta de *software* diseñada para facilitar la creación y edición de un código fuente de programas informáticos. Su función principal es proporcionar un entorno donde los desarrolladores puedan escribir, modificar y revisar el código de sus programas. Los editores del código suelen incluir funciones como resaltado de sintaxis, autocompletado, plegado de código, navegación rápida y otras características que mejoran la productividad y la legibilidad del código.
  Cabe destacar que un editor de código fuente, por sí solo, no ofrece capacidades de compilación o ejecución del código; su función principal es facilitar la creación y edición del código fuente.

- **Herramientas de compilación.** La compilación es el proceso mediante el cual el código fuente escrito por un programador se traduce en código ejecutable entendido por la máquina o por el entorno de ejecución. Las herramientas de compilación son programas o utilidades que automatizan este proceso. Estas herramientas transforman el código fuente escrito en un lenguaje de programación de alto nivel, en un código de máquina o *bytecode* que la máquina virtual como Java o el sistema operativo pueden ejecutar.
  En el caso de Java, la herramienta de compilación principal es el compilador Java (`java`). Este toma archivos fuente con extensión `.java` y produce archivos de *bytecode* con extensión `.class`. El *bytecode* es ejecutado por la máquina virtual de Java.

- **Herramientas de depuración.** La depuración es el proceso de identificar y corregir errores o defectos en el código fuente de un programa. Las herramientas de depuración son componentes esenciales en el desarrollo de *software* y permiten a los desarrolladores examinar el comportamiento del programa durante la ejecución para encontrar y corregir errores.
  Estas herramientas proporcionan funciones como puntos de interrupción o *breakpoints,* seguimiento de la ejecución paso a paso, inspección de variables, visualización del estado del programa y análisis de la pila de llamadas, etc. Un IDE o Entorno de Desarrollo Integrado como Eclipse,

NetBeans o IntelliJ IDEA suele incluir herramientas de depuración avanzadas que facilitan el proceso de identificación y corrección de errores durante el desarrollo de *software*.

3.1. Ejemplos de editores de código

Weisheim (2023) sugiere conocer una lista de editores de código a través de numerosos ejemplos como son **Visual Studio Code, Sublime Text, Atom y Notepad++,** etc.

En su artículo **Los 17 mejores editores de código** proporciona una visión general de los editores de código más populares utilizados por los programadores y desarrolladores web.

A modo de resumen, Reina Weisheim viene a explicar que antes de los editores de código los desarrolladores utilizaban editores de texto como **Notepad** en *Windows* y **TextEdit** en *Mac*. Sin embargo, los editores de texto no brindan funciones diseñadas específicamente para la programación.

Los editores de código están equipados con funciones como el autocompletado, el resaltado de sintaxis y la **indentación** para una programación más fácil y rápida. Además de los editores de código, existe una variedad de *software* de entorno de desarrollo integrado conocido como IDE para una experiencia de edición más rica en funciones.

 PARA SABER MÁS

La indentación es una técnica que se utiliza en la programación para mejorar la legibilidad del código fuente. Consiste en agregar un espacio inicial (indentado) al principio de las líneas de código, lo que ayuda a delimitar visualmente los bloques y estructuras de control. Esto facilita la lectura y comprensión del código.

La indentación puede ser significativa o no significativa. En lenguajes como Python, la indentación es significativa, es decir, tiene un significado y es necesaria para definir los bloques de código. En cambio, en lenguajes como C#, Java y C++, la indentación no tiene un significado semántico y se utiliza únicamente para mejorar la legibilidad del código.

Continúa en página siguiente >>

<< Viene de página anterior

Es importante mantener un estilo de indentación consistente dentro de un proyecto para facilitar la colaboración y el mantenimiento del código2. La mayoría de los entornos de desarrollo integrado (IDE) proporcionan herramientas de autoformato que permiten aplicar la indentación automáticamente.

Si quieres saber más sobre este interesante concepto accede al siguiente artículo, escaneando el QR.

https://redirectoronline.com/ifcd990301

PARA SABER MÁS

Si quieres conocer más sobre el artículo de Weisheim "Los mejores 17 editores de código", escanea el siguiente QR para acceder a él:

https://redirectoronline.com/ifcd990300

El artículo también presenta 17 opciones gratuitas y premium, incluidos IDEs y herramientas de código colaborativo en línea. Algunos de los editores de código gratuitos mencionados son Visual Studio Code, Sublime Text, Atom, Notepad++, CoffeeCup HTML Editor, TextMate, Bluefish, Vim, NetBeans, Codeshare.io, GNU Emacs, y Spacemacs. Los editores de código premium mencionados son BBEdit, WebStorm, UltraEdit, Espresso, y Nova.

Elegir el editor adecuado depende del tipo de proyectos en los que se trabaje, los objetivos de programación y el nivel de habilidad del usuario. Algunas características a considerar al elegir un editor de código son:

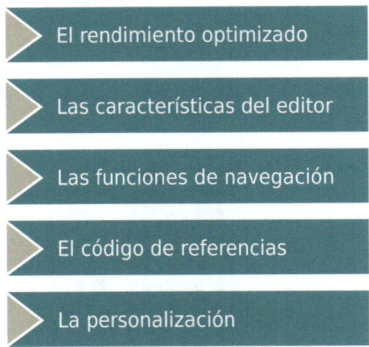

El rendimiento optimizado

Las características del editor

Las funciones de navegación

El código de referencias

La personalización

3.2. Máquina virtual de Java

La **Máquina virtual de Java o JVM** (acrónimo en inglés de *Java Virtual Machine)*, es como un intérprete especial que actúa como un ambiente de ejecución para programas escritos en Java.

 **RECUERDA**

Una de las características de Java es la portabilidad. En lugar de producir un código específico para una computadora en particular, como hacen otros lenguajes de programación, el compilador de Java crea el *bytecode* que la JVM puede leer y ejecutar en cualquier dispositivo donde esté instalado el entorno de ejecución de Java o JRE. Esto hace que los programas escritos en Java sean portables, ya que pueden ejecutarse en diferentes sistemas sin necesidad de reescribir el código para cada uno.

El trabajo principal de la máquina virtual de Java consiste en traducir el código escrito en el lenguaje de programación de Java, que como ya se sabe recibe el nombre de bytecode, a un lenguaje que la computadora puede entender y ejecutar.

Funcionamiento de la máquina virtual de Java

Se debe entender bien el funcionamiento de la máquina virtual de Java, que en términos genéricos los procesos que se llevan a cabo en ella son de la siguiente manera:

- **Compilación a *bytecode.*** En el primer paso, el código escrito en Java se traduce en algo llamado "código de *bytes*" mediante el compilador de Java. Este código de *bytes* es como un conjunto de instrucciones universales que no están dirigidas a una máquina específica.
- ***Bytecode* como lenguaje intermedio.** El código de *bytes* es como un idioma intermedio entre el código Java y el ordenador en el que se ejecutará. Es como tener un texto traducido a un idioma que ambos, ordenador y código Java, pueden entender.
- **Función de la JVM.** Cuando se ejecuta un programa Java, la JVM entra en acción. Se encarga de administrar y asignar el espacio de memoria necesario para que el programa funcione correctamente. Es como si la JVM fuera la encargada de organizar el espacio y los recursos necesarios para que el programa se ejecute sin problemas. Es como si se preparara una habitación de un hotel para que un huésped pueda disfrutar de la estancia, tras asegurarse de que todo esté en su lugar y de que todo funcione correctamente.

Esta máquina (JVM) es fundamental en el ecosistema de programación de Java, puesto que cuando se escribe en este lenguaje el código fuente se guarda en archivos con extensión **.java.** Luego, se utiliza el compilador de Java, llamado javac, para traducir este código fuente a un formato intermedio o *bytecode,* que tiene extensión **.class.**

👁 EJEMPLO

Imaginemos un archivo llamado "MiPrograma.java" que contiene el siguiente código:

```
public class MiPrograma {
public static void main (String[] args) {
System.out.println("¡Hola, mundo!");
   }
} }
```

Para compilar este código, se usaría el compilador de Java del terminal:

```
javac MiPrograma.java
```

Esto generará un archivo "MiPrograma.class" que contiene el *bytecode* del programa. Este *bytecode* no es código máquina directamente ejecutable, sino que está diseñado para ser interpretado por la Máquina Virtual de Java.

Entonces, para ejecutar el programa, se utilizaría el comando java, que invoca la JVM o Máquina Virtual de Java:

```
java MiPrograma
```

La JVM lee el archivo ¨MiPrograma.class¨, interpreta y ejecuta el *bytecode*, produciendo la salida esperada en la consola, que en este caso es la célebre frase: "¡Hola, mundo!"

- -

La máquina virtual de Java es clave porque proporciona portabilidad al código Java. Permite que el mismo *bytecode* sea ejecutado en diferentes sistemas operativos siempre que haya una implementación de la JVM disponible para ese sistema. Con eso y todo, la máquina virtual de Java realiza tareas tan importantes como:

1. **La gestión de memoria.**
2. **La gestión de recursos del sistema.**
3. **La ejecución del código.**

Todo ello hace que el desarrollo y la ejecución de programas en Java sean más seguros y robustos.

 **NOTA**

Con el ejemplo anterior se pudo ilustrar cómo funciona en Java el ciclo de compilación y ejecución, y cómo gracias al compilador se convierte el código fuente en *bytecode*, así como la máquina virtual de Java interpreta y ejecuta ese *bytecode* en diferentes plataformas.

Arquitectura de la máquina virtual de Java

La **arquitectura de la máquina virtual de Java (JVM)** se compone de varios elementos que trabajan juntos para ejecutar programas escritos en Java.

Cada área señalada de la arquitectura de la máquina Java juega un papel fundamental. Te mostramos sus principales funciones:

1. **Cargador de clases.** Carga archivos de clases y lleva a cabo tres funciones principales:

   1. Carga
   2. Vinculación
   3. Inicialización

2. **Área del método.** Almacena información de las clases, sus datos constantes y métodos.
3. **Montón.** Espacio para almacenar objetos y sus datos compartidos entre hilos.
4. **Pilas de lenguaje JVM.** Almacenan variables locales y resultados parciales por método. Cada hilo tiene su pila.

5. **Registros de PC.** Guardan la dirección de la instrucción actual para cada hilo.
6. **Pilas de métodos nativos.** Guardan el código nativo vinculado a bibliotecas externas.
7. **Motor de ejecución.** *Software* para probar *hardware* o *software.* No contiene datos del producto probado.
8. **Interfaz del método nativo.** Permite a código Java ser llamado por aplicaciones nativas.
9. **Bibliotecas de métodos nativos.** Colección de bibliotecas externas (C, C++) necesarias para el motor de ejecución.

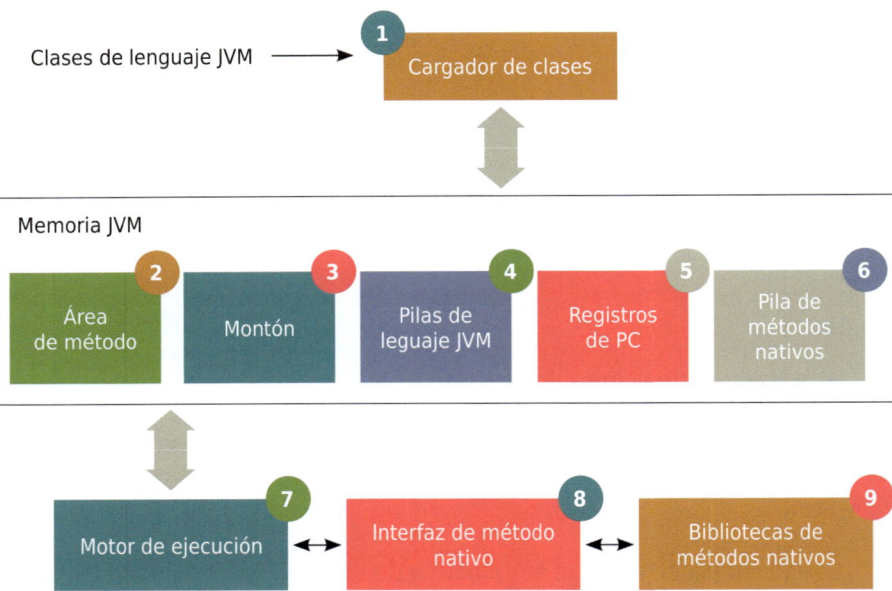

Los elementos que componen la arquitectura de la máquina virtual de Java trabajan en conjunto para proporcionar un entorno de ejecución consistente y portátil para programas escritos en este lenguaje de programación. De esta forma queda asegurado que los programas se ejecutan de manera eficiente y confiable en diferentes sistemas y plataformas. Dichos elementos son:

➲ **Cargador de clases** *(Class Loader).* Se encarga de cargar las clases necesarias en la JVM. Toma los archivos de clases compiladas (archivos .class) y los carga en memoria para que puedan ser utilizados por el programa.

⊃ **Área de memoria *(Memory Area)*.** La memoria se divide en distintas secciones para almacenar diferentes tipos de datos durante la ejecución del programa Java. Estas secciones son cuatro:

◡ *Heap* (montón): espacio de memoria dinámica donde se almacenan los objetos y las instancias de las clases.
◡ *Stack* (pila): almacena datos relacionados con métodos y sus variables locales. Cada hilo de ejecución tiene su propia pila.
◡ *Method Area* (área de métodos): almacena información sobre las clases cargadas, como métodos estáticos, constantes y estructuras de datos.
◡ *PC Register* (registro de *Program Counter):* guarda la dirección de la instrucción actual que se está ejecutando.

⊃ **Motor de ejecución *(Execution Engine)*.** Ejecuta el *bytecode* traducido por el compilador Java. Incluye dos componentes principales:

◡ *Interpreter* (intérprete): lee el *bytecode* línea por línea y ejecuta las operaciones correspondientes.
◡ *Just-In-Time* (JIT) *Compiler* (Compilador JIT): traduce partes del *bytecode* en código de máquina nativo para mejorar la velocidad de ejecución.

⊃ **Interfaz de método nativo *(Native Method Interface)*.** Permite a la JVM llamar a métodos escritos en lenguajes nativos como C o C++ cuando es necesario interactuar con el sistema operativo o el *hardware* subyacente.
⊃ **Bibliotecas de métodos nativos *(Native Method Libraries)*.** Son bibliotecas de métodos escritos en lenguajes nativos que son clave para el funcionamiento de la JVM.

Java fue promocionado con el lema "escribir una vez, ejecutar en cualquier lugar" (o WORA)

[145]

APLICACIÓN PRÁCTICA

¿Cuál es la función principal del cargador de clases *(Class Loader)* en la arquitectura de la máquina virtual de Java?

Solución

El cargador de clases *(Class Loader)* en la arquitectura de la máquina virtual de Java, tiene la responsabilidad de cargar las clases necesarias en la JVM. Toma los archivos de clases compiladas .class y los carga en memoria para que puedan ser utilizados por el programa durante la ejecución.

- -

3.3. Descarga e instalación de Java

El kit de desarrollo de Java posibilita la codificación y ejecución de programas. A la hora de instalar este kit es muy posible encontrar diferentes versiones. El tipo de instalación a elegir va a depender de los requisitos del sistema y de la plataforma que se desee instalar. En este tutorial se indicará cómo descargar e instalar la versión gratuita de Java JDK 8 para *Windows 10* (64 bits).

La instalación del *Java Development Kit* (JDK) o kit de desarrollo de Java en plataformas *Microsoft Windows* es un proceso realmente sencillo. A continuación se proporciona una guía que va indicando cada paso de este proceso:

1. **Acceso al sitio de descarga.** Para proceder a la descarga del kit de desarrollo de Java, accede a **Java Downloads,** escaneando el siguiente QR:

https://redirectoronline.com/ifcd9908

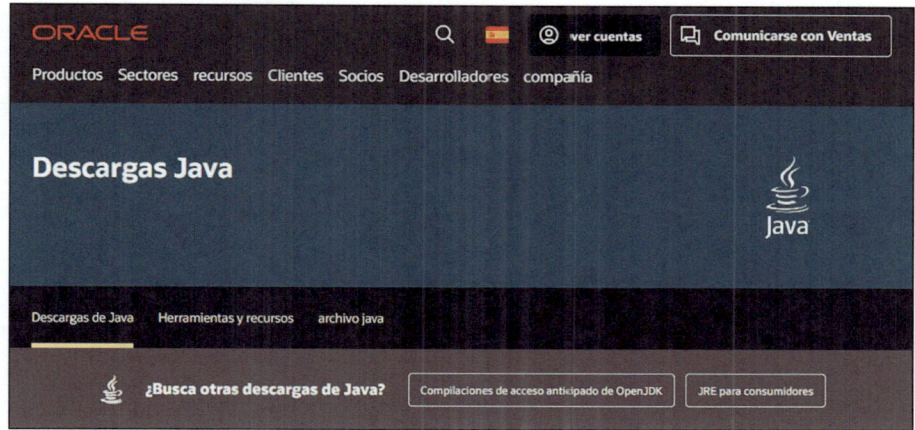

Sitio de descargas Java

2. **Requisitos del sistema.** Antes de comenzar, hay que asegurarse de que el procesador y navegador sean compatibles. Puedes consultar los **sistemas certificados Oracle JDK** para obtener información detallada, escanea el siguiente QR:

https://redirectoronline.com/ifcd990309

En el menú de descargas elige el enlace correspondiente al instalador para *Windows.* Por ejemplo, **jdk-21.interim.update.patch_windows-x64_bin.exe** o **jdk-8u271-windows-xs64.exe** y no olvides aceptar el correspondiente acuerdo de licencia.

Solaris SPARC 64-bit	88.75 MB	jdk-8u271-solaris-sparcv9.tar.gz
Solaris x64 (SVR4 package)	134.42 MB	jdk-8u271-solaris-x64.tar.Z
Solaris x64	92.52 MB	jdk-8u271-solaris-x64.tar.gz
Windows x86	154.48 MB	jdk-8u271-windows-i586.exe
Windows x64	166.79 MB	jdk-8u271-windows-x64.exe

Versiones de descarga de Java Oracle

Cuando selecciones el enlace de instalación se abrirá una ventana emergente. En esa ventana deberás hacer clic en Revisar y aceptar para dar tu consentimiento al Acuerdo de licencia de Oracle Technology Network relacionado con el kit de desarrollo Oracle Java SE. Luego, serás redirigido a la página de inicio de sesión. Si no posees una cuenta de Oracle (es necesaria), puedes registrarte de manera sencilla proporcionando alguna información tuya.

3. **Instalación y ejecución del archivo.** Una vez que se ha completado la descarga de Java JDK 8, deberás gestionar el archivo ejecutable para instalar JDK *Windows,* dándole a ejecutar. Luego pulsa el botón **Next** o **Siguiente.**

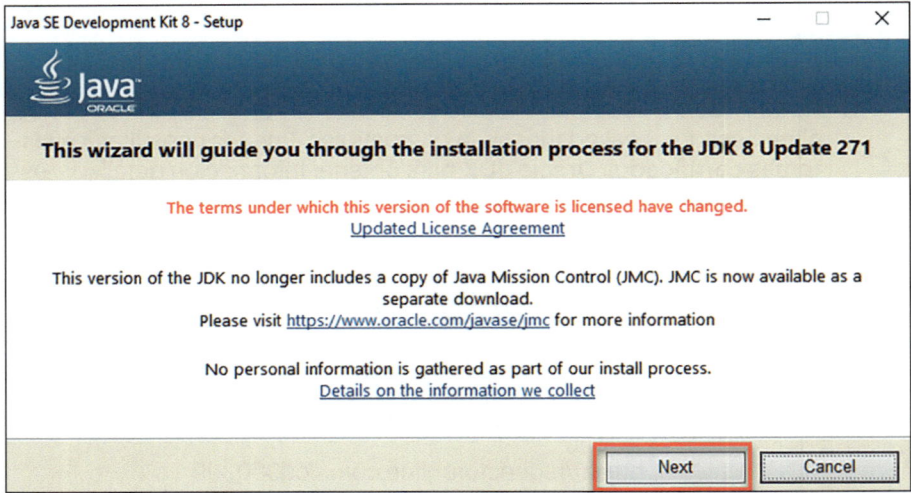

Sitio de descarga de Java Oracle

NOTA

Al pulsar el botón **Siguiente,** el archivo **.exe** descargado iniciará su instalación y deberás seguir las instrucciones proporcionadas por el instalador.

Una vez completada la instalación, y si lo deseas, puedes eliminar el archivo descargado para liberar espacio en el disco.

Durante la instalación se copiarán algunos archivos a tu equipo, como java. exe, javaw.exe, javac.exe, y jshell.exe en la ruta "C:Program FilesCommon FilesOracleJava javapath".

Si se prefiere una instalación más minimalista o sencilla y con los mínimos diálogos es posible utilizar el instalador MSI. Para ello, basta con descargar el archivo .msi desde la página de descargas de Java SE y seguir los siguientes pasos:

- ⮑ **Paso 1.** Ejecución del archivo .msi para iniciar la instalación.
- ⮑ **Paso 2.** Instalación desde la línea de comandos:

  - ⟴ Abrir un mensaje de MS-DOS con permisos administrativos.
  - ⟴ Ejecutar el siguiente comando según el tipo de instalación que se desee:

    - ⇕ Modo de interfaz de usuario básico: msiexec.exe /i jdk-21_windows x64_bin.msi
    - ⇕ Modo silencioso: msiexec.exe jdk-21_windows-x64_bin.msi /qn

También se puede crear un archivo de registro para verificar la instalación.

- ⮑ **Instalación silenciosa del JDK:** se puede realizar una instalación silenciosa y no interactiva usando el comando: jdk.exe /s (donde "jdk.exe" es el nombre del archivo de instalación descargado).

 **CONSEJO**

Después del proceso de instalación es posible comenzar a utilizar el kit de desarrollo de Java. Una vez instalado, se accede al Java Development Kit desde el menú **Inicio de *Windows*.** Recuerda siempre respaldar tus datos antes de realizar cambios en el registro del sistema.

Las variables RUTA y CLASSPATH

Las **variables en Java,** dentro del contexto de un entorno de desarrollo integrado, cumplen un papel esencial en el proceso de programación. Son fundamentales para el desarrollo de aplicaciones eficientes y mantenibles, puesto que permite a los programadores examinar y modificar el valor de las variables en tiempo real durante la ejecución del programa entre otras cuestiones que a continuación se nombran:

● Las variables en Java permiten almacenar y manipular datos en la memoria durante la ejecución del programa. Pueden contener valores como números, texto o referencias a objetos.
● Posibilitan la creación de programas dinámicos, ya que su contenido puede cambiar durante la ejecución del código, adaptándose a las necesidades del programa.
● El uso de variables con nombres descriptivos mejora la legibilidad del código fuente. Esto facilita la comprensión de la lógica del programa y colabora en un mantenimiento más sencillo.
● Las variables permiten almacenar resultados intermedios o valores que se utilizan repetidamente en el programa, favoreciendo la reutilización de código y reduciendo la redundancia.
● Java es un lenguaje fuertemente tipado, y el uso de variables facilita la manipulación de diferentes tipos de datos, como enteros, cadenas de texto, booleanos, etc.

Configurar las variables de entorno en Java, como la **RUTA** y **CLASSPATH,** es como darle a una computadora instrucciones sobre dónde encontrar cosas importantes para ejecutar programas Java.

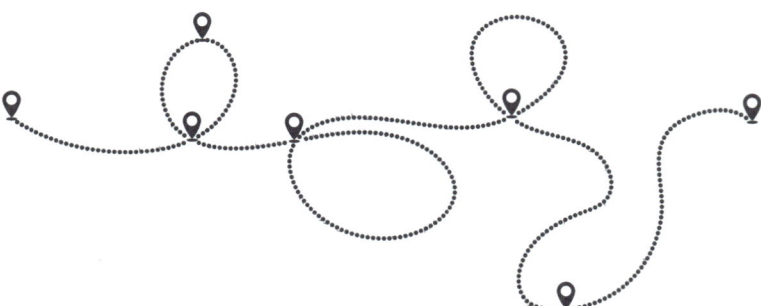

La configuración de las variables del entorno en Java se puede interpretar como la manera en la que se le proporciona a un ordenador un mapa que le permite encontrar programas de forma sencilla y veloz.

A continuación, se ofrece una breve explicación de lo que supone cada una de las variables del entorno Java:

PATH	La variable PATH es como una lista de ubicaciones importantes dentro de un ordenador, como las carpetas específicas. Cuando se ejecuta un programa Java, la máquina sabe perfectamente dónde encontrar o. Es decir, es como decirle a una máquina dónde se ha de buscar para encontrar sus herramientas y manuales de uso.
RUTA	Si no se configura la RUTA, el usuario tendrá que decirle al ordenador la dirección completa del programa cada vez que lo vaya a usar, algo así como decirle exactamente en qué estante y en qué estantería está cada libro dentro de una biblioteca.
CLASSPATH	Por otro lado, la variable CLASSPATH es como decirle a la computadora dónde están los libros de referencia o las notas importantes. Esta variable le dice a Java dónde buscar las bibliotecas necesarias para un determinado programa.

NOTA

La variable PATH facilita la ubicación de programas ejecutables como pudiera ser Java.

Aunque es posible ejecutar un programa sin necesidad de tener que especificar cuál es su RUTA de acceso, sí será necesario proveer de la ruta completa del programa ejecutable. Por ejemplo:

C:\Archivos de programa\Java\jdk1.8.0_271\bin\javac A.java en lugar de simple javac A.java

Configuración de las variables Java

Las variables de entorno de Java, como PATH, CLASSPATH y la configuración de la carpeta bin, se configuran con el fin de que el sistema operativo pueda localizar las herramientas y bibliotecas necesarias para ejecutar y compilar aplicaciones Java.

> La variable PATH permite acceder a los comandos de Java,
> como javac (compilador) o java (ejecutor), desde cualquier
> ubicación en la línea de comandos.

> La variable CLASSPATH especifica la ruta de las bibliotecas
> necesarias para ejecutar programas Java.

La configuración adecuada de estas variables garantiza que las herramientas del JDK (Java Development Kit) funcionen correctamente, facilitando el desarrollo, compilación y ejecución de proyectos en este lenguaje de programación.

Para aprender a configurar estas variables, se deben seguir algunos sencillos pasos.

1. *Acceso a propiedades del sistema*

   1. Dirígete al icono de **Este Equipo** o **Mi PC** en tu escritorio o explorador de archivos.
   2. Haz clic derecho sobre el icono y selecciona la última opción del menú **Propiedades.**

   ⇕ Si no ves **Este Equipo,** busca **Sistema** en el menú de **configuración del PC.**

2. *Acceso a la configuración avanzada*

   1. Dentro de la ventana de **Propiedades del sistema,** localiza la opción en el lado izquierdo o superior derecho que dice: **Configuración avanzada del sistema.**

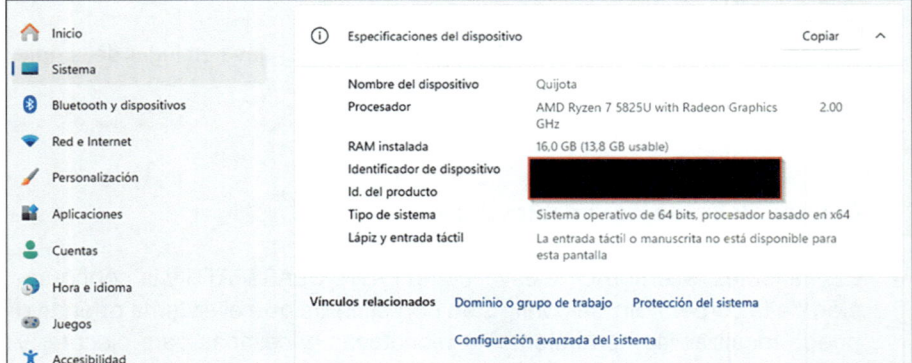

2. Haz clic en esta opción. Aparecerá una nueva ventana emergente llamada **Propiedades del sistema.**

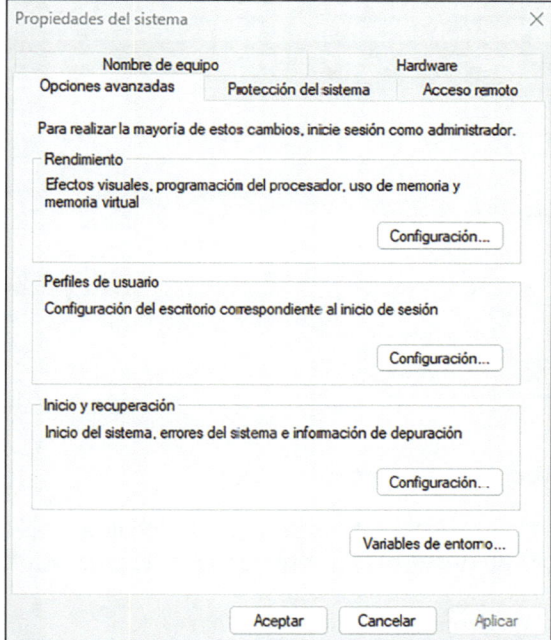

3. *Variables del entorno*

1. En la pestaña **Opciones avanzadas,** busca el botón llamado **Variables del entorno** y haz clic en él.
2. Se abrirá un cuadro de diálogo con dos secciones:

   ⇕ **Variables del usuario** (solo afectan a tu usuario).
   ⇕ **Variables del sistema** (afectan a todos los usuarios).

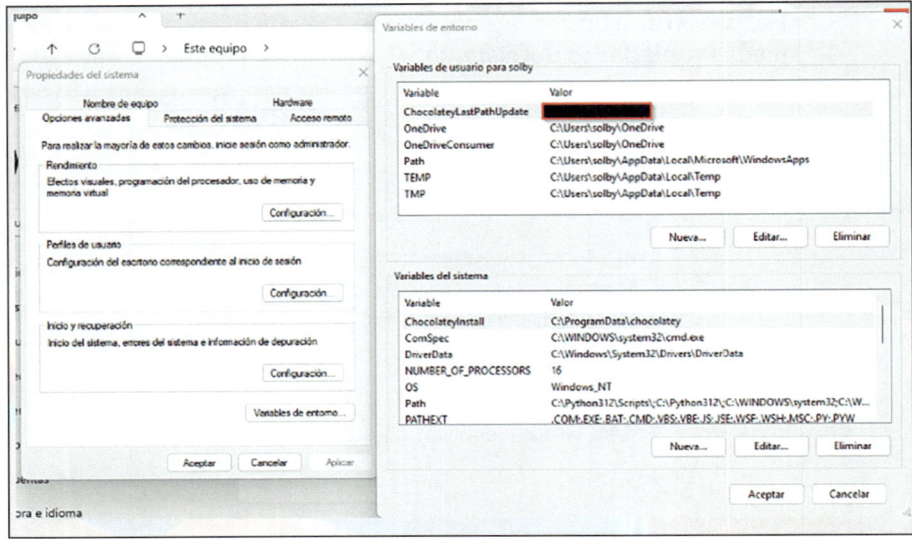

4. *Selección de la variable PATH*

1. Dentro de **Variables del usuario,** localiza una variable llamada **PATH.**
2. Si no existe, crea una nueva variable presionando el botón **Nuevo.**

   ⇕ Nombre de la variable: PATH.
   ⇕ Valor inicial: vacío (o continúa con el siguiente paso).

3. Si ya existe, selecciónala y haz clic en **Editar.**

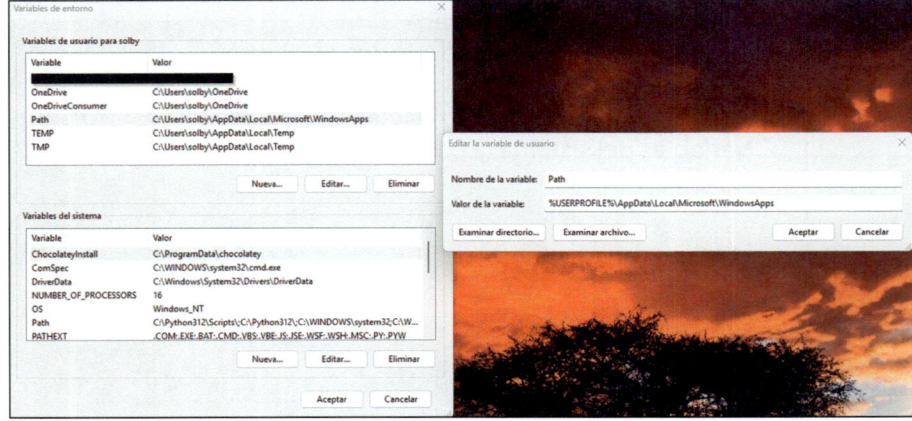

5. *Modificación del PATH*

1. En el cuadro de edición de PATH:

⇕ Agrega una nueva entrada escribiendo: <Directorio de instalación del JDK>\bin
⇕ Ejemplo: C:\Program Files\Java\jdk-XX\bin
⇕ Si hay valores previos, separa cada entrada con un punto y coma ;.

2. Guarda los cambios haciendo clic en **Aceptar.**

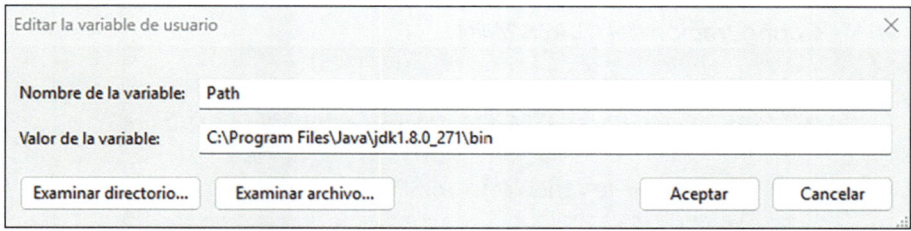

Modificación de la variable de usuario Path

NOTA

Verifica la Carpeta bin, abriendo el explorador de archivos y navega hasta el directorio donde instalaste el Java Development Kit (JDK) para confirmar que existe una carpeta llamada **"bin"** dentro de la ruta de instalación del JDK. Por ejemplo, C:\Program Files\Java\jdk-XX\bin

jdk-XX es un marcador genérico que indica que la ruta corresponde a cualquier versión del JDK instalada. El "XX" representa la versión reemplazable por la específica que se esté utilizando. Esta ruta no existe directamente en el sistema hasta que se sustituye "XX" por la versión real del JDK instalado.

En el ejemplo de la imagen se ha especificado jdk1.8.0_271 que es una ruta concreta que apunta a una versión específica del JDK: en este caso, Java Development Kit versión 1.8.0, actualización 271.

Continúa en página siguiente >>

<< Viene de página anterior

Editar la variable de usuario   ✕

Nombre de la variable: Path

Valor de la variable: C:\Program Files\Java\jdk1.8.0_271\bin

| Examinar directorio... | Examinar archivo... | | Aceptar | Cancelar |

---

6. *Configuración del CLASSPATH*

     1. Regresa al cuadro de **Variables del entorno.**
     2. En la sección de **Variables del sistema,** haz clic en **Nuevo.**

       ⇕ Nombre de la variable: CLASSPATH.
       ⇕ Valor de la variable: `<Directorio de instalación del JDK>\lib\tools.jar`
       ⇕ Ejemplo: `C:\Program Files\Java\jdk-XX\lib\tools.jar`

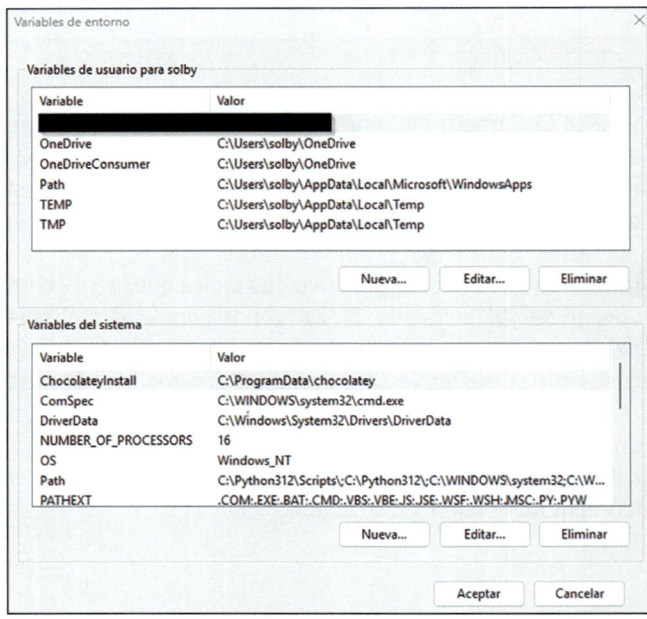

Cuadro de variables de entono. Configuración de la variable CLASSPATH

7. *Verificación de la configuración*

1. Abre el **Símbolo del sistema:**

    ⇕ Presiona **Win + R**, escribe **cmd** y presiona **Enter.**

2. Escribe el siguiente comando y presiona **Enter: javac.**

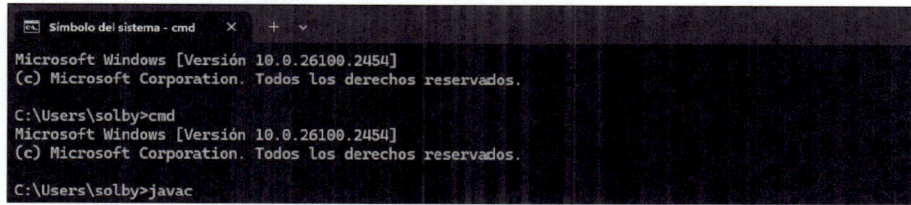

Comando en Símbolo del sistema para la comprobación de la instalación correcta de Java.

Si Java está correctamente instalado, el sistema mostrará una lista de comandos relacionados con javac. Si por el contrario aparece un mensaje de error, revisa las rutas configuradas en PATH y CLASSPATH.

 **NOTA**

Si ya existe una variable PATH, edítala con precaución. Asegúrate de no eliminar las entradas previas necesarias para el sistema.

La carpeta bin suele contener archivos ejecutables y es clave para que Java funcione correctamente.

‐ ‐

4. Eclipse como IDE

 **HILO CONDUCTOR**

El equipo de trabajo se sumerge en la experiencia de un entorno de desarrollo integrado (IDE). Conscientes de la importancia de elegir la herramienta adecuada

Continúa en página siguiente >>

<< Viene de página anterior

deciden adentrarse en Eclipse, un IDE caracterizado por su versatilidad. Descubrir cómo Eclipse puede ser la clave para optimizar los procesos y maximizar el potencial de Java, se convierte en el próximo capítulo emocionante de esta aventura tecnológica.

- -

Eclipse es un **IDE (entorno de desarrollo integrado)** de código abierto ampliamente utilizado para el desarrollo de *software* en **Java,** aunque también es compatible con otros lenguajes de programación.

Ofrece una interfaz de usuario amigable y extensible mediante plugins, lo cual permite a los desarrolladores personalizar su entorno de desarrollo según sus necesidades.

4.1. Variables y datos en Java

En Java, las variables son contenedores que almacenan datos y tienen un **tipo de datos** asociado que define qué tipo de datos pueden contener. Seguidamente se presentan algunos puntos clave sobre variables y datos en Java.

En el lenguaje de programación Java, las variables son espacios de almacenamiento que guardan información. Estos espacios están vinculados a una identificación o a un tipo de dato específico. Esta identificación determina qué tipología de datos pueden ser almacenados en estas variables.

 **EJEMPLO**

Vamos a imaginar que queremos almacenar la edad de una persona en un programa Java. Podríamos usar una variable para representar esa información.

```java
// Declaración de la variable 'edad' de tipo entero (int)
int edad;
// Asignación de un valor a la variable 'edad'
edad = 25;
// Ahora, la variable 'edad' contiene el valor 25}
```

En este caso hemos declarado una variable llamada edad de tipo entero (int) en Java. Posteriormente, le hemos asignado el valor 25. Ahora, la variable edad almacena la información de la edad, y podemos utilizar este valor en nuestro programa según sea necesario.

Declaración de variables

En Java, las variables se declaran especificando el tipo de datos, seguido del nombre de la variable.

Por ejemplo:

```java
int edad; // Declaración de una variable entera llamada "edad"
```

Tipos de datos

Java tiene tipos de datos primitivos como int, float, doublé, boolean y tipos de datos de referencia como String, que es una clase.

- ➲ Los tipos de datos primitivos almacenan valores directamente.
- ➲ Mientras que los tipos de datos de referencia almacenan referencias a objetos.

Asignación de valores

Es posible asignar valores a las variables utilizando el operador de asignación (=).

Por ejemplo:

```
edad = 25; // Asignación del valor 25 a la variable "edad"
```

4.2. Inicialización de variables

Hay que destacar que la **inicialización de variables** en Java es un paso importante para garantizar que contengan un valor válido antes de ser utilizadas en el programa.

 **DEFINICIÓN**

Inicialización

El concepto inicialización hace referencia al proceso de asignar un valor inicial a una variable en el momento de su creación. En Java, las variables deben ser inicializadas antes de ser utilizadas en operaciones o cálculos.

El fragmento de código **int numero = 10; // Declaración e inicialización de una variable entera llamada "numero"** ejemplifica la declaración e inicialización de una variable en una sola línea.

Una explicación algo más detallada sería esta:

```
// Declaración e inicialización de una variable entera
llamada "numero"
int numero = 10;
```

Declaración de la variable
Se especifica el tipo de datos (int en este caso) seguido del nombre de la variable (número), indicando que se trata de una variable entera.

Operador de asignación (=)
Asigna el valor 10 a la variable número. Es importante destacar que la variable número está siendo inicializada con el valor 10 en este momento.

Este enfoque de declaración e inicialización en una sola línea es útil y compacto, especialmente cuando se conoce el valor que tomará la variable desde el principio. Sin embargo, es esencial recordar que todas las variables deben ser inicializadas antes de ser utilizadas para evitar errores en tiempo de ejecución.

IMPORTANTE

La inicialización asegura que la variable tenga un valor conocido y válido antes de que se realicen operaciones con ella en el programa.

4.3. Constantes

Es posible declarar constantes utilizando la palabra clave final. Las constantes son variables cuyo valor no puede cambiar una vez que se les asigna.

Por ejemplo:

```
final double PI = 3.14159; // Declaración de una constante
llamada "PI"
```

En definitiva, en Java las variables son elementos fundamentales que almacenan y manipulan datos. La correcta declaración, asignación e inicialización de variables es esencial para el desarrollo de programas efectivos. Los IDE como Eclipse facilitan la gestión de variables al proporcionar herramientas de autocompletado, resaltado de sintaxis y funciones de depuración que permiten a los desarrolladores trabajar de manera más eficiente y sin problemas.

 TAREA 4

Marta está trabajando en el desarrollo de un sistema de gestión de inventario para una tienda *online.* Necesita declarar variables para almacenar la cantidad de productos disponibles y el precio unitario de cada producto.

Basándote en lo aprendido sobre cómo se declaran variables en Java, ¿cómo debería Marta declarar estas dos variables en Java?

- -

4.4. Descarga e instalación de Eclipse IDE para desarrolladores Java

El proceso de **descarga e instalación de Eclipse** es sencillo, esto permitirá ejecutar Java sin dificultad alguna. Los pasos son los siguientes.

Descarga

Para proceder a **descarga Eclipse** hay que dirigirse al siguiente enlace **https://www.eclipse.org/** y hacer clic en **Descargar x86_64.** Escanea el siguiente QR para visualizarlo:

https://redirectoronline.com/ifcd990308

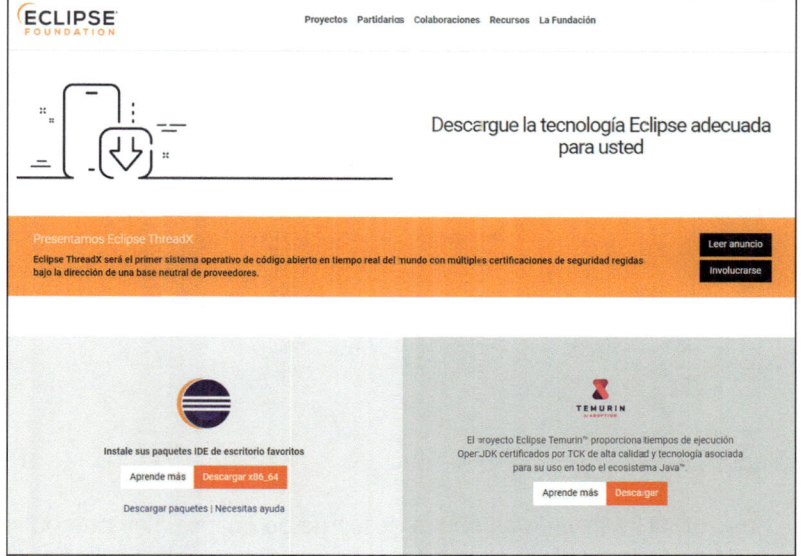

Sitio web de descarga Eclipse. Fuente: www.eclipse.org

Al hacer clic en **Descargar,** se mostrará una ventana en la que se deberá seleccionar un área geográfica cercana al usuario.

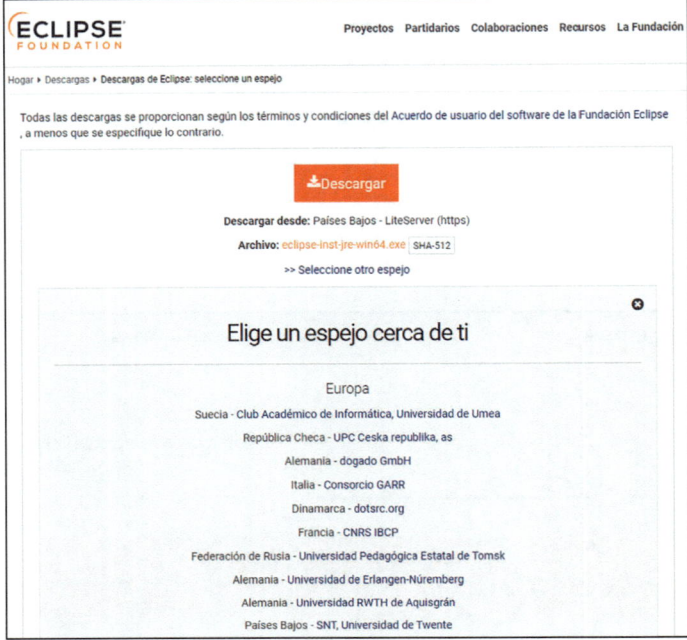

Términos y condiciones Eclipse. Fuente: www.eclipse.org

Instalación

Una vez se ha llevado a cabo la descarga de Eclipse, hay que pulsar en el explorador de archivos de *Windows* y hacer clic en **eclipse-inst-win64.exe,** para después seccionar la primera opción de **Eclipse IDE para desarrolladores Java** (Eclipse *IDE for Java Developers*).

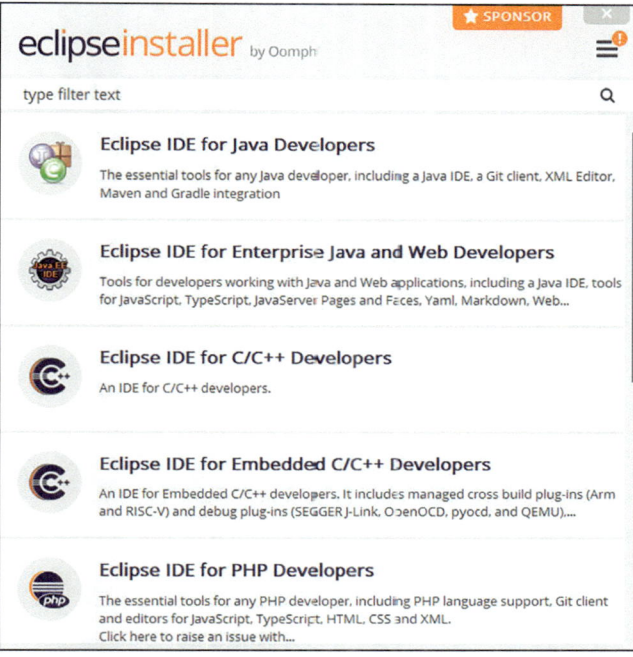

Eclipse IDE para desarrolladores Java. Fuente: www.eclipse.org

Al pulsar sobre la opción EDI para desarrolladores aparecerá la ventana de instalación tal como se muestra en la siguiente imagen:

[165]

Ejecución

El siguiente paso es aceptar las condiciones de descarga, que según el área geográfica seleccionada serán diferentes. Después, se pondrá en marcha el proceso de instalación rápidamente.

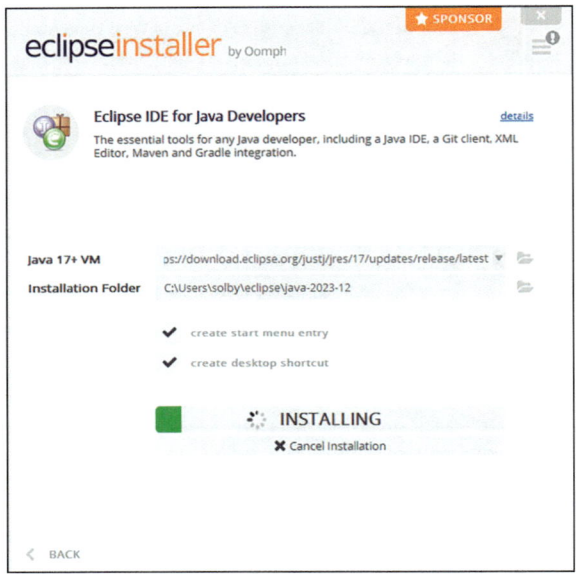

Proceso de instalación de Eclipse IDE para desarrolladores Java.
Fuente: www.eclipse.org

Inicio

Seguidamente, después de ejecutar Eclipse, hay que pulsar en el botón de **Iniciar** *(Launch)* para, posteriormente, seleccionar el directorio.

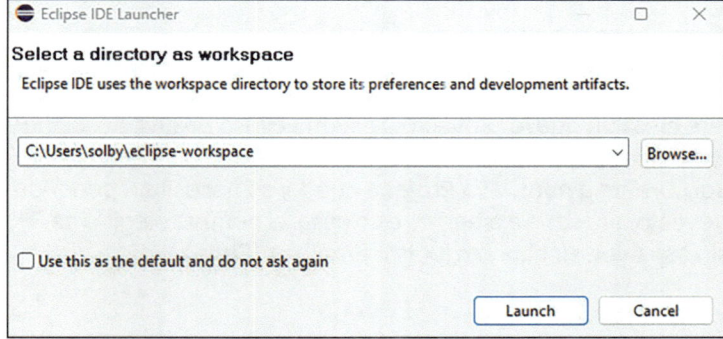

Inicio de Eclipse para desarrolladores Java. Fuente: www.eclipse.org

Lanzamiento

Tras la ejecución y el inicio de Eclipse, la plataforma IDE para desarrolladores Java está lista para comenzar a funcionar.

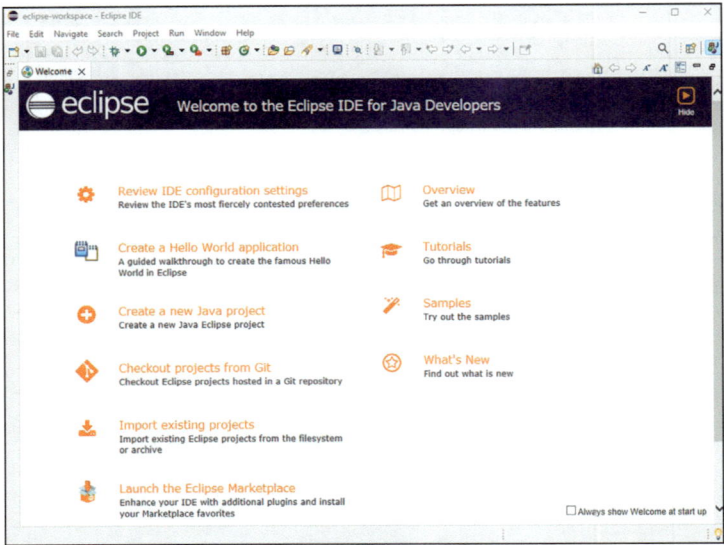

Pantalla de inicio de Eclipse para desarrolladores Java. Fuente: www.eclipse.org

Creación de un nuevo proyecto

Para crear un nuevo proyecto Java en Eclipse basta seleccionar una de las opciones que aparecen en la pantalla de inicio de Eclipse, justo en el apartado ***Create a new Java Project.*** Luego, se necesitará poner un nombre al proyecto que se va a crear, en este caso, el nombre elegido es "HolaMundo" (sin espacio). Finalmente, pulsar **Finalizar** *(Finish).*

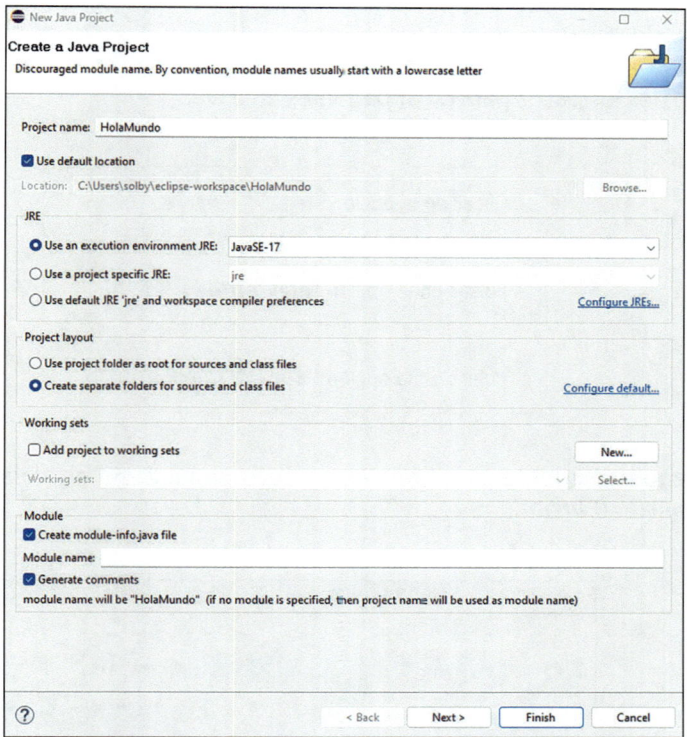

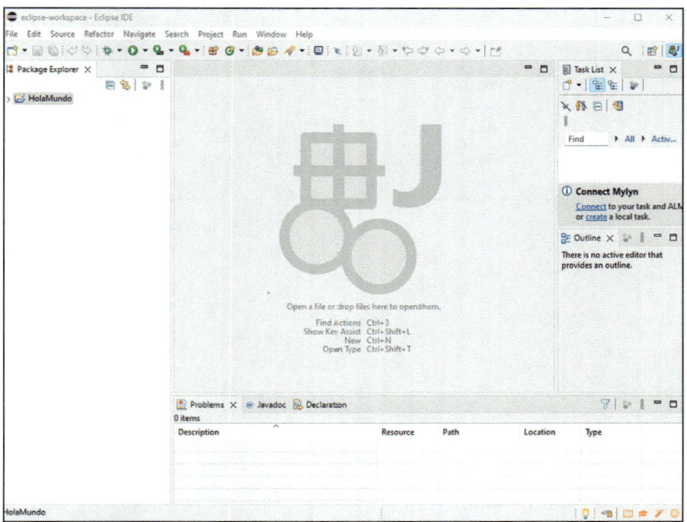

Creación de proyecto en Eclipse. Fuente: www.eclipse.org

Creación de paquete Java

Son tres los pasos para crear paquetes en Java:

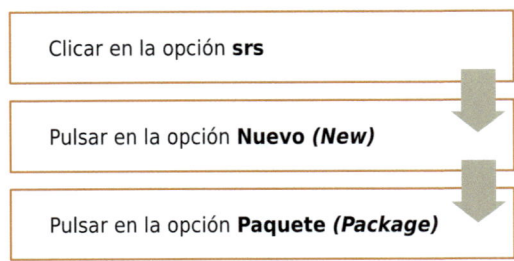

Clicar en la opción **srs**

Pulsar en la opción **Nuevo *(New)***

Pulsar en la opción **Paquete *(Package)***

Luego hay que dar nombre a este nuevo paquete sin olvidarse de pulsar **Finalizar *(Finish).***

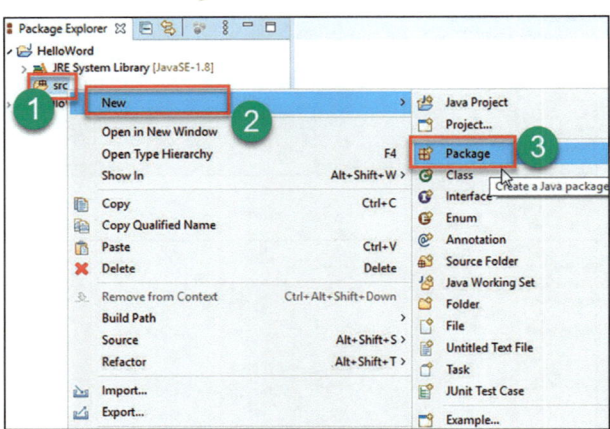

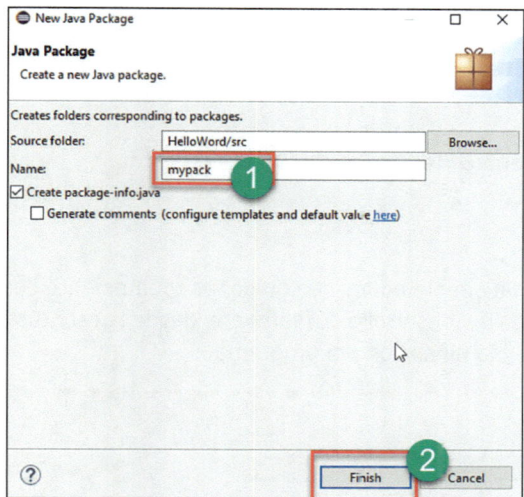

Proceso para crear un paquete y darle nombre. (Hartman, 2023).

Crear una clase Java

Una vez creado el paquete Java, pulsa en la opción **Nuevo** *(New)* y después hacer clic en **Clase** *(Class)* para crear una clase de Java. Luego, para nominar la clase hay que pulsar en el apartado *public static void main (String[] args)"* y dar **Finalizar.**

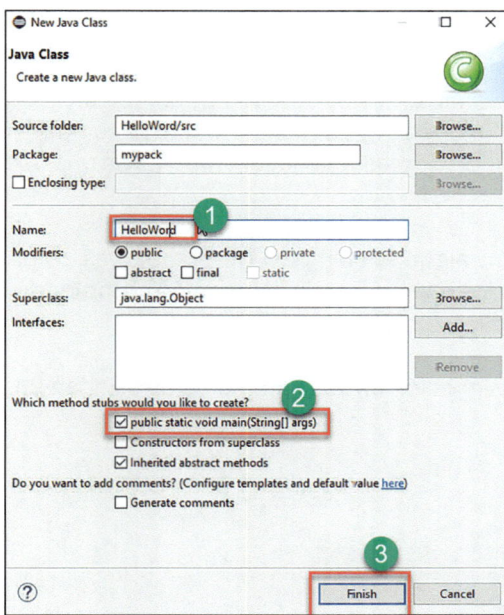

Proceso para dar nombre a la clase Java. (Hartman, 2023).

APLICACIÓN PRÁCTICA

¿Qué es Eclipse dentro del contexto de Java?

Solución

Eclipse es más que un simple editor de código, es un ambiente completo que unifica todas las fases del desarrollo del *software,* desde la escritura del código hasta la depuración y la ejecución del programa.

----

5. Operaciones de asignación

☞ HILO CONDUCTOR

En su exploración con Java y Eclipse, Marta, Carlos, Luis y Ana descubren que el manejo de variables es solo el principio. Animados por la necesidad de optimizar su código, se sumergen en el fascinante mundo de los operadores de asignación.

Los **operadores de asignación en Java** son símbolos que se utilizan para asignar valores a las variables. Estos operadores combinan la operación de asignación (=) con otro operador aritmético, lo que hace que la asignación de un valor a una variable se realice simultáneamente de una operación matemática o lógica.

Véase a continuación algunos ejemplos de operadores como son el de **asignación básico** y los operadores de **asignación combinados,** seguidos de unas sencillas explicaciones.

Los operadores de asignación básicos simplemente asignan un valor a una variable.

Operador de asignación básico (=)

```
int a = 5;
```

En este caso, se asigna el valor 5 a la variable a. Es la forma más común de asignación en Java.

Los operadores de asignación combinados realizan una operación aritmética y asignan el resultado a la variable, lo que hace que el código sea más conciso.

Operadores de asignación combinados

Estos operadores realizan una operación y luego asignan el resultado a la variable.

Suma y asignación (+=):

```
int b = 10;
b += 3; // Equivalente a b = b + 3;
```

La variable b se incrementa en 3. Es similar a escribir b = b + 3;.

Resta y asignación (-=):

```
int c = 8;
c -= 2; // Equivalente a c = c - 2;
```

La variable c se decrementa en 2. Es similar a escribir c = c - 2;.

Multiplicación y asignación (*=)

```
int d = 4;
d *= 5; // Equivalente a d = d * 5;
```

La variable d se multiplica por 5. Es similar a escribir d = d * 5;.

División y asignación (/=)

```
int e = 15;
e /= 3; // Equivalente a e = e / 3;
```

La variable e se divide entre 3. Es similar a escribir e = e / 3;.

Módulo y asignación (%=):

```
int f = 7;
f %= 4; // Equivalente a f = f % 4;
```

La variable f se asigna con el resto de la división por 4. Es similar a escribir f = f % 4.

Todos estos operadores son útiles para abreviar expresiones. Son atajos que combinan operaciones comunes con la asignación de valores a variables en una sola instrucción.

ACTIVIDAD COMPLEMENTARIA

5. Realiza una recopilación de los distintos operadores de asignación en Java. Para ello, investiga en la web e indica la función de cada operador.

---

6. Estructuras de control

☞ **HILO CONDUCTOR**

Emocionados por el descubrimiento de los operadores de asignación, los chicos se dan cuenta de que para llevar su proyecto de realidad virtual a nuevas alturas necesitan más que manipular variables de forma eficiente. Es aquí donde las estructuras de control en Java emergen como la siguiente frontera en su aprendizaje. Comprender estas estructuras es esencial para para dirigir con éxito el flujo de ejecución del programa en cuestión.

Las estructuras de control en Java son herramientas que permiten controlar el flujo de ejecución de un programa. Estas estructuras determinan:

> Qué instrucciones se ejecutarán

> En qué orden y bajo qué condiciones, lo que ayuda a tomar decisiones dentro del código

Para comprender mejor estas estructuras imagina que estás dando instrucciones a un robot para hacer las tareas en tu casa. Las estructuras de control en Java son como las directrices que le das a este robot para que sepa qué hacer, cuándo hacerlo y bajo qué circunstancias debe actuar. A continuación, te mostramos cómo sería:

⊃ **Qué instrucciones se ejecutarán.** Siguiendo con el ejemplo, aquí le estás diciendo al robot qué acciones debe realizar. Por ejemplo, "barre el piso", "cocina la cena" o "limpia la mesa". En Java, estas instrucciones son como las líneas de código que le dices al programa para que realice tareas específicas, como imprimir un mensaje en la pantalla o calcular un número.

⮑ **En qué orden y bajo qué condiciones.** Esto sería como decirle al robot el orden en el que debe hacer las cosas y bajo qué circunstancias debe actuar de una manera u otra. Por ejemplo, podrías decirle al robot: "si hay platos sucios, lávalos; si no, no pasa a limpiar el piso". En Java, estas son las estructuras como "if", "else", "White", "for", que permiten al programa tomar decisiones basadas en ciertas condiciones. Por ejemplo, "si una variable es mayor que 10, haz una cosa; de lo contrario, haz otra".

6.1. Tipos de estructuras de control

Existen tres **tipos principales de estructuras de control.** Estas son:

---

1. Estructuras de control de selección o condicionales

Estas estructuras permiten ejecutar ciertas instrucciones basadas en condiciones lógicas.

---

2. Estructuras de control iterativas o bucles

Estas estructuras permiten ejecutar un bloque de código repetidamente mientras se cumple una condición específica.

---

3. Estructuras de control de salto

Estas estructuras permiten alterar el flujo normal de ejecución de un programa.

Estructuras de control de selección o condicionales

Las **estructuras de control de selección o condicionales** permiten la ejecución de algunas instrucciones basadas en condiciones lógicas, se reconocen por la expresión **if-else.**

If-else

Es una estructura que evalúa una condición y ejecuta un bloque de código si la condición es verdadera (if), o ejecuta otro bloque de código si la condición es falsa (else).

👁 **EJEMPLO**

```java
int edad = 18;
if(edad >= 18) {
   System.out.println("Eres mayor de edad");
} else {
   System.out.println("Eres menor de edad");
}
```

Switch-case

Otro tipo de estructura de control es **switch-case.** Se utiliza para seleccionar una de las múltiples opciones basadas en el valor de una expresión.

👁 **EJEMPLO**

```java
int opcion = 2;
switch(opcion) {
   case 1:
      System.out.println("Opción 1 seleccionada");
      break;
   case 2:
      System.out.println("Opción 2 seleccionada");
      break;
   default:
      System.out.println("Opción no reconocida");
      break;
}
```

A continuación, se van a utilizar estructuras de control de selección para ser comprendidos a través de casos prácticos. La idea es ilustrar cómo se pueden utilizar las estructuras de control de selección **if-else** y **switch-case** en situaciones reales para que sea posible tomar decisiones basadas en condiciones lógicas o valores específicos.

⊃ **Ejemplo de aplicación de if-else.** Vamos a imaginar que estás construyendo un sistema para determinar si unos estudiantes han aprobado o no un examen, para ello, presta atención a todos los detalles de la estructura de control de selección.

```java
int puntaje = 75;
if(puntaje >= 60) {
    System.out.println("¡Felicidades! Has aprobado el .
    examen.");
} else {
    System.out.println("Lo siento, necesitas mejorar tu
    puntaje para aprobar.");
}
```

En este caso, el código evalúa la puntuación obtenida en un examen y muestra un mensaje diferente dependiendo de si el puntaje es igual o mayor a 60, lo que supondría un aprobado, o menos que 60 que implicaría un no aprobado o suspenso.

⊃ **Ejemplo de aplicación de switch-case.** Ahora visualiza el momento en el que estás construyendo un programa para un videojuego. Este videojuego permite que los usuarios puedan elegir entre diferentes tipos de personajes.

```java
int opcion = 2;
switch(opcion) {
    case 1:
     System.out.println("Has seleccionado al mago.");
     break;
    case 2:
     System.out.println("Has seleccionado al guerrero.");
     break;
```

Continúa en página siguiente >>

<< Viene de página anterior

```
case 3:
  System.out.println("Has seleccionado al arquero.");
  break;
default:
  System.out.println("Opción no reconocida, elige
nuevamente.");
  break;
}
```

En este ejemplo, tu programa muestra un mensaje diferente según la opción seleccionada por el usuario. Si la opción no coincide con ninguna de las opciones del *switch,* se muestra un mensaje predeterminado utilizando *default.*

Estructuras de control iterativas o bucles

Las estructuras de control iterativas o de bucles permiten ejecutar un bloque de código repetidamente mientras se cumpla una condición específica.

Seguidamente, se va a mostrar la utilidad de cada una de estas estructuras llamadas **estructuras de control iterativas o bucles:**

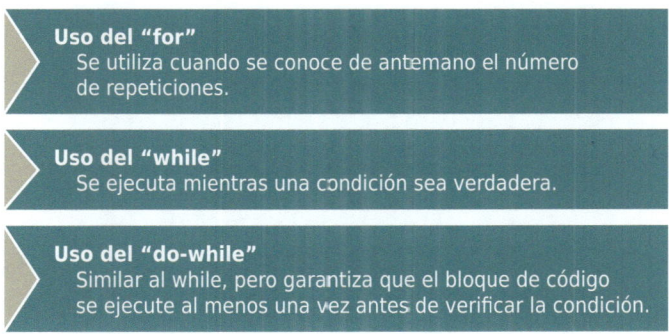

Uso del "for"
Se utiliza cuando se conoce de antemano el número de repeticiones.

Uso del "while"
Se ejecuta mientras una condición sea verdadera.

Uso del "do-while"
Similar al while, pero garantiza que el bloque de código se ejecute al menos una vez antes de verificar la condición.

Cada una de las estructuras de control iterativas o bucle se representan de forma diferente:

```
Representación del "for".
for(int i = 0; i & lt; 5; i++) {
    System.out.println("Iteración " + i);
}
Representación del "while".
int contador = 0;
while(contador & lt; 3) {
    System.out.println("Contador: " + contador);
    contador++;
}
Representación del "do-while".
int x = 5;
do {
    System.out.println("x es: " + x);
    x--;
} while(x > 0);
```

Los siguientes ejemplos ilustran cómo se utilizan las estructuras de control en situaciones habituales para controlar el flujo de ejecución en programas reales:

1. **Ejemplo de aplicación bucle "for".** Supón que estás desarrollando un juego de cartas y quieres mostrar estas de la mano de un jugador.

```
String[] manoDeJugador = {
    "As",
    "Rey",
    "Reina",
    "Jota",
    "Diez"
};
for(int i = 0; i & lt; 5; i++) {
    System.out.println("Carta " + (i + 1) + ": " +
manoDeJugador[i]);
}
```

En este caso, el bucle for recorre el arreglo manoDeJugador e imprime cada carta junto con su posición en la mano del jugador.

2. **Ejemplo de aplicación bucle "while".** Ahora imagina que, a través de un programa, estás simulando el comportamiento de un semáforo que cambia de color.

```java
int tiempo = 0;
   while(tiempo & lt; 10) {
     if(tiempo % 2 == 0) {
         System.out.println("Luz Roja");
     } else {
         System.out.println("Luz Verde");
     }
     tiempo++;
}
```

En este ejemplo, el bucle while simula un semáforo. Muestra alternativamente luces rojas y verdes durante 10 iteraciones del bucle, usando la variable tiempo para controlar la duración.

3. **Ejemplo de aplicación bucle "do-while".** Finalmente, imagina que estás creando un contador regresivo para un lanzamiento de cohete.

```java
int segundosParaDespegue = 5;
   do {
     System.out.println("¡Despegue en T-" +
   segundosParaDespegue + " segundos!");
     segundosParaDespegue--;
   } while(segundosParaDespegue > 0);
   System.out.println("¡Despegue!");
```

En este caso, el bucle do-while imprime el conteo regresivo para el despegue del cohete. Comienza desde 5 segundos y continúa hasta llegar a cero, momento en el que se muestra un mensaje de "¡Despegue!".

Estructuras de control de salto

Las **estructuras de control de salto** permiten alterar el flujo normal de ejecución de un programa.

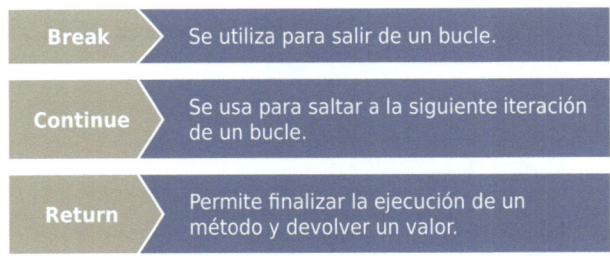

NOTA

Las estructuras de control de salto son fundamentales para controlar la lógica y el flujo de un programa. Esto permite la toma de decisiones y la repetición de tareas de manera controlada.

A continuación, se explican las **estructuras de control de salto** a través de la aplicación en casos prácticos:

1. **Ejemplo de aplicación de "break".** En este caso práctico, estás buscando un número específico en una matriz y pretendes conseguir salir del bucle una vez que lo hayas encontrado.

```
int[] numeros = {
        10,
        20,
        30,
        40,
        50
    };
```

Continúa en página siguiente >>

<< *Viene de página anterior*

```
    for(int numero: numeros) {
        if(numero == 30) {
        System.out.println("Número encontrado: " +
    numero);
            break; // Sale del bucle una vez que se encuentra
    el número 30
        }
    }
```

En esta situación, cuando el bucle encuentra el número 30, se ejecuta el *break,* lo que significa que el bucle termina inmediatamente, aunque no haya terminado de recorrer toda la matriz.

2. **Ejemplo de aplicación de "continue".** Ahora imaginas que deseas imprimir todos los números pares de una lista, pero quieres omitir los números todos los números impares.

```
int[] numeros = {
        1,
        2,
        3,
        4,
        5,
        6,
        7,
        8,
        9,
        10
    };
    for(int numero: numeros) {
        if(numero % 2 != 0) {
            continue; // Salta a la siguiente iteración si el
    número es impar
        }
        System.out.println("Número par: " + numero);
    }
```

En este ejemplo, cuando el número es impar (numero % 2! = 0), se ejecuta *continue,* lo que hace que salte a la siguiente iteración sin ejecutar el código restante dentro del bucle para ese número.

3. **Ejemplo de aplicación de "return".** Supón una función que suma dos números y devuelve el resultado, pero con una condición especial.

```
public static int suma(int a, int b) {
    if(a == 0 || b == 0) {
        System.out.println("Uno de los números es
cero. La suma no se puede calcular.");
            return -1; // Devuelve -1 para indicar un error
        especial
        }
        return a + b; // Devuelve la suma de los números
}
```

En este planteamiento, si uno de los números es cero, la función muestra un mensaje y utiliza return -1 para salir de la función y devolver un valor especial indicando un error.

NOTA

No hay que olvidar que todas estas estructuras son herramientas muy poderosas que permiten controlar el flujo de un programa, facilitando decisiones y acciones específicas en situaciones particulares.

---

7. Programación orientada a objetos

👉 HILO CONDUCTOR

El grupo de amigos está trabajando dentro del entorno intuitivo de Eclipse, comenzando a explorar los principios de la programación orientada a objetos. Este

Continúa en página siguiente >>

<< Viene de página anterior

conocimiento les va a permitir organizar su código de manera más eficiente y modular. Ahora, en lugar de solo manipular variables y controlar estructuras, el equipo se sumerge en la creación de objetos y clases que representan entidades del mundo real, un aspecto fundamental para el proyecto que traen entre manos de Realidad Virtual.

Cuando se dice que **Java es un lenguaje de programación orientado a objetos,** conocido como *Object Oriented Programming* (OOP, acrónimo en inglés), que significa que está diseñado y estructurado en torno al concepto fundamental de "objetos". Es decir, este tipo de programación orientada a objetos es un paradigma de programación que organiza el código alrededor de entidades llamadas objetos, que combinan datos y funciones (métodos) que operan sobre esos datos.

Java es un lenguaje de programación orientado a objetos.

A continuación, se explican algunos conceptos clave de la programación orientada a objetos y cómo se aplican en el lenguaje de programación de Java:

➲ **Objetos.** Un objeto es una instancia concreta de una clase. Una clase es como un plano o una plantilla que define la estructura y el comportamiento de un objeto. Por ejemplo, si se tiene una clase tipo "Coche", un objeto sería una instancia específica de esa clase, como un automóvil rojo.

- **Encapsulamiento.** Java permite el encapsulamiento. Esto significa que los datos o atributos y los métodos que operan sobre esos datos, pueden agruparse en una unidad llamada clase. El encapsulamiento ayuda a ocultar la implementación interna de un objeto y expone solo lo que es necesario para interactuar con él.
- **Herencia.** La herencia es un mecanismo que permite que una clase, llamada subclase o clase derivada, herede propiedades y comportamientos de otra clase, llamada superclase o clase base. Esto fomenta la reutilización del código y la organización jerárquica de las clases.
- **Polimorfismo.** El poliformismo permite que un objeto pueda comportarse de diferentes maneras en función del contexto. En Java, esto se puede lograr mediante la sobrecarga de métodos, es decir, mismo nombre pero diferentes parámetros y la sobrescritura de métodos o, lo que es lo mismo, nombre y firma en una clase derivada.
- **Abstracción.** La abstracción es la capacidad de representar conceptos complejos mediante modelos simplificados. En Java, las clases proporcionan una forma de abstracción al definir atributos y comportamientos esenciales sin preocuparse por los detalles internos de implementación.

En un programa Java, la mayoría de las operaciones se realizan mediante la manipulación de objetos.

 **EJEMPLO**

En el desarrollo de una aplicación de gestión de empleados podrías tener una clase "Empleado" que encapsule información como el nombre, salario y funciones como, por ejemplo, calcular el salario neto. Cada empleado individual en la aplicación sería una instancia específica de la clase "Empleado".

La orientación a objetos ayuda a organizar y estructurar el código de una manera más modular, facilitando la comprensión, el mantenimiento y la expansión de los programas a medida que crecen en complejidad. Con todo y eso, es bueno comprender que Java fomenta la reutilización del código a través de conceptos como la herencia y el polimorfismo, lo que permite que el desarrollo de *software* sea mucho más eficiente y escalable.

8. Paquetes estándar en Java

☞ HILO CONDUCTOR

Para alcanzar la excelencia en el proyecto de realidad virtual, los chicos también deben comprender la importancia de los paquetes estándar en Java. Estos paquetes proporcionan bibliotecas predefinidas y funcionalidades esenciales que facilitan el desarrollo de aplicaciones. Pronto comprenden que no necesitan reinventar la rueda, más bien, pueden aprovechar las herramientas ya disponibles en estos paquetes como java.util o java.io que le permitirá dar un paso más para mejorar la eficiencia y la funcionalidad de su código.

Los **paquetes estándar en Java** son conjuntos predefinidos de clases y recursos organizados en una estructura jerárquica. Estos paquetes proporcionan funcionalidades básicas y herramientas fundamentales para el desarrollo de aplicaciones en Java.

Algunos de los paquetes estándar más importantes están compuestos por los siguientes recursos:

java.lang
Este paquete es automáticamente importado por todos los programas en Java. Contiene clases y tipos fundamentales, como String, System, Object y tipos primitivos como int, float, etc.

java.util
Ofrece una amplia gama de utilidades y estructuras de datos, como listas (ArrayList, LinkedList), mapas (HashMap, TreeMap), colas (Queue), entre otros más. También contiene clases para manejo de fechas (Date, Calendar), manipulación de colecciones (Collections), y la clase Scanner para entrada de usuario.

java.io
Proporciona clases para operaciones de entrada/salida, como leer/escribir archivos, manejar flujos de datos, y trabajar con diferentes tipos de corrientes (InputStream, OutputStream, Reader, Writer).

Continúa en página siguiente >>

<< Viene de página anterior

java.net
Contiene clases para operaciones de red, como crear conexiones a través de sockets TCP/IP, trabajar con URL (URL, URLConnection), y otras utilidades relacionadas con comunicación en red.

java.awt y javax.swing
Ofrecen funcionalidades para construir interfaces gráficas de usuario (GUI). java.awt proporciona elementos básicos de GUI como ventanas, botones y paneles, mientras que javax.swing ofrece componentes más avanzados y mejorados.

NOTA

Estos paquetes estándar son parte del kit de desarrollo de Java y están disponibles para ser utilizados en cualquier programa Java sin necesidad de importarlos explícitamente, con la excepción de algunas clases que pueden necesitar ser importadas según sea necesario.

Además de estos paquetes estándar existen otros paquetes y bibliotecas adicionales tanto en el kit de desarrollo de Java como en las bibliotecas externas. Estos complementos amplían las capacidades de Java para diferentes propósitos como son:

- **El desarrollo web**
- **El procesamiento de datos**
- **La criptografía, etc.**

Estos paquetes estándar forman la base sobre la que se construyen la mayoría de las aplicaciones Java, proporcionando una infraestructura sólida y herramientas fundamentales para el desarrollo de *software*.

◉ EJEMPLO

Imagina que el robot que realiza tareas en casa tiene diferentes compartimentos en su carrito de herramientas, y que cada compartimento tiene un conjunto específico de instrumentos para realizar ciertas tareas.

Los paquetes estándar en Java son como esos compartimentos organizados en el carrito del robot. Cada compartimento (paquete) contiene un conjunto de herramientas (clases y recursos) diseñadas para realizar tareas específicas dentro de tu programa.

El paquete **java.util** podría ser como otro compartimento que tiene herramientas adicionales que el robot usa para manejar cosas específicas, como tener una caja de herramientas separada con llaves de diferentes tamaños, alicates y martillos. En este caso, **ArrayList**, **LinkedList**, **HashMap** y otras clases en este paquete son herramientas útiles para trabajar con colecciones de datos, fechas, o entrada de usuario.

Similarmente, **java.io** podría ser otro compartimento que contiene herramientas específicas para trabajar con archivos y operaciones de entrada/salida, como tener una sección del carrito con herramientas como la linterna, la caja de herramientas especial para la electricidad, entre otros.

Estos paquetes estándar en Java proporcionan al programador un conjunto estructurado de herramientas (clases y recursos) para realizar diversas tareas, organizadas de manera lógica y accesible. Al igual que el robot encuentra fácilmente las herramientas necesarias en cada compartimento para realizar las tareas del hogar, los programadores de Java pueden acceder a las clases y funcionalidades específicas que necesitan dentro de estos paquetes estándar para desarrollar aplicaciones de manera más eficiente y estructurada.

9. Applets

☞ HILO CONDUCTOR

Consciente de que la interactividad es clave para una experiencia inmersiva, Ana alienta a sus compañeros para explorar los Applets en Java. Los Applets en Java son programas muy pequeños y modulares que se ejecutan dentro de un

Continúa en página siguiente >>

<< Viene de página anterior

entorno de navegador web. Están diseñados para proporcionar funcionalidades interactivas y dinámicas en las páginas web, permitiendo a los desarrolladores incorporar aplicaciones Java directamente en ese contenido digital. Ana convence rápidamente a sus compañeros, pues saben que hay que aprovechar los beneficios que otorgan estos Applets, para proporcionar una experiencia interactiva en línea.

Los **Applets** son pequeñas aplicaciones Java diseñadas para ser ejecutadas dentro de un entorno de navegador web. Antes de la popularidad de las tecnologías web actuales, como JavaScript y HTML5, los Applets fueron una forma común de crear contenido interactivo en páginas web.

Estos programas en Java se insertaban en una página web y se ejecutaban en el navegador del usuario a través de un plugin especial de Java. Los Applets podían realizar diversas tareas, desde juegos simples hasta visualizaciones de gráficos interactivos o formularios dinámicos.

Existen algunas **características clave de los Applets,** estas son las siguientes:

- ➲ **Interactividad.** Podían responder a eventos del usuario, como clics de ratón o entradas de teclado, permitiendo una interacción dinámica.
- ➲ **Gráficos.** Podían utilizar la biblioteca gráfica de Java para dibujar gráficos, imágenes y animaciones dentro de la ventana del navegador.
- ➲ **Seguridad.** Se ejecutaban en un entorno llamado *desandbox* o *arenero* restringido para proteger el sistema del usuario de posibles amenazas de seguridad, ya que tenían acceso limitado a los recursos del sistema.

Sin embargo, y con el tiempo, debido a preocupaciones de seguridad, rendimiento y la evolución de las tecnologías web, los Applets han perdido popularidad.

IMPORTANTE

Los navegadores modernos han dejado de admitir los *plugins* de Java necesarios para ejecutarlos, y la mayoría de las plataformas han limitado el soporte para Applets.

En la actualidad, las tecnologías web como **HTML5, CSS** y **JavaScript** han tomado el relevo para proporcionar interactividad y funcionalidades dinámicas en las páginas web. A pesar de su declive, los Applets jugaron un papel importante en la historia de la web al ser una de las primeras formas de contenido interactivo en línea y, además, contribuyeron al avance de la tecnología web.

10. Ficheros en Java

☞ HILO CONDUCTOR

En su travesía con Eclipse, el equipo formado por este grupo de amigos, se adentra en la comprensión de cómo trabajar con ficheros en Java les permitirá almacenar y recuperar datos de forma mucho más eficiente. Se dan cuenta rápidamente de que ello es fundamental para gestionar configuraciones, guardar progresos del usuario y proporcionar una experiencia más completa y personalizada en su aplicación de realidad virtual.

En Java, los ficheros o archivos son unidades de almacenamiento persistentes utilizadas para guardar datos en dispositivos de almacenamiento, como discos duros, memorias USB o cualquier otro medio de almacenamiento compatible con el sistema operativo.

La manipulación de ficheros en Java se realiza a través de las clases del paquete **java.io.** Estas clases proporcionan funcionalidades para leer y escribir datos en archivos, así como para realizar operaciones como crear, borrar, mover, copiar, entre otras opciones.

Algunas de las clases estratégicas en el manejo de ficheros en Java son:

File
Esta clase representa un camino o ruta hacia un archivo o directorio en el sistema. No realiza operaciones de lectura o escritura directamente, pero proporciona métodos para obtener información sobre el archivo como su nombre, tamaño, si es un directorio o archivo, etc., y para manipular rutas de ficheros.

FileInputStream y FileOutputStream
Estas clases se utilizan para leer datos de un archivo FileInputStream o escribir datos en un archivo FileOutputStream. Permiten leer o escribir bytes en un archivo, lo que es útil para trabajar con datos binarios.

BufferedReader y BufferedWriter
Estas clases permiten leer y escribir datos de manera más eficiente utilizando búferes de memoria. Son útiles para trabajar con datos de texto, ya que proporcionan métodos para leer líneas completas de texto BufferedReader y escribir texto en archivos de manera eficiente BufferedWriter.

Scanner
Esta clase facilita la lectura de diferentes tipos de datos, como enteros, flotantes, y cadenas, desde un archivo o entrada de texto.

IMPORTANTE

Los ficheros en Java son fundamentales para el manejo de datos en aplicaciones. Se utilizan para guardar configuraciones, datos de usuario, registros de actividad, información persistente, y mucho más. Pueden contener datos de texto o binarios y su manipulación es esencial para muchas aplicaciones que necesitan almacenar, procesar o recuperar información de manera persistente en el sistema de archivos.

A modo de resumen, y con el afán de contextualizar lo aprendido e introducir algunos nuevos términos, es posible entender **los fundamentos de JAVA** como los conceptos básicos y los principios que forman la base del lenguaje de programación. Los fundamentos más relevantes son los siguientes:

1. **Orientación a objetos.** Clases y objetos:

   ◑ **JAVA**

     ⇕ Java es un lenguaje de programación orientado a objetos

       ● Clases

         ↳ Una clase es una plantilla que define el comportamiento y las propiedades de los objetos y de las propiedades de los objetos.

   ◑ Los programas en Java están organizados en clases y objetos.

     ⇕ Objetos

       ● Un objeto es una instancia de una clase.

2. **Encapsulación.** La ocultación de los detalles de implementación de un objeto y solo la exposición de lo necesario. Esto se logra mediante el uso de modificaciones de acceso *(public, private, protected)*.

3. **Herencia.** Permite la creación de una nueva clase utilizando propiedades y métodos de una clase existente. La clase base se llama superclase y la nueva se llama subclase.

4. **Polimorfismo.** Capacidad de un objeto para tomar diferentes formas. En Java, esto se logra mediante la sobrecarga de métodos y la implementación de interfaces.

5. **Tipos de datos y variables:**

   ◑ **Tipos primitivos.** Como: *int, float, double, char, boolean,* etc.

   ◑ **Variables.** Se utilizan para almacenar datos. Deben declararse antes de ser utilizadas y se pueden asignar diferentes valores a lo largo del programa.

6. **Control de flujo.** Estructuras de control para controlar el flujo de ejecución del programa:
Estructuras condicionales:

- "if"
- "else if"
- "else"

Bucles

- "for"
- "while"
- "do-while"

7. **Métodos y funciones.** Son bloques de código que realizan una tarea específica y pueden ser llamados desde otras partes del programa. Ayudan a modularizar y organizar el código.
8. **Manejo de excepciones.** Java maneja las excepciones mediante bloques **try-catch.** Esto permite detectar y manejar errores de manera controlada.
9. **Entrada/Salida (I/O).** Java proporciona clases para realizar operaciones de entrada y salida, como leer desde el teclado (System.in) o escribir en archivos.
10. **Colecciones.** Java ofrece diversas clases en el paquete java.util para trabajar con colecciones de objetos, como listas, conjuntos y mapas.
11. **Hilos *(Threads).*** Java permite la ejecución simultánea de varias tareas mediante el uso de hilos. La clase Thread facilita la implementación de concurrencia en programas.
12. **Gestión de memoria.** Java cuenta con un recolector de basura *(Garbage Collection)* que gestiona automáticamente la memoria liberando los objetos no utilizados.
13. **Plataforma independiente.** El código Java se compila en bytecode, que se ejecuta en la JVM. Esto proporciona portabilidad, ya que el mismo *bytecode* puede ejecutarse en diferentes plataformas.

PARA SABER MÁS

Se han resumido solo algunos de los fundamentos básicos de Java. El lenguaje también incluye conceptos avanzados y bibliotecas extensas que permiten el desarrollo de aplicaciones robustas y escalables. Para profundizar en el lenguaje de programación de Java, accede al siguiente documento escaneando el QR:

Continúa en página siguiente >>

<< Viene de página anterior

https://redirectoronline.com/ifcd990302

11. Casos prácticos de inteligencia artificial

👉 HILO CONDUCTOR

Mientras Marta, Carlos, Luis y Ana avanzan en su proyecto de realidad virtual, pronto se dan cuenta de que la inteligencia artificial podría llevar su experiencia a un nivel superior. Con Eclipse como su fiel compañero, exploran cómo Java, a modo de lenguaje versátil, puede ser la clave para integrar casos prácticos de IA en el desarrollo de su aplicación.

Existen numerosos casos de aplicaciones creativas e innovadoras basadas en la **inteligencia artificial (IA)** que están transformando diversas industrias. A continuación, se presentan algunos ejemplos de casos prácticos de IA para, más adelante, establecer con cada uno de ellos una relación directa con el lenguaje de programación de Java:

- **Creación de arte generativo.** La IA se utiliza para generar arte original y creativo. Desde la música generada por IA hasta la pintura y el diseño, las redes neuronales pueden aprender estilos artísticos y producir contenido único.
- **Diseño de moda y personalización.** Empresas utilizan IA para analizar tendencias, preferencias de los clientes y datos de moda históricos para diseñar ropa personalizada y predecir las próximas tendencias.
- **Agricultura inteligente.** Drones equipados con visión por el ordenador y con análisis de datos pueden monitorear cultivos, identificar plagas o enfermedades de manera temprana y optimizar la gestión de los cultivos.

- ⮑ **Generación de texto y contenido creativo.** IA como GPT-3 o versiones superiores puede generar contenido de texto, desde historias creativas hasta artículos informativos, adaptándose al estilo y tono requeridos.
- ⮑ **Salud mental.** Aplicaciones de IA ofrecen apoyo para la salud mental a través de *chatbots* terapéuticos que pueden brindar asesoramiento personalizado y recursos a personas que lo necesitan.
- ⮑ **Traducción y acceso a idiomas.** Herramientas de traducción de IA han mejorado enormemente la accesibilidad a diferentes idiomas, facilitando la comunicación y el acceso a la información en tiempo real.
- ⮑ **Diseño arquitectónico y urbanismo.** La IA se utiliza para diseñar edificios y planificar ciudades, optimizando el uso del espacio, la eficiencia energética y la movilidad urbana.
- ⮑ **Prevención del crimen.** Los sistemas de IA analizan patrones delictivos y datos históricos para predecir áreas de riesgo y ayudar a las fuerzas del orden a asignar recursos de manera más efectiva.

NOTA

Los ejemplos descritos muestran cómo la IA se está aplicando de formas cada vez más creativas e innovadoras en una variedad de campos. Desde la generación de arte hasta la optimización de la agricultura y la atención médica, la IA está transformando la forma en que abordamos los desafíos y creamos soluciones en la sociedad contemporánea.

- -

Cualquiera de las muestras anteriores sobre aplicaciones prácticas de la inteligencia artificial en diferentes sectores productivos y de servicio pueden involucrar el uso de Java de las siguientes formas:

1. **Creación de arte generativo con Java.** Java se utiliza para desarrollar algoritmos y programas que implementan redes neuronales artificiales, por ejemplo, con bibliotecas como Deeplearning4j para entrenar modelos de IA capaces de generar música, arte visual o incluso contenido literario basado en datos de entrada.
2. **Diseño de moda y personalización con Java.** En el ámbito de la moda, Java se puede emplear para desarrollar sistemas de análisis de datos que procesen información histórica de la industria y preferencias de los clientes, generando recomendaciones personalizadas sobre estilos, colores o tendencias. Se pueden utilizar bibliotecas como Apache Spark para realizar análisis de grandes conjuntos de datos.

3. **Agricultura inteligente con Java.** Java se puede utilizar para programar *software* en drones agrícolas que empleen algoritmos de visión por ordenador usando bibliotecas como OpenCV para analizar imágenes de cultivos y tomar decisiones en tiempo real sobre plagas, enfermedades o necesidades de riego.

4. **Generación de texto y contenido creativo con Java.** Java puede integrarse con modelos de generación de texto basados en IA, como ChatGPT, mediante el uso de APIs y librerías para interactuar con estos modelos desde aplicaciones Java, permitiendo generar contenido creativo en tiempo real.

5. **Salud mental con Java.** Java puede ser la base para desarrollar aplicaciones de *chatbots* terapéuticos que utilicen IA para brindar apoyo en la salud mental. Se pueden utilizar librerías como Java Spring para crear aplicaciones web o móviles con esta funcionalidad.

6. **Traducción y acceso a idiomas con Java.** Algunas aplicaciones Java pueden integrar APIs de traducción de IA para facilitar la comunicación en múltiples idiomas, utilizando servicios de traducción basados en IA y desarrollando interfaces de usuario para interactuar con ellos.

7. **Diseño arquitectónico y urbanismo con Java.** Java se puede emplear para desarrollar aplicaciones que utilicen algoritmos de IA para optimizar el diseño de edificios y la planificación urbana, considerando aspectos como el uso del espacio, la eficiencia energética y la movilidad.

8. **Prevención del crimen con Java.** En el campo de la seguridad pública, Java puede ser utilizado para desarrollar sistemas de análisis de datos que utilicen IA para predecir patrones delictivos y asignar recursos de manera más eficiente.

11.1. Implementar un caso práctico de realidad virtual con tecnología 5G

Java puede servir como un lenguaje de programación versátil y potente para implementar soluciones que utilicen IA en casos creativos e innovadores. Este lenguaje facilita el desarrollo de aplicaciones que van desde el arte generativo hasta la optimización urbana, aprovechando bibliotecas y herramientas disponibles en su ecosistema. Sin embargo, no se puede hablar de innovación y creatividad, sin nombrar la **realidad virtual (RV).**

DEFINICIÓN

Realidad virtual (RV)

La realidad virtual es una tecnología informática que permite a los usuarios sumergirse en un entorno completamente generado por ordenador. Este entorno puede ser tridimensional y, además, puede ser explorado e interactuado de manera similar a la realidad física. Se logra mediante el uso de dispositivos como gafas o cascos de RV que cubren la visión del usuario y a menudo van acompañados de auriculares para una experiencia auditiva inmersiva. La RV busca crear una sensación de presencia en un mundo virtual, permitiendo al usuario sentir que realmente está dentro de ese entorno.

- -

La conjunción entre la red 5G y la realidad virtual introduce avances significativos en diversas esferas (las posibilidades del 5G y la realidad virtual y aumentada, 2024). Esta convergencia tecnología no solo disminuye la latencia y aumenta la velocidad de datos, sino que también amplía la interconexión de dispositivos, redefiniendo la experiencia de la RV y la **realidad aumentada (RA)** al eliminar barreras geográficas (Las posibilidades del 5G y la realidad virtual y aumentada, 2024).

DEFINICIÓN

Realidad aumentada (RA)

La realidad aumentada, por otro lado, superpone elemento digitales, como imágenes, sonidos o vídeos generados por ordenador en el mundo real. En lugar de crear un mundo completamente nuevo, la RA enriquece la experiencia del mundo físico al agregar capas de información digital a través de dispositivos como teléfonos inteligentes, tablets o gafas especiales. Esto permite a los usuarios ver y experimentar tanto el mundo físico como los elementos digitales al mismo tiempo, fusionando la realidad física con la virtual.

- -

En el ámbito educativo, la tecnología 5G posibilita que los estudiantes accedan a aulas virtuales multifuncionales a través de dispositivos RV económicos (5G y realidad virtual aplicadas a la innovación educativa – Caso de éxito IE University, 2024).

*Este enfoque fomenta la inmersión en el aprendizaje y facilita la creación de
experiencias educativas transformadoras.*

Por otro lado, en el campo de la salud, también la realidad virtual en convivencia con el 5G ofrece posibilidades verdaderamente llamativas.

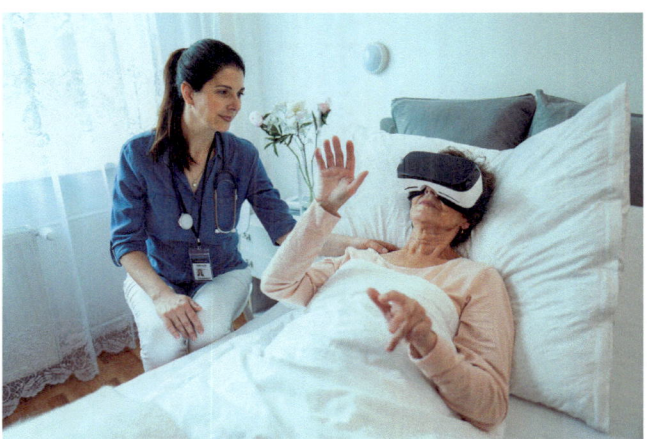

*Los pacientes pueden realizar ejercicios de rehabilitación utilizando gafas de
RV con conectividad 5G, accediendo a distintas salas virtuales y compartiendo
experiencias con otros individuos en rehabilitación.*

Finalmente, hay que destacar un caso de implementación de RV y 5G que
puede servir de ejemplo de los avances en la educación superior, que es la
colaboración entre Telefónica, IE University y Nokia. El proyecto colaborativo ha dado lugar a una aplicación que aprovecha la conectividad 5G para
acceder a un aula virtual interactiva.

 **PARA SABER MÁS**

Descubre toda la información sobre estas innovaciones tecnologías escaneando los siguientes QR:

Las posibilidades de la 5G y la realidad virtual y aumentada.

https://redirectoronline.com/ifcd990303

5G y realidad virtual aplicadas a la innovación educativa – Caso de éxito.

https://redirectoronline.com/ifcd990304

La realidad virtual y la 5G se unen para la rehabilitación a distancia de esclerosis múltiple.

https://redirectoronline.com/ifcd990305

Continúa en página siguiente >>

<< Viene de página anterior

Telefónica pone en marcha el primer caso de 5G y realidad virtual aplicados a la enseñanza universitaria.

https://redirectoronline.com/ifcd990306

 ACTIVIDAD COMPLEMENTARIA

6. Realiza una búsqueda por internet de algún artículo sobre la 5G y su capacidad para potenciar la experiencias de realidad virtual al ofrecer una mayor velocidad de datos, menor latencia y capacidad para conectar múltiples dispositivos. ¿Qué opinas al respecto y qué nuevos avances vislumbras en el ecosistema de la RV?

11.2. Qué es la realidad virtual de bajo coste y cómo implementarla paso a paso en un proyecto en convivencia con el 5G

La **realidad virtual de bajo coste** hace referencia a la utilización de dispositivos asequibles, como las gafas o los cascos de RV que suelen ser más accesibles en términos de precio, pero aun así ofrecen experiencias inmersivas de calidad.

Estos dispositivos suelen ser más simples en comparación con soluciones de RV de gama alta, pero igualmente permiten a las personas usuarias experimentar entornos virtuales de manera totalmente satisfactoria.

Para implementar un proyecto de realidad virtual de bajo coste en convivencia con el 5G se han de considerar algunos aspectos como los siguientes:

1. **Investigación y planificación.** Se ha de comenzar definiendo los objetivos y el alcance del proyecto. Es el momento de considerar el uso de Java para el desarrollo de aplicaciones que puedan ser utilizadas en dispositivos de RV de bajo coste. Para ello, el primer paso es investigar las bibliotecas y *frameworks* de Java (marcos de trabajo) compatibles con RV.
2. **Selección de dispositivos y desarrollo en Java.** Consiste en busca dispositivos de RV de bajo coste compatibles con Java y que puedan aprovechar la conectividad 5G. Para ello, hay que explorar bibliotecas como:

   - *Google VR SDK* para Java.
   - *Unity* con soporte para Java, que permiten crear directamente aplicaciones de RV.

3. **Desarrollo de contenido en Java.** Llega la fase de utilizar en el entorno de desarrollo Java para crear o adaptar contenido de RV. Por tanto, hay que aprovechar todas las capacidades de Java para optimizar y adaptar el contenido a los dispositivos de RV y para la transmisión rápida de datos que ofrece el 5G.
4. **Integración con la infraestructura 5G.** Ahora, hay que considerar la integración de Java con las capacidades 5G. Esto implica trabajar con APIs y herramientas proporcionadas por proveedores de servicios con la idea de garantizar la conectividad y transmisión de datos de forma eficiente.
5. **Pruebas y ajustes en Java.** Llega el momento de realizar pruebas exhaustivas de las aplicaciones desarrolladas en Java en los dispositivos de RV de bajo coste que permitan utilizar la conectividad 5G. Esto significa realizar ajustes en el código Java para optimizar el rendimiento y, por supuesto, la experiencia del usuario.

6. **Implementación y promoción.** Una vez completadas las fases anteriores, se continúa con el proceso en su ámbito más comercial. Consiste en implementar las aplicaciones de RV desarrolladas en Java, destacando su compatibilidad con dispositivos de bajo coste y su aprovechamiento del 5G. Esto engloba la necesidad de proporcionar instrucciones claras sobre su uso y acceso.

7. **Evaluación continua y actualizaciones en Java.** Como todo proyecto asociado a la tecnología, es clave recopilar comentarios de las personas usuarias con el fin de aprovechar la información para realizar mejoras continuas en las aplicaciones Java de RV desarrolladas. Se trata de la fase en la que hay que mantener actualizado el desarrollo en Java para poder adaptar el proyecto a cambios tecnológicos y ofrecer una experiencia óptima.

RECUERDA

El uso de Java en el desarrollo de aplicaciones de RV permite aprovechar la versatilidad y capacidad de este lenguaje para crear contenido interactivo y experiencias inmersivas, integrándolas eficientemente con la conectividad 5G para dispositivos de bajo coste.

11.3. Inteligencia artificial, *Big Data,* 5G y realidad virtual en entornos Java

En el desarrollo de aplicaciones en entornos Java, la interconexión de tecnologías como la **inteligencia artificial** (IA), **big data**, **5G** y **realidad virtual** puede generar las siguientes soluciones potentes y avanzadas:

Inteligencia artificial
Java cuenta con bibliotecas y *frameworks* robustos para la implementación de algoritmos de IA. El uso de Java en aplicaciones de IA permite una programación eficiente y escalable.

Continúa en página siguiente >>

<< Viene de página anterior

Big data
Java es ampliamente utilizado en el procesamiento de grandes volúmenes de datos. *Frameworks* como Apache Hadoop, desarrollado en Java, facilitan el procesamiento de datos masivos. La IA puede beneficiarse del *big data* para obtener patrones y realizar análisis predictivos mucho más precisos.

5G
Java se utiliza en el desarrollo de aplicaciones que pueden aprovechar al máximo la conectividad de alta velocidad proporcionada por el 5G. La combinación de Java y 5G permite la transmisión rápida de datos, fundamental para aplicaciones de IA y RV que requieren un intercambio de información fluido.

Realidad virtual
Java es compatible con entornos de desarrollo de RV, y existen *frameworks* y bibliotecas en Java diseñados específicamente para la creación de aplicaciones de RV. La integración de Java con la RV permite desarrollar experiencias interactivas y envolventes.

Son varias las razones por las que, hoy en día, cobra especial importancia la adquisición de conocimientos sobre las tecnologías disruptivas. Principalmente, se vuelve esencial en el contexto del desarrollo de aplicaciones en entornos Java por las siguientes razones:

- **Eficiencia y escalabilidad.** La combinación de Java con IA y *big data* permite el desarrollo de aplicaciones eficientes y escalables, capaces de procesar y analizar grandes cantidades de datos.
- **Conectividad avanzada.** La integración de Java con el 5G posibilita la creación de aplicaciones con una conectividad avanzada, fundamental para experiencias de usuario fluidas y para el intercambio rápido de datos en aplicaciones de IA y RV.
- **Experiencias inmersivas.** La unión de Java con la RV posibilita el desarrollo de aplicaciones que ofrecen experiencias inmersivas y envolventes.
- **Innovación empresarial.** La comprensión de estas tecnologías proporciona a los desarrolladores las herramientas necesarias para la innovación empresarial. Empresas que adoptan estas tecnologías consiguen obtener ventajas competitivas significativas.

IMPORTANTE

El conocimiento interconectado de Java, inteligencia artificial, *Big data*, 5G y realidad virtual abre oportunidades para el desarrollo de aplicaciones avanzadas y disruptivas, posicionando a los profesionales en la vanguardia de la innovación tecnológica.

VÍDEO

Escaneando el siguiente QR, accederás a un vídeo en el que se hace una introducción al desarrollo de aplicaciones de realidad aumentada utilizando la biblioteca A-Frame y JavaScript. En el tutorial se demuestra tres métodos para representar objetos en realidad aumentada: marcadores, marcadores personalizados y geometría de coordenadas. Al crear una estructura básica con entidades y entidades para objetos y cámaras, se consigue representar un modelo 3D a través de la cámara de un dispositivo móvil.

Presta atención a los requisitos previos que se nombran como HTTPS y sugiere el uso de un servidor como GitHub Pages y la función de Controles de Vista, que permite a los usuarios manipular el objeto 3D utilizando un *touchpad* o un ratón.

https://redirectoronline.com/ifcd990307

Implementar un proyecto práctico de realidad virtual haciendo uso de la conectividad 5G implica una comprensión integral de las siguientes áreas clave:

➲ **Conocimientos en realidad virtual.** Entender los principios básicos de la RV, incluidos los conceptos de inmersión, interactividad y simulación de entornos virtuales. Familiarizarse con las tecnologías y el *hardware* de RV, como gafas o cascos de realidad virtual.

● **Desarrollo de *software* para RV.** Tener habilidades en el desarrollo de *software* específico para RV. Esto implicaría el uso de marcos de trabajo y bibliotecas especializadas, dependiendo de la plataforma y el dispositivo de RV seleccionado.

● **Programación en 5G.** Comprender los principios fundamentales de la tecnología 5G, lo que implica entender la arquitectura de red, la velocidad de datos, la baja latencia y la capacidad de conexión masiva de dispositivos. Conocer cómo aprovechar estas características en el desarrollo de aplicaciones de RV.

● **Herramientas y *frameworks* para 5G.** Familiarizarse con herramientas y *frameworks* que permitan una correcta integración de la conectividad 5G para el desarrollo de aplicaciones de RV. Esto abarca el uso de APIs y *kits* de desarrollo proporcionados por los proveedores de servicios.

● **Optimización de datos.** Comprender cómo optimizar la transmisión de datos para aprovechar al máximo la velocidad y capacidad de la red 5G es crucial para garantizar una experiencia de RV fluida y sin interrupciones.

● **Seguridad en la conexión 5G.** Conocer los principios de seguridad asociados con la conectividad 5G y aplicar prácticas seguras en el intercambio de datos, especialmente cuando se trata de aplicaciones de RV que pueden involucrar información sensible.

● **Pruebas y optimización.** Estar familiarizado con las metodologías de prueba específicas para aplicaciones de RV y 5G. Estas pruebas sirven para garantizar la estabilidad y eficiencia de la aplicación en diferentes situaciones.

● **Experiencia del usuario.** Tener una cuenta los principios de diseño centrados en el usuario y la experiencia del usuario (UX) al desarrollar aplicaciones de RV, y asegurar de que la interfaz sea intuitiva y atractiva.

● **Cumplimiento normativo.** Entender y cumplir con los requisitos y regulaciones pertinentes relacionados con el desarrollo de aplicaciones de RV y el uso de la tecnología 5G.

● **Colaboración interdisciplinaria.** Dada la complejidad de integrar la RV y el 5G, es beneficioso contar con una colaboración interdisciplinaria. Esto significa, tener apertura para trabajar con personas expertas en RV, programadores 5G, diseñadores de experiencia del usuario y otros profesionales relevantes puede mejorar la calidad del proyecto.

NOTA

Al tener un conocimiento profundo en estas áreas, o contar con profesionales especialistas, se puede abordar de manera efectiva la implementación de un proyecto práctico de realidad virtual utilizando la conectividad 5G, pudiendo demostrar una correcta aplicación de las tecnologías y herramientas asociadas en un entorno real.

- -

El mundo de las telecomunicaciones 5G y el despliegue eficiente de aplicaciones es esencial para garantizar la transmisión y el procesamiento de datos en tiempo real. Java, con su versatilidad y portabilidad, se presenta como una herramienta valiosa para abordar estos grandes desafíos. En este contexto, se sugiere aplicar, de manera responsable, las distintas herramientas de trabajo en Java en tres campos fundamentales. Estos son:

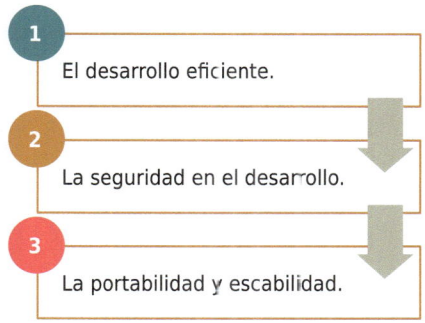

👁 EJEMPLO

A la hora de llevar a cabo un proyecto de desarrollo *software* de gran envergadura, donde intervienen diferentes operadores 5G, se han de aplicar distintas herramientas Java.

Desarrollo eficiente

Para optimizar la eficiencia en la transm sión y procesamiento de datos, es posible utilizar la plataforma Java EE *(Enterprise Edition).* Esta plataforma ofrece las

Continúa en página siguiente >>

<< Viene de página anterior

herramientas necesarias para desarrollar servicios robustos que pueden manejar múltiples conexiones simultáneas de dispositivos 5G. La implementación de la Java Concurrency API permitirá gestionar operaciones concurrentes, asegurando un desarrollo eficiente y sin interrupciones.

Seguridad en el Desarrollo

En cuanto a la seguridad, esta ha de ser una prioridad en entornos 5G. Es posible aplicar buenas prácticas de codificación segura y aprovechar los *frameworks* de seguridad de Java. Con ello, es posible prevenir amenazas comunes. Con todo y eso, se pueden implementar técnicas de cifrado para proteger la integridad y confidencialidad de los datos transmitidos, asegurando así la privacidad y seguridad de la red.

Portabilidad y escalabilidad

La portabilidad entre diferentes operadores 5G es algo prioritario. Para lograr esto, hay que desarrollar aplicaciones Java utilizando estándares abiertos para evitar dependencias relativas a la propiedad. La **contenerización** (uso de contenedores para empaquetar y distribuir aplicaciones junto con todas sus dependencias y configuraciones necesarias) con herramientas como Docker facilitará la implementación y escalabilidad de las aplicaciones en entornos dinámicos 5G, permitiendo que las soluciones desarrolladas se adapten fácilmente a las diferentes configuraciones de los operadores.

La aplicación responsable de herramientas Java en operadores 5G no solo implica desarrollar soluciones eficientes, seguras y portátiles, sino también adaptarse a un entorno en constante cambio.

 **TAREA 5**

Estás trabajando como profesional de la ingeniería de *software* en una empresa de telecomunicaciones que está implementando tecnologías 5G. La empresa ha decidido migrar parte de su infraestructura a aplicaciones Java para aprovechar la flexibilidad y la portabilidad que ofrece este lenguaje de programación. Se te ha asignado la tarea de aplicar, de manera responsable, las distintas herramientas de trabajo Java en diferentes operadores del 5G.

Continúa en página siguiente >>

<< Viene de página anterior

Tu empresa se enfrenta a desafíos en cuanto a la gestión y al procesamiento eficiente de datos en tiempo real a medida que se expande su red 5G. Además, se busca garantizar la seguridad y la estabilidad de las aplicaciones en un entorno de alta demanda y concurrencia.

Los objetivos que se persiguen son varios en diferentes áreas. Teniendo en cuenta los objetivos propuestos en cada una de las tres áreas (desarrollo eficiente, la seguridad, y la portabilidad y escalabilidad) ¿Qué medidas se pueden implementar para aplicar de forma eficiente las herramientas de programación Java a fin de poder ser utilizadas para el desarrollo de aplicaciones con tecnologías asociadas? Indica las medidas propuestas y ofrece un razonamiento lógico.

Los objetivos son:

Desarrollo eficiente

Implementar un sistema de gestión de datos en tiempo real utilizando herramientas Java para optimizar la eficiencia en la transmisión y procesamiento de datos en la red 5G.

Utilizar conceptos de concurrencia y paralelismo para gestionar múltiples conexiones simultáneas de dispositivos 5G.

Seguridad

Aplicar prácticas de seguridad en el desarrollo, como la gestión segura de datos sensibles y la prevención de vulnerabilidades conocidas en entornos Java.

Portabilidad y escalabilidad

Garantizar la portabilidad de las aplicaciones Java entre diferentes operadores 5G, independientemente de la infraestructura subyacente.

Diseñar la arquitectura de *software* de manera que permita escalabilidad para manejar un crecimiento futuro en la demanda de servicios 5G.

El lenguaje de programación Java es fundamental para el desarrollo de aplicaciones dentro del contexto de las redes 5G, especialmente en proyectos basados en inteligencia artificial y en tecnologías de realidad virtual.

Dominar Java en el paradigma tecnológico actual es esencial para maximizar el potencial de las herramientas de desarrollo en proyectos 5G. Esto permite fomentar la innovación en ayudados de la inteligencia artificial y realidad virtual como tecnologías disruptivas con un desarrollo exponencial. Tomar conciencia sobre la importancia de este lenguaje de desarrollo de aplicaciones radica principalmente en su versatilidad, seguridad y capacidad para abordar los desafíos tecnológicos de las próximas generaciones de redes móviles.

12. Resumen

El lenguaje de programación Java es fundamental para el desarrollo de aplicaciones dentro del contexto de las redes 5G, especialmente en proyectos basados en inteligencia artificial y en tecnologías de realidad virtual.

Dominar Java en el paradigma tecnológico actual es esencial para maximizar el potencial de las herramientas de desarrollo en proyectos 5G. Esto permite fomentar la innovación en ayudados de la inteligencia artificial y realidad virtual como tecnologías disruptivas con un desarrollo exponencial. Tomar conciencia sobre la importancia de este lenguaje de desarrollo de aplicaciones radica principalmente en su versatilidad, seguridad y capacidad para abordar los desafíos tecnológicos de las próximas generaciones de redes móviles.

Algunos aspectos clave de este lenguaje de programación son:

- ⊃ **Portabilidad y plataformas múltiples.** Java es conocido por su capacidad de ser ejecutado en diversas plataformas, lo que facilita la implementación de aplicaciones 5G en entornos heterogéneos.
- ⊃ **Seguridad.** Java ofrece un entorno seguro mediante su máquina virtual (JVM), lo que es esencial para proteger las aplicaciones 5G que manejan datos sensibles y operan en redes complejas.
- ⊃ **Desarrollo ágil.** La sintaxis simple de Java y su soporte para programación orientada a objetos permiten un desarrollo ágil y eficiente, acelerando la implementación de proyectos 5G.
- ⊃ **Herramientas de desarrollo.** El ecosistema de herramientas de desarrollo Java, como Eclipse, facilita la creación y mantenimiento de aplicaciones 5G de manera eficaz.
- ⊃ **Librerías y *frameworks*.** Java cuenta con librerías y *frameworks* robustos para IA y RV, como TensorFlow y Java 3D, que simplifican la implementación de funcionalidades avanzadas en proyectos 5G.

‣ **Eficiencia en redes.** La gestión eficiente de recursos y la optimización en la manipulación de datos, hacen que Java sea un lenguaje de programación adecuado para operadores de redes 5G, contribuyendo a un rendimiento óptimo.

Ejercicios de autoevaluación
Unidad de Aprendizaje 3

1. Indica si las siguientes afirmaciones son verdaderas o falsas:

a. Java es un lenguaje de programación de alto nivel orientado a objetos y multiplataformas desarrollado por Sun Microsystems a principios de los años 70.

   ■ Verdadero
   ■ Falso

b. De forma metafórica, hay que pensar en Java como un conjunto de herramientas que permiten construir todo tipo de cosas para diferentes lugares, desde simples juguetes hasta grandes edificios.

   ■ Verdadero
   ■ Falso

c. Aunque los lenguajes de programación más comunes empleados para estos entornos son C, C++, Python o Fortran debido a su eficiencia y capacidad de optimización para tareas intensivas en cómputo, es posible utilizar herramientas de Java para llevar a cabo este propósito.

   ■ Verdadero
   ■ Falso

2. ¿Cuál es la función del Motor de Ejecución en la Plataforma Java?

a. Convertir el código escrito en instrucciones comprensibles para el equipo.
b. Proporcionar soluciones predefinidas para problemas comunes
c. Ejecutar programas Java.
d. Traducir el código fuente a *bytecode*.

3. ¿Cuál es uno de los logros más destacados de Java en términos de ejecución de programas en diferentes plataformas?

a. Utiliza un sistema de gestión automática de memoria.
b. Se organiza en clases y objetos.

c. Cuenta con un entorno controlado para la ejecución del código.
d. Ejecuta en múltiples plataformas sin necesidad de modificaciones.

4. ¿Cuál es uno de los principales factores que contribuyen a la popularidad de Java en el desarrollo de aplicaciones móviles?

a. Su utilización en sistemas embebidos.
b. La existencia de una amplia comunidad de desarrolladores.
c. Su uso en el desarrollo de aplicaciones empresariales.
d. Ser el lenguaje principal para el desarrollo en la plataforma Android.

5. ¿Cuál es el propósito del compilador de Java en el proceso de ejecución de programas escritos en este lenguaje?

a. Convertir el *bytecode* en un código de máquina.
b. Crear un código intermedio llamado *bytecode*.
c. Ejecutar directamente el código fuente.
d. Interpretar el código fuente en tiempo real.

6. ¿Cuáles son los tres elementos principales integrados por un entorno de desarrollo integrado (IDE) para facilitar el desarrollo de *software*?

a. Un sistema operativo, un compilador y un depurador.
b. Un editor de código fuente, un compilador y una Máquina Virtual de Java (JVM).
c. Un editor de código fuente, herramientas de compilación y herramientas de depuración.
d. Una máquina virtual de Java (JVM), un sistema operativo y herramientas de compilación.

7. ¿Cuál es la función principal de las herramientas de compilación en el desarrollo de *software*?

a. Facilitar la creación y edición del código fuente.
b. Transformar el código fuente en un formato ejecutable para la máquina o para el entorno de ejecución.

c. Identificar y corregir errores en el código fuente.

d. Proporcionar funciones como el resaltado de sintaxis, el auto-completado y el plegado de código.

8. ¿Cuál es la tarea principal de la máquina virtual de Java en el proceso de ejecución de programas escritos en Java?

a. Escribir código en lenguaje de programación de Java.

b. Compilar programas Java.

c. Depurar programas en Java.

d. Traducir *bytecode* a un lenguaje ejecutable por el ordenador.

9. ¿Cuál es la secuencia correcta de comandos para compilar y ejecutar un programa Java desde el terminal, según el ejemplo proporcionado?

a. `java MiPrograma´ y luego `javac MiPrograma.java´.

b. `javac MiPrograma.java´ y luego `java MiPrograma´.

c. `MiPrograma.java´ y luego `java javac MiPrograma´.

d. `javac MiPrograma.class´ y luego `java MiPrograma´.

10. ¿Cuál es la función principal del cargador de clases en la máquina virtual de Java (JVM)?

a. Inicializar variables locales.

b. Ejecutar código nativo vinculado a bibliotecas externas.

c. Cargar archivos de clases y llevar a cabo funciones de carga, vinculación e inicialización.

d. Almacenar objetos y sus datos compartidos entre hilos.

Diseño de proyectos de desarrollo de *Business Intelligence*

Contenido

Objetivos

El objetivo general de esta Unidad de Aprendizaje es:

→ Manejar datos de forma efectiva haciendo uso de la inteligencia de negocios bajo cobertura 5G.

Los objetivos específicos de esta Unidad de Aprendizaje son:

→ Dominar el proceso de instalación de Pentaho, asegurando una implementación eficiente y sin contratiempos, como parte fundamental para la creación y explotación de datos mediante *Business Intelligence* bajo cobertura 5G.

→ Desarrollar habilidades avanzadas en el uso responsable de la herramienta Pentaho para la implementación de soluciones basadas en la minería de datos, permitiendo la extracción de información valiosa para la toma de decisiones estratégicas en el ámbito empresarial.

→ Adquirir conocimiento de la arquitectura Ctools en la creación de paneles en Pentaho garantizando la capacidad de diseñar interfaces visuales efectivas que faciliten la interpretación y el análisis de los datos recopilados.

→ Personalizar informes interactivos en Pentaho utilizando las posibilidades de personalización proporcionadas por la herramienta, para crear así visualizaciones adaptadas a las necesidades específicas de la empresa y maximizar la comprensión de datos.

→ Mantenerse actualizado con los avances y actualizaciones en los lenguajes de desarrollo relacionados con *Business Intelligence* asegurando la capacidad de adaptarse de manera efectiva a un entorno cambiante y aprovechar las nuevas funcionalidades para mejorar continuamente los procesos de informes y análisis de datos.

1. Introducción

El desarrollo de ciertas habilidades es clave para implementar *Business Intelligence* en cualquier proyecto bajo la cobertura 5G. Estas destrezas capacitan a las personas a crear informes y a explotar datos, utilizando el concepto de la inteligencia de negocios. Para ello, es fundamental contar con el enfoque específico que aporta la herramienta Pentaho.

A lo largo de la unidad, guiados por un grupo de amigos enfocados a adquirir estas importantes habilidades, nos sumergiremos en diversos aspectos esenciales, desde la instalación de Pentaho, hasta la creación de paneles y la personalización de los informes interactivos. El objetivo es adquirir conocimientos sólidos y prácticos que permitan contribuir significativamente a la toma de decisiones estratégicas en un entorno empresarial dinámico en continuo cambio.

Además, con estos conocimientos será posible mantenerse actualizados con las últimas tendencias de los lenguajes de desarrollo relevantes y la optimización de procesos de *business intelligence.* Esto es fundamental para adaptar los negocios a los cambios exigidos por los nuevos paradigmas empresariales.

A través de la combinación de conceptos teóricos y prácticos, esta unidad proporcionará las herramientas necesarias para abordar los retos del análisis de datos en un contexto 5G, impulsando así el desarrollo de habilidades esenciales en el ámbito de la inteligencia empresarial.

Para facilitar la adquisición de conocimientos sobre la temática tratada, nos basarems en la experiencia del equipo de trabajo formado por un grupo de amigos que están poniendo en marcha su propio proyecto de emprendimiento. Ahora, estos jóvenes están poniendo el foco en averiguar los beneficios de implementar un proyecto de desarrollo BI para el análisis y explotación de datos.

2. Concepto de *Business Intelligence*. Análisis y explotación de datos

☞ HILO CONDUCTOR

Después de explorar exitosamente el mundo de la programación y de la seguridad de la información, Marta, Carlos, Ana y Luis se sumergieron en el campo del *Business Intelligence* (BI). Comprendieron que la inteligencia empresarial trata de transformar datos en información significativa para la toma de decisiones empresariales. Emocionados por las posibilidades que ofrecía, el equipo comenzó a investigar cómo podrían aplicar estas técnicas para potenciar su proyecto de realidad virtual. Con Eclipse como su herramienta de confianza estaban listos para integrar conceptos de BI y llevar su aplicación al siguiente nivel.

- -

Se denomina **Business Intelligence (BI), o inteligencia de negocios o inteligencia empresarial,** al conjunto de procesos, tecnologías y herramientas que transforman datos brutos en información significativa, facilitando así la toma de decisiones estratégicas en una organización.

El término de Business Intelligence fue proporcionado por Hans Peter Luhn (1958), un investigador de IBM, que utilizó el concepto por primera vez en un artículo publicado en el año 1958. Luhn definió la inteligencia de negocios como el uso de tecnologías y procesos para mejorar la toma de decisiones empresariales.

IMPORTANTE

El objetivo principal de BI es convertir los datos en conocimiento para mejorar la eficiencia operativa, identificar oportunidades de mercado, optimizar procesos y anticipar tendencias.

En el complejo ecosistema empresarial actual, la cantidad de datos generados es colosal y la capacidad de convertir esta ingente cantidad de información en conocimiento valioso se ha vuelto esencial. Aquí es donde entra en juego el concepto de *Business Intelligence* (BI), una disciplina que va más allá de la simple gestión de datos, pues los transforma en una herramienta estratégica para la toma de decisiones empresariales correctamente informadas.

Todos los procesos, tecnologías y herramientas que engloba el concepto *Business Intelligence*, están enfocados para convertir los datos brutos en información significativa. Esta información es vital para tomar decisiones estratégicas dentro de cualquier ámbito organizativo.

IMPORTANTE

En esencia, BI busca proporcionar una visión clara y procesable de los datos, permitiendo a las empresas comprender patrones, identificar oportunidades y anticiparse a desafíos.

2.1. La transformación de datos en decisiones estratégicas

En un mundo empresarial dinámico, donde las reglas de juego cambian rápidamente, la capacidad de tomar decisiones basadas en información disponible en tiempo real es un aspecto crítico. BI no solo mejora la eficiencia operativa, sino que también proporciona a las empresas una **ventaja competitiva** al adaptarse velozmente a las cambiantes condiciones del mercado.

A continuación serán desarrolladas cada una de estas ventajas:

Optimización de procesos
La recopilación y procesamiento de los datos permite identificar áreas de mejora y optimizar los procesos operativos.

Toma de decisiones informadas
Implementar las herramientas analíticas y los procesos de BI proporciona la capacidad de tomar decisiones más informadas basadas en datos sólidos.

Eficiencia en la implementación de soluciones
BI facilita la implementación eficiente de soluciones, maximizando el retorno de inversión y reduciendo contratiempos.

Adaptabilidad a la innovación
En un entorno empresarial en constante cambio, BI permite la adaptación rápida a las nuevas tecnologías y tendencias, como la integración de la tecnología 5G.

Generación de valor empresarial
BI se convierte en una herramienta estratégica para generar valor en la empresa, no solo proporcionando datos, sino transformándolos en activos estratégicos.

 **APLICACIÓN PRÁCTICA**

Responde a las siguientes preguntas.

a. **¿Qué permite identificar áreas de mejora para que los procesos operativos sean mejores?**

b. **¿En qué se traduce la transformación de datos en información de valor?**

c. **¿Qué hay que conseguir para maximizar el retorno de inversión y reducir contratiempos?**

Continúa en página siguiente >>

<< Viene de página anterior

Solución

BI permite identificar áreas de mejora y optimizar los procesos operativos. También proporciona la capacidad de tomar decisiones debidamente informadas basadas en datos sólidos y veraces. Igualmente, BI facilita la implementación eficiente de soluciones, maximizando el retorno de inversión y pudiendo reducir así los temidos contratiempos.

Seguidamente, se presentan distintos ejemplos que serán muy útiles para entender mejor cómo la inteligencia empresarial impulsa la competitividad empresarial:

1. **Ejemplo de optimización de procesos con BI.** Una cadena de suministro utiliza *Business Intelligence* para recopilar y analizar datos relacionados con los tiempos de entrega de proveedores. Mediante la identificación de patrones en estos datos, la empresa puede optimizar sus procesos operativos, identificando cuáles son los proveedores más eficientes. Con ello, la organización también mejora significativamente la gestión de inventario reduciendo tiempos de espera y costes logísticos.

2. **Ejemplo de toma de decisiones en base a información en tiempo real con BI.** Pensemos en un comercio electrónico que utiliza *Business Intelligence* para analizar el comportamiento de cada usuario que visita su sitio web. Al implementar herramientas analíticas, este negocio puede tomar decisiones basadas en información de valor sobre la ubicación y presentación de productos, estrategias de precios y campañas promocionales. De esta manera, la toma de decisiones se sustenta en datos sólidos sobre las preferencias y los comportamientos de los clientes, en lugar de basarse en suposiciones o intuiciones.

3. **Ejemplo de eficiencia en la implementación de soluciones con BI.** Vamos a imaginar que una empresa está implementando un sistema de gestión de clientes utilizando herramientas de *Business Intelligence*. Con un enfoque bien diseñado, BI facilita una correcta implementación del sistema al permitir una integración fluida con las fuentes de datos existentes. Esto consigue maximizar el retorno de inversión al minimizar el tiempo de implementación y reducir los problemas de compatibilidad.

4. **Ejemplo de adaptabilidad a la innovación con BI.** En un mundo empresarial en constante cambio, una empresa de telecomunicaciones utiliza *Business Intelligence* para monitorear las tendencias del mercado y anticiparse a las demandas de los clientes. La adaptabilidad a la innovación se materializa cuando esta organización, mediante BI, detecta la creciente adopción de tecnología 5G. Esto les permite ajustar rápidamente

sus estrategias comerciales para capitalizar la nueva tecnología, ya sea ofreciendo servicios compatibles con 5G o adaptando su infraestructura para soportar esta tecnología emergente.

5. **Ejemplo de generación de valor empresarial con BI.** Consideremos una empresa de servicios financieros que utiliza *Business Intelligence* para analizar tanto el rendimiento de sus productos como la satisfacción de su clientela. Al transformar los datos en información estratégica, la empresa puede generar valor personalizando ofertas según las necesidades específicas de cada cliente, mejorar la experiencia del usuario y, en última instancia, aumentar la retención de clientes, además de incrementar los ingresos. En este caso, BI no solo proporciona datos, sino que es capaz de convertirlos en activos estratégicos que impulsan el crecimiento y la sostenibilidad de la empresa a largo plazo.

2.2. Funcionamiento de la inteligencia de negocios

Descubrir el funcionamiento de BI, es como tener la llave que permite desbloquear el potencial oculto en los datos que gestiona una organización.

La inteligencia de negocios es una herramienta estratégica que capacita a las empresas para navegar por el inmenso océano de información y convertirlo en un faro que ilumina el camino hacia decisiones empresariales más inteligentes y exitosas.

Aunque BI es un concepto complejo, es posible describir su funcionamiento de forma sencilla a través de los siguientes componentes:

Recopilación de datos
BI comienza con la recopilación de datos procedentes de diversas fuentes, internas y externas. Estos datos pueden abarcar desde transacciones comerciales hasta interacciones en redes sociales.

Procesamiento de datos (ETL)
Los datos recopilados pasan por un proceso de extracción, transformación y carga (ETL), donde se limpian y transforman para garantizar su calidad y coherencia.

Almacenamiento de datos
Los datos procesados se almacenan en un almacén centralizado, como un *Data Warehouse*, para facilitar el acceso y el análisis.

Análisis y consultas
Algunas herramientas analíticas permiten explorar y consultar datos, descubriendo patrones, tendencias y relaciones.

Generación de informes y *dashboards*
La información se presenta de manera visual y comprensible a través de informes y *dashboards* interactivos, proporcionando una visión rápida de las métricas clave.

2.3. Visualización de datos en plataforma de datos

Una **plataforma de datos** es un conjunto integral de tecnologías, herramientas y procesos que permite la gestión, la integración, el procesamiento y el análisis eficiente de datos dentro de una organización.

La plataforma de datos se concibe como un entorno unificado que aborda diversas necesidades relacionadas con la gestión y explotación de datos en diferentes niveles, desde la recopilación hasta la presentación de información valiosa para la toma de decisiones.

Una plataforma de datos emerge como la columna vertebral de un sistema de gestión empresarial que facilita este servicio al proporcionar un conjunto integral de tecnologías y herramientas. Al explorar los datos que pueden visualizarse en la plataforma de datos, es posible adentrarse a un universo diverso que abarca desde información estructurada hasta datos en tiempo real. A continuación se ofrecen detalles de cómo es esta clasificación de datos:

Datos estructurados
- Información organizada en tablas con un formato predefinido.
- La visualización de datos estructurados permite una comprensión clara de patrones y tendencias, facilitando así análisis detallados.

Datos no estructurados
- Información sin formato predefinido, como documentos de texto o multimedia.
- La plataforma transforma datos no estructurados en visualizaciones significativas, desbloqueando valiosa información contenida dentro de los textos, imágenes o incluso vídeos.

Continúa en página siguiente >>

<< Viene de página anterior

Datos semiestructurados
- Datos que tienen cierta estructura, pero no en su totalidad, como documentos XML o JSON.
- La visualización coherente de datos semiestructurados permite una interpretación más profunda y efectiva de la información contenida en estos formatos flexibles.

Datos en tiempo real
- Datos que se generan y actualizan de forma instantánea en tiempo real.
- La visualización de datos en tiempo real proporciona paneles dinámicos y alertas. Esto permite a las organizaciones tomar decisiones ágiles basadas en información actualizada al momento.

Datos de series temporales
- Información que evoluciona a lo largo del tiempo, como datos financieros o métricas de rendimiento.
- Los gráficos temporales y los análisis históricos facilitan la identificación de patrones a lo largo del tiempo, respaldando la planificación estratégica de una organización.

Datos geoespaciales
- Datos vinculados a ubicaciones geográficas.
- La visualización geoespacial ofrece mapas interactivos que ayudan a entender patrones relacionados con la ubicación. Esto permite beneficiar a sectores como logística o *marketing* localizado.

La clasificación de tipos de datos demuestra la versatilidad de una plataforma de datos al abordar una amplia gama de información recogida por distintas fuentes y almacenada en formatos diferentes. Desde los más estructurados hasta aquellos que evolucionan en tiempo real o están vinculados a ubicaciones geográficas. La capacidad de visualizar y comprender esta diversidad de información se convierte en un activo de gran valor para las organizaciones que buscan tomar decisiones estratégicas y adaptarse rápidamente al mercado en constante cambio.

◉ EJEMPLO

Una cadena de tiendas minoristas que busca optimizar su estrategia de inventario y mejorar la experiencia del cliente ve necesario utilizar una plataforma de datos para extraer información de valor de multitud de datos que gestiona: estructurados, no estructurados, semiestructurados, datos en tiempo real y datos geoespaciales.

Estructurados

Información de ventas diarias y niveles de inventario almacenados en una base de datos relacional.

- Visualizando estos datos, la plataforma ayuda a identificar patrones de demanda y optimizar la gestión de inventario para evitar escasez o excedentes.

No estructurados

Comentarios de clientes en redes sociales, correos electrónicos y encuestas en línea.

- La plataforma procesa y analiza estos datos no estructurados proporcionando una visión profunda de la satisfacción del cliente y permitiendo la adaptación rápida a sus necesidades.

Semiestructurados

Información de proveedores en formato XML que incluye detalles de productos y fechas de entrega.

- La plataforma interpreta estos datos semiestructurados para mejorar la eficiencia en la cadena de suministro, identificando oportunidades de mejora y reduciendo posibles retrasos.

En tiempo real

Actualizaciones en tiempo real de las transacciones en todas las tiendas.

- La visualización en tiempo real permite a la cadena de tiendas ajustar estrategias de *marketing*, gestionar la disponibilidad de productos y responder rápidamente a cambios en la demanda.

Continúa en página siguiente >>

<< Viene de página anterior

De series temporales

Histórico de ventas mensuales y estacionales.

- Analizar datos de series temporales ayuda a anticipar patrones de compra estacionales, permitiendo una planificación más efectiva de promociones y estrategias de *marketing.*

Geoespaciales

Información sobre la ubicación de las tiendas y la densidad demográfica de áreas circundantes.

- Visualizar datos geoespaciales permite identificar áreas con mayor potencial de clientes, optimizar la ubicación de nuevas tiendas y personalizar estrategias de *marketing* según la ubicación.

 ACTIVIDAD COMPLEMENTARIA

7. Imagina que eres parte del equipo de desarrollo de una plataforma de análisis de datos para una cadena de supermercados. Identifica y clasifica los diferentes tipos de datos que esta plataforma debe gestionar para optimizar la gestión del negocio. Utiliza la información proporcionada sobre la estructura de la plataforma de datos del supermercado para identificar los tipos de datos y clasificarlos según su naturaleza (estructurados, no estructurados, semiestructurados, en tiempo real, de series temporales o geoespaciales). En base a ello, proporciona un esquema que responda a la siguiente pregunta: ¿qué tipos de datos podríamos encontrar en la plataforma de datos de la cadena de supermercados y cómo podríamos clasificarlos según su naturaleza?

Características de una plataforma de datos

Una buena plataforma de datos debe contar con una serie de características fundamentales para abordar su función correctamente. Entre otras, destacan las siguientes:

- **Recopilación de datos.** Debe contar con la capacidad de adquirir datos de diversas fuentes, ya sean internas o externas, y en distintos tipos de formatos y estructuras.
- **Almacenamiento y gestión.** Debe contar con funcionalidades para almacenar y gestionar grandes volúmenes de datos de forma eficiente. Esto se consigue utilizando tecnologías como bases de datos, almacenes de datos o sistemas de gestión de datos.
- **Procesamiento y transformación.** Ha de contar con herramientas y procesos que permitan la limpieza, transformación y preparación de datos para su análisis y uso posterior.
- **Análisis y visualización.** Debe tener integradas herramientas analíticas y de visualización que faciliten la exploración y comprensión de los datos, para facilitar la toma de decisiones informadas.
- **Integración con tecnologías emergentes.** Ha de ser adaptable a nuevas tecnologías y tendencias, como permitir la integración de inteligencia artificial, el aprendizaje automático, y las tecnologías de procesamiento en tiempo real.
- **Seguridad y cumplimiento normativo.** Debe tener implementadas medidas de seguridad robustas para proteger los datos, así como el cumplimiento de regulaciones y normativas de privacidad.
- **Escalabilidad y rendimiento.** Debe ser escalable y permitir manejar volúmenes crecientes de datos, manteniendo un rendimiento óptimo en estas condiciones.
- **Facilidad de uso y acceso.** Debe contar con una interfaz amigable y accesible que permita a las personas usuarias con diferentes niveles de habilidad interactuar con la plataforma y acceder a la información relevante.

Tipos de plataforma de datos

Existen diversos **tipos de plataformas de datos,** cada una es diseñada para satisfacer unas necesidades específicas dentro del ámbito de la gestión y utilización de datos en una organización. A continuación, se describen algunos tipos comunes de plataformas de datos:

- **Plataforma de almacenamiento de datos** *(Data Storage Platform).* Este tipo de plataforma se centra en proporcionar capacidades robustas de almacenamiento de datos. Incluye sistemas de bases de datos, almacenes de datos y otros mecanismos para guardar y gestionar grandes volúmenes de información.

- **Plataforma de procesamiento y análisis de datos *(Data Processing and Analytics Platform).*** Diseñada para realizar operaciones de procesamiento y análisis de datos a gran escala. Incluye herramientas y motores de procesamiento que permiten realizar transformaciones, cálculos y análisis avanzados.
- **Plataforma de integración de datos *(Data Integration Platform).*** Se centra en la integración de datos de diversas fuentes para garantizar la coherencia y la disponibilidad de información. Incluye herramientas ETL (extracción, transformación y carga) y funciones de orquestación de procesos.
- **Plataforma de ciencia de datos *(Data Science Platform).*** Orientada a respaldar las actividades de ciencia de datos proporcionando herramientas para la exploración de datos, modelado estadístico, aprendizaje automático y desarrollo de algoritmos avanzados.
- **Plataforma de Inteligencia Artificial *(AI Platform).*** Diseñada para la implementación y gestión de soluciones basadas en inteligencia artificial. Incluye herramientas para el desarrollo, despliegue y monitoreo de modelos *de machine learning* (aprendizaje automático), así como la integración con sistemas existentes.
- **Plataforma de Gestión de Metadatos *(Metadata Management Platform).*** Enfocada en la gestión y organización de metadatos, proporcionando una capa de información adicional sobre los datos almacenados. Facilita la búsqueda, comprensión y trazabilidad de los datos.
- **Plataforma de almacenamiento y procesamiento en la nube *(Cloud Data Platform).*** Diseñada para operar en entornos de nube, integra capacidades de almacenamiento y procesamiento en la nube, permitiendo un acceso ágil y una escalabilidad conforme a las necesidades de la organización.
- **Plataforma de analítica en tiempo real *(Real-Time Analytics Platform).*** Se centra en el procesamiento y análisis de datos en tiempo real, permitiendo la toma de decisiones inmediata basada en la información más reciente.

NOTA

Todos estos tipos de plataformas pueden integrarse en soluciones más amplias para abordar las diversas facetas del ciclo de vida de los datos, desde su captura hasta su análisis y, finalmente, su aplicación estratégica.

APLICACIÓN PRÁCTICA

¿Sabrías decir qué tipo de plataforma se encarga principalmente de proporcionar capacidades robustas de almacenamiento de datos?

Solución

Data Storage Platform es una plataforma que se centra principalmente en proporcionar capacidades robustas de almacenamiento de datos, incluyendo sistemas de bases de datos, almacenes de datos y otros mecanismos para guardar y gestionar grandes volúmenes de información.

- -

La elección de la plataforma dependerá de los objetivos y requisitos específicos de cada organización. Sin embargo, la plataforma integral que ocupa la temática es la **plataforma de datos de inteligencia de negocios o *Business Intelligence (BI Platform).***

*Este tipo de plataforma de datos catalogada como BI Platform es aquella que está enfocada en proporcionar herramientas y servicios para el análisis de datos empresariales, la creación de informes y la generación **de dashboards interactivos.***

IMPORTANTE

Una plataforma de BI es un recurso que facilita la toma de decisiones estratégicas al presentar información de manera visual y comprensible.

- -

En la siguiente visualización se destaca la importancia de la gestión eficiente de datos. Sin embargo, es solo una parte integral de una plataforma de datos mucho más amplia. Hay que destacar que las plataformas de datos son ecosistemas completos que orquestan y aprovechan los datos para generar información valiosa y respaldar la toma de decisiones.

Representación de procesos integrados en una plataforma de datos. Fuente: Semantix

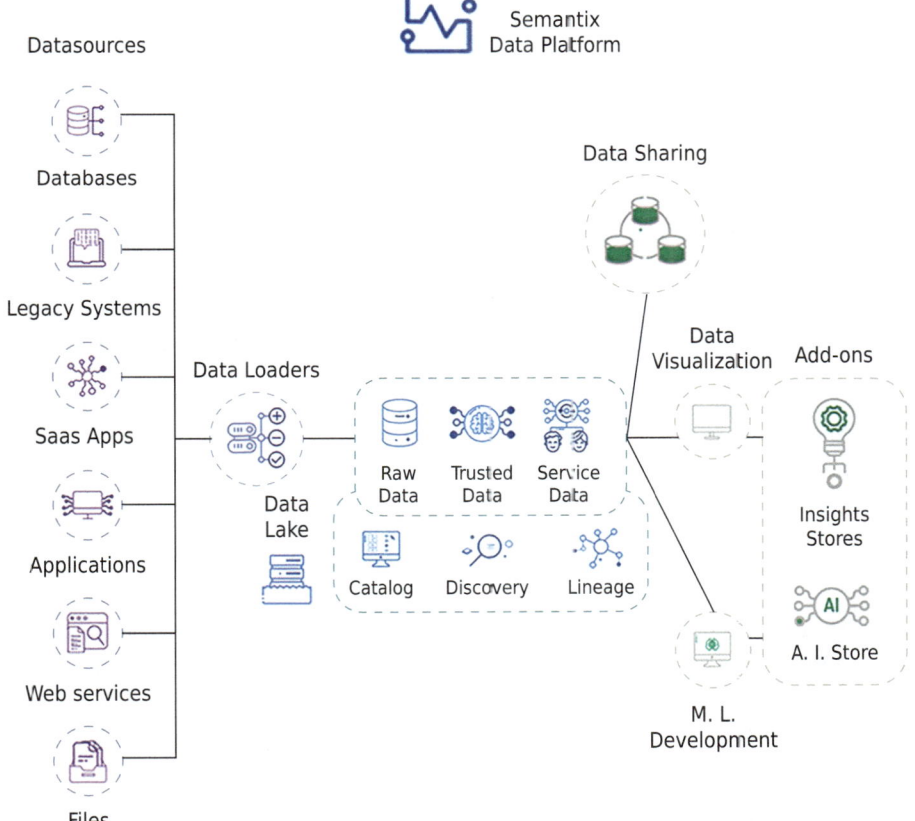

En la representación se destaca la importancia de la gestión eficiente de datos, un componente esencial dentro del vasto espectro de la plataforma de datos. En la gráfica representada se integran conceptos clave como *Business Intelligence*, que implica la transformación de datos en información estratégica, y la inteligencia artificial, que potencia la capacidad de análisis predictivo y decisiones automatizadas.

IMPORTANTE

Las plataformas de datos actuales son ecosistemas muy completos capaces de orquestar y aprovechar todo tipo de datos para generar información valiosa. Las plataformas más avanzadas integran tecnologías como *Business Intelligence* e inteligencia artificial para respaldar de manera robusta la toma de decisiones estratégicas.

3. *Business Intelligence* con Pentaho Dashboard

HILO CONDUCTOR

Con una comprensión sólida del concepto de *Business Intelligence,* este grupo de amigos se embarcó en la siguiente etapa de su aventura tecnológica: la implementación de un Pentaho Dashboard. Reconocieron en Pentaho una herramienta poderosa para visualizar y analizar datos de manera sorprendente. Con determinación, el equipo se sumergió en la creación de paneles dinámicos a fin de permitirles monitorear el rendimiento de su aplicación de realidad virtual. Con ello, también podrán tomar decisiones basadas en los datos recopilados.

Pentaho es una completa *suite* de herramientas y soluciones de *Business Intelligence* que abarca el ciclo completo de gestión y análisis de datos. Pentaho ofrece un conjunto de aplicaciones que facilitan la recopilación, la transformación, la presentación y el análisis de datos de manera eficiente.

Se caracteriza por su enfoque de código abierto, esto implica que no conlleva costes por adquisición de licencias, por lo que está a disposición de cualquier usuario. Se trata de una plataforma integral que abarca y satisface de manera completa los requisitos de BI, abordando aspectos clave como el análisis y la gestión de datos, así como la administración y seguridad.

Cabe destacar que Pentaho nace como una aplicación de *software* o programa informático dedicada a la administración de la inteligencia empresarial en un aspecto muy amplio y completo. Esto significa que la *suite* está enfocada al *Business Intelligence* en su máxima expresión, pero también al análisis de **Big Data.**

 DEFINICIÓN

Big data
El término *big data* hace referencia a un grupo de tecnologías capaces de tratar conjuntos de datos extremadamente grandes y complejos que superan las capacidades de las herramientas tradicionales de procesamiento de datos. Estos conjuntos de datos suelen caracterizarse por las llamadas 3V: volumen (gran cantidad de datos), velocidad (alta tasa de generación o procesamiento) y variedad (diversidad de tipos de datos). *Big data* implica la capacidad de gestionar, procesar y analizar datos a gran escala.

No obstante, Pentaho ofrece mucho más que herramientas especializadas para llevar a cabo la extracción de datos y su posterior transformación y carga. Proporciona soluciones robustas no solo para la generación de informes, pues también brinda análisis multidimensionales como los siguientes:

- **OLAP.** OLAP *(online analytical processing)* o procesamiento analítico en línea, es una tecnología que permite realizar análisis multidimensional de datos. Por ejemplo, una base de datos que almacena información sobre las ventas de una empresa. Mientras que una base de datos relacional tradicional podría mostrar una lista de todas las transacciones, OLAP organiza los datos de manera que se pueda analizar las ventas según diferentes dimensiones, como por producto, región y tiempo. En la práctica, por ejemplo, se puede usar OLAP para visualizar las ventas totales de los productos en diferentes regiones durante los últimos meses.

A continuación y a modo de ejemplo, se muestra cómo queda representado un proceso analítico de ventas de una juguetería mediante un cubo
OLAP:

Ejemplificación de un sistema OLAP aplicado a una tienda de juguetes

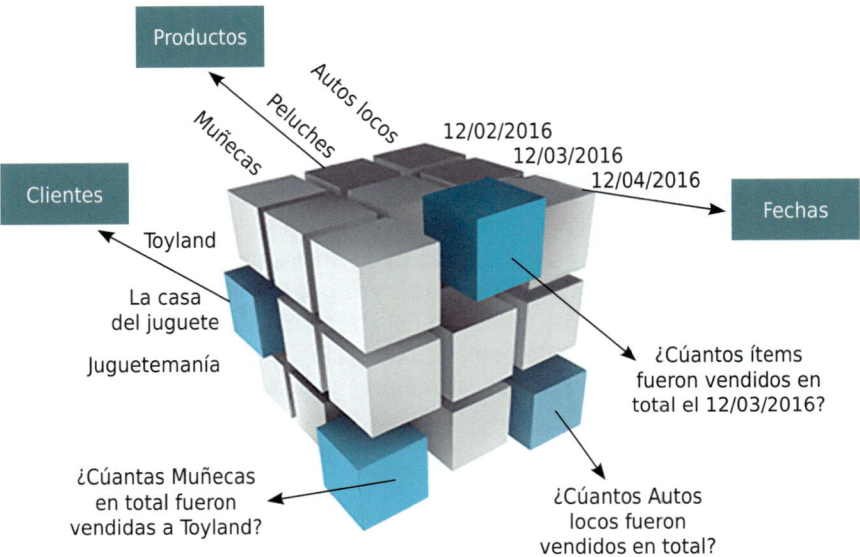

● *Data Mining.* La minería de datos o *Data Mining* implica descubrir patrones y relaciones significativas en conjuntos de datos grandes. Por
ejemplo, imagina que se dispone de un conjunto de datos que contiene
información sobre compras *online*. Estos datos incluyen productos comprados y detalles de los clientes. Utilizando técnicas de minería de datos,
se podrían descubrir patrones de compra frecuentes, como la tendencia
de los clientes cuando compran ciertos productos juntos. Un ejemplo
sería identificar que los clientes que adquieren un teléfono inteligente
también tienden a comprar accesorios relacionados con él, como son
fundas o auriculares.

● *Dashboard.* Un tablero de control o *dashboard* es una interfaz visual que
presenta información clave de manera condensada y fácil de entender.
Por ejemplo, un tablero de control de ventas que muestra gráficos y ci-
fras clave, como ingresos totales, productos más vendidos y compara-
ciones de rendimiento entre diferentes regiones. Aplicado a la práctica
sería un tablero que destaca las métricas de ventas diarias, permitiendo
a la gerencia de una empresa identificar rápidamente tendencias y áreas
de enfoque.

⮑ **Consultas *ad-hoc*.** Las consultas *ad-hoc* son consultas de datos que se realizan de manera flexible y sin una estructura predefinida. Por ejemplo, es muy útil cuando se está trabajando en un sistema de gestión de recursos humanos y se desea obtener información específica sobre los empleados, como sus habilidades y experiencias. Utilizando consultas *ad-hoc,* es posible formular preguntas personalizadas como, por ejemplo. "Identifica todos los empleados con experiencia en programación Java" sin depender de consultas predefinidas. En este caso, la consulta *ad-hoc* permite a la empresa obtener información específica según tus necesidades que tenga en ese momento.

3.1. Características y funciones de Pentaho

Son varias las funciones que caracterizan la *suite* Pentaho como una potente herramienta de BI. Contempla el proceso ETL, el *Data Warehousing* o *Warehouse,* el análisis de datos, la generación de informes o *dashboards* y la integración de tecnología disruptiva.

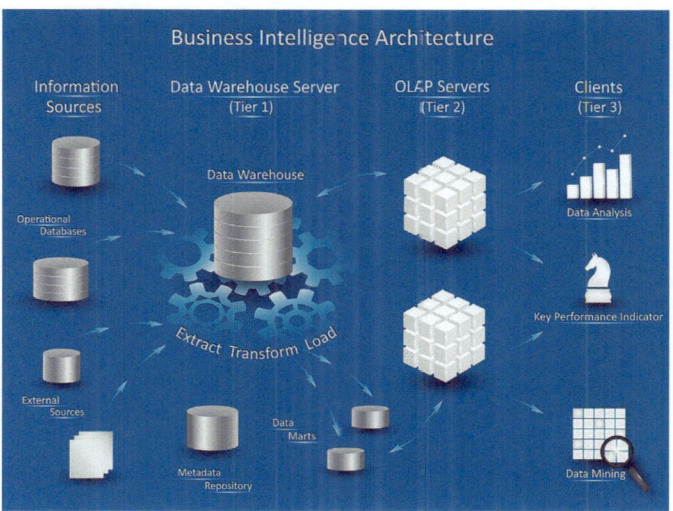

Representación de la arquitectura de la inteligencia empresarial (BI) adoptada por herramientas como Pentaho

 **SABÍAS QUE...**

Pentaho, además de ser de código abierto, utiliza tecnologías convencionales, como JavaScript, XML y Java. Además, cuenta con entornos de desarrollo simples. También es compatible para ser funcional en cualquier sistema operativo como *MacOS, Windows* o *Linux*, lo que convierte esta herramienta en una gran ventaja significativa para los usuarios.

ETL

Por un lado, está el ETL, acrónimo que hace referencia a los procesos de **extracción *(Extract)*, transformación *(Transform)* y carga *(Load)*** de datos.

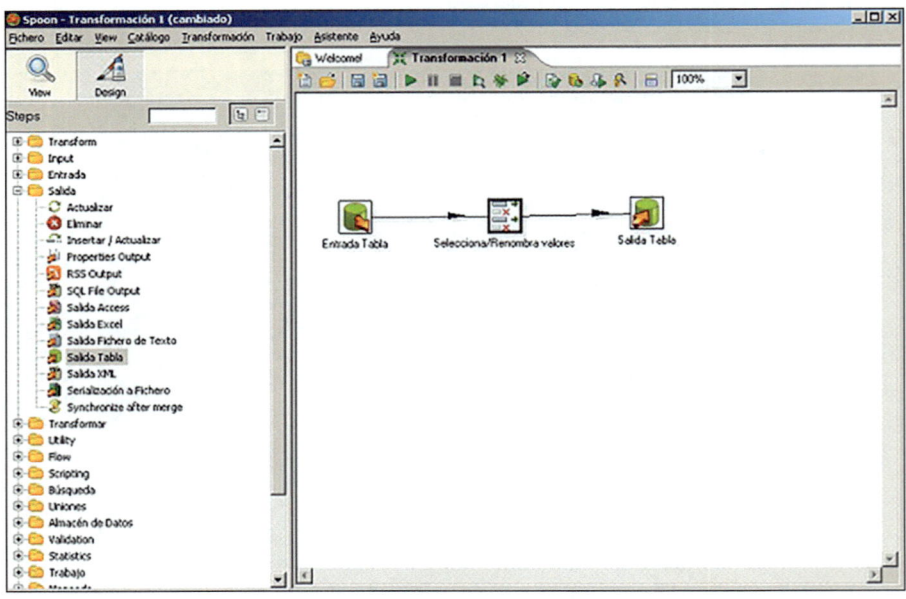

ETL permite la integración de datos desde diversas fuentes, facilitando la preparación y transformación de la información para su análisis. Todo ello es fundamental en el ámbito de Business Intelligence y la gestión eficiente de datos.

Es importante conocer con más detalle qué es lo que engloba cada letra del acrónimo ETL.

Extracción	- En esta etapa, se extraen datos desde múltiples fuentes, que pueden ser bases de datos, archivos, servicios web, o de cualquier otra fuente. - Por ejemplo, se extrae información de una base de datos de ventas para obtener datos sobre transacciones, clientes y productos.
Transformación	- Los datos extraídos se someten a procesos de limpieza, validación y transformación para garantizar su calidad y coherencia. Pueden realizarse operaciones como la conversión de formatos, cálculos y la corrección de errores. - Por ejemplo, convertir fechas a un formato estándar, eliminar duplicados, y sumar cantidades para obtener datos totales.
Carga	- Los datos transformados se cargan en el almacén de datos, que puede ser un **Data Warehouse, Data Mart** u otra plataforma de almacenamiento centralizado. - Por ejemplo, cargar los datos transformados en un *Data Warehouse* para su posterior análisis y generación de informes.

Presta atención al ejemplo que viene a continuación, este ilustra cómo son **las etapas del proceso ETL** por parte de la inteligencia de negocios dentro de una pequeña empresa que tiene varias tiendas.

Una empresa minorista desea analizar sus datos de ventas de múltiples tiendas para obtener información estratégica. Seguidamente, se explica con detalle cómo se aplicaría el proceso ETL:

⮕ **Extracción.** Se extraen datos de las bases de datos de ventas de todas las tiendas, obteniendo información sobre productos vendidos, fechas de transacciones y detalles del cliente.
⮕ **Transformación.** Se realizan diversas transformaciones, como la corrección de errores en las fechas, la consolidación de datos duplicados, y la conversión de monedas extranjeras a la moneda local.
⮕ **Carga.** Los datos transformados se cargan en un *Data Warehousing* centralizado, donde se almacenan de manera organizada y están listos para su análisis.

El proceso ETL permite a este pequeño comercio tener una visión consolidada de sus datos de ventas, facilitando la generación de informes y análisis que respaldarán la toma de decisiones estratégicas, como podría ser:

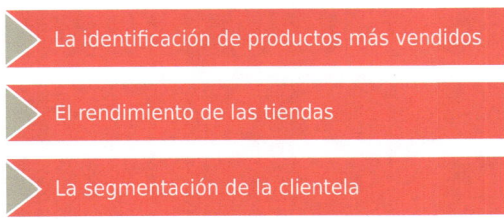

La identificación de productos más vendidos

El rendimiento de las tiendas

La segmentación de la clientela

Data Warehousing

Data Warehousing proporciona herramientas para la creación y gestión de almacenes de datos, permitiendo el almacenamiento centralizado y organizado de grandes volúmenes de información.

El *Data Warehousing* es una práctica que implica la creación y el mantenimiento de un depósito centralizado de datos, diseñado específicamente para el soporte de procesos de toma de decisiones y el análisis de negocio.

En un entorno de Data Warehousing, los datos de diversas fuentes operativas se consolidan, transforman y almacenan en un formato optimizado para el análisis, facilitando la obtención de información estratégica.

Las **principales características del *Data Warehousing*** son:

➲ **Consolidación de datos.** Los datos de múltiples fuentes, como bases de datos operativas, sistemas transaccionales y otras fuentes, se integran en el almacén de datos central. Por ejemplo, imagina un escenario en el que una empresa tiene datos dispersos en varias fuentes, como sistemas de punto de venta en sus tiendas y una base de datos *online*. Los datos de ventas de cada tienda, incluyendo detalles de productos y clientes, se extraen y consolidan en un único almacén de datos central.

⮱ **Transformación y limpieza.** Los datos se someten a procesos de transformación para asegurar su calidad y consistencia. Esto incluye la corrección de errores, la normalización de formatos y la eliminación de datos duplicados. Por ejemplo, imagina ahora que los datos de ventas tienen formatos inconsistentes y algunos registros tienen errores tipográficos. En este caso, se aplican procesos de transformación para corregir errores, normalizar formatos de fechas y limpiar datos, asegurando que la información sea coherente y de alta calidad.

⮱ **Optimización para el análisis.** La estructura del almacén de datos se optimiza para el rendimiento en el análisis. Se crean esquemas específicos, como son los esquemas en estrella o en copo de nieve, que facilitan consultas eficientes. Por ejemplo, ahora la empresa necesita realizar análisis de ventas por región y categoría de productos. Es entonces cuando se utiliza un esquema en estrella en el *Data Warehousing,* donde la tabla central almacena datos generales y las tablas de dimensiones (como regiones y categorías) facilitan consultas eficientes y específicas.

⮱ **Historial de datos.** Se mantiene un historial de cambios en los datos a lo largo del tiempo. Esto permite el análisis de tendencias y patrones a lo largo de distintos períodos. Por ejemplo, la empresa desea analizar cómo han cambiado las preferencias de compra de los clientes a lo largo de los años. El *Data Warehousing* mantiene un historial de cambios, permitiendo el análisis de tendencias de compra a lo largo del tiempo y proporcionando una visión histórica de los datos.

⮱ **Acceso simplificado.** Los usuarios, como analistas y tomadores de decisiones, acceden a los datos mediante herramientas de consulta y generación de informes diseñados para facilitar la extracción de información valiosa. Por ejemplo, la gerencia y los analistas necesitan acceder a informes de ventas de manera rápida y de forma eficiente. En este contexto, se implementan herramientas de BI que permiten a los usuarios ejecutar consultas y generar informes fácilmente, sin requerir conocimientos técnicos avanzados.

⮱ **Soporte BI centralizado.** El *Data Warehousing* es fundamental para las iniciativas de BI, ya que proporciona un ambiente centralizado y optimizado para el análisis de datos empresariales. Por ejemplo, finalmente, la empresa desea tener una visión global y centralizada de todas las operaciones de ventas. El *Data Warehouse* sirve como el centro para todas las iniciativas de BI, proporcionando un ambiente optimizado para el análisis de datos empresariales de ventas en relación a todas sus tiendas.

El posible describir el funcionamiento del *Data Warehousing* a través del siguiente proceso:

Extracción
Los datos se extraen de fuentes operativas mediante procesos de ETL *(extracción, transformación y carga)*. Durante la transformación, los datos se limpian y se ajustan para el análisis.

Almacenamiento
Los datos transformados se almacenan en el *Data Warehouse*, que puede ser un servidor dedicado o una infraestructura en la nube. La estructura del almacén de datos se diseña para facilitar consultas eficientes.

Acceso y análisis
Las personas usuarias autorizadas acceden al *Data Warehouse* a través de herramientas de BI para realizar consultas, generar informes y realizar análisis. Estas herramientas permiten explorar datos de manera intuitiva.

Generación de informes
Los informes y análisis generados a partir del *Data Warehouse* proporcionan información estratégica que respalda la toma de decisiones en la organización.

NOTA

El *Data Warehousing*, al proporcionar una vista unificada y optimizada de los datos empresariales, se convierte en un activo crucial para las organizaciones que buscan obtener una inteligencia empresarial valiosa y respaldar la toma de decisiones informadas.

Aunque es fácil confundir *Data Warehousing* y *big data*, cada uno de estos conceptos representa cosas diferentes:

➲ ***Big data.*** Mientras que el término *big data* hace referencia a un grupo de tecnologías capaces de gestionar, procesar y analizar grandes volúmenes de datos.

⊃ ***Data Warehousing.*** Se centra en la consolidación, transformación y almacenamiento optimizado de datos para facilitar el análisis y la generación de informes. Utiliza estructuras de almacenamiento específicas, como almacenes de datos, y se enfoca en la integración de datos de diferentes fuentes para proporcionar una visión centralizada y optimizada para el análisis empresarial.

Después de conocer las diferencias entre *Big Data* y *Data Warehousing,* llega el momento de descubrir cómo se complementan ambas tecnologías:

1. **Complementariedad.** Si bien el *Data Warehousing* se ha centrado tradicionalmente en **datos estructurados** y operacionales, el *big data* aborda la gestión de **datos no estructurados** y **semiestructurados,** así como flujos de datos en tiempo real. Ambos enfoques son complementarios para abordar las diversas necesidades de gestión de datos en una organización. Por ejemplo, una empresa de comercio electrónico utiliza *Data Warehousing* para analizar las transacciones de sus clientes (datos estructurados). Sin embargo, para comprender las opiniones de los clientes expresadas en redes sociales (datos no estructurados), recurre a *big data* para procesar y analizar comentarios en tiempo real. Ambos enfoques, *Data Warehousing* y *big data,* se complementan para abordar diferentes tipos de datos y necesidades analíticas.
2. **Escalabilidad.** Mientras que el *Data Warehousing* se ha optimizado para conjuntos de datos de tamaño moderado a grande, el *big data* destaca por su capacidad para manejar volúmenes masivos de datos. *Big data* a menudo se asocia con tecnologías como Hadoop y sistemas de almacenamiento distribuido que escalan horizontalmente para abordar grandes cantidades de datos. Por ejemplo, una empresa de análisis financiero utiliza *Data Warehousing* para gestionar datos de transacciones diarias de sus clientes. A medida que crece la cantidad de clientes y transacciones, recurre a *big data* para manejar el volumen masivo de datos, utilizando tecnologías distribuidas como Hadoop para escalar horizontalmente. Esto asegura que la infraestructura pueda crecer eficientemente con el aumento de datos.
3. **Variedad de datos.** Mientras que el *Data Warehousing* se enfoca principalmente en datos estructurados, el *big data* aborda la diversidad de datos, incluyendo datos no estructurados como texto, imágenes y vídeos. Esto permite a las organizaciones gestionar una amplia gama de fuentes de datos. Por ejemplo, un fabricante de productos electrónicos utiliza *Data Warehousing* para analizar datos estructurados de producción y ventas. Para incorporar datos no estructurados, como comentarios de clientes sobre productos en redes sociales, la empresa utiliza *Big data.* La combinación de ambos enfoques permite una visión completa que abarca desde datos operativos estructurados hasta la retroalimentación no estructurada de los clientes.

4. **Velocidad.** *Big data* destaca en el procesamiento y en el análisis en tiempo real, mientras que el *Data Warehousing* se ha centrado en proporcionar un rendimiento eficiente para consultas analíticas complejas. Por ejemplo, una plataforma de *streaming* utiliza *Data warehousing* para realizar análisis retrospectivos sobre las preferencias de visualización de sus usuarios. Sin embargo, para analizar datos en tiempo real, como la popularidad de un programa en el momento de su lanzamiento, recurre a *big data*. La velocidad de procesamiento en tiempo real de *big data* complementa la capacidad analítica retrospectiva de *Data Warehousing*.

5. **Necesidades analíticas diferentes.** El *Data Warehousing* es esencial para los análisis empresariales tradicionales y para las consultas estructuradas. El *big data*, por otro lado, es crucial cuando se trata de analizar datos no estructurados y realizar análisis avanzados, como el aprendizaje automático *(machine learning)*, sobre grandes volúmenes de datos. Por ejemplo, una empresa de comercio electrónico utiliza *Data Warehousing* para analizar patrones de compra y tendencias en general. Cuando desea implementar un modelo de recomendación personalizado basado en el comportamiento del usuario, recurre a *big data* y técnicas de aprendizaje automático. Cada enfoque aborda necesidades analíticas específicas, desde análisis empresariales tradicionales, hasta análisis avanzados impulsados por *machine learning*.

NOTA

Data Warehousing y *Big Data* son dos enfoques complementarios en el ámbito de la gestión de datos, cada uno aborda diferentes aspectos y necesidades en función del tipo de datos y los requisitos analíticos de una organización.

ACTIVIDAD COMPLEMENTARIA

8. Imagina que estás participando en un debate sobre *Data Warehousing* vs. *Big Data* en el ámbito empresarial. Defiende con argumentos dos enfoques distintos. Para ello, responde a la siguiente pregunta. ¿Cuál es el camino más adecuado para una organización empresarial? ¿*Data Warehousing* o *Big Data*?

   · Por una parte, prepara un argumento para defender el enfoque de *Data Warehousing* que llamarás "Enfoque de defensa de *Data Warehousing*".

Continúa en página siguiente >>

<< Viene de página anterior

· Por otra parte, defiende que *Big Data* es el enfoque más adecuado para impulsar una empresa y cuyo argumento llamarás "Enfoque de defensa de *Big Data*".

Puedes analizar ventajas e inconvenientes, costes, recursos necesarios, etc.

Análisis de datos

Pentaho va más allá de ser simplemente una herramienta de *Business Intelligence*. Ofrece capacidades analíticas avanzadas que permiten a las organizaciones **desentrañar la valiosa información de sus datos.** Pentaho consigue transformar los datos en información de valor de la siguiente manera:

➲ **Exploración de patrones.** La *suite* de Pentaho permite al usuario sumergirse en sus datos para identificar patrones repetitivos o tendencias significativas. Por ejemplo, un comercio minorista puede explorar patrones de compra estacional para comprender qué productos son más populares en determinadas épocas del año. Esto es realmente útil para planificar inventarios y estrategias de *marketing*.

➲ **Análisis de tendencias.** Pentaho facilita la identificación y el seguimiento de las tendencias que evolucionan con el tiempo. Por ejemplo, en el ámbito financiero es posible utilizar Pentaho para analizar tendencias de crecimiento o declive en los ingresos trimestrales. Esto brindaría una visión más clara de la salud financiera de la empresa más allá del corto y medio plazo.

➲ **Relaciones en los datos.** Pentaho permite descubrir conexiones y relaciones entre diferentes conjuntos de datos, revelando información valiosa. Por ejemplo, en una empresa de telecomunicaciones Pentaho podría ser muy útil para identificar la relación entre la satisfacción del cliente y la calidad del servicio. Con ello, es posible identificar medidas proactivas para mejorar la experiencia del usuario.

➲ **Facilitando decisiones informadas.** Al proporcionar análisis detallados, Pentaho apunta a empoderar a los tomadores de decisiones con información sólida. Por ejemplo, en un entorno de Recursos Humanos, Pentaho podría ser utilizado para analizar patrones de rendimiento y correlacionarlos con prácticas de gestión específicas. Esto facilitaría la toma de decisiones sobre estrategias de liderazgo y desarrollo del personal.

✐ **IMPORTANTE**

Pentaho no solo se limita a presentar datos de manera visualmente atractiva, sino que va más allá. Ofrece herramientas y funcionalidades que permiten a las organizaciones explorar, comprender y aprovechar plenamente la riqueza de información que yace en sus datos. Esto se traduce directamente en la capacidad de tomar decisiones estratégicas y bien informadas impulsar el éxito empresarial.

Generación de informes

Pentaho facilita la creación de informes personalizables y ***dashboards* interactivos** o **dinámicos** que visualizan datos de manera comprensible para los usuarios a través de las siguientes características y funcionalidades clave:

- ➲ **Generación de informes:**

  - ↻ *Dashboards* interactivos:

    - ⇕ **Capacidades de explotación de datos.** Las capacidades de explotación de datos hacen referencia a la habilidad de una herramienta o plataforma para extraer, analizar y obtener información valiosa a partir de conjuntos de datos complejos. Esto implica procesos como la limpieza y transformación de datos, el análisis estadístico, la identificación de patrones y tendencias, la generación de informes y visualizaciones, entre otros aspectos. Estas capacidades permiten a las personas usuarias de la herramienta tomar decisiones basadas en datos sólidos y aprovechar al máximo el potencial de la información disponible.
    - ⇕ **Herramientas de perforación.** Las herramientas de perforación, como el *drill-down* y el *drill-through,* permiten a los usuarios explorar datos en diferentes niveles de detalle y profundidad.

      - ● *Drill-through.* A diferencia del *drill-down,* el *drill-through* permite a los usuarios navegar de un informe a otro para acceder a información más detallada y contextual. Por ejemplo, un usuario puede hacer clic en un elemento en un *dashboard* para abrir un informe relacionado que proporciona información adicional sobre ese elemento específico.

○ *Drill-down.* Esta técnica posibilita que los usuarios puedan profundizar en los datos desglosando la información de un nivel más alto a un nivel más detallado. Por ejemplo, un usuario puede hacer clic en un elemento de resumen en un gráfico para ver más detalles sobre los datos subyacentes.

⇕ **Filtros dinámicos.** Los filtros dinámicos son herramientas que permiten a los usuarios refinar y restringir la información que se muestra en un *dashboard* o informe interactivo. Estos filtros pueden aplicarse a diferentes dimensiones o métricas de los datos, como fechas, regiones, categorías de productos, etc. Las personas usuarias pueden seleccionar diferentes valores de los filtros para ajustar la visualización de los datos en tiempo real, en consecuencia, esto les permite explorar y analizar la información de manera más específica y relevante.

Pentaho ofrece una solución completa para la generación de informes abarcando todos los aspectos necesarios para la toma de decisiones. Esta herramienta de informes de Pentaho, ofrece un potente motor de ejecución para procesar y generar esos reportes.

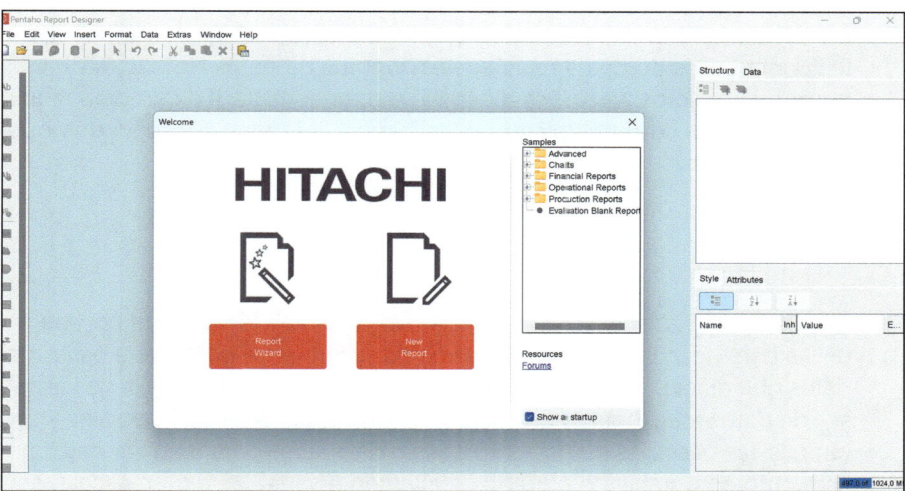

Pentaho también permite en la herramienta Pentaho Report Designer la creación de informes ad-hoc, es decir, informes personalizados según las necesidades específicas de cada usuario.

La plataforma proporciona una amplia biblioteca de componentes visuales como gráficos, tablas dinámicas, indicadores clave de rendimiento (KPI), mapas y otros *widgets*. Estos elementos permiten representar los datos de manera visualmente atractiva y comprensible, facilitando así la interpretación de la información estratégica.

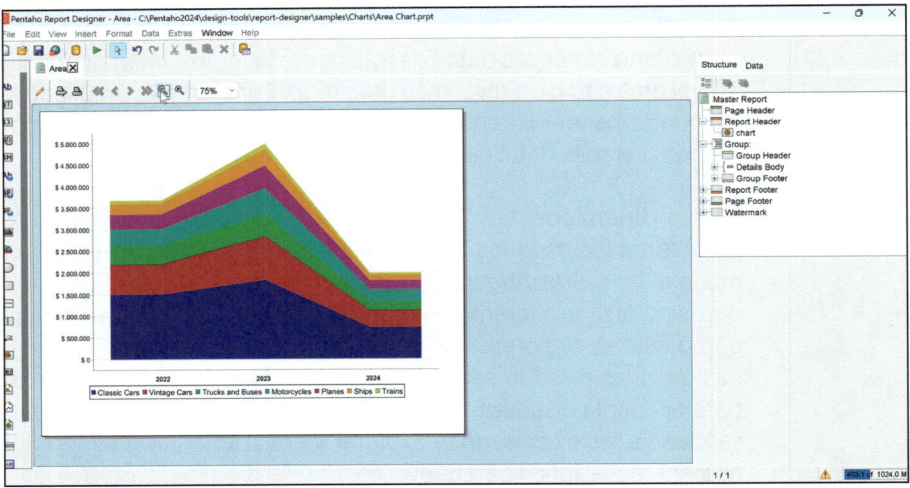

Ejemplo de informe creado con Pentaho Report Designer

Integración de tecnología disruptiva

La tecnología de Pentaho hace posible la conectividad con diversas fuentes de datos. Esto significa que Pentaho consigue integrar distintas fuentes como bases de datos relacionales, fuentes de datos **NoSQL, archivos planos** y **servicios web.** Esta dinámica proporciona flexibilidad para reunir información desde múltiples fuentes y crear informes consolidados que ofrecen una visión completa de los datos.

NoSQL

NoSQL, que significa *Not Only SQL* o No solo SQL, es un término que se utiliza para describir una amplia gama de sistemas de gestión de bases de datos que difieren del modelo relacional tradicional. A diferencia de las bases de datos relacionales, que siguen una estructura tabular con filas y columnas, las bases de datos NoSQL están diseñadas para manejar datos no estructurados, semiestructurados o altamente variables a gran escala. Así, poseen las siguientes características:

Modelo de datos flexible
Las bases de datos NoSQL pueden manejar una variedad de modelos de datos, como documentos, clave-valor, columnares y grafos, permitiendo una mayor flexibilidad para adaptarse a diferentes tipos de datos y casos de uso.

Escalabilidad horizontal
Muchas bases de datos NoSQL están diseñadas para escalar horizontalmente, lo que significa que pueden distribuir datos y cargas de trabajo en múltiples servidores para manejar grandes volúmenes de datos y altas cargas de tráfico.

Alta disponibilidad y tolerancia a fallos
Al distribuir datos y cargas de trabajo en múltiples nodos, las bases de datos NoSQL pueden ofrecer una alta disponibilidad y tolerancia a fallos, garantizando así que los sistemas sigan funcionando incluso en caso de fallos de *hardware* o red.

Desempeño optimizado para cargas de trabajo específicas
Al estar diseñadas para casos de uso específicos, las bases de datos NoSQL pueden ofrecer un rendimiento optimizado para cargas de trabajo de lectura, escritura, búsqueda, análisis o transacciones, entre otras tareas.

 IMPORTANTE

Las bases de datos NoSQL se utilizan comúnmente en aplicaciones web y móviles, sistemas de comercio electrónico, análisis de *big data*, IoT (internet de las cosas), juegos *online* y otras aplicaciones que requieren manejo de grandes volúmenes de datos y escalabilidad horizontal.

Archivos planos

Los archivos planos, también conocidos como archivos de texto o archivos de datos sin formato, son archivos que contienen información en un formato simple y legible por humanos. A diferencia de las bases de datos que utilizan un sistema de gestión de bases de datos para organizar y acceder a los datos, los archivos planos almacenan los datos de manera lineal, sin una estructura definida o jerarquía interna. Sus características son las siguientes:

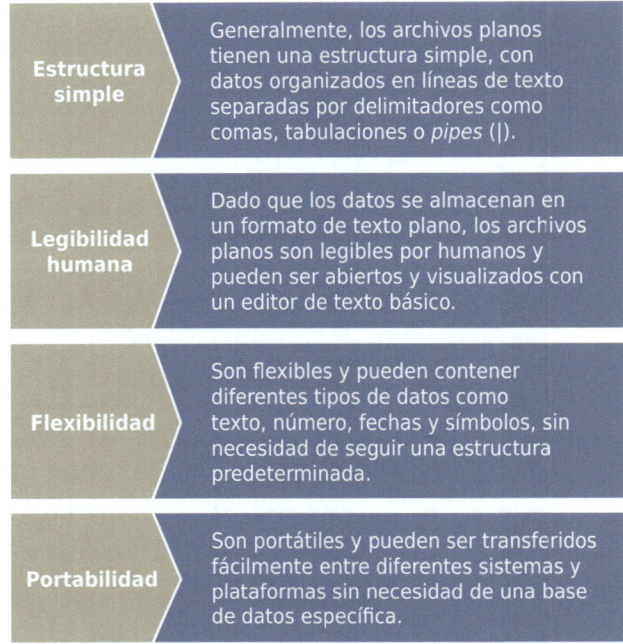

Estructura simple
Generalmente, los archivos planos tienen una estructura simple, con datos organizados en líneas de texto separadas por delimitadores como comas, tabulaciones o *pipes* (|).

Legibilidad humana
Dado que los datos se almacenan en un formato de texto plano, los archivos planos son legibles por humanos y pueden ser abiertos y visualizados con un editor de texto básico.

Flexibilidad
Son flexibles y pueden contener diferentes tipos de datos como texto, número, fechas y símbolos, sin necesidad de seguir una estructura predeterminada.

Portabilidad
Son portátiles y pueden ser transferidos fácilmente entre diferentes sistemas y plataformas sin necesidad de una base de datos específica.

IMPORTANTE

Los archivos planos se utilizan normalmente para intercambiar datos entre sistemas y aplicaciones, como la importación y exportación de datos entre hojas de cálculo, bases de datos y programas de *software*. Aunque son simples y versátiles, los archivos planos pueden tener limitaciones en términos de rendimiento y capacidad para manejar grandes volúmenes de datos en comparación con las bases de datos estructuradas.

Servicios web

Los servicios web son sistemas de *software* diseñados para permitir la interacción entre aplicaciones y sistemas informáticos a través de internet. Estos servicios consiguen que diferentes aplicaciones se comuniquen entre sí y compartan datos y funcionalidades de manera estandarizada y segura, independientemente de la plataforma o del lenguaje de programación utilizado. Algunos de sus características son las siguientes:

1. **Estándares de comunicación.** Los servicios web utilizan estándares de comunicación abiertos y universales, como son:

   ◑ HTTP *(hypertext transfer protocol)* y,
   ◑ XML *(extensible markup language)*

   Estos estándares de comunicación hacen posible la interoperabilidad entre diferentes sistemas y plataformas.

2. **Protocolos basados en estándares.** Los servicios web suelen basarse en protocolos estándar como SOAP *(Simple Object Access Protocol)* o REST *(Representarional State Transfer)*, que definen reglas y formatos para la comunicación y el intercambio de datos.

3. **Interfaz orientada a servicios.** Los servicios web proporcionan una interfaz orientada a servicios que define las operaciones disponibles, los parámetros de entrada y salida, y la forma en que se accede y se utiliza el servicio.

   ◑ **Acceso remoto.** Los servicios web permiten el acceso remoto a funcionalidades y datos a través de internet, facilitando la integración y la interoperabilidad entre sistemas distribuidos.
   ◑ **Seguridad.** Los servicios web suelen implementar medidas de seguridad, como autenticación, autorización y cifrado de datos, para proteger la integridad y la privacidad de la información transmitida.

◉ EJEMPLO

Como ejemplos de servicios web están las APIs *(Application Programming Interfaces)* públicas y privadas, servicios de pago *online*, servicios de geolocalización, servicios de mensajería instantánea, redes sociales, y otros muchos ejemplos más.

Los servicios web son fundamentales para la arquitectura de *software* Orientada a Servicios (SOA) y son muy utilizados en aplicaciones web, móviles y programas empresariales para facilitar la integración y la comunicación entre sistemas heterogéneos.

Motor OLAP

Por otra parte, la tecnología OLAP *(Online Analytical Processing)* organiza los datos para transformarlos en información útil a través de un cubo dimensional, cuya estructura dota de dinamismo a las consultas. Es decir, con el procesamiento analítico en línea, conocido como OLAP, se pueden explorar los datos moviéndonos a lo largo de diferentes dimensiones como el tiempo, el producto o la ubicación.

El motor OLAP utilizado por Pentaho se llama Mondrian. Proporciona un enfoque multidimensional orientado a las bases de datos y al *Data Mining* o la minería de datos.

Aunque Mondrian puede integrarse de forma independiente en otras plataformas, es un componente muy utilizado junto con otros como Data Integration. Se trata de un motor OLAP híbrido que tiene la capacidad de combinar la flexibilidad de los motores OLAP con una caché que mejora la velocidad de procesamiento.

Los visores OLAP *(Online Analytical Processing)* son herramientas que permiten analizar grandes volúmenes de datos de forma interactiva, eficiente y jerarquizada. En el ámbito de la inteligencia empresarial (BI), estas herramientas facilitan el acceso a datos organizados en cubos OLAP, donde se pueden realizar análisis multidimensionales para identificar tendencias, patrones o estadísticas importantes.

De seguida conocerás los llamados **visores OLAP de Pentaho.** Son herramientas que permiten a los usuarios de la *suite* de Pentaho interactuar con los datos almacenados en un cubo OLAP, que se corresponde con el procesamiento analítico en línea.

Estos visores facilitan la exploración y el análisis de los datos desde diferentes perspectivas, permitiendo a los usuarios realizar consultas dinámicas, aplicar filtros, realizar perforaciones *(drill-down y drill-up)* y visualizar los resultados de forma interactiva.

 **NOTA**

Los visores OLAP son una parte integral de la *suite* de Pentaho destinada a proporcionar a los usuarios finales una experiencia de análisis de datos intuitiva y poderosa.

- -

Un cubo OLAP organiza los datos en dimensiones (categorías de análisis, como tiempo o ubicación) y medidas (valores numéricos a analizar, como ventas o ingresos). Esto permite responder a preguntas como:

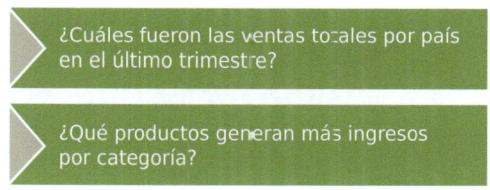

En el caso de Pentaho, los cubos OLAP se almacenan en sistemas Mondrian. La herramienta específica para crear visualizaciones interactivas basadas en cubos OLAP en Pentaho es Pentaho Analyzer que permite crear los informes de forma estática o interactiva.

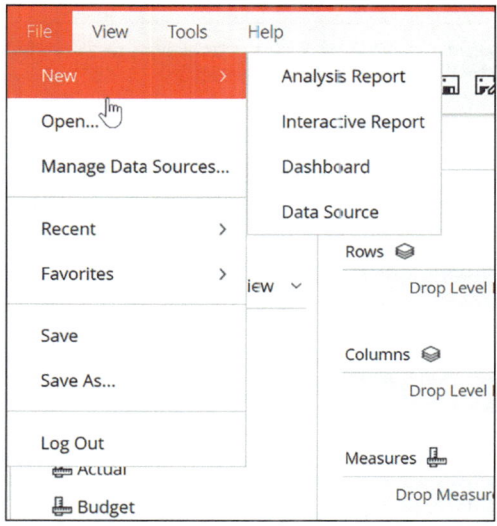

Opciones de creación de informes interactivos o analíticos en Pentaho Analyzer

Esta herramienta permite a los usuarios crear visualizaciones interactivas basadas en cubos OLAP mediante el sistema Drag and Drop, que permite arrastrar dimensiones y valores, incorporar filtros y jerarquías y exportar los datos a distintos formatos como Excel o PDF.

El motor OLAP nativo de Pentaho, que permite crear cubos y ejecutar consultas, es conocido por su rapidez y capacidad para integrarse con bases de datos relacionales como MySQL, PostgreSQL y Oracle.

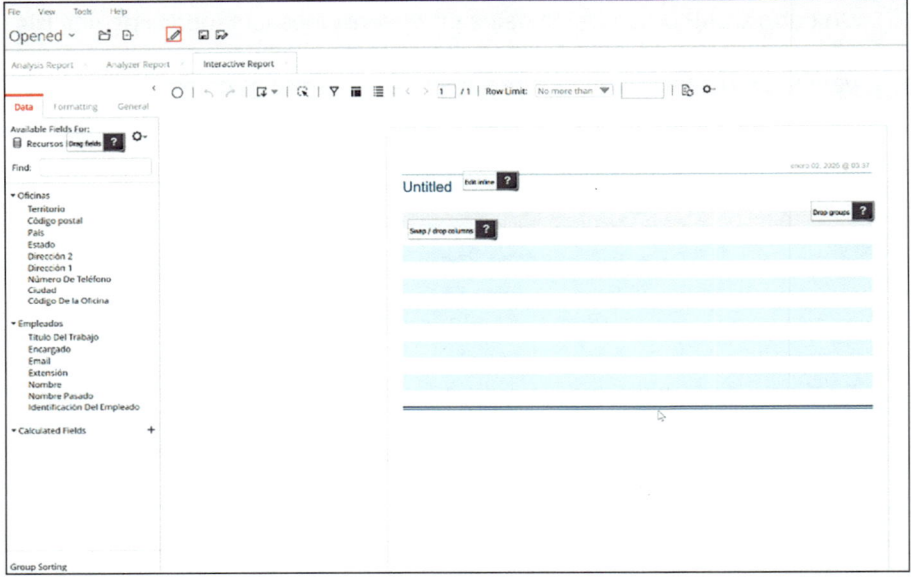

Pantalla de creación un informe interactivo en el que se integrarán los campos correspondientes a la base de datos "Recursos" cuyas tablas son Oficinas y Empleados.

Los visores OLAP en Pentaho proporcionan una solución robusta para la toma de decisiones basada en datos. Su capacidad para manejar análisis multidimensionales y la facilidad para integrarse con herramientas existentes convierten a Pentaho en una opción ideal para aquellas empresas que buscan potenciar sus estrategias de BI.

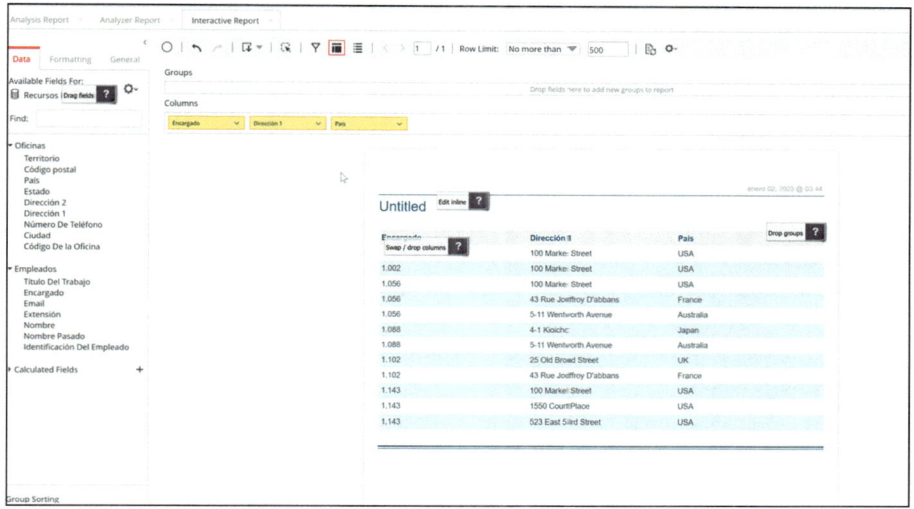

Integración de herramientas tecnológicas y técnicas

Además, como plataforma de inteligencia empresarial, Pentaho es capaz de evolucionar y mantenerse al día con las últimas tendencias tecnológicas, incluida la integración de las siguientes herramientas tecnológicas y técnicas:

Integración con inteligencia artificial
Pentaho es capaz de conectarse y trabajar con herramientas y servicios de IA. Esto es importante, puesto que permite a las empresas aprovechar el poder de la inteligencia artificial para analizar datos, identificar patrones, realizar predicciones y tomar decisiones todavía más informadas. Todo este trabajo incluye la integración con servicios en la nube como APIs de **procesamiento de lenguaje natural (NLP), reconocimiento de imágenes, análisis de sentimientos,** entre otros aspectos clave.

Integración con aprendizaje automático
Pentaho puede integrarse con herramientas y bibliotecas de aprendizaje automático para realizar tareas como la creación de modelos predictivos, clasificación de datos, *clustering* y recomendaciones personalizadas. Las empresas aplican algoritmos de ML a sus datos para obtener información útil y automatizar procesos de análisis y toma de decisiones.

Herramientas de la *suite*

Como se ha destacado, la ***suite* de Pentaho** es una potente solución empresarial que se apoya en la inteligencia de negocios y en soluciones que gestionan procesos como ETL, minería de datos, generación de informes, etc. Su principal objetivo es recolectar datos relevantes que se mostrarán en los cuadros de mando. Esto hace posible que se pueda hacer un seguimiento detallado del momento en cada proyecto empresarial, permitiendo tomar decisiones acertadas para alcanzar los objetivos establecidos.

Para lograrlo, la *suite* se divide en las siguientes herramientas con funciones muy específicas:

Pentaho *Aggregation Designer*
Proporcionar una interfaz sencilla que permite crear tablas de agregados a partir de niveles dentro de las dimensiones especificadas.

Pentaho *Data Integration*
Sistema de *Business Intelligence* que trata de ayudar a las empresas con la toma de decisiones por medio de procesos ETL.

Pentaho *Metadata Editor*
Permite crear modelos y dominios de metadatos.

Pentaho *Report Designer*
Sofisticada herramienta de creación de informes que se puede utilizar de forma independiente o como parte de la *suite* Pentaho.

Pentaho *Schema Workbench*
Interfaz de diseño que permite crear y probar visualmente esquemas de cubos OLAP de Mondrian.

 **IMPORTANTE**

Pentaho ofrece un conjunto completo de herramientas tecnológicas que permiten recopilar, analizar y presentar datos de manera efectiva, ayudando a las empresas a tomar decisiones basadas en información de valor y alcanzar sus objetivos comerciales.

3.2. Pentaho Dashboard

Pentaho Dashboard es una herramienta poderosa dentro del conjunto de soluciones de *Business Intelligence* que ofrece Pentaho, diseñada para proporcionar una interfaz visual interactiva y personalizable para la presentación de datos. Esta herramienta permite a los usuarios crear paneles dinámicos y atractivos que facilitan la interpretación de información compleja y respaldan la toma de decisiones estratégicas.

Características de Pentaho Dashboard

Los aspectos clave que hacen de Pentaho Dashboard una pieza fundamental en el entorno dinámico de la inteligencia empresarial son los siguientes:

- **Interactividad y personalización.** Pentaho Dashboard ofrece funciones interactivas que permiten a los usuarios explorar datos de manera intuitiva. Los paneles son altamente personalizables, lo que permite adaptar la visualización a las necesidades específicas de cada usuario o equipo.
- **Conectividad con diversas fuentes de datos.** La herramienta se integra fácilmente con diversas fuentes de datos, incluyendo bases de datos relacionales, fuentes de datos NoSQL, archivos planos y servicios web. Esto proporciona flexibilidad para reunir información desde múltiples fuentes y crear informes consolidados.
- **Widgets y componentes visuales.** Pentaho Dashboard ofrece una amplia variedad de *widgets* y componentes visuales, como gráficos, tablas dinámicas, indicadores clave de rendimiento (KPI), y mapas. Estos elementos visuales facilitan la representación efectiva de datos complejos.
- **Programación de actualizaciones automáticas.** Los usuarios pueden programar la actualización automática de los datos en tiempo real. Esto garantiza que la información presentada en los paneles esté siempre actualizada y refleje la realidad del momento.
- **Soporte para integración de informes y análisis avanzado.** Pentaho Dashboard se integra de manera fluida con otras herramientas de la *suite* Pentaho, permitiendo la conexión con informes detallados y análisis avanzados generados previamente en Pentaho Report Designer y Pentaho Analyzer.

Beneficios de utilizar Pentaho Dashboard

Pentaho Dashboard se convierte en una herramienta esencial para aquellos que buscan no solo presentar datos de manera visualmente atractiva, sino también potenciar la toma de decisiones estratégicas dentro del entorno en movimiento que sugiere *Business Intelligence*. Algunos de los beneficios que aporta la utilización de esta plataforma son los siguientes:

Facilita la interpretación de datos complejos
Proporciona una representación visual efectiva de datos complejos, facilitando la interpretación y comprensión de información estratégica.

Mejora la colaboración y comunicación
La interfaz interactiva y la capacidad de personalización fomentan la colaboración entre equipos al permitir la creación de paneles adaptados a las necesidades específicas de cada usuario o departamento.

Agiliza la toma de decisiones
Al ofrecer información actualizada en tiempo real y funciones interactivas, Pentaho Dashboard contribuye a agilizar el difícil proceso de toma de decisiones.

Integración holística en el ecosistema Pentaho
Al formar parte del ecosistema Pentaho, se integra de manera eficiente con otras herramientas, proporcionando una solución integral para las necesidades de BI.

 **RECUERDA**

Las funciones interactivas de Pentaho Dashboard proporcionan a los usuarios la posibilidad de explorar datos de manera muy intuitiva, sin necesidad de tener conocimientos técnicos. Esto incluye filtros dinámicos, herramientas de perforación *(drill-down/drill-through)* y capacidades de exploración de datos que son realmente útiles para las empresas, puesto que permiten hacer consultas profundizando en los detalles de los datos según sea necesario.

4. Instalación de Pentaho Dashboard

👉 HILO CONDUCTOR

Después de entender los fundamentos del *Business Intelligence* y seleccionar Pentaho como su herramienta de análisis de datos, Marta, Carlos, Ana y Luis se enfrentaron al desafío de instalar y configurar Pentaho Dashboard. Con la ayuda de tutoriales y recursos en línea, el equipo logró implementar con éxito esta poderosa herramienta en su entorno de desarrollo. Estaban ilusionados por las posibilidades que abren ante ellos. Ya están listos para comenzar a crear paneles personalizados e impulsar su proyecto de realidad virtual.

- -

El servidor de *Business Intelligence* de Pentaho o *Pentaho Data Integration*, es una aplicación desarrollada en el lenguaje de programación Java2EE. Es capaz de ayudar a administrar todos los recursos de la inteligencia empresarial.

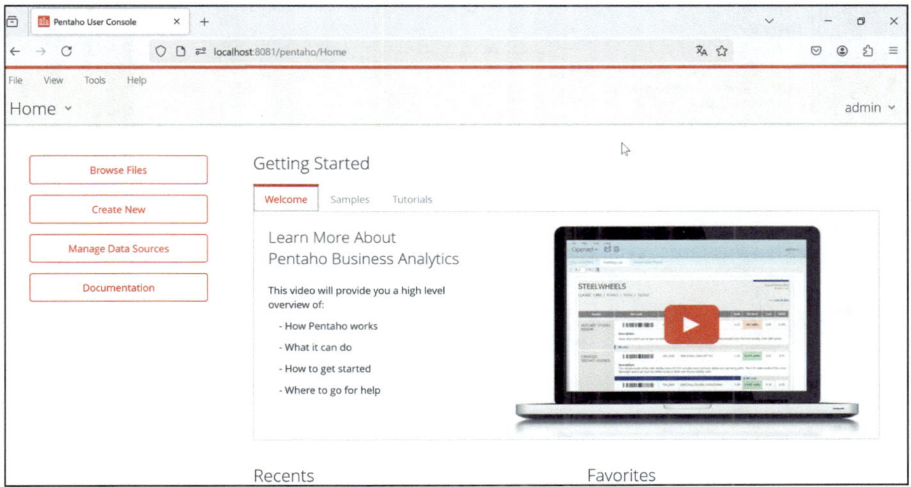

Ofrece una interfaz de usuario donde es posible encontrar todos los informes, vistas OLAP y paneles de control de la empresa.

4.1. Pentaho Community Edition

En la actualidad, tanto si tu sistema operativo es *Windows, Mac* o *Linux* puedes descargar escaneando el siguiente QR, la *suite* **Pentaho Developer Edition**. Este es el sitio oficial de la Comunidad de Hitachi Vantara empresa responsable del desarrollo de Pentaho.

https://redirectoronline.com/ifcd990400

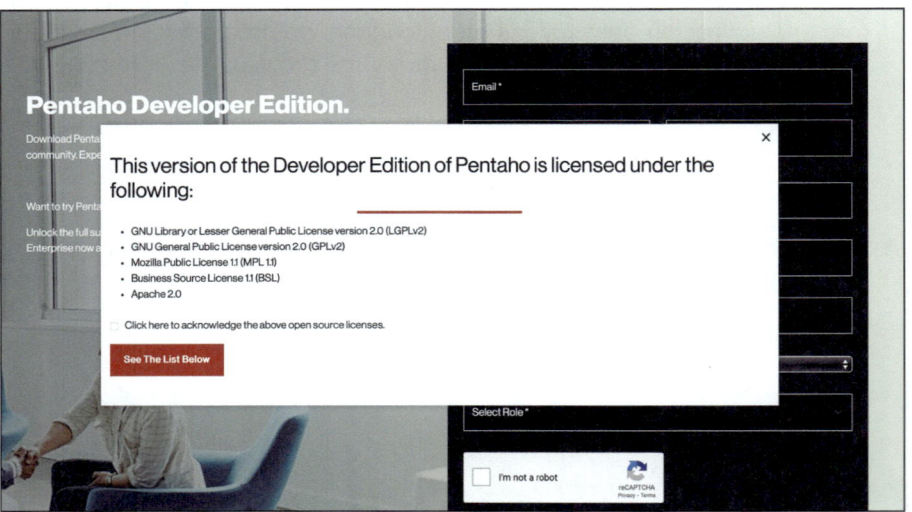

Listado de licencias Open Source bajo las que se desarrolla Pentaho Developer Edition. Fuente: Hitachi Vantara.

Una vez has procedido a pulsar el botón de descarga, podrás encontrar todas las herramientas de la *suite* disponibles para su descarga en la página. Solo necesitas desplazarte hacia abajo para visualizarlas y pulsar en **Descargar** en aquella que te interese. Si te fijas bien, en el cuadro superior de la pantalla te aparecerá la última versión de Pentaho, aunque puedes desplegar la pestaña y acceder a versiones anteriores.

Client Tools

pad-ce-10.2.0.0-222.zip	Pentaho Aggregation Designer	Download →
pdi-ce-10.2.0.0-222-hadoop-addon.zip	Pentaho Data Integration Hadoop addon assembly -contains features built on OSGi. For example big data driver)	Download →
pdi-ce-10.2.0.0-222.zip	Pentaho Data Integration (Base Install)	Download →
pentaho-big-data-plugin-10.2.0.0-222.zip	Pentaho Big data plugin to support Hadoop drivers	Download →
pme-ce-10.2.0.0-222-hadoop-addon.zip	Pentaho Metadata Editor Hadoop addon (support hive/impala connectivity as a datasource)	Download →
pme-ce-10.2.0.0-222.zip	Pentaho Metadata Editor (Base Install)	Download →
prd-ce-10.2.0.0-222-hadoop-addon.zip	Pentaho Report Designer Hadoop addon (support hive/impala connectivity as a datasource)	Download →
prd-ce-10.2.0.0-222.zip	Pentaho Report Designer (Base Install)	Download →
psw-ce-10.2.0.0-222.zip	Pentaho Schema Workbench	Download →

Other Tools

pre-classic-sdk-10.2.0.0-222.zip	Pentaho Reporting Engine Software Development Kit	Download →

Server

pentaho-server-ce-10.2.0.0-222.zip	Pentaho Server archive install assembly	Download →
pentaho-server-manual-ce-10.2.0.0-222.zip	Pentaho Server manual install assembly	Download →

Plugins

kettle-sdk-plugin-assembly-10.2.0.0-222.zip	Pentaho Data Integration Software Development Kit	Download →

Ventana de descarga de herramientas Pentaho. Fuente: Hitachi Vantara.

Durante el proceso de instalación puedes elegir los elementos que deseas incluir en tu sistema o dejar que la aplicación instale todas. Entre las opciones disponibles se encuentran:

> *Pentaho Server*

> *Reporting Design Tools*

> *Analysis Design Tools*

> *Dashboard Designer*

> *Data Integration (ETL)*

> *Analyzer*

> *Interactive Reporting*

En este punto, selecciona aquellos componentes que quieras utilizar y continúa con el proceso de instalación. Dependiendo de las herramientas que hayas seleccionado, es posible que necesites configurar una base de datos para almacenar los metadatos y ajustes necesarios. Debido a ello, tendrás que seguir las indicaciones que te aparecen en la pantalla para completar esta configuración.

NOTA

No olvides que, tras la descarga, debes ejecutar el instalador y seguir las instrucciones que proporciona el asistente de instalaciones. Esto incluye también la aceptación de los términos de licencia. Una vez que hayas realizado este paso, la plataforma de Pentaho ya está lista para funcionar.

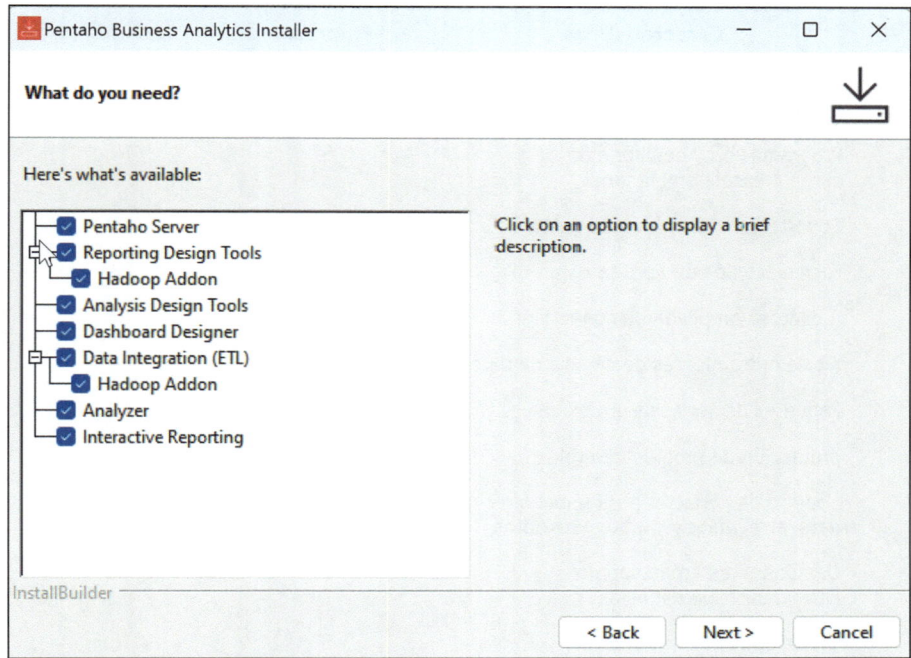

Selección de componentes en la instalación de Pentaho

4.2. Pentaho Enterprise Edition

Igualmente, puedes acceder a la versión de prueba de **Pentaho** *Enterprise* **Edition** escaneando el siguiente QR, mucho más completa que la que ofrece la versión de Pentaho *Developer Edition* y disfrutarla durante 30 días.

https://redirectoronline.com/ifcd990416

Características	Empresa Pentaho	Comunidad Pentaho
Desarrollo de tuberías sin código	Sí	Sí
Programación y equilibrio de carga a escala empresarial	Sí	No
Soporte de transmisión de datos	Sí	No
Fácil ejecución de Kettle to Spark	Sí	No
Biblioteca ampliada de conectores	Sí	No
Kit de herramientas de ciencia de datos	Sí	No
Paquetes de servicios profesionales	Sí	No
protección de propiedad intelectual	Sí	No
Soporte de conector para nube, *big data, streaming* y catálogo de datos	Sí	No
Componentes empresariales para análisis de negocios	Sí	No
Capacidades de informes	Sí	No
Consola de usuario Pentaho	Sí	Sí
Soporte de contenedores e hiperescalador	Sí	No
Inyección de metadatos a escala	Sí	Sí
Metaeditor completo	Sí	No
Asistente de fuente de datos	Sí	Sí
Banco de trabajo de esquemas	Sí	Sí
Estándar de cifrado avanzado (AES)	Sí	No
Opciones de soporte técnico	Disponibilidad 24/7, arquitecto asignado, tutoría	Foros, comunidad, vídeos instructivos
Calendario de lanzamiento	Lanzamientos principales, seguridad y parches mensuales	Solo lanzamientos importantes

Diferencias entre Pentaho Enterprise Edition y Pentaho Developer Edition. Fuente: Hitachi Vantara.

 **RECUERDA**

La edición comunitaria de Pentaho es una variante de *software* libre que cuenta con las funciones centrales de la plataforma, permitiéndose explorar sus capacidades básicas. Te brinda la posibilidad de realizar operaciones básicas de extracción, transformación y carga (ETL) con conjuntos de datos limitados.

5. Creación de paneles - Arquitectura Ctools

HILO CONDUCTOR

Una vez completada la instalación de Pentaho Dashboard, Marta, Carlos, Ana y Luis se sumergieron en la creación de paneles utilizando la arquitectura Ctools. Con Eclipse como su plataforma de desarrollo, el equipo exploró las capacidades de Ctools para diseñar paneles interactivos y visualizaciones de datos dinámicas. Con cada componente agregado al panel, el grupo de emprendedores se acerca más a su objetivo: proporcionar una experiencia inmersiva y personalizada en su aplicación de realidad virtual.

Los **paneles en Pentaho Dashboard,** utilizando la **arquitectura Ctools,** permiten a los usuarios crear visualizaciones interactivas y personalizadas para analizar datos para la toma de decisiones estratégicas.

5.1. Arquitectura Ctools

La arquitectura Ctools proporciona un conjunto de herramientas flexibles y potentes que facilitan la creación de paneles altamente personalizables en Pentaho. En este contexto, es importante comprender los **conceptos clave,** los **pasos para crear paneles** y **cómo utilizar las diversas funcionalidades disponibles:**

1. **Arquitectura Ctools.** La arquitectura Ctools en Pentaho Dashboard hace referencia al conjunto de herramientas de código abierto que incluyen CDE *(Community Dashboard Editor),* CDF *(Change Data Feed),*

CDA *(Community Data Access)*, CCC *(Community Chart Components)*, entre otros recursos. Estas herramientas permiten la creación de paneles totalmente personalizables y dinámicos en Pentaho.

2. **Pentaho Dashboard.** Es una herramienta de visualización de datos que permite a los usuarios crear paneles interactivos y personalizados para analizar y presentar datos de forma más eficiente.

3. **Componentes de panel.** Los componentes del panel son los elementos individuales que componen un panel en Pentaho Dashboard. Los paneles suelen incluir elementos para propocionar una vista completa de los datos. Estos elementos son los gráficos, las tablas, filtros, indicadores de rendimiento clave (KPIs), mapas, etc.

Una vez que has instalado Pentaho en tu sistema, es momento de aprender cómo conectarlo a tus fuentes de datos para comenzar a trabajar con la información que necesitas analizar. Pentaho ofrece varias opciones para conectarse a diferentes fuentes de datos como, por ejemplo, bases de datos SQL, archivos CSV y fuentes en la nube.

Veamos a continuación cómo debe hacerse en cada caso:

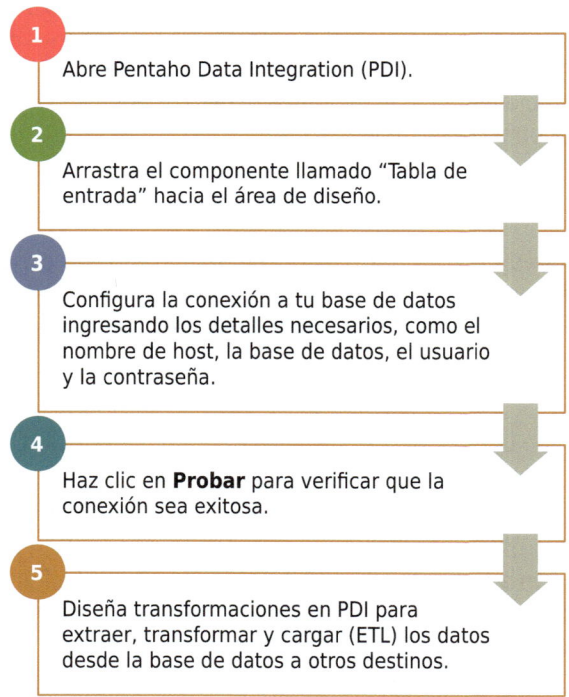

1 Abre Pentaho Data Integration (PDI).

2 Arrastra el componente llamado "Tabla de entrada" hacia el área de diseño.

3 Configura la conexión a tu base de datos ingresando los detalles necesarios, como el nombre de host, la base de datos, el usuario y la contraseña.

4 Haz clic en **Probar** para verificar que la conexión sea exitosa.

5 Diseña transformaciones en PDI para extraer, transformar y cargar (ETL) los datos desde la base de datos a otros destinos.

Ya sabes cómo llevar a cabo en Pentaho la conexión a bases de datos SQL.

A continuación, puedes averiguar cómo es el proceso de importación de datos desde archivos CSV:

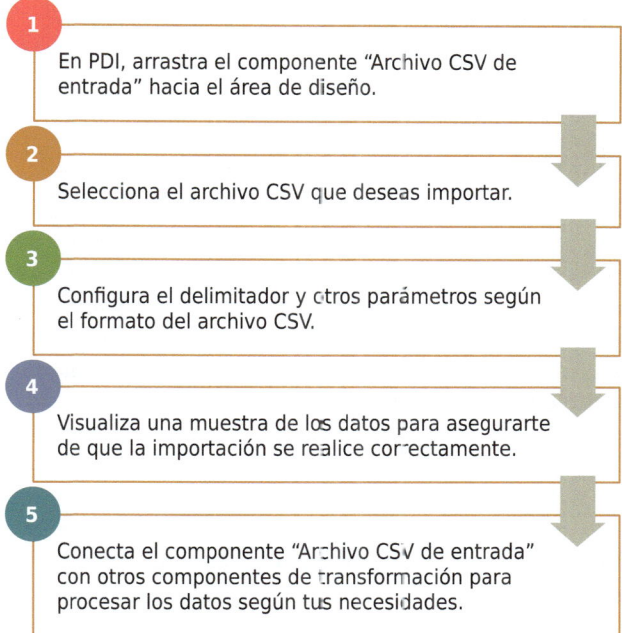

1 En PDI, arrastra el componente "Archivo CSV de entrada" hacia el área de diseño.

2 Selecciona el archivo CSV que deseas importar.

3 Configura el delimitador y otros parámetros según el formato del archivo CSV.

4 Visualiza una muestra de los datos para asegurarte de que la importación se realice correctamente.

5 Conecta el componente "Archivo CSV de entrada" con otros componentes de transformación para procesar los datos según tus necesidades.

También es posible que necesites integrar Pentaho Data Integration (PDI) con fuentes de datos alojadas en la nube. Si es así, presta atención a continuación a la solución que te ofrece esta *suite:*

⮑ **Integración con fuentes de datos en la nube.** Pentaho ofrece conectores y plugins para integrarse con fuentes de datos en la nube como, por ejemplo, AWS, GCP o Azure. Consulta la documentación del conector que desees utilizar y proporciona las credenciales necesarias para establecer la conexión segura con tus servicios basados en la nube.

PDI, también conocido como **Kettle,** es una herramienta poderosa para la transformación y el procesamiento de datos.

Para crear una transformación de datos en PDI sigue los pasos que se describen a continuación:

1. Abre PDI y crea un nuevo archivo de transformación.
2. Arrastra los componentes para definir las etapas de tu transformación, como la extracción de datos, las transformaciones y la carga en el destino.

3. Configura cada componente según tus necesidades, utilizando transformaciones, filtros, búsquedas y otras operaciones para manipular los datos.
4. Ejecuta la transformación y verifica los resultados para asegurarte de que los datos sean procesados correctamente.

 SABÍAS QUE...

Kettle es una plataforma de integración de datos que permite realizar tareas de ETL, es decir, extraer datos de diversas fuentes, transformarlos según sea necesario y cargarlos en una base o almacén de datos para su posterior análisis. Esta herramienta ofrece una interfaz gráfica intuitiva que permite a los usuarios diseñar y ejecutar flujos de trabajo para manejar grandes volúmenes de datos de manera eficiente.

5.2. Instalar y usar Kettel *(Pentaho Data Integration)* utilizando *Google Sheets*

A continuación, vas a aprender a instalar y usar Kettel *(Pentaho Data Integration)* utilizando un *plugin* que te permitirá obtener y grabar datos de una hoja de cálculo. Se trata de *Google Sheets*.

Para proceder, sigue cada uno de los pasos que se indican a continuación:

⊃ **Paso 1.** Abre PDI y selecciona **Tools → Marketplace** tal como se muestra en la imagen.

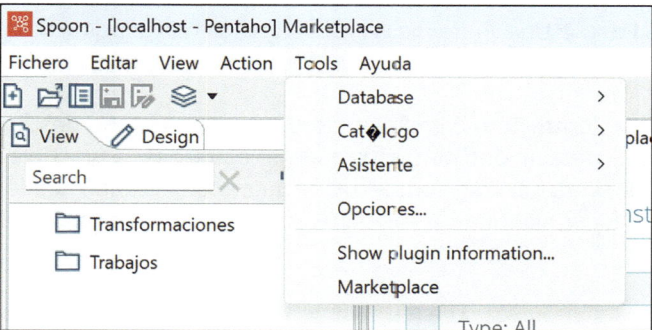

➲ **Paso 2.** Dirígete a *Google Sheets* e instala el plugin *Pentaho Google Sheets Plugin.*

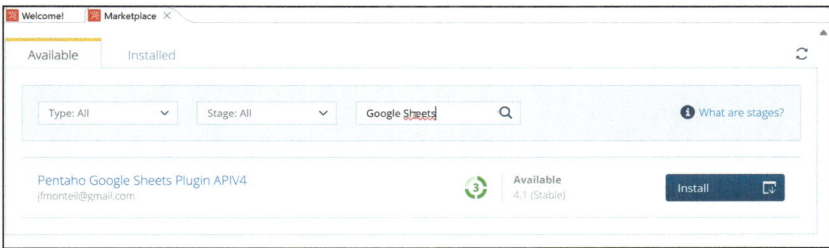

Una vez instalado, observarás que se abre una ventana en la que deberás pulsar **OK.**

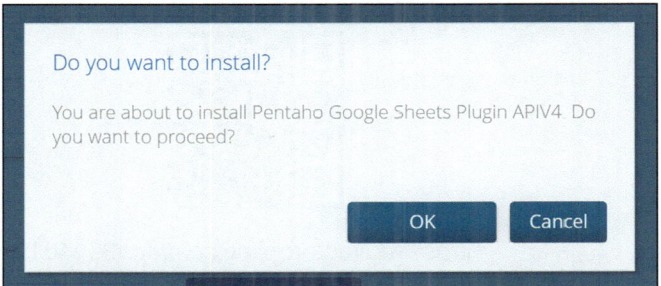

➲ **Paso 3.** Una vez instalado, deberás reiniciar el programa para que recoja los cambios efectuados.

⮞ **Paso 4.** Una vez reiniciado el sistema se han añadido dos nuevos pasos al programa relacionados con *Google Sheets* (Hoja de cálculos de *Google*):

◐ **Input.** Transformación de datos con Pentaho desde *Google Sheets:* permite que podamos obtener datos desde una hoja de cálculos.

◐ **Output.** Transformación de datos con Pentaho desde *Google Sheets:* permite guardar los datos en una hoja de cálculos.

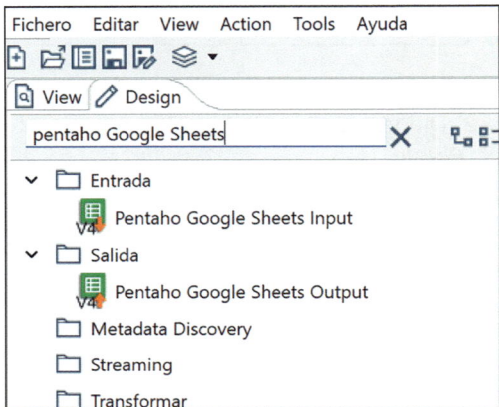

Una vez realizados los pasos previos, ya es posible configurar *Google Cloud,* para ello, sigue estas instrucciones:

⮞ **Paso 1.** Dirígete al sitio de administración IAM (Gestión de Identidades y Accesos) que encontrarás escaneando el siguiente QR:

https://redirectoronline.com/ifcd990401

La **Gestión de Identidades y Accesos (IAM) en** *Google Cloud* permite a los administradores controlar quién tiene permiso para acceder a qué recursos. Esto significa que pueden decidir quiénes pueden usar ciertos servicios y aplicaciones en la nube, lo que brinda un control completo sobre el acceso a los recursos de la empresa. IAM ofrece una visión centralizada de las políticas de seguridad en toda la organización. Esto es especialmente útil para empresas con una estructura organizativa compleja, varios equipos y muchos proyectos en marcha. Debe saberse que proporciona funciones de auditoría para facilitar el cumplimiento de las normativas de seguridad y privacidad.

➲ **Paso 2.** Añade tu nuevo proyecto:

Haz clic donde señala la imagen, después tendrás que darle nombre a tu proyecto y pulsar **Crear Proyecto.** Como ejemplo, puedes poner de nombre PDI-Google-Sheets.

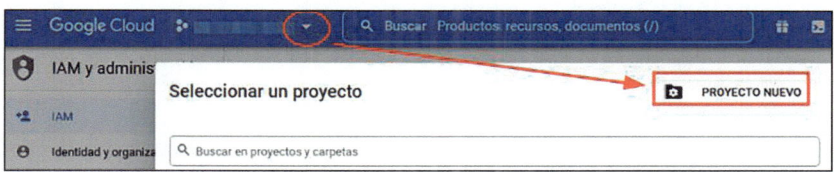

➲ **Paso 3.** Selecciona el proyecto:

➲ **Paso 4.** Ahora, en el **panel IAM y administración,** tienes que pulsar en **Crear cuenta de servicio** a fin de poder representar una identidad de servicio en la plataforma de *Google Cloud.* Estas cuentas se utilizan para acceder a los recursos y servicios de *Google Cloud* de manera programática, en lugar de hacerlo mediante una cuenta de usuario tradicional. Las cuentas de servicio son útiles en entornos donde se necesitan procesos automatizados o aplicaciones para interactuar con los servicios en la nube de *Google,* ya que proporcionan una identidad segura y controlada para estas interacciones. Al crear una cuenta de servicio se generan credenciales especiales que se pueden utilizar para autenticar las solicitudes de acceso a los recursos de *Google Cloud.*

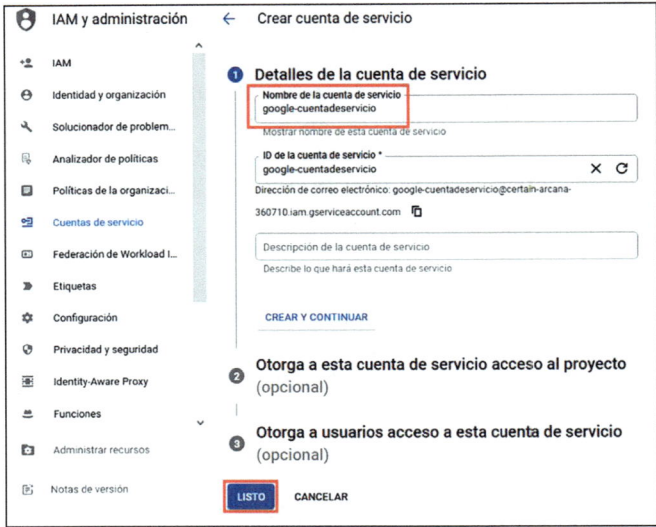

⊃ **Paso 5.** Para continuar, solo debes asignar un nombre, por ejemplo, puedes utilizar el nombre **google-cuentadeservicio** para luego hacer clic en **Crear y continuar.**
A partir de aquí se creará una cuenta de servicio de correo electrónico (google-cuentadeservicio), donde aún no existe ID de clave. Este será el siguiente paso. Esta cuenta de correo la utilizarás con posterioridad.

⊃ **Paso 6.** Para crear la clave deberás pulsar encima del correo electrónico, ahí conseguirás ver ciertos detalles como **Agregar Clave.**

⊃ **Paso 7.** Es el momento de crear una clave privada, por lo tanto, toca seleccionar el tipo de clave JSON. Con ello, podrás descargar la clave privada contenida el archivo. Pulsar en **Crear** para que pueda ser descargado dicho archivo.

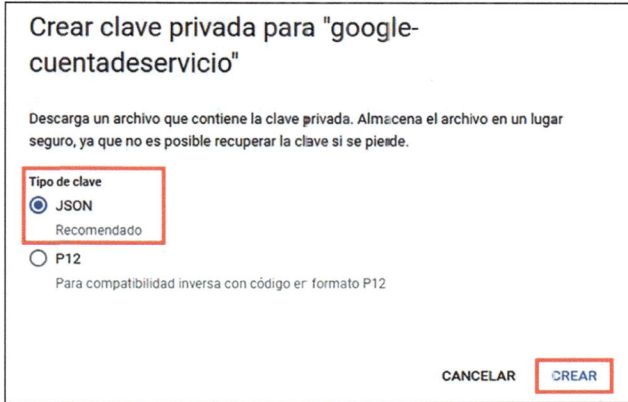

⮕ **Paso 8.** Una vez tengas acceso al archivo .json deberás renombrarlo, utiliza el nombre client-secret.json y, seguidamente, guárdalo en el disco: **C:\Users\<user>\.kettle\client_secret.json**

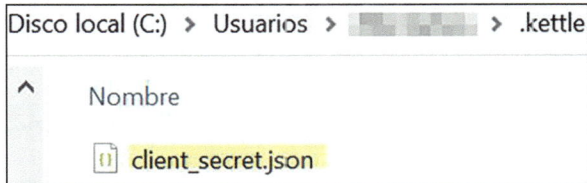

⮕ **Paso 9.** Ahora escanea el siguiente QR:

https://redirectoronline.com/ifcd990417

Ahí podrás habilitar *Google Sheets API* con el fin de acceder y manipular datos en hojas de cálculo de *Google Sheets* de manera programática. Esto significa que las aplicaciones pueden leer, escribir y modificar datos en hojas de cálculo de *Google Sheets* utilizando la API. Por ejemplo, una aplicación puede automatizar la actualización de datos en una hoja de cálculo o extraer información específica para su posterior procesamiento. Al habilitar la API, se otorgan permisos a la aplicación para interactuar con las hojas de cálculo de *Google Sheets* de manera segura y controlada.

● **Paso 10.** Posteriormente, escanea el siguiente QR para habilitar *Google Drive API*:

https://redirectoronline.com/ifcd990402

Habilitar *Google Drive API* permite a las aplicaciones acceder y manipular archivos almacenados en *Google Drive* de forma programática. O lo que es lo mismo, permite que las aplicaciones pueden crear, leer, modificar y eliminar archivos en *Google Drive* utilizando esta API. Al habilitar la API se otorgan permisos a la aplicación para interactuar con los archivos y carpetas en Google Drive de forma segura y con control. Esto es útil para automatizar tareas relacionadas con el almacenamiento y la gestión de archivos, como la creación de copias de seguridad automáticas, la sincronización de datos o la generación de informes basados en archivos almacenados en *Google Drive*.

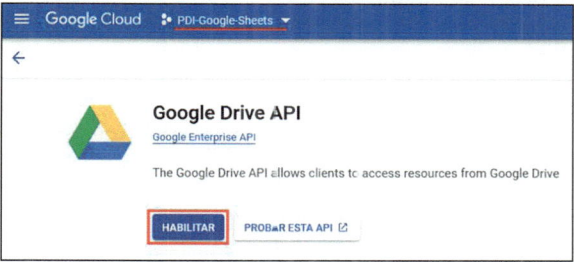

Este paso es necesario específicamente para realizar el paso "Pentaho Google Sheets Output" porque este componente de *Pentaho Data Integration* (PDI) está diseñado para interactuar directamente con *Google Sheets API*. Para que el componente pueda acceder y manipular las hojas de cálculo en *Google Sheets* necesita tener la autorización adecuada en nombre del usuario o del servicio que lo está ejecutando. Habilitar la *Google Sheets API* y crear las credenciales de autenticación correspondientes proporciona esta autorización y permite que el paso "Pentaho Google Sheets Output" funcione correctamente. Sin esta autorización, el componente no podrá conectarse ni interactuar con *Google Sheets* de manera segura y controlada.

➲ **Paso 11.** Una vez realizado el paso 10, avanza abriendo la hoja de cálculo a través de la cual pretendes obtener los datos. Es decir, llevarás a cabo el proceso Input: transformación de datos con Pentaho desde *Google Sheets*. Luego, pulsa en **Compartir** y añade la dirección de correo electrónico que obtuviste en pasos anteriores.

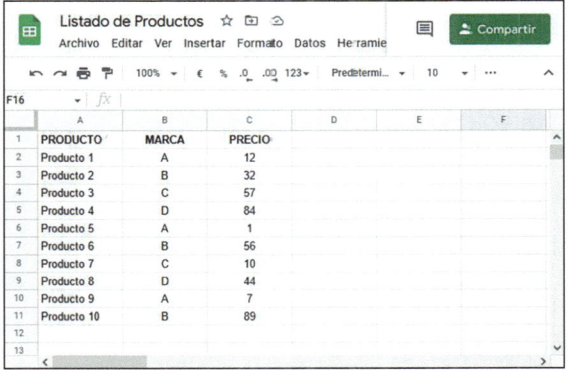

⊃ **Paso 12.** Crea una nueva transformación de datos para añadir el paso señalado Input.

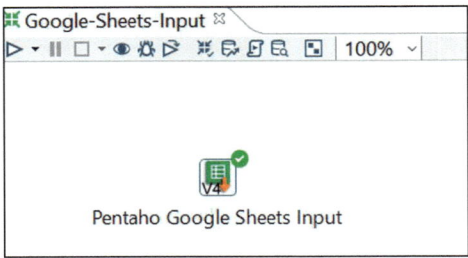

⊃ **Paso 13.** Para hacer la configuración de Pentaho Google Sheets Input utiliza este atajo:
${user.home}/.kettle/client_secret.json

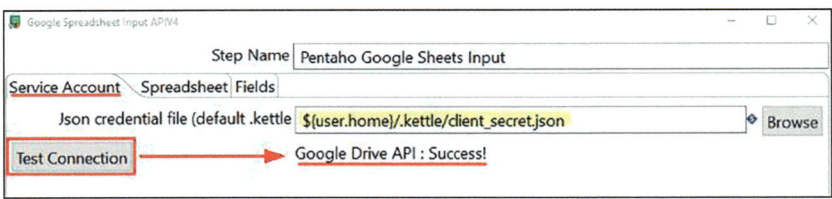

Si pulsas "Spreadsheet" → **"Spreadsheet Key"** podrás obtener la URL de la hoja de cálculo:

◔ Ejemplo:

"https://docs.google.com/spreadsheets/d/<Spreadsheet Key>/ edit#gid=0".

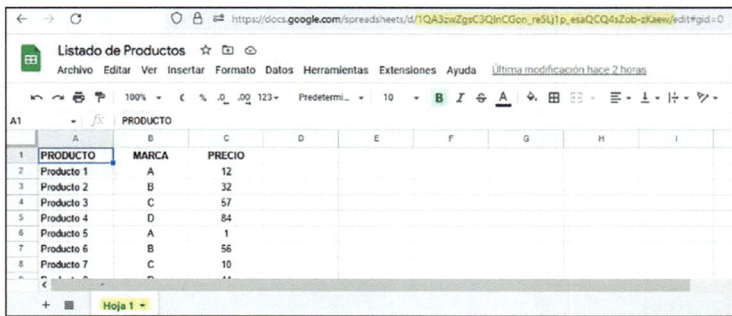

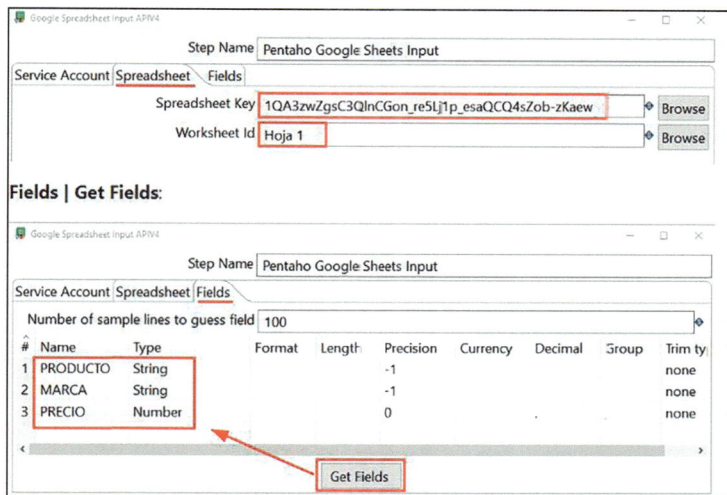

➲ **Paso 14.** No debes olvidar pulsar **Get Fields** para que se produzcan los cambios. Después hay que proceder a ejecutar el proceso de transformación para comprobar el resultado.

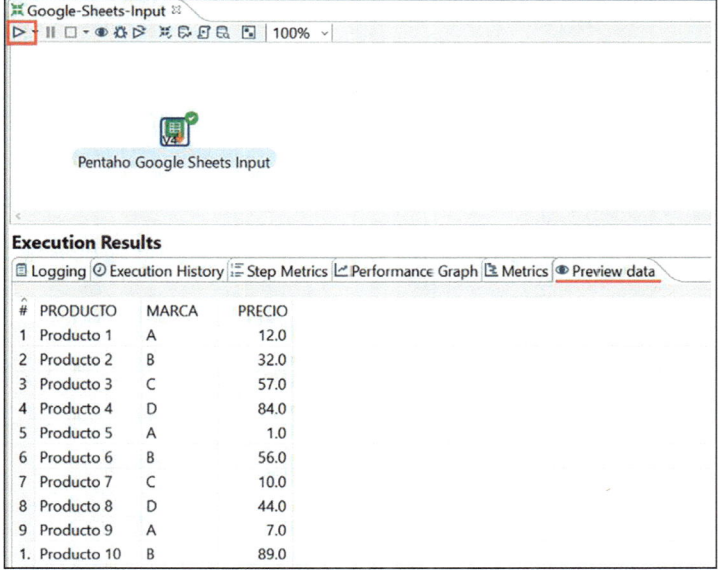

⊃ **Paso 15.** Ahora avanzarás con el proceso Output: transformación de datos con Pentaho desde *Google Sheets.* Esto permitía guardar los datos en una hoja de cálculos.

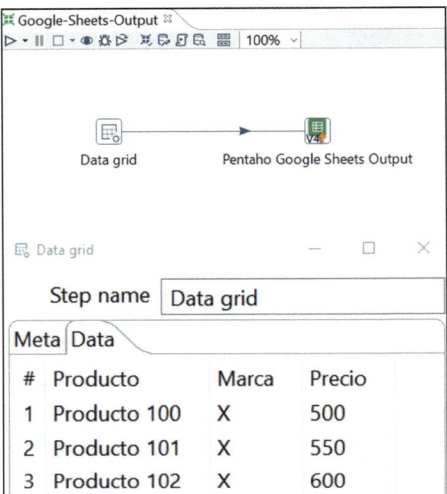

⊃ **Paso 16.** Ahora toca configurar el paso Pentaho Google Sheets Output. Utiliza el ejemplo para realizarlo:
Pulsa "Service Account" → "Json credential file y obtendrás $\${user.home}$/.kettle/client_secret.json. Además, si pulsas la pestaña "Spreadsheet", y luego "Spreadsheet Key" conseguirás la URL de la hoja de cálculo:

◑ Ejemplo:

"https://docs.google.com/spreadsheets/d/<Spreadsheet Key>/edit#gid=0".

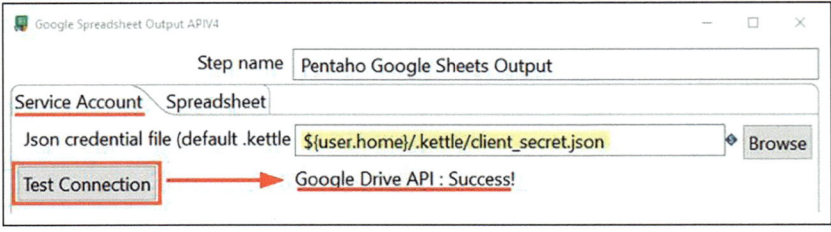

Pulsa "Spreadsheet" → "Spreadsheet Key" para habilitar que tus datos sean añadidos al final de tu lista de lo contrario, conseguirás que se reemplacen esos nuevos datos en toda la hoja.

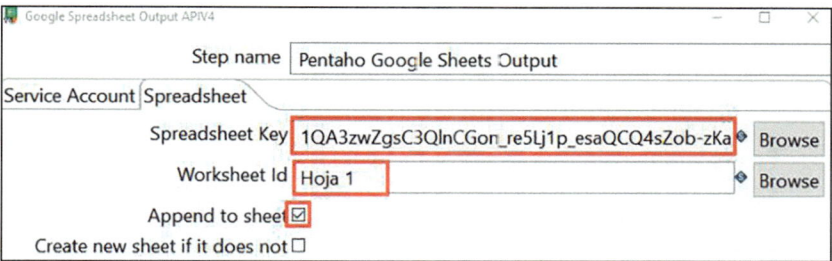

 **NOTA**

Si se muestra un texto en el que se indica que la nueva hoja no existe, eso significa que el funcionamiento es incorrecto, por lo que es un buen indicador de que la hoja debe crearse previamente con esos datos almacenados.

- -

➲ **Paso 17.** Para terminar, solo falta llevar a cabo la ejecución de la transformación y visualizar el resultado.

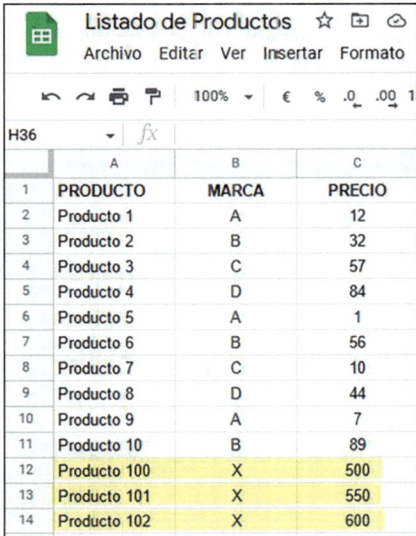

Acabas de aprender a instalar y usar Kettel *(Pentaho Data Integration)* utilizando *un plugin* que te permitirá importar y exportar datos de una hoja de cálculo.

TAREA 6

En una empresa de análisis de datos llamada DataInsight, el equipo de BI está trabajando en la creación de un panel de control para visualizar métricas clave de ventas y rendimiento de *marketing*. Se decide utilizar Pentaho como plataforma para desarrollar este panel, ya que ofrece flexibilidad y capacidades avanzadas de visualización de datos.

Para incorporar datos actualizados de ventas y *marketing* en tiempo real, el equipo emplea una hoja de cálculo de *Google Sheets* como fuente de datos. Esto les permite a los diferentes departamentos de la empresa actualizar y mantener fácilmente los datos relevantes en la hoja de cálculo compartida.

En base a ello, indica de forma concreta cuál sería el proceso para incorporar los datos de *Google Sheets* en Pentaho utilizando Kettle como herramienta de integración de datos de Pentaho.

5.3. Creación de paneles en Pentaho Dashboard y funcionalidades

La creación de paneles en Pentaho Dashboard es un proceso fundamental para poder visualizar y analizar datos de manera más avanzada en entornos empresariales.

Estos paneles proporcionan una interfaz y personalizable que permite a cualquier usuario autorizado acceder y comprender rápidamente la información clave de la empresa, necesaria para la toma de decisiones estratégicas. Por ello es tan importante comprender los pasos básicos para crear paneles en Pentaho Dashboard, ya que garantiza la creación de visualizaciones de forma clara y precisa para cubrir las necesidades específicas de cada organización.

 **EJEMPLO**

Supón que queremos crear un panel de análisis de ventas para una empresa minorista. Utilizando la arquitectura Ctools en Pentaho Dashboard, podemos crear un panel que incluya gráficos de barras para mostrar las ventas por producto, una tabla que detalle las ventas por región y un filtro interactivo para seleccionar el periodo de tiempo de análisis.

El tablero CDE *(community dashboard editor)* en Pentaho sirve para diseñar y crear paneles de control interactivos y personalizables. Estos paneles de control permiten visualizar datos de manera dinámica y comprensible, facilitando la toma de decisiones basadas en datos de valor. Con el tablero CDE, los usuarios pueden agregar una variedad de componentes, como son los gráficos, tablas, indicadores clave de rendimiento (KPI), mapas y mucho más, para representar visualmente los datos de interés.

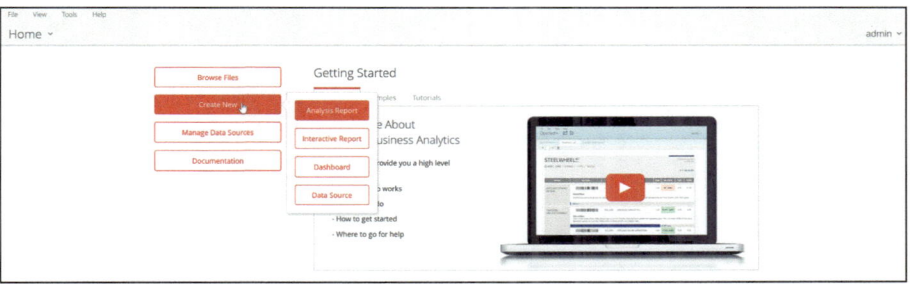

El tablero CDE ofrece la flexibilidad de ajustar el diseño y el formato de acuerdo con las necesidades específicas de cada usuario o equipo, por lo que es una herramienta de gran valor para la creación de paneles de control personalizados que ayudan a analizar y entender mejor los datos empresariales.

Para acceder al tablero CDE, desde la interfaz de usuario de Pentaho, busca la opción que te permita crear o editar paneles de control, y allí podrás acceder al tablero CDE. Si no lo encuentras de inmediato es posible que necesites instalar o habilitar esta herramienta desde la configuración de Pentaho. En ese tablero puedes, además de crear el *dashboard,* hacer el diseño de la estructura, así como elegir los gráficos en función de las necesidades y llevar a cabo la configuración de consultas.

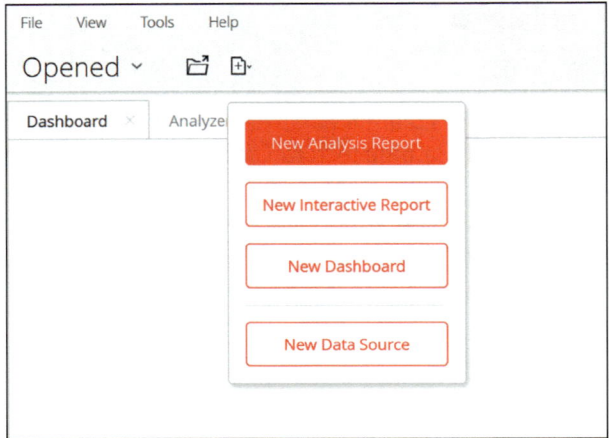

Menú de opciones para generar los informes del dashboard

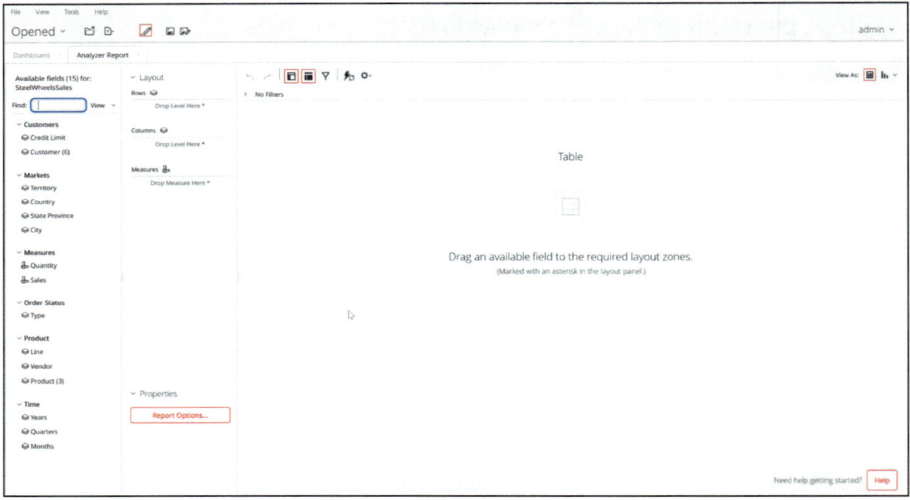

Panel de selección de datos para generar el dashboard. Fuente Pentaho.

Panel de selección de datos para generar los informes

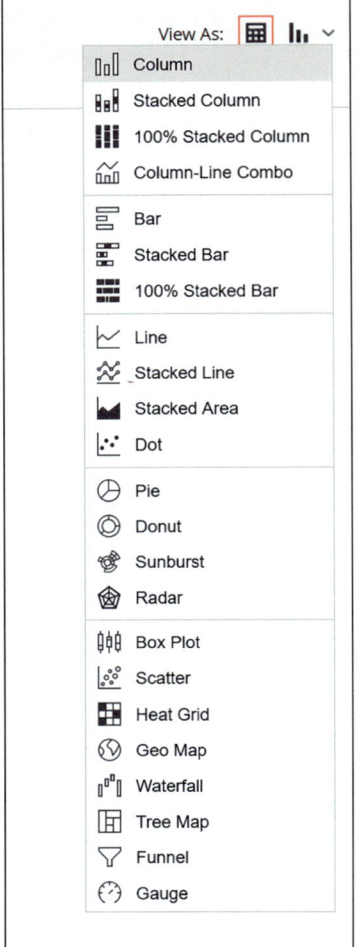

Distintos tipos de gráficos ofrecidos por Pentaho Dashboard para representar los datos.

Los pasos principales para crear paneles en Pentaho Dashboard, que van desde la configuración inicial, hasta la implementación de funcionalidades avanzadas, son los siguientes:

Configuración del entorno
Asegúrate de tener instalada la *suite* Pentaho y tener configurada correctamente esta herramienta para utilizar la arquitectura Ctools.

Continúa en página siguiente >>

<< *Viene de página anterior*

Creación de un nuevo panel
Utiliza el CDE *(community dashboard editor)* para crear un nuevo panel. Define el diseño del panel y añade los componentes necesarios, como gráficos y tablas.

Configuración de fuentes de datos
Utiliza el CDA *(community data access)* para configurar las fuentes de datos que alimentarán los componentes del panel. Puedes conectarte a bases de datos, archivos CSV, servicios web, etc.

Diseño y personalización
Utiliza las opciones de diseño y personalización disponibles en el CDE para ajustar la apariencia y el comportamiento de los componentes del panel. Esto implica la configuración de colores, estilos, tamaños y comportamientos interactivos.

Implementación de funcionalidades avanzadas
Utiliza las funcionalidades avanzadas disponibles en la arquitectura Ctools, como la integración de **scripts JavaScript,** la creación de acciones dinámicas y la implementación de lógica personalizada para mejorar la funcionalidad del panel.

Si has observado bien, una vez que has preparado tus datos y los hayas transformado según tus necesidades, llega el momento de presentar la información de una manera dinámica y visualmente atractiva. Pentaho Report Designer es la herramienta perfecta para esta tarea, ya que te permite crear informes profesionales para destacar los elementos más relevantes de tus datos.

Con Pentaho Report Designer no tendrás problema en diseñar informes profesionales muy visuales que te ayudarán a comunicar eficazmente tus datos a las personas responsables en la toma de decisiones, así como a otras personas interesadas en el proyecto.

Para contextualizar lo aprendido sobre la creación de paneles en Pentaho Dashboard presta atención al siguiente ejemplo.

👁 **EJEMPLO**

Imagina que eres la gerente de ventas de una empresa de productos electrónicos y necesitas presentar un informe sobre el rendimiento de ventas del último trimestre a la junta directiva. Utilizando Pentaho Report Designer podrías crear un informe que incluya lo siguiente:

- Una tabla que muestre las ventas totales por categoría de productos (por ejemplo, teléfonos móviles, tabletas, ordenadores portátiles, etc.).
- Un gráfico de barras que compare las ventas del último trimestre con las del trimestre anterior para resaltar las tendencias de crecimiento o declive.
- Una sección de texto que destaque los productos más vendidos y los que tuvieron un rendimiento inferior durante el periodo.
- Gráficos circulares o de pastel que ilustren la distribución de ventas por región geográfica.
- Imágenes de productos o logotipos de la empresa para darle un toque visual adicional al informe.

Al utilizar Pentaho Report Designer puedes personalizar el diseño y el estilo de cada elemento del informe para que sea visualmente atractivo y fácil de entender. Esto te ayudará a comunicar eficazmente la información sobre el rendimiento de ventas a la junta directiva y a otras partes interesadas en el proyecto.

- -

6. Personalización de informes interactivos

👉 **HILO CONDUCTOR**

Impulsados por su pasión por la innovación y la excelencia, Marta y sus compañeros se dedicaron a personalizar informes interactivos dentro de su Pentaho Dashboard. Utilizando Java y Eclipse como herramientas principales, el equipo exploró formas de agregar interactividad y dinamismo a sus informes. Saben que esto les permitirá explorar datos de manera intuitiva y obtener información valiosa. Con cada elemento personalizado, el equipo se acercaba más a su visión de ofrecer una experiencia única en su aplicación de realidad virtual.

- -

En Pentaho es posible crear y personalizar informes interactivos gracias a muchas herramientas. Una de ellas es STDashboard de LinceBI.com. Esta herramienta, que es gratuita y de código abierto, puede ser añadida a la plataforma Pentaho o utilizada en tu propia aplicación. Para aprender cómo hacerlo y ver el resultado, puedes consultar el siguiente vídeo tutorial.

 VÍDEO

En este vídeo, disponible en el canal de *Youtube* de Stratebi, aprenderás cómo utilizar la herramienta STDashboard de LinceBI.com para personalizar y crear informes interactivos en la plataforma Pentaho. Recuerda que esta herramienta es gratuita y de código abierto. Podrás llevar tus presentaciones de datos al siguiente nivel.

https://redirectoronline.com/ifcd990403

7. Adaptación continua en un entorno cambiante de desarrollo de BI y análisis de datos

 HILO CONDUCTOR

Ya con paneles e informes interactivos, Marta, Carlos, Ana y Luis reconocen la importancia de la adaptación continua en un entorno cambiante de desarrollo de BI y análisis de datos. Adquieren el compromiso de mantenerse al tanto de las últimas tendencias y tecnologías en *Business Intelligence* para asegurar que su aplicación de realidad virtual pueda ser relevante para su mercado objetivo. Con un enfoque en el aprendizaje continuo y en la mejora iterativa, el equipo ya está listo para enfrentarse a cualquier desafío que se les presente en este emocionante viaje tecnológico que comenzó hace muy poco.

Adaptar los nuevos conocimientos sobre un proyecto de desarrollo de BI para el análisis y la exploración de datos, atendiendo a las actualizaciones de los lenguajes de desarrollo como, por ejemplo, las de Java, implica estar al tanto de las tendencias y avances en el campo de la tecnología y saber cómo aplicarlos eficazmente en el entorno cambiante de desarrollo de *software*.

Para conseguir estar en esta línea o corriente de adaptación se sugieren las siguientes estrategias:

- **Mantenerse actualizado.** Es fundamental seguir de cerca las actualizaciones y tendencias en los lenguajes de desarrollo y las herramientas de análisis de datos. Suscribirse a blogs, participar en comunidades en línea, asistir a conferencias y cursos de formación son formas de mantenerse actualizado. Por ejemplo, si estás trabajando en un proyecto de desarrollo de BI y notas que hay una nueva versión de tu lenguaje de programación preferido que incluye mejoras de rendimiento y nuevas características de sintaxis, podrías investigar cómo estas actualizaciones podrían beneficiar tu proyecto y considerar la posibilidad de implementarlas.
- **Experimentar con nuevos tecnologías.** No tengas miedo de experimentar con nuevas tecnologías y herramientas que puedan mejorar tu proceso de desarrollo y análisis de datos. Esto podría implicar probar nuevas bibliotecas, *frameworks* o plataformas de análisis de datos. Por ejemplo, si estás desarrollando un sistema de visualización de datos para tu proyecto de BI y notas que hay una nueva biblioteca de gráficos que ofrece una mejor renderización y más opciones de personalización, podrías experimentar con ella en un entorno de desarrollo controlado para evaluar su idoneidad para tu proyecto.
- **Participar en proyectos de código abierto.** Contribuir a proyectos de código abierto relacionados con el análisis de datos y el desarrollo de BI es una excelente manera de aprender sobre nuevas tecnologías y prácticas en un entorno colaborativo. Por ejemplo, si estás interesado en aprender sobre análisis de datos en tiempo real, podrías contribuir a un proyecto de código abierto que desarrolla herramientas de procesamiento de datos en tiempo real, como Apache Kafka o Apache Flink.
- **Buscar retroalimentación y aprender de otros.** No subestimes el valor de obtener retroalimentación de tus compañeros de equipo, colegas y la comunidad en general. Aprender de las experiencias y perspectivas de otros puede ayudarte a expandir tus conocimientos y mejorar tus habilidades. Por ejemplo, si estás trabajando en un proyecto de desarrollo de BI y te encuentras con un desafío técnico podrías buscar la opinión de tus colegas o publicar en un foro en línea para obtener ideas y soluciones alternativas.
- **Seguir con programas de formación.** La educación continua es clave para mantenerse al día en un entorno tecnológico en constante cambio.

Considera la posibilidad de realizar cursos en línea, obtener certificaciones relevantes o inscribirte en programas de capacitación profesional para mejorar tus habilidades y conocimientos. Por ejemplo, si estás interesado en aprender sobre técnicas avanzadas de análisis de datos, podrías inscribirte en un curso en línea que cubra temas como aprendizaje automático, el análisis predictivo o la minería de datos.

 CONSEJO

Adaptar los nuevos conocimientos y los análisis de datos sobre un proyecto de desarrollo de BI a un entorno cambiante requiere un esfuerzo continuo para estar al tanto de las últimas tendencias y avances tecnológicos, experimentar con nuevas herramientas y tecnologías, participar en proyectos de código abierto, buscar retroalimentación y continuar con una formación continua. Estas estrategias te ayudarán a mantener y desarrollar tus habilidades y adquirir conocimientos actualizados. Además, podrás ampliar tu perfil profesional en el campo del desarrollo de *software* y análisis de datos, profesiones en auge.

 TAREA 7

Una cadena de supermercados con múltiples sucursales se enfrenta a desafíos en la gestión de inventario. Experimenta problemas como exceso de *stock* en algunos productos, escasez en otros, y dificultades para anticipar la demanda en diferentes ubicaciones y temporadas.

El objetivo es:

Implementar un proyecto de desarrollo de BI y análisis de datos para optimizar la gestión de inventario y mejorar la eficiencia operativa en todas las sucursales de la cadena de supermercados.

El esfuerzo estaría orientado a:

1. Implementar un sistema para recopiar datos de ventas diarias, niveles de inventario, histórico de ventas, comentarios de clientes y datos geoespaciales (ubicación de tiendas y densidad demográfica).

Continúa en página siguiente >>

<< *Viene de página anterior*

2. Utilizar una plataforma de datos que pueda almacenar y procesar grandes volúmenes de datos estructurados, no estructurados, semiestructurados, en tiempo real, de series temporales y geoespaciales.
3. Analizar datos de ventas para identificar patrones de demanda, tendencias estacionales y variaciones geográficas. Utilizar análisis predictivos para anticipar la futura demanda de productos en cada ubicación. Analizar comentarios de clientes para identificar tendencias, preferencias y áreas de mejora en el surtido de productos y servicios. Integrar datos geoespaciales para optimizar la distribución de inventario según la ubicación de las tiendas y la densidad demográfica de las áreas circundantes.
4. Crear paneles de control interactivos y visualizaciones de datos que permitan a los o las gerentes de tienda y al equipo de gestión visualizar fácilmente los indicadores clave de rendimiento (KPIs), tendencias de ventas, niveles de inventario y comentarios de la clientela.

En base a ello, identifica y explica los beneficios de implementar un proyecto de desarrollo BI, para el análisis y la explotación de datos.

- -

8. Resumen

Una plataforma de datos proporciona el marco necesario para que las organizaciones gestionen sus datos de forma efectiva, desde su adquisición hasta su análisis, con el objetivo final de generar información valiosa para impulsar la toma de decisiones estratégicas.

Los datos gestionados en una plataforma de datos pueden clasificarse en:

Datos estructurados

Datos no estructurados

Datos semiestructurados

Datos en tiempo real

Continúa en página siguiente >>

<< Viene de página anterior

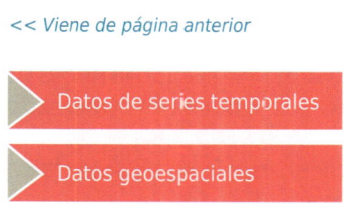

A lo largo del contenido se han abordado los aspectos clave relacionados con el uso de Pentaho en el ámbito del *Business Intelligence* (BI). Se ha comenzado destacando la importancia del BI en la toma de decisiones estratégicas basadas en datos y se ha explorado cómo Pentaho facilita este proceso.

La *suite* de Pentaho, es una plataforma de datos que proporciona el marco necesario para que las organizaciones gestionen con eficacia sus datos. El objetivo es transformar los datos en información valiosa que permita dar impulso a las organizaciones, ganando así competitividad y tiempo de reacción en la toma de decisiones estratégicas. Pentaho consigue transformar los datos en información de valor de la siguiente manera:

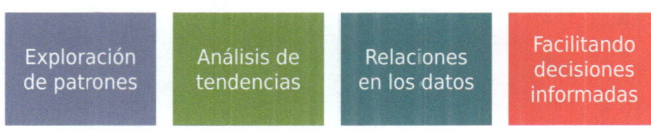

Pentaho Dashboard es una herramienta fundamental en el ecosistema Pentaho. Con esta herramienta es posible la creación de paneles utilizando la arquitectura Ctools, con énfasis en la integración de *Pentaho Data Integration (Kettle)* y *Google Sheets* para la generación de informes interactivos.

Algunos beneficios que aporta la utilización de esta plataforma son:

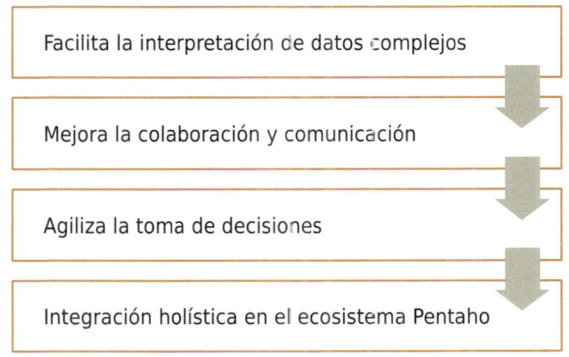

Es importante la adaptación continua en un entorno en constante evolución de BI y análisis de datos, enfatizando la necesidad de ajustarse a las tendencias tecnológicas y a los cambios en el mercado empresarial.

Para conseguir estar en esta línea o corriente de adaptación se sugieren las siguientes estrategias:

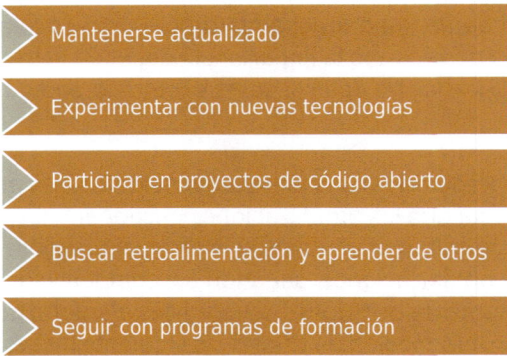

Mantenerse actualizado

Experimentar con nuevas tecnologías

Participar en proyectos de código abierto

Buscar retroalimentación y aprender de otros

Seguir con programas de formación

Ejercicios de autoevaluación
Unidad de Aprendizaje 4

1. Indica si las siguientes afirmaciones son verdaderas o falsas:

a. No es lo mismo *Business Intelligence* que la inteligencia de negocios o la inteligencia empresarial:

- ■ Verdadero
- ■ Falso

b. Al conjunto de procesos, tecnologías y herramientas que transforman datos brutos en información significativa, recibe el nombre de *Business Intelligence*.

- ■ Verdadero
- ■ Falso

c. La tecnología BI facilita a las empresas la toma de decisiones estratégicas.

- ■ Verdadero
- ■ Falso

2. ¿Quién popularizó el término *Business Intelligence?*

a. Steve Jobs
b. Bill Gates
c. Hans Peter Luhn
d. Larry Page

3. ¿Cuál es el objetivo principal de *Business Intelligence?*

a. Incrementar los costes operativos del negocio para ser más productivo.
b. Aumentar lentamente la eficiencia operativa de la empresa.
c. Convertir los datos en conocimiento.
d. Minimizar la identificación de oportunidades de mercado para no complicar procesos.

4. ¿Cuál es el propósito principal del *Business Intelligence* en el actual entorno empresarial?

    a. Simplificar la gestión de datos.
    b. Transformar datos en herramientas estratégicas.
    c. Aumentar la cantidad de información generada.
    d. Minimizar la toma de decisiones empresariales.

5. ¿Cuál es una de las ventajas principales de la inteligencia de negocios en el entorno empresarial actual?

    a. Mejorar la eficiencia operativa.
    b. Proporcionar información únicamente retrospectiva.
    c. Limitarse a datos históricos o aprender de conocimientos previos.
    d. Adaptarse con lentitud a las condiciones del mercado.

6. ¿Qué función desempeña una plataforma de datos en un sistema de gestión empresarial?

    a. Proporcionar herramientas básicas.
    b. Gestionar datos estructurados.
    c. Servir como columna vertebral para el sistema de gestión empresarial.
    d. Permitir la visualización de algunos datos a nivel de gerencia.

7. ¿Por qué es importante la capacidad de una plataforma de datos para abordar una amplia gama de tipos de datos?

    a. Para facilitar la toma de decisiones estratégicas y adaptarse al mercado.
    b. Para limitar el acceso a información estructurada.
    c. Para proporcionar solo datos en tiempo real.
    d. Para restringir la comprensión de la información.

8. ¿Cuál es el objetivo principal de Pentaho como *suite* de *Business Intelligence*?

    a. Facilitar únicamente la recopilación de datos.
    b. Ofrecer soluciones solo para organizaciones pequeñas.

c. Cubrir el ciclo completo de gestión y análisis de datos.

d. Crear presentaciones de datos de forma eficiente.

9. ¿Cuáles son las características principales de los conjuntos de datos en el contexto de *big data*?

a. Grandes cantidades de datos, baja velocidad de generación y poca variedad.

b. Alta velocidad de procesamiento, pequeñas cantidades de datos y baja variedad.

c. Baja cantidad de datos, baja velocidad de procesamiento y poca variedad.

d. Gran cantidad de datos, alta velocidad de generación o procesamiento y diversidad de tipos de datos.

10. ¿Cuál de las siguientes funcionalidades no proporciona Pentaho como parte de sus soluciones de *Business Intelligence*?

a. Generación de informes

b. Análisis multidimensionales (OLAP)

c. Minería de datos *(Data Mining)*

d. Gestión de identidades y accesos (IAM)

Caracterización de inteligencia artificial en entornos de cobertura 5G

Contenido

1. Introducción
2. Caracterización de la inteligencia artificial en entornos de cobertura 5G
3. Resumen

Objetivos

El objetivo general de esta Unidad de Aprendizaje es:

→ Aplicar herramientas de inteligencia artificial para la generación de código y mejorar la implementación y uso de sistemas basados en conocimiento en distintos contextos y dominios.

Los objetivos específicos de esta Unidad de Aprendizaje son:

→ Distinguir los tipos de sistemas basados en conocimiento para maximizar su efectividad, eficiencia y aplicabilidad en diversos contextos y dominios.

→ Generar código utilizando herramientas de IA.

→ Seleccionar técnicas de minería de datos para obtener *insights* que permitan a las empresas guiar decisiones estratégicas.

→ Distinguir los tipos de gráficas interactivas que ofrecen los modelos de aprendizaje automático, conociendo el funcionamiento de los componentes de Orange como plataformas de *machine learning.*

→ Crear flujos de trabajo en *Orange,* interactuando con los elementos que forman parte de la caja de herramientas de esta plataforma.

→ Preparar un modelo de *machine learning* para ser entrenado, creando un flujo de trabajo en la plataforma de *Orange* con árboles de clasificación.

→ Aplicar los algoritmos de inteligencia artificial desarrollados a casos de IOT y ciudades inteligentes.

→ Gestionar la resolución de incidencias, conflictos y problemas durante la integración de la IA en plataformas de terceros, páginas web y RR. SS.

→ Seleccionar técnicas de minería de datos para obtener *insights* que permitan guiar decisiones estratégicas.

1. Introducción

En el mundo actual, la convergencia de tecnologías como la inteligencia artificial, el *big data* y el 5G está transformando radicalmente la forma en que interactuamos con la información y el entorno que nos rodea. En este contexto, el manejo y la aplicación responsable de programas y algoritmos de inteligencia artificial se vuelven fundamentales para garantizar resultados efectivos y éticos.

Esta unidad tiene como objetivo dotar al alumnado de las habilidades necesarias para desenvolverse con cierta soltura en el campo de la tecnología, a fin de poder participar en el desarrollo de un proyecto de inteligencia artificial y *big data*.

Para facilitar la adquisición de conocimientos sobre la temática tratada, nos basaremos en la experiencia de un equipo de trabajo formado por un grupo de amigos que están poniendo en marcha su propio proyecto de emprendimiento. Ahora, estos jóvenes se enfrentan al reto de aplicar todo lo aprendido para desarrollar un proyecto basado en inteligencia artificial alimentada por *big data*.

2. Caracterización de la inteligencia artificial en entornos de cobertura 5G

☞ HILO CONDUCTOR

Marta, Carlos, Ana y Luis se dieron cuenta de que, para maximizar el potencial de su aplicación de realidad virtual, necesitarían implementar inteligencia artificial en entornos de cobertura 5G. La IA en 5G permite procesar datos de manera más rápida y eficiente, ofreciendo latencia ultrabaja y conectividad masiva. Esto les permitiría ofrecer experiencias de realidad virtual más inmersivas y personalizadas, analizando los datos en tiempo real y reaccionando ante ellos.

La inteligencia artificial ha revolucionado numerosos aspectos de la vida de las personas, desde la forma en que interactúan con la tecnología hasta cómo abordan problemas complejos, por ejemplo, en campos como la medicina, la investigación científica o la industria de cualquier sector.

En el corazón de muchos sistemas de inteligencia a artificial se encuentra el concepto de ***machine learning*** o **aprendizaje automático,** una rama de la inteligencia artificial que permite a las máquinas aprender y mejorar automáticamente a partir de datos y experiencias.

Machine learning es un subcampo de la inteligencia artificial que se centra en el desarrollo de algoritmos y modelo que permiten a las máquinas aprender patrones y tomar decisiones con poca o ninguna intervención humana. Estos algoritmos se entrenan utilizando conjuntos de datos para realizar tareas específicas, como pueden ser la clasificación, la regresión o el clustering, entre otras muchas más.

2.1. Tipos de algoritmos de inteligencia artificial

Entre los **tipos de algoritmos de inteligencia artificial** podemos encontrarnos con los siguientes:

IA basada en reglas
Este tipo de IA utiliza reglas lógicas definidas por personas expertas para tomar decisiones. Los sistemas basados en reglas son altamente deterministas y no aprenden de los datos.

Aprendizaje supervisado
En el aprendizaje supervisado, los algoritmos se entrenan utilizando datos etiquetados, es decir, datos que tienen una entrada y una salida conocidas. El objetivo es aprender una función que mapee las entradas a las salidas. Un típico ejemplo es la clasificación de correos electrónicos que permite dirigirlos a la bandeja de entrada o bien a la bandeja de *spam*.

Continúa en página siguiente >>

<< Viene de página anterior

Aprendizaje no supervisado

En el aprendizaje no supervisado, los algoritmos se entrenan utilizando datos no etiquetados, lo cual significa que el sistema debe encontrar patrones o estructuras inherentes en los datos sin ningún tipo de guía. Un ejemplo sería la segmentación de clientes en grupos basados en comportamientos de compra.

Aprendizaje por refuerzo

En el aprendizaje por refuerzo, los algoritmos aprenden a través de la interacción con un entorno. El sistema recibe retroalimentación en forma de premios, o recompensas o bien castigos o penalizaciones según las acciones que realiza. Por ejemplo, el entrenamiento de agentes de inteligencia artificial para jugar juegos populares como el ajedrez.

 APLICACIÓN PRÁCTICA

La inteligencia artificial es una rama de la informática que busca desarrollar sistemas capaces de realizar tareas que normalmente requieren inteligencia humana. Existen diversos tipos de IA, cada uno con sus características y métodos de aprendizaje específicos. Comprender las diferencias entre estos tipos es esencial para aplicar la IA de manera efectiva en distintos contextos. ¿Qué tipo de inteligencia artificial utiliza datos etiquetados para entrenar sus algoritmos?

Solución

El aprendizaje supervisado es una técnica de inteligencia artificial que se basa en el uso de datos etiquetados, es decir, datos que tienen una entrada y una salida conocidas. Los algoritmos en este tipo de aprendizaje buscan aprender una función que mapee las entradas a las salidas, permitiendo al sistema hacer predicciones precisas sobre nuevos datos.

Algoritmos de aprendizaje supervisado

Algunos ejemplos de algoritmos supervisados son:

Regresión lineal
Predice valores continuos ajustando una línea recta a los datos.

Regresión logística
Clasifica datos binarios utilizando una curva sigmoidea.

Árboles de decisión
Realiza decisiones secuenciales basadas en preguntas "Sí" o "No".

Bosques aleatorios
Combina múltiples árboles de decisión para mejorar la precisión y reducir el sobreajuste.

Máquinas de vectores de soporte (SVM)
Encuentra el hiperplano óptimo que separa las clases de datos.

IMPORTANTE

Los algoritmos de aprendizaje supervisado buscan una predicción de valores continuos que recibe el nombre de **regresión,** o bien el ordenamiento de categorías entendida como **clasificación.**

Regresión lineal

La **regresión lineal** *(linear regression)* es un algoritmo de aprendizaje supervisado utilizado para modelar la relación entre una variable dependiente continua y una o más variables independientes, asumiendo una relación lineal entre ellas. Un buen ejemplo de uso sería la predicción del precio de una casa en función de sus características. Estas características pueden ser el tamaño, el número de habitaciones y la ubicación de la vivienda.

Por ejemplo, al implementar una regresión lineal es posible predecir los precios de una vivienda utilizando un conjunto de datos determinado.

Observa la imagen que viene a continuación y reflexiona sobre esta cuestión: ¿cómo podrías evaluar el desempeño del modelo de regresión lineal atendiendo al resultado proporcionado? Más adelante tendrás una respuesta a esta cuestión.

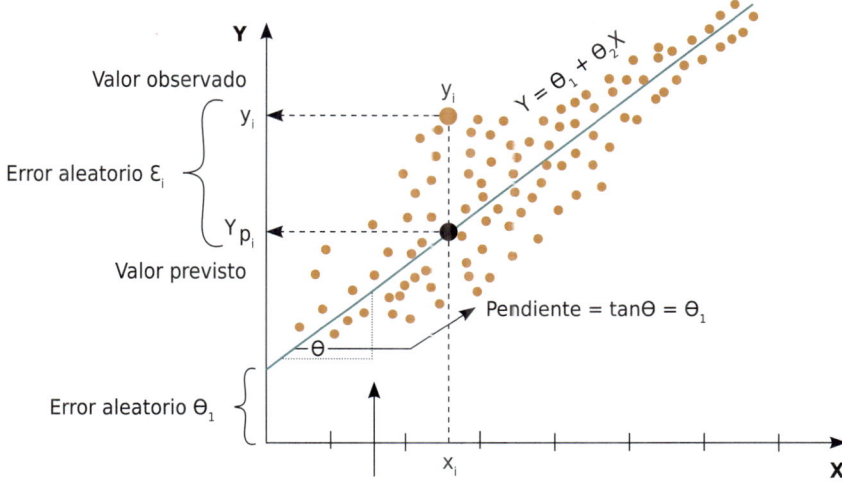

Para evaluar el desempeño de un modelo de regresión lineal, es muy común utilizar métricas de evaluación que proporcionen una medida cuantitativa de cómo de bien se ajusta el modelo a los datos. Estas métricas son las siguientes:

Error cuadrático medio (ECM)
Predice valores continuos ajustando una línea recta a los datos.

Coeficiente de determinación (R^2)
Es una medida de cuánta variabilidad en la variable dependiente es explicada por el modelo. Un valor de R^2 más cercano a 1 indica un mejor ajuste del modelo.

Error absoluto medio (EAM)
Mide el promedio de los errores absolutos entre las predicciones del modelo y los valores reales. Es útil cuando se desea interpretar el error en la misma escala que la variable dependiente.

Gráficos de residuos
Pueden proporcionar información sobre la distribución de los errores del modelo. Los residuos deben distribuirse aleatoriamente alrededor de cero y no debería haber patrones evidentes en los gráficos.

Además de las métricas numéricas, los gráficos proporcionan una buena visión del desempeño de un modelo. Por ejemplo:

⮞ **Gráfico de dispersión *(scatter plot)*.** Comparar los valores reales con los valores predichos en un gráfico de dispersión. Una línea de referencia diagonal (y=x) puede ayudar a visualizar cómo de cerca están los valores predichos de los valores reales.

⮞ ***Residual plot.*** Un gráfico de los residuos (errores) frente a los valores predichos. Esto ayuda a identificar patrones sistemáticos en los residuos, lo cual podría indicar problemas con el modelo, como heterocedasticidad o relaciones no lineales.

NOTA

Una vez que el modelo ha sido entrenado y evaluado en el conjunto de entrenamiento, es crucial evaluar su desempeño en el conjunto de prueba para asegurar que el modelo generaliza bien a datos no vistos.

Al analizar el resultado de un modelo de regresión lineal, es importante considerar las métricas y gráficos para evaluar su desempeño y determinar si el modelo se ajusta adecuadamente a los datos, por ejemplo, al precio de una vivienda. Si las métricas indican un buen ajuste y los gráficos de residuos muestran un patrón aleatorio, entonces podemos tener confianza en la capacidad del modelo para hacer predicciones precisas sobre precios de viviendas.

Con un gráfico de predicciones frente a un gráfico de valores reales:

> El **eje x** representa los **valores reales de la variable dependiente** (en este caso, los precios reales de las viviendas).

> El **eje y** representa las **predicciones del modelo de regresión lineal.**

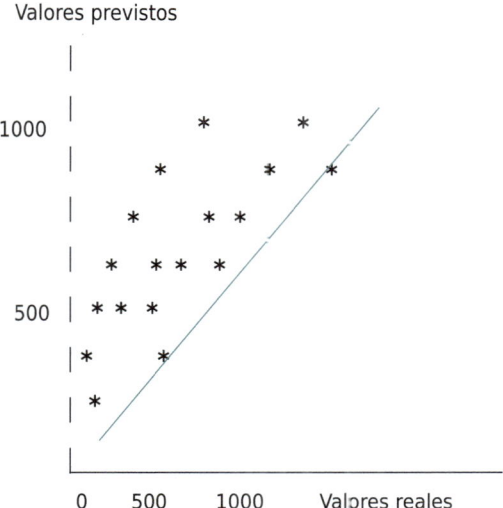

Cada punto en el gráfico representa una observación en el conjunto de datos. Idealmente, los puntos se distribuirían a lo largo de una línea diagonal, lo que indicaría que las predicciones del modelo están en línea con los valores reales.

NOTA

Con un **gráfico de residuos,** se muestra la diferencia entre las predicciones del modelo y los valores reales, en función de los valores reales.

- Los **residuos** se representan en el **eje y,** mientras que los **valores reales** se representan en el **eje x.**

Idealmente, los residuos estarían distribuidos aleatoriamente alrededor de cero sin mostrar ningún patrón discernible. Esto indicaría que el modelo no tiene sesgos sistemáticos y que está capturando adecuadamente la variabilidad en los datos.

Estos gráficos proporcionan una forma visual de evaluar el desempeño del modelo de regresión lineal. Suelen ser de mucha ayuda para identificar problemas como sesgos, **heterocedasticidad** o relaciones no lineales entre las variables.

En el contexto del precio de la vivienda, la heterocedasticidad hace referencia a la situación en la que la variabilidad de los errores de un modelo de regresión lineal no es constante a lo largo de los diferentes niveles de la variable independiente, como podría ser el tamaño de la vivienda.

NOTA

Considerando el tamaño de la vivienda en metros cuadrados como variable independiente para predecir el precio de la vivienda, si la heterocedasticidad está presente, significa que los errores de predicción pueden variar en diferentes rangos de tamaños de viviendas. Por ejemplo, se podría observar que las predicciones tienden a ser más precisas para viviendas pequeñas, pero mucho menos para aquellas viviendas más grandes, lo cual indicaría una heterocedasticidad en el modelo de regresión lineal. Esto dificultaría la interpretación de los resultados y por tanto, la precisión de las predicciones del modelo.

Regresión logística

La **regresión logística** *(logistic regression)* es un algoritmo de clasificación utilizado para predecir la probabilidad de que una observación pertenezca a una clase particular; es decir, se utiliza para problemas de clasificación binaria. Una muestra de uso es el típico ejemplo de la predicción de si un correo electrónico es un correo no deseado *(spam)* o no lo es, en función de sus características, como la frecuencia de aparición de ciertas palabras clave; o bien la predicción de si un cliente realizará una compra o por el contrario desistirá.

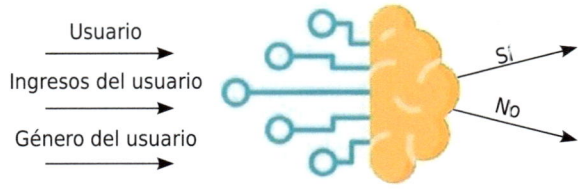

Compra del producto | Sí o No

APLICACIÓN PRÁCTICA

En el ámbito del aprendizaje automático, los algoritmos de clasificación juegan un papel fundamental, al permitir que los sistemas predigan a qué categoría pertenece una observación. Uno de los algoritmos más comunes para problemas de clasificación binaria es la regresión logística. Este algoritmo se utiliza para predecir la probabilidad de que una observación pertenezca a una clase específica, haciendo uso de características relevantes del conjunto de datos. ¿Cuál de los siguientes enunciados describe correctamente la función de la regresión logística?

a. Un algoritmo utilizado para predecir valores continuos basados en variables independientes.
b. Un método de agrupamiento de datos no etiquetados en diferentes grupos.
c. Un algoritmo de clasificación que predice la probabilidad de que una observación pertenezca a una clase particular en problemas de clasificación binaria.
d. Un algoritmo que aprende a través de la interacción con un entorno, recibiendo recompensas o penalizaciones.

Solución

La regresión logística es un algoritmo de clasificación diseñado para predecir la probabilidad de que una observación pertenezca a una clase específica en problemas de clasificación binaria. Esto significa que puede determinar si un correo electrónico es deseado o, por el contrario, es un *spam;* o si un cliente realizará una compra, basándose en ciertas características. A diferencia de los métodos de regresión lineal, que predicen valores continuos, la regresión logística se centra en clasificar datos en una de dos categorías posibles. No debe confundirse con métodos de agrupamiento, que trabajan con datos no etiquetados, ni con el aprendizaje por refuerzo, que implica la interacción continua con un entorno y la recepción de recompensas o penalizaciones.

Árboles de decisión

Los **árboles de decisión** *(decisión trees)* se definen como un algoritmo de aprendizaje supervisado utilizado para la clasificación y la regresión. Este algoritmo crea un árbol de decisiones que divide el conjunto de datos en subconjuntos más pequeños basados en características específicas.

Árbol de decisión

Los árboles de decisión son intuitivos y fáciles de interpretar. Un ejemplo de uso es la clasificación de clientes en grupos de riesgo para la concesión de préstamos bancarios basados en su historial crediticio y otras características.

Los modelos de aprendizaje automático con árbol de decisión utilizan una estructura en forma de árbol para tomar decisiones basadas en múltiples características.

Representación de la estructura de un árbol de decisión

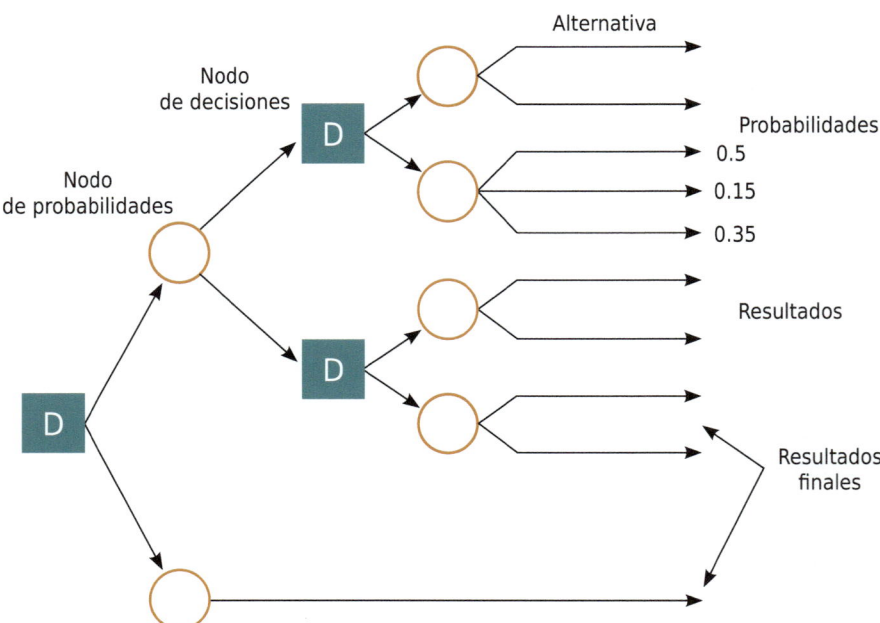

Un árbol de decisión cuenta con una estructura particular compuesta por los siguientes elementos:

⊃ **Nodos.** Los nodos son puntos de división en el árbol donde se realizan decisiones basadas en el valor de una característica específica. Hay dos tipos de nodos en un árbol de decisión:

◑ Los **nodos de decisión,** que representan preguntas sobre características y se dividen en ramas.
◑ Los **nodos hojas,** que representan resultados finales, como una clase de predicción en un problema de clasificación o un valor numérico en un problema de regresión.

⊃ **Ramificaciones.** Las ramificaciones conectan los nodos en el árbol y representan los posibles resultados de una decisión.
⊃ **Raíz.** Es el nodo superior del árbol, desde donde comienza el proceso de toma de decisiones.
⊃ **Subárboles.** Son árboles completos que se originan en un nodo de decisión y sus descendientes.

A continuación, contextualizaremos el uso práctico de un árbol de decisión para comprender mejor su funcionamiento.

Construimos un árbol de decisión para predecir si un cliente realizará una compra basada en su historial de compras en un comercio *online*. Podemos utilizar las siguientes características como criterios de división en nuestro árbol:

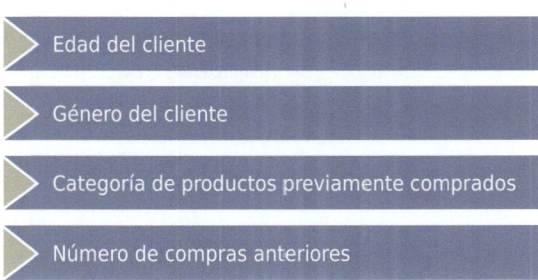

Edad del cliente

Género del cliente

Categoría de productos previamente comprados

Número de compras anteriores

Este árbol de decisión podría tener la siguiente estructura:

Ejemplo de árbol de decisión

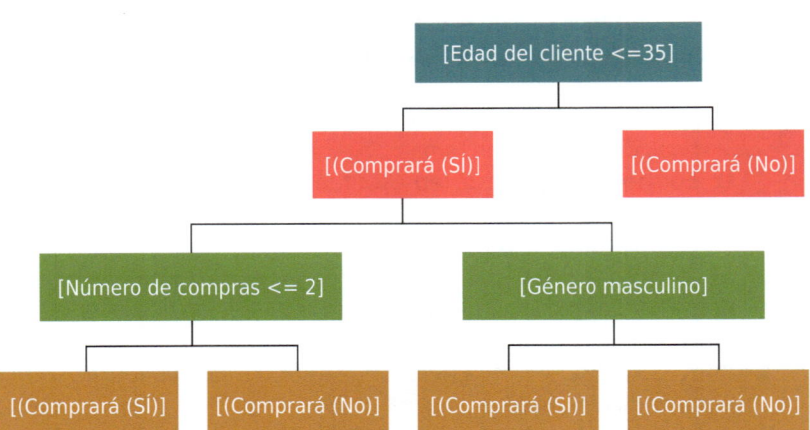

Con esta muestra se puede observar lo siguiente:

1. La raíz del árbol es una pregunta sobre la edad del cliente.
2. Cada nodo de decisión posterior es una pregunta sobre una característica específica.
3. Las ramas representan las posibles respuestas a cada pregunta.
4. Los nodos hoja representan la decisión final: si el cliente comprará o no.

Los árboles de decisión son propensos al **sobreajuste.** Esta es una situación en la que el modelo se ajusta demasiado, bien a los datos de entrenamiento o capturando el ruido y las fluctuaciones aleatorias en lugar de la relación subyacente entre las variables. Esto puede traducirse en un rendimiento deficiente del modelo al hacer predicciones sobre nuevos datos.

Para manejar los sobreajustes en los árboles de decisión, es posible emplear las siguientes técnicas:

- **Limitar la profundidad del árbol.** Con la limitación de la profundidad del árbol es posible evitar que el modelo se vuelva demasiado complejo y se ajuste demasiado a los datos de entretenimiento. Esto es posible estableciendo un límite máximo en la profundidad del árbol o el número máximo de nodos hoja.
- **La poda.** La poda o *pruning* es una técnica que implica eliminar partes del árbol que no son informativas o que pueden causar sobreajuste. Esto se hace al podar ramas del árbol que no mejoran significativamente la precisión del modelo en un conjunto de datos de validación.

◆ **Utilizar un mínimo de ejemplos por hoja.** Establecer un mínimo de ejemplos requeridos en cada hoja del árbol puede evitar que creen hojas con muy pocos ejemplos, lo cual conduciría a un sobreajuste.

◆ *Random forests.* Utilizar un ensamble de árboles de decisión, como *random forests,* ayudaría a mitigar el sobreajuste, al promediar las predicciones de múltiples árboles entrenados en diferentes subconjuntos de datos. Esto reduce la sensibilidad del modelo a la variabilidad en los datos de entrenamiento y permite mejorar su capacidad de generalización a nuevos datos.

Bosques aleatorios

Un **bosque aleatorio o *random forest*** es un algoritmo de aprendizaje supervisado que utiliza múltiples árboles de decisión para realizar predicciones. Cada árbol en el bosque vota por la clasificación más popular.

Un ejemplo de uso es la predicción de la demanda de productos en función de factores como el precio, la temporada y la publicidad.

Representación de bosque aleatorio

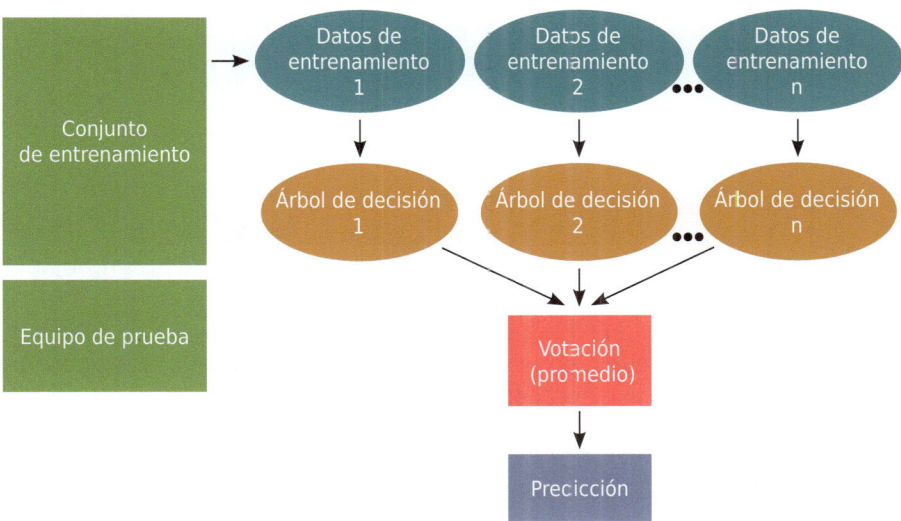

Máquina de vectores de soporte

La **máquina de vectores de soporte** (*support vector machines* o **SVM**) es un algoritmo de aprendizaje supervisado utilizado para clasificación y regresión. Es capaz de encontrar el hiperplano que mejor separa las clases en el espacio de características. Un ejemplo de uso es la detección de fraude en transacciones financieras basada en características como el monto, la ubicación y el historial del cliente.

El SVM funciona de la siguiente manera: tienes un conjunto de datos donde cada transacción está representada como un punto en un espacio multidimensional, y donde cada dimensión corresponde a una de las características que estás considerando.

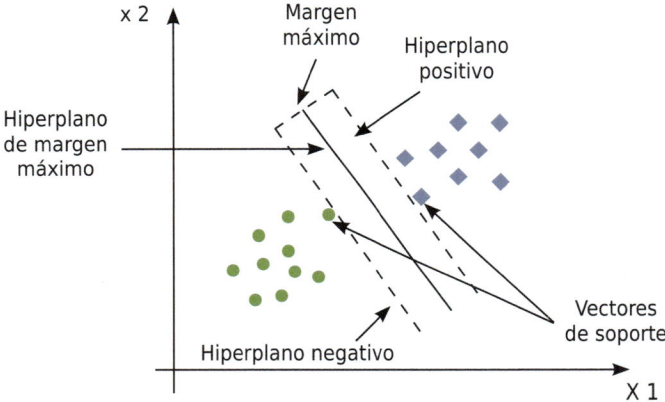

El SVM busca un hiperplano en este espacio que mejor separe las transacciones legítimas de aquellas fraudulentas. Pero, **¿qué es un hiperplano?**

Puedes pensar en un hiperplano como una línea en un espacio de dos dimensiones, o un plano en un espacio de tres dimensiones. En un espacio de características más alto, como el que se muestra en el gráfico anterior, **un hiperplano es una superficie que divide el espacio en dos regiones.** Por ejemplo, en el caso de transacciones bancarias, este hiperplano sería como una barrera invisible que intenta separar las transacciones legítimas de las fraudulentas.

El SVM busca este hiperplano de tal manera que maximice la distancia entre las transacciones más cercanas de cada clase, lo que se conoce como "margen". Esto ayuda a garantizar que el hiperplano tenga una buena capacidad de generalización y pueda clasificar correctamente nuevas transacciones.

Siguiendo con el ejemplo de las transacciones financieras, una vez que el SVM ha encontrado este hiperplano óptimo, es posible clasificar nuevas operaciones según en qué lado del hiperplano caigan. Si una nueva transacción cae en el lado de las transacciones fraudulentas, es más probable que sea marcada como sospechosa y se requiera una revisión del cliente.

 ACTIVIDAD COMPLEMENTARIA

9. Investiga y argumenta con tus propias palabras cómo los árboles de decisión, una técnica popular en el aprendizaje automático, pueden abordar el problema del sobreajuste. En tu respuesta, considera aspectos como la poda, la profundidad del árbol y cualquier otra técnica relevante que hayas encontrado durante tu búsqueda que pueda sumar valor a lo estudiado.

Algoritmos de aprendizaje no supervisado

Algunos ejemplos representativos de algoritmos no supervisados son:

K-nearest neighbors (KNN)
Clasifica nuevos puntos basándose en la mayoría de sus vecinos más cercanos.

Naive Bayes
Clasifica datos usando probabilidades basadas en la independencia de características.

K-means clustering
Agrupa datos en k clúster basándose en la proximidad a los centroides.

Análisis de componentes principales (PCA)
Reduce la dimensionalidad de los datos, manteniendo las variaciones más importantes.

Gradient boosting machines (GBM)
Mejora las predicciones construyendo secuencialmente modelos que corrigen errores anteriores.

IMPORTANTE

Los algoritmos de aprendizaje no supervisado buscan identificar grupos o patrones en los datos, reducir la dimensionalidad y detectar anomalías, entre otras cuestiones.

- -

K-nearest neighbors (KNN)

El algoritmo ***K-nearest neighbors,*** conocido con las siglas KNN, se basa en la idea de que las muestras con características similares tienden a pertenecer a la misma clase. Funciona de manera bastante simple:

⮞ **Paso 1.** En el primer paso del proceso, el algoritmo se encuentra con un conjunto de datos inicial. En este conjunto, cada punto representa una muestra en un espacio de características. Los puntos de color negro pertenecen a la clase A y los de color blanco pertenecen a la clase B.

Conjunto de datos: clase A y clase B	
Clase A	**Clase B**
▲	○
●	○
▲	○
● ●	○ ○
●	

Los triángulos indican la clase original a la que pertenece cada punto, ya sea clase A o clase B.

⮞ **Paso 2.** Dentro del conjunto aparece un círculo (señalado de color verde). El algoritmo tendrá que clasificar este punto nuevo como de **clase A o clase B.**

Conjunto de datos: clase A y clase B	
Clase A	**Clase B**
▲	○

Continúa en página siguiente >>

<< Viene de página anterior

Conjunto de datos: clase A y clase B	
Clase A	Clase B
●	○
● ●	○
●	● ○ ○

● **Paso 3.** El algoritmo busca las k muestras más cercanas al nuevo punto (verde ahora representado de color gris). En este caso, supongamos que las k muestras más cercanas son tres de la **clase A (puntos negros)** y dos de la **clase B (puntos blancos)**.

Conjunto de datos: clase A y clase B	
Clase A	Clase B
▲	○
●	○
▲	○
● ●	● ○ ○
●	

Los triángulos representan las clases originales (clase A y clase B) y el círculo gris representa el nuevo punto que queremos clasificar. Este inicialmente estaba representado en verde y ahora se representa de color gris, para indicar que es el punto que estamos tratando de clasificar usando el algoritmo KNN. Después de que se encuentran los vecinos más cercanos y se clasifica el punto, se puede representar en el color de la clase a la que se ha asignado.

● **Paso 4.** Finalmente, el algoritmo clasifica el nuevo punto según la clase que sea más común entre sus k vecinos más cercanos. En este caso, como dos de los tres vecinos más cercanos son de la clase A, el nuevo punto se clasificaría como clase A.

Conjunto de datos: clase A y clase B	
Clase A	**Clase B**
▲	○
●	○
▲	○
● ●	● ○ ○
●	

A través de este ejemplo simplificado del proceso de clasificación utilizando el algoritmo KNN, puedes comprobar que el nuevo punto se clasifica según la clase mayoritaria entre sus vecinos más cercanos en el espacio de características.

Para entender mejor cómo funciona KNN, piensa ahora que estás tratando de clasificar una nueva fruta en función de su color y su tamaño.

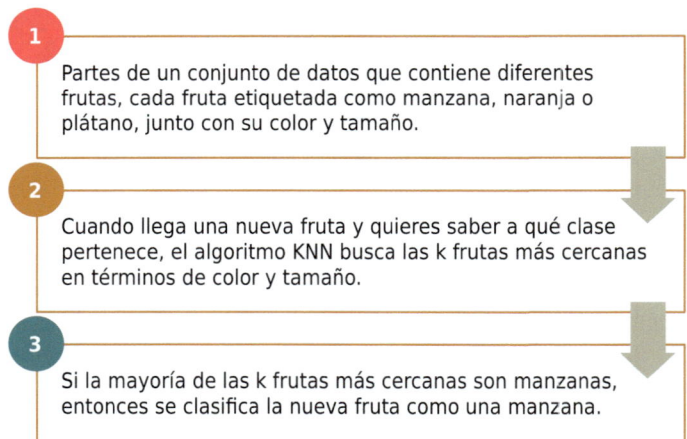

1 Partes de un conjunto de datos que contiene diferentes frutas, cada fruta etiquetada como manzana, naranja o plátano, junto con su color y tamaño.

2 Cuando llega una nueva fruta y quieres saber a qué clase pertenece, el algoritmo KNN busca las k frutas más cercanas en términos de color y tamaño.

3 Si la mayoría de las k frutas más cercanas son manzanas, entonces se clasifica la nueva fruta como una manzana.

Si la nueva fruta que quieres clasificar cae cerca de otras manzanas en este espacio (es decir, tiene un tamaño y color similares a las manzanas en tus datos), entonces es probable que también sea una manzana según el algoritmo KNN.

En este conjunto de datos, los puntos representan diferentes frutas:

➲ Los círculos (●) representan manzanas.
➲ Los círculos con rayas (○) representan naranjas.

⮎ Los cuadrados (□) representan plátanos.

Conjunto de datos:

Manzanas	Naranjas	Plátanos
●	○	□
●	○	□
●	○	□
●	○	□
●	○	□

NOTA

Puedes representar este conjunto de datos con frutas en un espacio bidimensional donde el un **eje x** representa el tamaño de la fruta y el **eje y** representa su color.

- -

Ahora, queremos clasificar una nueva fruta que tiene un tamaño y un color similar a las manzanas en nuestros datos.

Conjunto de datos:

Manzanas	Naranjas	Plátanos
●	○	□
●	○	□
●	○	□
●	○	□
●	○	□
⋯⋯●		

El nuevo punto, representado como un círculo verde, cae cerca de otras manzanas en este espacio de características. Dado que está cerca de las manzanas en términos de tamaños y color, es probable que también sea una manzana, según el algoritmo KNN.

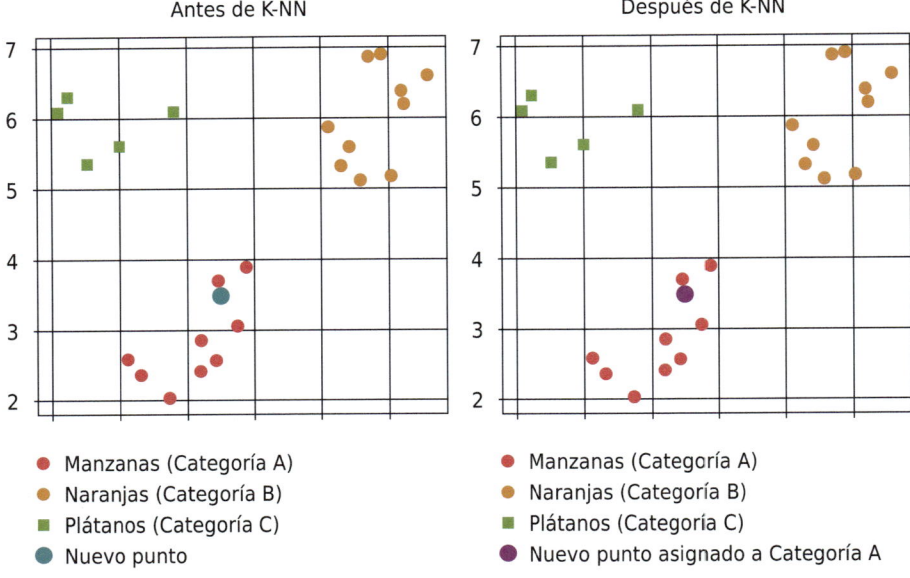

Antes de K-NN **Después de K-NN**

- ● Manzanas (Categoría A)
- ● Naranjas (Categoría B)
- ■ Plátanos (Categoría C)
- ● Nuevo punto

- ● Manzanas (Categoría A)
- ● Naranjas (Categoría B)
- ■ Plátanos (Categoría C)
- ● Nuevo punto asignado a Categoría A

Naive Bayes

Los clasificadores **Naive Bayes** son algoritmos de aprendizaje automático no supervisado que se utilizan habitualmente para clasificar datos en función de la probabilidad de que pertenezcan a una clase específica. Este algoritmo se basa en el teorema de Bayes y hace supuestos de independencia entre las características de los datos.

En otras palabras, el clasificador *Naive Bayes* asume que las características de los datos son independientes entre sí, lo cual significa que la presencia de una característica no afecta la presencia de otra. Aunque este supuesto de independencia puede no ser cierto en todos los casos, el enfoque ingenuo de *Naive Bayes* lo hace computacionalmente eficiente y fácil de implementar.

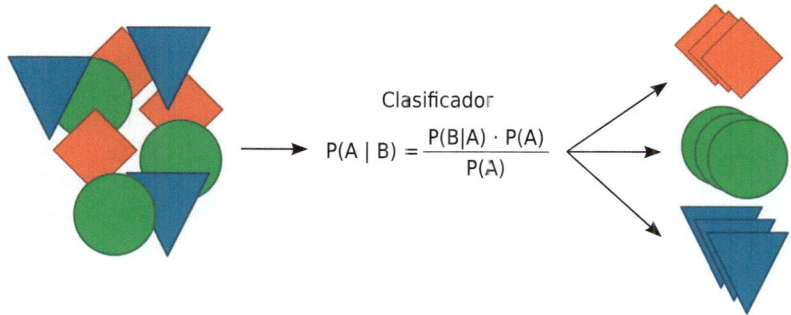

Este algoritmo es útil para clasificar datos en categorías discretas, como predecir la categoría de un correo electrónico como *spam* o no *spam* en función de las palabras que contenga, o también para realizar el diagnóstico de enfermedades basándose en síntomas observados previamente.

◁◎▷ EJEMPLO

Tenemos un conjunto de datos de correos electrónicos, etiquetados como *spam* o no *spam,* y queremos clasificar un nuevo correo electrónico entrante. El clasificador *Naive Bayes* analizaría las palabras en el correo electrónico y calcularía la probabilidad de que el correo electrónico sea *spam* o no, en función de la frecuencia en la que aparezcan esas palabras en los correos electrónicos de entrenamiento. Luego, clasificaría el nuevo correo electrónico en la categoría con la probabilidad más alta.

K-means clustering

Imaginemos que tenemos un montón de datos y queremos organizarlos en grupos basados en sus similitudes. Para esto es para lo que se utiliza el algoritmo *K-means.*

K-means es como un organizador automático que divide los datos en grupos o clústeres de forma inteligente. Este algoritmo de aprendizaje automático no supervisado lo hace buscando patrones en los datos y agrupando elementos similares entre sí.

👁 EJEMPLO

Si tenemos en cuenta los datos sobre clientes que tiene una tienda, se podría utilizar K-means para agrupar a los clientes en diferentes segmentos en función de sus hábitos de compra. De esta manera, se identificarían grupos de clientes similares a fin de adaptar una estrategia de *marketing* para cada grupo identificado.

Una representación del proceso del algoritmo *K-means clustering* sería la siguiente:

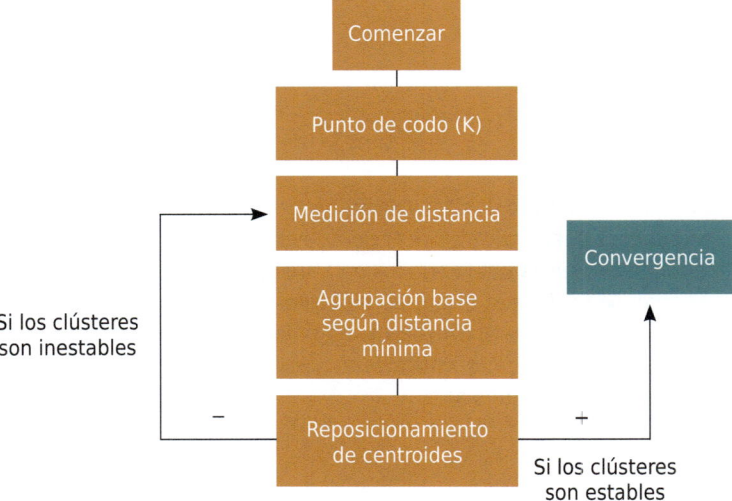

Dentro del contexto del algoritmo *K-means,* el **punto de codo** hace referencia al punto en una gráfica donde la suma de las distancias al cuadrado de cada punto de datos a su centroide más cercano comienza a disminuir de manera significativamente más lenta. Este punto marca el número óptimo de clústeres para el conjunto de datos dado.

Además, en una gráfica que muestra la suma de las distancias al cuadrado (inercia), en función del número de clústeres, el punto de codo es donde se produce un cambio pronunciado de pendiente. Esto viene a indicar que añadir más clústeres no produce una mejora significativa en la compresión de los datos, lo cual sugiere que el número de clústeres antes del punto de codo es la elección óptima.

Respecto a la **estabilidad de los clústeres,** esto significa la consistencia de los clústeres obtenidos al ejecutar el algoritmo *K-means* varias veces con el mismo conjunto de datos, pero con diferentes inicializaciones aleatorias de los centroides.

> Si los clústeres son estables, los resultados deberían ser similares en cada ejecución del algoritmo.

> Sin embargo, si los clústeres son inestables, los resultados suelen variar significativamente de una ejecución a otra, debido a la sensibilidad del algoritmo a la inicialización aleatoria de los centroides.

Algo importante que tener en cuenta es que, antes de utilizar *K-means,* es necesario especificar cuántos clústeres se quieren obtener, es decir, el valor de K. Esto significa que requiere un tiempo de prueba y error (aunque, una vez que se sabe el número adecuado de clústeres, *K-means* es realmente útil para organizar los datos de la mejor manera).

Igualmente, es importante entender que *K-means* funciona mejor con datos numéricos, es decir, es más sensible a la escala de los datos, por lo que a veces es necesario preprocesar los datos antes de aplicar el algoritmo. Para contar con una explicación más detalla, podemos imaginar que nos encontramos ante un conjunto de datos que representa la edad y el salario de los empleados de una empresa. A partir de esta información de partida, queremos agrupar a los individuos que conforman el personal de la organización en diferentes categorías según su edad y salario:

⊃ Primero, echamos un vistazo a nuestros datos sin procesar:

Empleado	Edad (años)	Salario anual
1	30	25.000 €
2	35	28.000 €
3	40	30.000 €
4	45	32.000 €
5	25	20.000 €
6	50	35.000 €
7	55	38.000 €

Ahora, y antes de aplicar el algoritmo *K-means,* es importante preprocesar los datos, especialmente si las características tienen diferentes escalas. En este caso, normalizaremos las características para que tengan una escala similar. Esto es posible restando la media y dividiendo por la desviación estándar de cada característica.

Clúster	Edad (años)	Salario anual
1	27	21.000 €
2	37	29.000 €
3	52	36.000 €

⊃ Una vez preprocesados los datos, aplicamos el algoritmo *K-means* para agrupar a los empleados en, por ejemplo, tres clústeres. Después de ejecutar el algoritmo, obtenemos los siguientes centroides para cada clúster:

DEFINICIÓN

Centroide

Son puntos que representan el centro geométrico de cada clúster en un conjunto de datos. En el contexto del algoritmo *K-means*, los centroides se utilizan como referencias para determinar la ubicación de cada clúster.

- -

Y estos son los empleados asignados a cada clúster:

Empleado	Clúster
1	2
2	2
3	2
4	3
5	1
6	3
7	3

Es posible representar esta información en un gráfico de dispersión: en el **eje x,** eje horizontal, tenemos la edad de los empleados: en el **eje y,** vertical, tenemos sus salarios. Cada punto representa a un empleado. Los colores indican a qué clúster pertenece cada individuo según el algoritmo *K-means*.

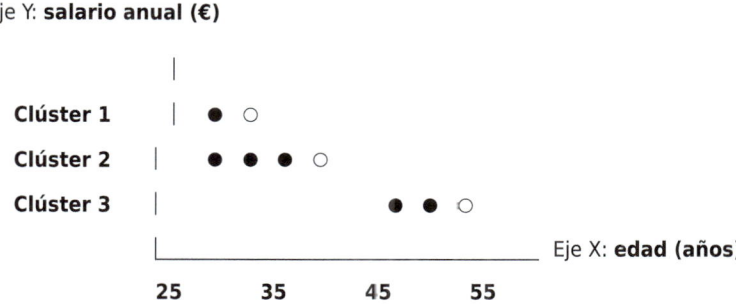

En esta gráfica, los centroides se representan como círculos (○) y están ubicados en el espacio definitivo por las edades y salarios de los empleados, proporcionando una representación visual de cómo se agrupan los datos y dónde se encuentran los centros de cada grupo. Por tanto, cada centroide se coloca en una posición que representa la edad y el salario promedio de los empleados dentro de su respectivo clúster.

APLICACIÓN PRÁCTICA

Uno de los conceptos clave en *K-means* es el punto de codo, que ayuda a determinar el número óptimo de clústeres para un conjunto de datos. El punto de codo se identifica en una gráfica que muestra la suma de las distancias al cuadrado de cada punto de datos a su centroide más cercano, en función del número de clústeres. Este punto marca un cambio, pero ¿qué describe el punto de codo en el contexto del algoritmo *K-means*?

Solución

El punto de codo en el contexto del algoritmo *K-means* hace referencia al punto en una gráfica de la suma de las distancias al cuadrado de cada punto de datos a su centroide más cercano, donde añadir más clústeres comienza a disminuir de manera significativamente más lenta. Este punto indica que el número de

Continúa en página siguiente >>

<< Viene de página anterior

clústeres antes del punto de codo es óptimo, ya que más clústeres no resultan en una mejora significativa en la compresión de los datos. Identificar correctamente este punto es primordial para determinar el número adecuado de clústeres, optimizando así el rendimiento del algoritmo *K-means*.

Análisis de componentes principales (PCA)

PCA, o análisis de componentes principales, es un algoritmo cuya técnica sirve para simplificar conjuntos de datos que tienen muchas variables interrelacionadas, reduciendo su dimensionalidad mientras se mantiene la mayor cantidad posible de información importante.

Representación de la función del análisis de componentes principales

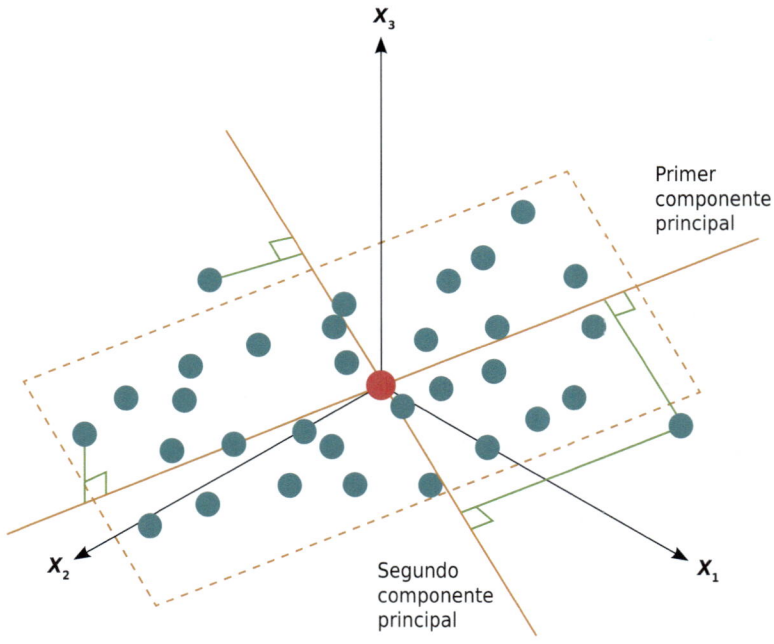

Para comprender mejor en qué consiste el proceso que lleva a cabo el algoritmo análisis de componentes principales y cuál podría ser su uso, presta atención al siguiente caso.

Tienes un conjunto de datos relacionados con una poblacion con muchas características diferentes, como por ejemplo:

Estas características podrían estar correlacionadas entre sí, lo cual significaría que contienen **información redundante.**

✎ **DEFINICIÓN**

Información redundante
Presencia de datos o características en un conjunto de datos que no aportan información adicional o útil, ya que están altamente correlacionados con otras variables presentes en el mismo conjunto. En otras palabras, la información redundante puede ser eliminada sin perder significado o detalles importantes del conjunto de datos.

- -

PCA busca transformar estas características en un nuevo conjunto de variables llamadas componentes principales, que son combinaciones lineales de las características originales. Estas nuevas variables están ordenadas en función de cuánta variación explican en los datos originales.

👁 **EJEMPLO**

Tomemos como ejemplo un conjunto de datos que describe la altura, el peso y la edad de personas. Al aplicar PCA, es posible encontrar que el primer componente principal representa primordialmente la variación en la altura de las personas, el segundo componente principal representa la variación en el peso, y así sucesivamente. Al seleccionar solo los primeros componentes principales, es

Continúa en página siguiente >>

<< Viene de página anterior

posible reducir la dimensionalidad de los datos, mientras se mantiene la mayor parte de la información importante sobre las diferencias entre las personas.

Son varias las funcionalidades de PCA:

⊃ **PCA – análisis de componentes principales:**

  ◑ **Visualización de datos.** Al reducir la dimensionalidad, PCA facilita la visualización de conjuntos de datos complejos en gráficos de dispersión de dimensiones más bajas.
  Por ejemplo, frente a un conjunto de datos con muchas características, queremos visualizar todo ello en un gráfico de dispersión tridimensional. PCA nos permitiría reducir la dimensionalidad para poder representar los datos en un gráfico de dos dimensiones, facilitando así la visualización y comprensión de la estructura de los datos.

  ◑ **Identificación de patrones.** PCA puede ayudar a identificar patrones o relaciones entre las características originales al resaltar las direcciones de máxima variación en los datos.
  Por ejemplo, estamos trabajando con datos de encuestas sobre la satisfacción de la clientela de una empresa. Al aplicar PCA, podríamos descubrir que los primeros componentes principales están altamente correlacionados con aspectos específicos del servicio, como la rapidez de respuesta y la calidad del producto. Esto revelaría patrones importantes sobre qué aspectos influyen más en la satisfacción de los clientes.

  ◑ **Reducción de la dimensionalidad.** Permite reducir el número de características en un conjunto de datos manteniendo la mayor parte de la información relevante.
  Por ejemplo, disponemos de un conjunto de datos con 100 características que describen diferentes aspectos de los clientes de una tienda. Al aplicar PCA a estos datos, podríamos reducir la dimensionalidad a solo 10 componentes principales, conservando la mayoría de la variación en los datos originales y simplificando así el análisis.

IMPORTANTE

PCA es una herramienta útil para simplificar conjuntos de datos complejos mientras se conserva la mayor cantidad posible de información importante, lo cual permite comprender y analizar mejor los datos.

- -

Gradient boosting machines

Los **gradient boosting machines (GBM)** son un conjunto de algoritmos de aprendizaje automático que utilizan una técnica conocida como "impulso" para mejorar la precisión de las predicciones. En lugar de tratar de construir un solo modelo predictivo fuerte de una vez, el GBM construye una secuencia de modelos simples, cada uno de los cuales se enfoca en corregir los errores del modelo anterior. Esta técnica se basa en el concepto de aprender de los errores pasados y mejorar continuamente el rendimiento del modelo a medida que se construye.

Los GBM son como un equipo de modelos aprendices que trabajan juntos para mejorar constantemente su precisión en la predicción

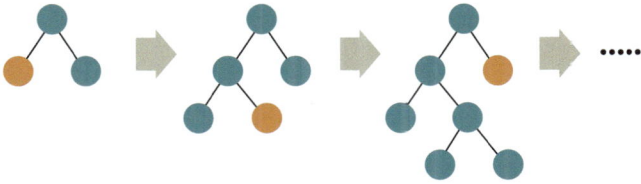

Los *gradient boosting machines* (GBM) serían útiles en el sector de la investigación médica para diversas aplicaciones. Una de ellas es la predicción de diagnósticos médicos.

 **EJEMPLO**

Un equipo de investigación está estudiando un conjunto de datos que contiene información sobre pacientes: datos demográficos, historiales médicos y

Continúa en página siguiente >>

<< Viene de página anterior

resultados de pruebas diagnósticas. Utilizando GBM, es posible construir un modelo predictivo que tome todos esos datos como entrada y sea capaz de predecir con precisión si un paciente tiene cierta enfermedad o condición médica.

Igualmente, los GBM serían capaces de identificar biomarcadores significativos que estén asociados con ciertas enfermedades o alguna condición médica. Al analizar grandes conjuntos de datos de pacientes, este equipo de modelos podría identificar características específicas, por ejemplo, niveles de ciertas proteínas en la sangre o marcadores genéticos, que están fuertemente correlacionadas con la presencia o progresión de una enfermedad. Esta información es realmente útil para el personal investigador al permitirles identificar nuevos objetivos terapéuticos o a desarrollar pruebas de diagnóstico personalizadas y, por tanto, más precisas.

Algoritmo de aprendizaje por refuerzo

Como ejemplo representativo de algoritmo de aprendizaje por refuerzo está ***Q-learning;*** algoritmo de aprendizaje por refuerzo que enseña a los agentes a tomar decisiones óptimas en un entorno, actualizando valores de recompensa para acciones en estados específicos. Este algoritmo permite a un agente aprender una política que maximiza su recompensa en un entorno a través de la exploración y la explotación de las mejores acciones posibles en diferentes estados.

IMPORTANTE

Los algoritmos de aprendizaje por refuerzo buscan tomar decisiones secuenciales en entornos dinámicos, como son los juegos, la robótica, el control de procesos, etc.

El algoritmo permite que un agente aprenda a tomar decisiones óptimas en un entorno específico, siendo estas las siguientes:

⮑ **Inicialización.** Se crea una **tabla Q** con todas las posibles combinaciones de estados y acciones, inicializada con valores arbitrarios, que generalmente son ceros.

⮑ **Exploración del entorno.** El agente comienza en un estado inicial y toma acciones basadas en una política. Al principio, se utiliza una estrategia de exploración, como la **política ε-greedy**, que elige acciones aleatorias con **probabilidad ε** y las mejores acciones conocidas con **probabilidad 1−ε.**

⮑ **Ejecución de acciones y actualización de la tabla Q.** El agente ejecuta una acción y observa la recompensa recibida y el nuevo estado alcanzado. Se actualiza el valor Q de la tabla Q utilizando la ecuación de actualización de *Q-learning:*

$$Q(s,a) \leftarrow Q(s,a) + \alpha[r + \gamma \, \max Q(s',a') - Q(s,a)]$$

Tenemos en cuenta que:

- **s** es el estado actual.
- **a** es la acción tomada.
- **r** es la recompensa recibida.
- **s'** es el nuevo estado.
- **a'** es una acción posible en el nuevo estado.
- **α** es la tasa de aprendizaje *(learning rate).*
- **γ** es el factor de descuento *(discount factor).*

⮑ **Repetición.** El agente repite los pasos 2 y 3 para cada episodio durante muchas iteraciones, que consisten en una secuencia de acciones hasta alcanzar un estado terminal. Con el tiempo, la tabla Q converge hacia valores que representan las máximas recompensas esperadas para cada estado y acción.

⮑ **Política óptima.** Una vez que la tabla Q ha convergido, el agente ya puede tomar decisiones óptimas seleccionando siempre la acción con el mayor valor Q en cada estado.

A continuación, comprobarás a través de un sencillo ejemplo cómo es el funcionamiento práctico del algoritmo de aprendizaje por refuerzo *Q-learning.*

Cada casilla del laberinto es un estado y las acciones posibles son moverse hacia arriba, abajo, izquierda o derecha. Al principio, el robot no sabe qué acciones son las mejores, así que explora el laberinto y actualiza su tabla Q basándose en las recompensas. Por ejemplo:

⮑ +1 por encontrar la salida
⮑ -1 por chocar con una pared

Con el tiempo, el robot aprende la mejor ruta para salir del laberinto tomando siempre las acciones que maximicen su recompensa acumulada.

Aprendizaje profundo

El **aprendizaje profundo,** también conocido como ***deep learning,*** es una subárea del *machine learning* que utiliza redes neuronales artificiales con múltiples capas profundas para aprender representaciones jerárquicas de los datos. En términos de clasificación, el aprendizaje profundo generalmente se considera una parte del aprendizaje supervisado y no supervisado, ya que puede aplicarse en ambos contextos:

- ⮩ ***Deep learning*** **en el aprendizaje supervisado.** En *machine learning* supervisado, el aprendizaje profundo se utiliza para tareas como clasificación y regresión, donde se entrenan modelos para predecir una salida específica a partir de entradas etiquetadas.
- ⮩ ***Deep learning*** **en el aprendizaje no supervisado.** Por otro lado, en el aprendizaje no supervisado, *Deep learning* se emplea para tareas como la reducción de dimensionalidad, la generación de datos y el agrupamiento. Por ejemplo, se pueden utilizar redes neuronales profundas para aprender representaciones latentes de datos complejos, permitiendo una visualización y comprensión de la estructura subyacente de los datos sin etiquetar.

 **EJEMPLO**

***Deep learning* en el aprendizaje supervisado**

Queremos desarrollar un sistema de reconocimiento de voz para asistentes virtuales. Utilizando aprendizaje profundo en el contexto de aprendizaje supervisado, es posible entrenar una red neuronal profunda para clasificar diferentes comandos de voz, como reproducir música, configurar una alarma, buscar información en internet, etc.

Para esto, es necesario que recopilemos un conjunto de datos etiquetados que contenga grabaciones de voz de diferentes comandos, donde cada muestra de audio esté etiquetada con el comando correspondiente. Luego, entrenamos la red neuronal para que aprenda a asociar características del audio con las etiquetas correspondientes. Una vez entrenada, la red neuronal tomará nuevas grabaciones de voz como entrada y predecirá el comando asociado con alta precisión.

Continúa en página siguiente >>

<< *Viene de página anterior*

Deep learning en el aprendizaje no supervisado

Queremos realizar una exploración de temas en un gran conjunto de artículos de noticias. Utilizando aprendizaje profundo en el contexto de aprendizaje no supervisado, podemos aplicar una técnica llamada autoencoders para aprender representaciones latentes de los documentos de noticias. Entrenamos una red neuronal profunda para comprimir los documentos de noticias en un espacio de características de menor dimensión y, luego, descomprimiremos de nuevo a su forma original. Durante este proceso, la red neuronal aprende automáticamente a codificar y decodificar la información clave de los documentos. Después de entrenar el autoencoder, es posible utilizar las representaciones latentes aprendidas para realizar tareas como la agrupación de documentos similares en temas comunes, o la detección de anomalías en el conjunto de datos de noticias. Este enfoque nos permite explorar y comprender la estructura subyacente de los datos de manera no supervisada, sin necesidad de etiquetas explícitas.

El manejo responsable de los programas y algoritmos de inteligencia artificial es hoy en día un aspecto clave, debido a su creciente impacto en la vida de las personas, especialmente en un contexto donde el **big data** desempeña un papel fundamental.

Big data es un conjunto de tecnologías capaces de recopilar, almacenar y procesar grandes volúmenes de datos provenientes de diversas fuentes. Estos datos masivos alimentan los algoritmos de inteligencia artificial y pueden influir en decisiones importantes en áreas críticas como la salud, la justicia y el empleo, entre otras cuestiones.

Big data y la inteligencia artificial estan estrechamente interconectadas en el mundo moderno. El vasto volumen de datos que se generan a diario, provenientes de diversas fuentes como redes sociales, dispositivos IoT, transacciones financieras, etc., cuando se procesan y analizan correctamente, proporcionan *insights* valiosos que impulsan la toma de decisiones basadas en información de valor. Los algoritmos de IA, por su parte, requieren grandes cantidades de datos para entrenar modelos precisos que sean efectivos.

A continuación, se explica cómo *big data* nutre a estos algoritmos de IA con un ejemplo práctico de una aplicación de IoT (internet de las cosas) para ilustrar este proceso:

1. **Recopilación de datos.** El primer paso es la recopilación de datos a gran escala. Estos datos pueden provenir de sensores, dispositivos IoT, aplicaciones móviles, redes sociales, transacciones, etc.
   Por ejemplo, una app de IoT para hogares inteligentes, los datos provienen de sensores de temperatura, cámaras de seguridad, dispositivos de control de iluminación y electrodomésticos conectados.
2. **Almacenamiento de datos.** Los datos recopilados se almacenan en bases de datos grandes que son escalables. Tecnologías como *Hadoop*, *NoSQL* y bases de datos en la nube son habituales para manejar *big data*.
   Por ejemplo, los datos de los sensores de un hogar inteligente se almacenan en una base de datos en la nube, accesible para procesamiento posterior.
3. **Preprocesamiento de datos.** Los datos brutos con frecuencia contienen ruido, inconsistencias y valores faltantes. El preprocesamiento implica la limpieza de datos, la normalización y transformación para prepararlos para la fase de análisis.
   Por ejemplo, los datos de temperatura de los sensores pueden tener picos anómalos debido a fallos del sensor. Estos datos se limpian para eliminar valores extremos y se normalizan para que todos los datos tengan un rango común.
4. **Análisis y exploración de datos.** Se utilizan técnicas de análisis exploratorio de datos conocidas como EDA para comprender mejor las características de los datos. Esto implica la visualización de datos, estadística descriptiva y detección de patrones.
   Por ejemplo, se analizan los datos de uso de energía del hogar para identificar patrones de consumo y momentos de alto uso de electricidad.
5. **Entrenamiento del modelo IA.** Los datos preprocesados se utilizan para entrenar algoritmos de IA. Dependiendo del problema, se pueden usar diferentes tipos de algoritmos, como son algoritmos de regresión, clasificación, *clustering,* etc.
   Por ejemplo, un modelo de aprendizaje supervisado se entrena para predecir la temperatura óptima en el hogar, basada en patrones de uso pasados y condiciones climáticas en tiempo real.
6. **Evaluación y optimización del modelo.** El modelo entrenado se evalúa utilizando datos de validación para medir su precisión y efectividad. Se

ajustan los hiperparámetros y se realizan optimizaciones para mejorar el rendimiento.

Por ejemplo, el modelo de predicción de temperatura se evalúa utilizando un conjunto de datos de validación y se optimizan los parámetros para minimizar el error de predicción.

7. **Implementación y despliegue del modelo.** Una vez que el modelo está entrenado y optimizado, se despliega en un entorno de producción donde se procesan de datos en tiempo real para proporcionar resultados. Por ejemplo, el modelo de predicción de temperatura se implementa en la *app* de hogar inteligente, ajustando automáticamente la temperatura del hogar en tiempo real para optimizar el confort y el consumo de energía.

NOTA

Los ejemplos de este proceso descrito te han permitido conocer cómo *big data* nutre a los algoritmos de IA en una *app* para un hogar, facilitando la toma de decisiones inteligentes y personalizadas para los usuarios, mejorando su experiencia y optimizando el uso de recursos.

En el ámbito de la justicia, por ejemplo, el desarrollo de sistemas de inteligencia artificial para la toma de decisiones resalta la importancia de garantizar la imparcialidad y la equidad.

Los algoritmos de IA utilizados en sistemas de juicios automatizados o en la evaluación de riesgos penales se basan en datos históricos recopilados a través del big data. Sin embargo, si estos datos contienen sesgos inherentes, como la discriminación racial o de género, los algoritmos perpetuarán tales sesgos, lo cual llevará a la toma de decisiones injustas o discriminatorias.

IMPORTANTE

Es de vital importancia que los programas y algoritmos de inteligencia artificial sean diseñados y utilizados de manera ética y responsable en un entorno de *big data*. Esto implica no solo garantizar la imparcialidad y la equidad en los algoritmos, sino también asegurar la transparencia en su funcionamiento, la protección de la privacidad y los derechos individuales de las personas cuyos datos se utilizan. Solo así podremos promover un uso responsable y beneficioso de la inteligencia artificial en la sociedad, mitigando los riesgos potenciales y maximizando sus beneficios para el bienestar humano.

El popular *ChatGPT* se inició como un modelo de lenguaje desarrollado por OpenAI. Utiliza técnicas avanzadas de aprendizaje profundo para comprender y generar texto de forma coherente tal como lo haría un humano.

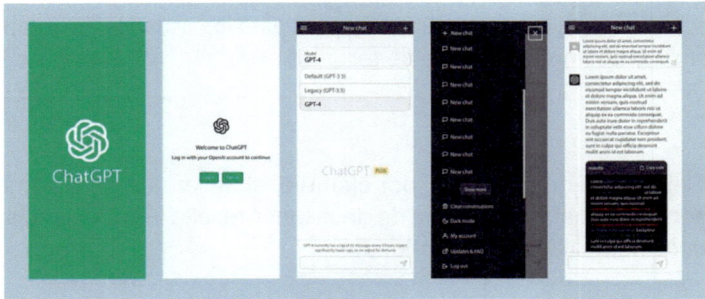

La capacidad de ChatGPT para responder preguntas, mantener conversaciones y realizar tareas de procesamiento de lenguaje natural se basa en la vasta cantidad de datos con los que ha sido entrenado.

Los datos empleados por *ChatGPT* provienen de múltiples fuentes en internet y constituyen lo que comúnmente se conoce como *big data*.

A medida que la inteligencia artificial se integra cada vez más en la vida de las personas, es fundamental comprender cómo estos modelos funcionan y cómo los datos de *big data* alimentan sus capacidades, así como los desafíos y responsabilidades asociados con su uso, como la gestión de sesgos en las respuestas proporcionadas por *ChatGPT*.

A continuación, se explica detalladamente el proceso de funcionamiento de *ChatGPT* y cómo este modelo maneja los datos para generar respuestas:

Recopilación de datos

Los datos utilizados para entrenar a *ChatGPT* provienen de una variedad de fuentes en Internet, como libros, artículos, sitios web, foros y redes sociales. Esta diversidad de fuentes asegura que el modelo tenga una amplia base de conocimiento. Por ejemplo: datos de Wikipedia, noticias, blogs y plataformas de redes sociales.

Preprocesamiento de datos

Los datos recopilados se preprocesan para eliminar información irrelevante, corregir errores y normalizar el texto. Esto implica la eliminación de duplicados, corrección de ortografía y gramática, y normalización de formatos. Por ejemplo: eliminar etiquetas HTML de los textos web o corregir errores tipográficos.

Entrenamiento del modelo

El modelo de lenguaje se entrena utilizando técnicas de aprendizaje profundo. Durante este proceso el modelo aprende patrones y estructuras del lenguaje natural a partir de los datos preprocesados. Se utilizan grandes redes neuronales, como *transformers,* para capturar las relaciones contextuales entre las palabras. Por ejemplo: utilizar técnicas como el aprendizaje por transferencia para mejorar la comprensión del contexto.

Optimización y evaluación

El modelo se optimiza y evalúa constantemente utilizando métricas de rendimiento específicas, como la precisión y la coherencia de las respuestas generadas. Esto implica ajustar hiperparámetros y mejorar el algoritmo basado en retroalimentación continua. Por ejemplo: evaluar la coherencia de las respuestas en conversaciones simuladas y ajustar el modelo según sea necesario.

Generación de respuestas

Cuando un usuario interactúa con *ChatGPT,* el modelo genera respuestas en tiempo real analizando la entrada del usuario y produciendo una salida coherente y contextualmente apropiada. Utiliza el conocimiento aprendido durante el entrenamiento para realizar esta tarea. Por ejemplo: si un usuario pregunta sobre un evento histórico, *ChatGPT* utiliza la información aprendida de textos históricos para generar la respuesta.

Existen diferentes tipos de **sesgos inherentes en *ChatGPT*.** Debido a la naturaleza de los datos utilizados para entrenar a *ChatGPT,* es posible encontrar ciertos prejuicios intrínsecos en las respuestas dadas. Estos sesgos pueden ser clasificados de la siguiente manera:

1. **Sesgo de disponibilidad de datos.** Los datos disponibles en Internet suelen reflejar diferentes puntos de vista o enfoques. Si un tema tiene más contenido de un tipo específico, el modelo podría inclinarse hacia ese punto de vista. Por ejemplo, si la mayoría de los artículos sobre un

tema político específico provienen de fuentes con una cierta orientación, *ChatGPT* reflejará inadvertidamente esa orientación en sus respuestas.

2. **Sesgo cultural y geográfico.** Los datos en internet suelen estar dominados por contenido de ciertas culturas y regiones. Esto implica que puede llevar a una representación desproporcionada de esos contextos. Por ejemplo, las perspectivas occidentales suelen estar sobrerrepresentadas en los datos de entrenamiento, haciendo que el modelo subestime o malinterprete perspectivas de otras culturas no occidentales.

3. **Sesgo de confirmación.** Las personas usuarias del *ChatGPT* también influyen en los datos de entrenamiento al interactuar con el modelo y proporcionar retroalimentación reforzando ciertos sesgos. Por ejemplo, si los usuarios tienden a confirmar y reforzar respuestas con sesgos existentes, el modelo aprende a repetir esos sesgos de forma más frecuente.

Para comprender mejor cómo los sesgos pueden afectar directamente en las respuestas generadas por *ChatGPT*, es útil examinar un ejemplo concreto.

 EJEMPLO

Un usuario pregunta a *ChatGPT* sobre las causas del cambio climático. Si los datos de entrenamiento contienen una mayor cantidad de fuentes que niegan la existencia del cambio climático en comparación con las que lo afirman, el modelo generará respuestas que minimicen o cuestionen la validez del cambio climático, reflejando así el sesgo en los datos.

Por ejemplo, esta podría ser la pregunta de un usuario a *ChatGPT:* "¿Cuáles son las principales causas del cambio climático?".

ChapGPT podría responder: "Algunas fuentes sugieren que el cambio climático no es un problema significativo y que las variaciones naturales del clima son responsables de los cambios observados".

En realidad, la comunidad científica está en gran medida de acuerdo en que el cambio climático es real y está principalmente impulsado por la acción humana, como la quema de combustibles fósiles y la deforestación. Este sesgo en la respuesta podría ser un problema, ya que desinformaría al usuario sobre un tema crítico.

ACTIVIDAD COMPLEMENTARIA

10. Investiga y reflexiona sobre cómo los sesgos pueden influir en los algoritmos de inteligencia artificial, afectando la equidad y la precisión de sus resultados. Piensa en ejemplos específicos donde los sesgos han tenido un impacto significativo y en las diversas estrategias que se pueden implementar para mitigar estos problemas.

El manejo responsable de la IA y la mitigación de sesgos en los modelos son esenciales para asegurar que las aplicaciones de IA sean equitativas y precisas. En entornos de cobertura 5G, la IA aprovecha todas las ventajas de estas redes para mejorar sus capacidades, pero también se deben considerar los desafíos éticos y técnicos asociados con su implementación.

IMPORTANTE

La caracterización de la inteligencia artificial en entornos de cobertura 5G busca comprender cómo la IA se adapta y se potencia en un contexto de conectividad avanzada y de alta velocidad como el proporcionado por la tecnología 5G.

Se trata de estudiar y analizar cómo la inteligencia artificial se utiliza y se acomoda dentro del ecosistema que representa entornos de cobertura 5G. Esto implica entender los diferentes modelos, técnicas y aplicaciones de la inteligencia artificial que pueden aprovechar las capacidades y la infraestructura proporcionadas por el 5G.

En este sentido, se han de examinar aspectos como los modelos de inteligencia artificial utilizados, desde **sistemas de reglas simples** hasta **redes neuronales profundas,** y cómo estos modelos se benefician de la alta velocidad y baja latencia ofrecida por las redes 5G. Igualmente, es útil considerar aquellos desafíos y oportunidades específicas que surgen al integrar la inteligencia artificial en entornos donde la conectividad y el procesamiento de datos son más rápidos y eficientes gracias al 5G.

APLICACIÓN PRÁCTICA

El estudio de la caracterización de la IA en entornos de cobertura 5G implica analizar cómo la IA se adapta y se beneficia de las capacidades avanzadas proporcionadas por la tecnología 5G. Esto implica examinar diferentes modelos de IA, desde sistemas de reglas simples hasta redes neuronales profundas, y cómo estos modelos aprovechan la infraestructura 5G para mejorar el procesamiento y la conectividad. ¿Qué aspecto es clave para asegurar que las aplicaciones de IA sean equitativas y precisas en entornos de cobertura 5G?

Solución

Para asegurar que las aplicaciones de IA sean equitativas y precisas, especialmente en entornos de cobertura 5G, es fundamental el manejo responsable de la IA y la mitigación de sesgos en los modelos. Aunque las ventajas técnicas de las redes 5G, como la alta velocidad y la baja latencia, potencian las capacidades de la IA, es clave abordar los desafíos éticos y técnicos relacionados con la implementación de la IA. Esto implica garantizar que los modelos de IA no perpetúen sesgos y sean utilizados de manera responsable, aprovechando al máximo las oportunidades que ofrece el 5G mientras se minimizan los riesgos y las injusticias.

2.2. Modelos de inteligencia artificial

Un **modelo de inteligencia artificial** es una representación matemática y computacional de un proceso o sistemas diseñado para realizar tareas específicas mediante el análisis de datos. Estos modelos son construidos mediante algoritmos y técnicas de aprendizaje automático o aprendizaje profundo, los cuales realizan las siguientes tareas:

1. **Aprender patrones.** Esta tarea implica que el algoritmo identifique regularidades o estructuras en los datos de entrada sin una programación explícita para ello. El algoritmo busca correlaciones o características comunes que pueden ser útiles para realizar una tarea específica.
   Por ejemplo, un algoritmo de aprendizaje automático aprende a reconocer imágenes de gatos en fotografías. Al proporcionar datos al algoritmo mediante una gran cantidad de imágenes etiquetadas como "gato" o "no gato", el algoritmo puede aprender patrones visuales distintivos que

son característicos de los gatos, como la forma de las orejas o la presencia de bigotes característica de estos animales.

2. **Realizar predicciones.** En esta tarea, el algoritmo utiliza los patrones identificados en los datos de entrenamiento para hacer estimaciones sobre datos futuros o desconocidos. Estas predicciones pueden ser numéricas (regresión) o categóricas (clasificación).

   Por ejemplo, un modelo de aprendizaje automático entrenado con datos históricos de ventas de una tienda predice las ventas futuras en función de factores como la temporada del año, el día de la semana y las promociones vigentes. Como consecuencia, esto permite a la tienda anticiparse a la demanda y ajustar su inventario y estrategias de *marketing*.

3. **Tomar decisiones sin una programación explícita para cada situación.** En esta tarea, el algoritmo utiliza los patrones aprendidos y las predicciones generadas para tomar decisiones automáticamente en tiempo real, sin necesidad de una programación específica para cada posible situación.

   Por ejemplo, un sistema de conducción autónoma utiliza datos de sensores, como pueden ser las cámaras y los radares para identificar objetos y obstáculos en la carretera. Basándose en esta información y en modelos de predicción del comportamiento de otros vehículos y peatones, el sistema toma decisiones para navegar de manera segura por el entorno sin intervención humana, como acelerar, girar, frenar, etc.

Algoritmo y modelo de inteligencia artificial son conceptos relacionados pero distintos. En el contexto de la inteligencia artificial y del aprendizaje automático podemos establecer las siguientes diferencias:

⊃ **Algoritmo.** El algoritmo es un conjunto de instrucciones lógicas y secuenciales diseñadas para resolver un problema específico o realizar una tarea determinada. En el contexto de la inteligencia artificial, un algoritmo hace referencia a métodos y técnicas para entrenar modelos de aprendizaje automático. Ejemplo de ellos son:

  ◑ Los algoritmos de optimización para ajustar los parámetros de un modelo.
  ◑ Los algoritmos de *clustering* para agrupar datos.
  ◑ Los algoritmos de búsqueda para encontrar patrones en conjuntos de datos.

⊃ **Modelo.** Un modelo en inteligencia artificial es como una herramienta que aprende de la información que se le da. Por ejemplo, imagina que proporcionas a la herramienta de inteligencia artificial muchas fotos de gatos y perros. Esta herramienta aprende cómo distinguir entre cada tipo de animal mirando características, como el color del pelaje o la forma de las orejas. Una vez que ha aprendido, es capaz de mirar una nueva foto y decidir si se trata de un gato o un perro, simplemente basándose en lo que ha aprendido.

En base a estas diferencias podemos decir que el modelo es como una especie de mente pensante que la herramienta de inteligencia artificial utiliza para hacer sus predicciones o tomar decisiones. Pero esta "mente" no es algo abstracto, es en realidad una serie de ecuaciones matemáticas y reglas de decisión que se crean a partir de los datos que se le dan.

En esencia, un modelo de inteligencia artificial es una abstracción que captura la relación entre los datos de entrada (entradas) y los resultados deseados (salidas) de un sistema o problema dado. Puede ser utilizado para una variedad de aplicaciones, como son:

Clasificación	Es una tarea en la que el modelo asigna una etiqueta o categoría a un conjunto de datos. Por ejemplo, clasificar correos electrónicos como *spam* o no *spam*, o reconocer si una imagen contiene una silla o una mesa.
Regresión	Implica predecir un valor numérico basado en datos previos. Por ejemplo, predecir el precio de una casa basándose en sus características como el tamaño, la ubicación y el número de habitaciones.
Reconocimiento de patrones	Esta aplicación implica identificar patrones completos en conjuntos de datos. Por ejemplo, identificar patrones de comportamiento en datos de clientes para predecir sus preferencias de compra, o detectar fraudes financieros basándose en anomalías en los patrones de transacciones.
Generación de texto	En esta aplicación, el modelo genera texto nuevo basado en datos de entrenamiento. Por ejemplo, los modelos de generación de texto pueden utilizar para escribir noticias automáticamente o para completar texto en aplicaciones de procesamiento de lenguaje natural.
Traducción automática	Implica convertir texto de un idioma a otro de manera automatizada. Por ejemplo, *Google Translate* utiliza modelos de traducción automática para traducir texto entre diferentes idiomas basándose en patrones lingüísticos aprendidos de conjuntos de datos multilingües.

NOTA

Cada una de estas aplicaciones utiliza modelos de inteligencia artificial entrenados específicamente para realizar una tarea particular. Estos modelos aprenden de datos de entrenamiento y luego pueden aplicarse para hacer predicciones, generar texto o realizar otras tareas relacionadas con la aplicación específica.

Los modelos de inteligencia artificial son entrenados utilizando conjuntos de datos etiquetados o no etiquetados. **Su rendimiento mejora cuantos más datos se les proporciona y se llevan a cabo más ajustes en los hiperparámetros del modelo.**

Al mencionar que el rendimiento del modelo mejora con más datos y ajustes en los hiperparámetros, se está destacando la importancia de alimentar al modelo con suficientes datos de entrenamiento y encontrar las configuraciones óptimas de los hiperparámetros para maximizar su capacidad, con idea de hacer predicciones precisas y generalizar bien a nuevos datos. Por tanto, cuando se dice que el rendimiento mejora con más datos y ajustes en los hiperparámetros del modelo, se hace referencia a los siguientes aspectos importantes del proceso de entrenamiento de un modelo de inteligencia artificial:

- **Más datos.** Al proporcionar al modelo más datos de entrenamiento, se le está dando más información para aprender patrones y relaciones entre las características de los datos de entrada y las etiquetas (si están disponibles). En general, cuantos más datos de alta calidad tenga el modelo para aprender, mejor será su capacidad para generalizar y hacer predicciones precisas sobre datos nuevos o no vistos.
- **Ajustes en los hiperparámetros del modelo.** Los hiperparámetros son configuraciones que controlan el comportamiento y la complejidad del modelo durante el entrenamiento. Ejemplos de hiperparámetros son la tasa de aprendizaje, la profundidad de las capas en una red neuronal o el tamaño de los árboles en un algoritmo de aprendizaje de máquina. Ajustar estos hiperparámetros adecuadamente afecta significativamente el rendimiento del modelo. Experimentar con diferentes configuraciones de hiperparámetros y encontrar la combinación óptima para un problema dado podría llevar a mejoras en cuanto a la precisión y la capacidad de generalización del modelo.

Una vez entrenados, estos modelos pueden ser desplegados y utilizados en entornos de producción para automatizar tareas, tomar decisiones o proporcionar recomendaciones basadas en la información disponible.

Los **sistemas de reglas,** las **redes neuronales artificiales, las redes neuronales convolucionales, las redes neuronales recurrentes o las redes neuronales profundas** son solo algunos ejemplos de las herramientas poderosas de la inteligencia artificial que pueden perfectamente utilizarse en entornos de cobertura 5G para **mejorar la eficiencia,** la **seguridad** y la **experiencia del usuario.**

La correcta aplicación de estos modelos de inteligencia artificial requiere de un entendimiento profundo de las características y capacidades de cada modelo, así como de las necesidades específicas del entorno en cuestión.

Sistemas de reglas

Los **sistemas de reglas** son uno de los modelos más simples de inteligencia artificial. Las decisiones se toman basadas en un conjunto prefinido de **reglas lógicas.**

Los sistemas de reglas son útiles en entornos de cobertura 5G para tareas de control y la gestión de red, donde se necesitan decisiones rápidas y predecibles.

 EJEMPLO

En una red 5G, un sistema de reglas podría ser utilizado para priorizar el tráfico de datos críticos, como puede ser la comunicación de emergencia sobre el tráfico de datos considerado menos urgente.

Las reglas lógicas son enunciados o proposiciones que expresan relaciones entre diferentes elementos o conceptos. Se utilizan para razonar sobre la verdad o falsedad de ciertas afirmaciones. Estas reglas siguen los principios de la lógica, que es la disciplina que estudia las formas válidas de razonamiento.

En el contexto de los sistemas de inteligencia artificial, las reglas lógicas se utilizan para representar conocimiento y tomar decisiones basadas en ese conocimiento. Por lo general, estas reglas consisten en una serie de condiciones o **antecedentes** que deben cumplirse para que se active una acción o conclusión o **consecuente.**

 **EJEMPLO**

En un sistema de recomendación de películas podríamos tener la regla lógica:

Si el género de la película es "Comedia" y la valoración del usuario es mayor o igual a 4, entonces recomendar la película.

En este ejemplo, las condiciones son el género de la película y la valoración del usuario, y la acción es recomendar la película. Si ambas condiciones se cumplen, la regla se activa y se realiza la acción correspondiente.

Las reglas lógicas son fundamentales en los sistemas de reglas de inteligencia artificial porque proporcionan un marco claro y explícito para la toma de decisiones, o lo que es lo mismo, **la lógica proporciona modelos formales o lógicos de representación del conocimiento y mecanismos de razonamiento para tomar decisiones lógicas y realizar inferencias. Esto permite que los sistemas sigan un conjunto coherente de instrucciones para resolver problemas específicos.**

Existen dos clásicos modelos formales o lógicos de representación del conocimiento:

➲ **Lógica proposicional.** Es un modelo en el que las afirmaciones se representan mediante proposiciones o sentencias atómicas que pueden ser verdaderas o falsas. Se utilizan operadores lógicos como AND, OR y NOT para construir proposiciones compuestas.
Por ejemplo, en un sistema de diagnóstico médico, es posible representar utilizando lógica proposicional la siguiente afirmación: "Si hay fiebre y tos, entonces podría ser una infección respiratoria".
➲ **Lógica de predicados.** Permite representar conocimiento sobre objetos y relaciones entre ellos mediante predicados y cuantificadores como "para todo" y "existe".
Por ejemplo, en un sistema de planificación robótica, es posible representar utilizando lógica de predicados la siguiente afirmación: "Todos los estudiantes tienen un profesor".

NOTA

En términos generales, la diferencia entre la lógica proposicional y la lógica de predicados radica en que la primera no admite argumentos en los predicados mientras que la segunda sí.

En lógica proposicional se utilizan proposiciones que representan afirmaciones, que pueden ser **verdaderas** o **falsas**. Además, las proposiciones se unen con **operadores lógicos:**

$$(\land \ [\mathbf{y}], \lor \ [\mathbf{o}], \neg \ [\mathbf{no}])$$

Las reglas se construyen con el operador de implicación lógica:

$$(\rightarrow)$$

Existen mecanismos de inferencia, que son reglas o algoritmos que permiten derivar nuevas conclusiones a partir de premisas lógicas, las cuales permiten obtener nuevos datos a partir de los datos ya conocidos. Estos mecanismos de inferencias son: ***modus ponens, modus tollens*** y la **resolución.**

Modus ponens

Si A implica B y se sabe que A es verdadero, entonces se concluye que B también es verdadero. Por ejemplo: "Si llueve, entonces la calle estará mojada" es verdadero, y sabemos que está lloviendo, entonces concluimos que "La calle está mojada".

👁 EJEMPLO

Modus ponens se considera un razonamiento válido porque **q** siempre será verdad, independientemente de lo que represente, cuando se cumplan **p** y **p → q.**

Continúa en página siguiente >>

<< Viene de página anterior

$$
\begin{array}{ll}
p & \text{si } p \\
\underline{p \to q} & \text{y } p \text{ implica } q \\
q & \text{entonces } q
\end{array}
$$

p = "hace calor"

q = "el profesor está incómodo"

Memoria de trabajo (datos): p

Base de conocimiento (reglas): p→ q

Deducción (aplicando *modus ponens): q*

q pasaría a formar parte de la memoria de trabajo.

Modus tollens

Si A implica B y se sabe que B es falso, entonces se concluye que A también es falso. Por ejemplo: si "Si hay humo, entonces hay fuego" es verdadero, y sabemos que no hay fuego, entonces concluimos que "No hay humo".

 EJEMPLO

Modus tollens se considera un razonamiento válido porque **p** siempre será falso, independientemente de lo que represente, cuando se no se cumpla q y se verifique **p→q.**

$$
\begin{array}{ll}
p & \text{si no } q \\
p \to q & \text{y } p \text{ implica } q \\
\neg p & \text{entonces no } p
\end{array}
$$

Continúa en página siguiente >>

<< Viene de página anterior

p = "hace calor"

q = "el profesor está incómodo"

Memoria de trabajo (datos): ¬q

Base de conocimiento (reglas): Base de conocimiento (reglas): p→q

Deducción (aplicando *modus tollens*): ¬p

¿Esto es cierto?

- -

Para poder emparejar se necesita establecer la igualdad del antecedente de la regla a tenor de los hechos conocidos, por lo que nos encontramos con una limitación de la cual no es posible extraer ninguna deducción. Por ejemplo:

- ➲ p = "hombre"
- ➲ q = "mortal"
- ➲ x = "todo hombre es mortal"
- ➲ y = "Mateo es hombre"

La solución la encontramos gracias a la lógica de predicados, debido a que se necesita relacionar objetos (en el ejemplo son personas) y propiedades (esHombre, esMortal).

esHombre(Mateo)

∀x (esHombre(x) → esMortal(x))

Podemos deducir: esMortal(Mateo)

NOTA

La lógica de predicados hace posible que se puedan utilizar los llamados cuantificadores. Estos son:

Continúa en página siguiente >>

<< *Viene de página anterior*

∀ (para todo)

∃ (existe)

Resolución

La resolución es una metodología algo más compleja. Pensemos en ello como buscar contradicciones para demostrar que una afirmación es verdadera. Por ejemplo, si alguien dice: Todas las aves vuelan y alguien más dice: *Las avestruces son aves, pero no vuelan,* se podría usar la resolución para demostrar que la afirmación original es falsa al encontrar este contraejemplo.

Ahora bien, pongamos el foco en el lenguaje de programación Prolog. Este lenguaje es un ejemplo interesante porque está diseñado específicamente para trabajar con lógica y realizar **inferencias**, es decir, llegar a nuevas conclusiones o entender algo nuevo basándose en la información o el conocimiento disponible.

En Prolog, puedes escribir reglas lógicas y hacer consultas para que el programa encuentre respuestas basadas en esas reglas.

Por ejemplo, podrías escribir una regla en Prolog que diga: Si es un ave y no puede volar, entonces es un avestruz. Luego, podrías hacer una consulta preguntando si un animal es un avestruz. Entonces, Prolog podría usar esta regla y otras que hayan sido definidas para determinar si esa afirmación es verdadera o falsa en función de la información disponible.

 IMPORTANTE

En el contexto de la inteligencia artificial, realizar inferencias implica utilizar algoritmos y reglas lógicas para procesar datos y llegar a nuevas conclusiones. Por ejemplo, si se tiene información sobre el clima y se sabe que está lloviendo, se puede inferir que es probable que la calle esté mojada. Del mismo modo, si se tiene conocimiento sobre las reglas de un juego y sobre las acciones de un jugador, se puede inferir cuáles podrían ser sus movimientos futuros.

La resolución es un método utilizado en lógica matemática e inteligencia artificial para probar la validez de un argumento lógico. Se basa en la búsqueda de contradicciones entre las premisas del argumento para llegar a una conclusión.

Para utilizar la resolución en la demostración de la validez de un argumento lógico, primero se transforman las premisas y la negación de la conclusión en forma clausal. Una cláusula es una disyunción de literales donde un literal es una variable o la negación de una variable.

Por ejemplo: *Si es un ave y no puede volar, entonces es un agapornis*, podemos transformarlo en la forma clausal:

Premisa: (¬Ave v ¬PuedeVolar v Agaporni)

Donde ¬ representa la negación de una variable

Ahora bien, para demostrar que este argumento es válido, asumimos que la negación de la conclusión es verdadera. En este caso, la negación de *Si es un ave y no puede volar, entonces es un agapornis* sería: *Es un ave y no puede volar, pero no es un agapornis*, lo cual se puede expresar en forma clausal como:

Negación de la conclusión: (Ave ∧ ¬PuedeVolar ∧ ¬Agaporni)

Luego, buscamos una contradicción entre la premisa y la negación de la conclusión utilizando el **método de resolución.** Si encontramos una cláusula que contenga un literal y su negación, se puede derivar una cláusula vacía, lo que indica una contradicción y confirma la validez del argumento.

En este caso, al aplicar el método de resolución, podríamos encontrar una contradicción entre la premisa y la negación de la conclusión, lo que demostraría la validez del argumento.

 ACTIVIDAD COMPLEMENTARIA

11. Investiga y reflexiona sobre cómo la técnica lógica de *modus tollens* puede ser implementada en la funcionalidad de una aplicación, ayudando a mejorar su desempeño y precisión en la toma de decisiones. Busca ejemplos específicos de aplicaciones que ya estén utilizando esta técnica y analiza su implementación y beneficios.

Redes neuronales artificiales

Las **redes neuronales artificiales** (RNA) son modelos de IA inspirados en el funcionamiento del cerebro humano. Están compuestas por capas de neuronas interconectadas.

En entornos 5G, las RNA se utilizan, entre otras cuestiones, para tareas como la optimización del rendimiento de la red, el análisis de datos de tráfico y la detección de anomalías.

 **EJEMPLO**

Una RNA puede ser perfectamente entrenada para predecir la congestión en la red 5G basándose en datos históricos de tráfico y condiciones de la red.

Por ejemplo, pensemos que tenemos acceso a datos históricos que contienen información sobre la cantidad de dispositivos conectados a la red 5G en diferentes momentos del día, la velocidad del tráfico de datos o la latencia, entre otros parámetros.

Utilizando toda esta información, podemos entrenar una RNA para predecir la probabilidad de congestión en la red en función de estas variables.

Una vez entrenada, la RNA se desplegaría en tiempo real para analizar datos en curso y permitir anticipar posibles problemas de congestión. Esto es, si la RNA detecta un aumento significativo en el número de dispositivos conectados durante un período específico del día, enviaría alertas o propondría alguna recomendación de ajustes en la asignación de recursos para evitar dicha congestión de tráfico.

Sirva este ejemplo para entender que las redes neuronales son herramientas muy poderosas que pueden ser empleadas en entornos 5G con idea de optimizar el funcionamiento o rendimiento de una red, contribuyendo a que las personas usuarias puedan tener una experiencia más fluida y eficiente en sus comunicaciones móviles.

Redes neuronales convolucionales

Las **redes neuronales convolucionales** (**CNN**) son un tipo de RNA especialmente eficaz en tareas de procesamiento de imágenes y vídeos. Destacan por su capacidad para reconocer patrones espaciales.

 **EJEMPLO**

Una CNN puede ser utilizada para analizar imágenes de cámaras de vigilancia en una red 5G, identificando objetos sospechosos o comportamientos anómalos en tiempo real.

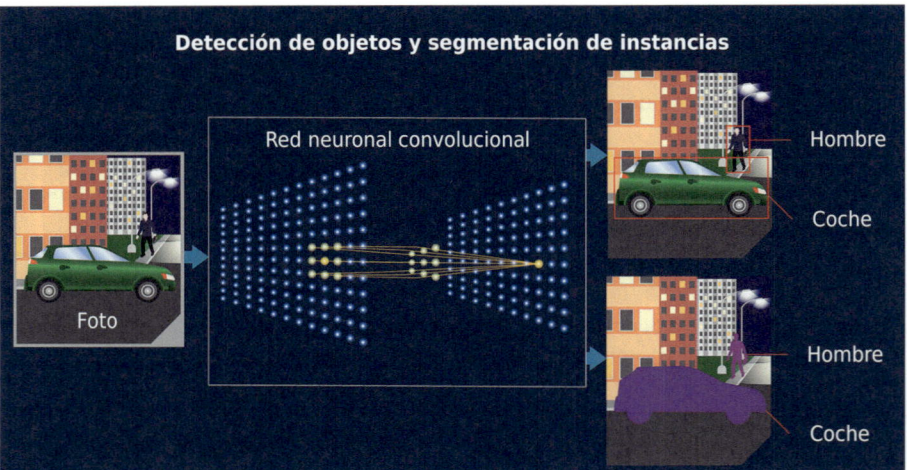

En entornos 5G, las CNN pueden emplearse en aplicaciones de realidad aumentada, vehículos autónomos y vigilancia de seguridad.

El proceso de desarrollar una app basada en redes neuronales convolucionales sigue los mismos principios generales que el desarrollo de aplicaciones con otras arquitecturas de redes neuronales, pero se adapta específicamente a las peculiaridades y ventajas de las redes neuronales convolucionales para problemas relacionados con el procesamiento de imágenes.

Redes neuronales recurrentes

Las **redes neuronales recurrentes** (**RNN**) son adecuadas para datos secuenciales, como series temporales o texto, gracias a su capacidad para mantener una memoria de estados anteriores.

Red neuronal recurrente

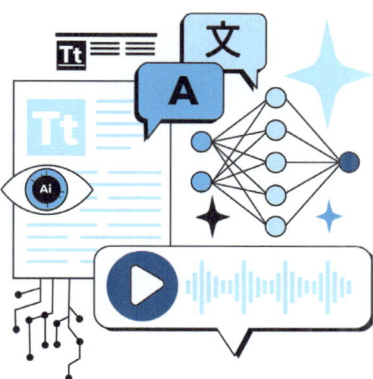

Las RNN son un tipo de red neuronal utilizada para procesar secuencias de datos, como series temporales o texto, donde las conexiones entre las unidades forman un grafo dirigido en una secuencia temporal. Esto permite que la red mantenga una memoria de los estados anteriores para influir en la salida actual.

 SABÍAS QUE...

En el contexto de tecnologías 5G, las RNN pueden emplearse en la predicción de tráfico de red, el procesamiento de señales y la optimización de recursos. Por ejemplo, una RNN podría perfectamente calcular la demanda de datos en una red 5G basándose en patrones históricos de uso.

Para explicar cómo las redes neuronales recurrentes mantienen una memoria de los estados anteriores para influir en la salida actual, podemos considerar un ejemplo sencillo relacionado con el procesamiento de texto, específicamente la predicción de la siguiente palabra en una frase.

Por ejemplo, queremos predecir la siguiente palabra en una secuencia de palabras. La frase inicial es: *El clima hoy está muy.* Queremos que la RNN prediga la siguiente palabra:

1. **Entrada secuencial.** La frase se ingresa palabra por palabra en la RNN:

   ◗ Primera palabra: *El*
   ◗ Segunda palabra: *clima*

- ◐ Tercera palabra: *hoy*
- ◐ Cuarta palabra: *está*
- ◐ Quinta palabra: *muy*

2. **Memoria de estados anteriores.** En cada paso, la RNN no solo recibe la palabra actual, sino también un estado oculto que contiene información de las palabras anteriores.

   - ◐ Después de *El,* la red tiene un estado h1h_1h1 que encapsula la información de *El.*
   - ◐ Después de *clima,* la red tiene un estado h2h_2h2 que encapsula la información de *El clima.*
   - ◐ Esto continúa hasta muy, donde el estado h5h_5h5 encapsula la información de toda la frase hasta ese punto *(El clima hoy está muy).*

3. **Predicción basada en memoria.** Cuando la red recibe muy y el estado h5h_5h5, utiliza esta información combinada para predecir la siguiente palabra.

   - ◐ La RNN predice que la siguiente palabra es *soleado,* basándose en el contexto proporcionado por las palabras anteriores y el estado h5h_5h5.

Resultado del proceso descrito

Paso 1: Input: *El,* Estado Inicial: h0h_0h0

Salida: Estado h1h_1h1

Paso 2: Input: *clima,* Estado: h1h_1h1

Salida: Estado h2h_2h2

Paso 3: Input: *hoy,* Estado: h2h_2h2

Salida: Estado h3h_3h3

Paso 4: Input: *está,* Estado: h3h_3h3

Salida: Estado h4h_4h4

Paso 5: Input: *muy,* Estado: h4h_4h4

Salida: Estado h5h_5h5

Predicción: Utilizando *muy* y h5h_5h5, la red predice *soleado.*

NOTA

En este ejemplo, la RNN utiliza los estados ocu tos para recordar las palabras anteriores y comprender el contexto de la frase. Esto le permite hacer una predicción sobre la siguiente palabra. La capacidad de mantener y utilizar la memoria de estados anteriores es lo que hace que las RNN sean adecuadas para tareas secuenciales como el procesamiento de texto, el reconocimiento de voz y el análisis de series temporales.

- -

Redes neuronales profundas

Las **redes neuronales profundas (DNN)** sor redes neuronales con múltiples capas ocultas, capaces de aprender representaciones complejas de datos.

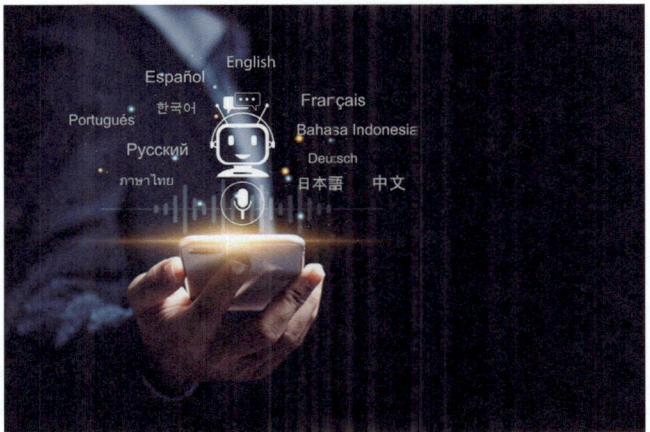

En entornos 5G, las DNN pueden emplearse en aplicaciones de reconocimiento de voz, traducción automática y recomendación de contenido.

◉ EJEMPLO

Una DNN puede ser utilizada para optimizar la asignación de recursos de red en tiempo real, maximizando la calidad de servicio para diferentes tipos de aplicaciones y usuarios.

- -

Las redes neuronales profundas (*deep neural networks,* DNN) son un tipo de red neuronal artificial que se caracteriza por tener múltiples capas ocultas entre la capa de entrada y la capa de salida. Estas múltiples capas permiten a las DNN aprender representaciones complejas y abstractas de los datos. Su funcionamiento se describe a continuación.

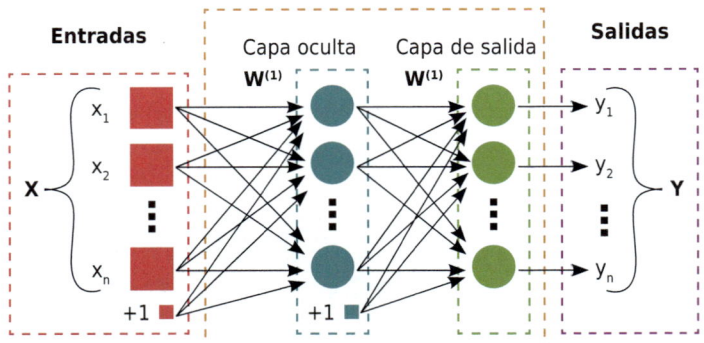

Representación de una red neural profunda

La **capa de entrada** recibe los datos iniciales. Por ejemplo, en una red neuronal para reconocimiento de imágenes, la capa de entrada recibiría los píxeles de la imagen. Entre la capa de entrada y la capa de salida, hay varias **capas ocultas.** Cada capa oculta consiste en varios nodos (o neuronas) que aplican transformaciones a los datos. Las capas ocultas permiten que la red aprenda características de mayor nivel y abstracción. Cada neurona en una capa está conectada a las neuronas de la capa anterior y a las neuronas de la siguiente capa. Las conexiones entre neuronas tienen pesos que se ajustan durante el entrenamiento. Además, cada neurona tiene un sesgo que también se ajusta. Los pesos y sesgos determinan cómo se combinan las entradas para producir la salida de una neurona. Después de combinar las entradas con los pesos y sesgos, la salida pasa por una función de activación no lineal. Esta función de activación introduce no linealidades en el modelo, permitiendo que la red aprenda relaciones complejas en los datos.

La **capa final** produce la salida del modelo. En una tarea de clasificación, la capa de salida podría tener tantas neuronas como clases haya, y cada neurona representaría la probabilidad de que el dato pertenezca a esa clase.

IMPORTANTE

El entrenamiento de una DNN implica ajustar los pesos y sesgos para minimizar el error entre las predicciones del modelo y los valores reales. Esto se logra mediante un proceso iterativo llamado retropropagación, que utiliza el gradiente descendente para actualizar los pesos y sesgos. Gracias a las múltiples capas ocultas, las DNN aprenden características de alto nivel y complejas a partir de los datos. Por ejemplo, en una red profunda para el reconocimiento de imágenes, las primeras capas pueden aprender a detectar bordes y texturas, mientras que las capas más profundas pueden aprender a detectar partes de objetos y, finalmente, el objeto completo.

A continuación, y de manera genérica, se presentan los pasos que se han de dar para desarrollar una *app* utilizando un modelo de IA. Cada paso requiere cierta atención y todos los ajustes necesarios en función del problema y las limitaciones de recursos de que dispongamos. Es importante contar con la preparación suficiente para iterar en cada etapa del proceso a fin de lograr los mejores resultados posibles:

- ➲ **Paso 1.** Identifica el problema que deseas resolver utilizando la RNA. Por ejemplo, puede ser reconocimiento de imágenes, predicción de texto, detección de anomalías o cualquier otro problema que hayas identificado.
  En esta etapa es importante saber definir con claridad el objetivo de la aplicación que vas a desarrollar y qué tipo de entrada y salida deseas.
- ➲ **Paso 2.** Reúne un conjunto de datos adecuado para entrenar y probar la RNA. Los datos deben ser representativos del problema que estás tratando de resolver.
  Limpia y preprocesa los datos según sea conveniente. Esto significa incluir la normalización, la eliminación de valores atípicos y la división en conjuntos de entrenamiento, validación y prueba.
- ➲ **Paso 3.** Selecciona el tipo de RNA que mejor se adapte a tu problema como:

  - ◔ Redes neuronales convolucionales (CNN) para imágenes.
  - ◔ Redes neuronales recurrentes (RNN) para secuencias de datos.

◑ Redes neuronales totalmente conectadas (DNN) para tareas generales.

Decide el número de capas y neuronas en cada capa, así como las funciones de activación adecuadas para cada capa.
Considera la arquitectura de la RNA en función de la complejidad del problema y la cantidad de datos disponibles.

⮕ **Paso 4.** Utiliza una biblioteca de aprendizaje automático como *TensorFlow, Keras o PyTorch* para implementar la arquitectura de la RNA en código.
Entrena la RNA utilizando el conjunto de datos preparado en el paso 2.
Ajusta los hiperparámetros en función de la necesidad para mejorar el rendimiento del modelo. Valida dicho rendimiento utilizando el conjunto de validación y realizando los ajustes que sean necesarios.

⮕ **Paso 5.** Desarrolla la interfaz de usuario de la aplicación que permita a las personas usuarias interactuar con la RNA.
No olvides implementar la lógica de la RNA en la aplicación y asegúrate de que pueda procesar entradas con eficacia y devolver resultados precisos.
Prueba la aplicación para asegurarte de que funcione correctamente y que es capaz de manejar diferentes escenarios de uso.

⮕ **Paso 6.** Despliega la aplicación en la plataforma deseada, ya sea en dispositivos móviles, en la nube o en servidores locales. Realiza un seguimiento del rendimiento de la aplicación y actualízala para mejorar la precisión y la eficiencia de la RNA.
Proporciona soporte y mantenimiento continuos para garantizar que la aplicación funcione correctamente y cumpla con las expectativas de los usuarios.

2.3. Sistemas de aprendizaje automático y manuales

En el ámbito de la inteligencia artificial, los sistemas de aprendizaje, ya sean automáticos o manuales, representan enfoques fundamentales para resolver una amplia gama de problemas. Estos sistemas no solo impulsan la innovación tecnológica, sino que también transforman la forma en que se interactúa con la información y se automatizan tareas complejas. En este contexto, es fundamental comprender las diferencias entre los sistemas de aprendizaje automático y manual, así como sus respectivas aplicaciones, ventajas y limitaciones. Esta distinción entre enfoques no solo define cómo los sistemas procesan y utilizan la información, sino que también influye en su capacidad para adaptarse a entornos cambiantes y resolver problemas con mayor eficiencia y eficacia.

En este apartado, examinaremos en detalle tanto los sistemas de aprendizaje automático como los manuales, destacando sus características distintivas y ejemplos destacados de su aplicación en diversos campos. Con este nivel de entendimiento, podremos apreciar mejor cómo estos sistemas impulsan la inteligencia artificial y su impacto en la sociedad moderna, sirviendo de fuente de inspiración para el desarrollo de proyectos basados en inteligencia artificial.

Sistemas de aprendizaje automático

Los sistemas de aprendizaje automático son aquellos que pueden aprender y mejorar su rendimiento a partir de datos sin una programación explícita.

Estos sistemas utilizan algoritmos para identificar patrones y hacer predicciones, o simplemente tomar decisiones basadas en esos patrones, es decir, operan automáticamente una vez que se han configurado con una base de conocimientos y reglas. Pueden procesar información y tomar decisiones sin una intervención humana continua.

 **EJEMPLO**

Un sistema de recomendación en una plataforma de *streaming* como *Netflix* o *Spotify* que sugiere películas o música basándose en las preferencias del usuario es un buen ejemplo de aprendizaje automático. El sistema aprende de las interacciones históricas del usuario y en base a ello va ajustando sus recomendaciones.

Sistemas de aprendizaje manual

Los sistemas de aprendizaje manual, también conocidos como sistemas expertos, se basan en reglas y conocimientos humanos predefinidos.

Estos sistemas no aprenden de los datos, sino que operan según un conjunto de reglas y criterios establecidos por personas expertas; es decir, la creación y actualización de la base de conocimientos requiere de la intervención manual de expertos humanos que proporcionen los datos y las reglas iniciales.

 **EJEMPLO**

Un sistema de diagnóstico médico que utiliza reglas específicas para identificar enfermedades basándose en síntomas y resultados de pruebas médicas es un ejemplo de aprendizaje manual. Las reglas son definidas por profesionales médicos y no cambian en función de nuevos datos o experiencias.

Comparativa entre sistemas de aprendizaje automático y manual

Los sistemas de aprendizaje automático y los manuales presentan ventajas e inconvenientes. La elección entre uno u otro siempre dependerá de las necesidades específicas del problema y de los recursos de que se disponga. En muchos casos, una combinación de ambos enfoques podría ser la estrategia perfecta para abordar diferentes aspectos de un mismo problema. No obstante, a continuación se presenta una comparativa de los sistemas en función de algunas características relevantes:

1. **Flexibilidad.** Los sistemas de aprendizaje automático tienden a ser más flexibles, ya que pueden adaptarse y mejorar continuamente con la entrada de nuevos datos en tiempo real. En contraposición, los sistemas de aprendizaje manual son estáticos y no pueden ajustarse de forma automática.
2. **Interpretabilidad.** Los sistemas de aprendizaje manual son más fácilmente interpretables, ya que operan según reglas explícitas que son fácilmente comprensibles por las personas. Por otro lado, los sistemas de aprendizaje automático, especialmente aquellos basados en modelos complejos como las redes neuronales profundas, suelen ser de difícil interpretación si no son analizados por una persona experta en la materia.
3. **Requerimientos de datos y *expertise*.** Los sistemas de aprendizaje automático requieren grandes cantidades de datos para entrenar modelos eficaces, así como expertise en el diseño y ajuste de algoritmos; en cambio, los sistemas de aprendizaje manual dependen principalmente del conocimiento humano y no requieren datos de entrenamiento extensivos.

SABÍAS QUE...

El *expertise* en el diseño y ajuste de algoritmos hace referencia a la habilidad y el conocimiento especializado que una persona tiene en la creación, optimización y ajuste de algoritmos para resolver problemas específicos. Ello implica comprender profundamente los fundamentos teóricos de los algoritmos, así como tener experiencia práctica en su implementación y ajuste para adaptarse a diferentes situaciones y requisitos. El *expertise* en este campo abarca varios aspectos:

Conocimiento teórico:

- Comprender los fundamentos matemáticos y computacionales de los algoritmos.
- Conocer los diferentes tipos de algoritmos, sus estructuras de datos asociados y sus complejidades computacionales.
- Estar al tanto de los últimos avances en teoría de algoritmos y técnicas de optimización.

Experiencia práctica:

- Tener experiencia en la implementación de algoritmos en diferentes lenguajes de programación y entornos de desarrollo.
- Saber cómo adaptar y ajustar algoritmos existentes para satisfacer los requisitos específicos de un problema.
- Ser capaz de evaluar el rendimiento y la eficiencia de los algoritmos en situaciones del mundo real y realizar mejoras según sea necesario.

Resolución de problemas:

- Ser capaz de analizar y descomponer problemas complejos en pasos más simples y diseñar algoritmos eficientes para resolverlos.
- Tener habilidades de resolución de problemas para identificar y abordar cuellos de botella, errores y limitaciones en los algoritmos existentes.

Optimización y ajuste:

- Saber cómo optimizar algoritmos para mejorar su rendimiento en términos de velocidad, uso de recursos y precisión.
- Ser capaz de ajustar parámetros y realizar ajustes finos en los algoritmos para adaptarlos a diferentes conjuntos de datos o contextos de aplicación.

La inteligencia artificial ofrece un espectro amplio de posibilidades en el mundo empresarial. Una de las aplicaciones de mayor soporte y con mayor potencial viene de la mano de la ingeniería del conocimiento con los sistemas expertos o sistemas basados en conocimientos (SBC). Estos conceptos vienen a describir sistemas computarizados que resuelven problemas muy complejos de una forma muy parecida a como los resolvería un humano experto para encontrar las soluciones más eficientes.

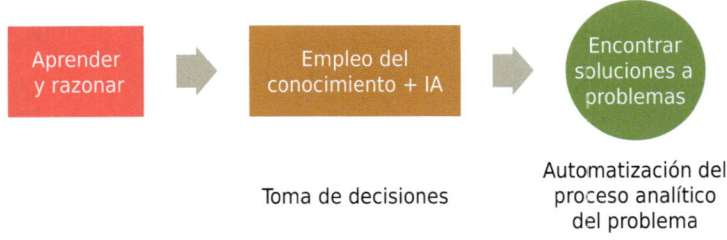

Toma de decisiones

Automatización del proceso analítico del problema

 **IMPORTANTE**

El objetivo de unir la fuerza de la IA y la ingeniería del conocimiento es la automatización del proceso analítico de un problema para encontrar soluciones haciendo uso del conocimiento y de la toma de decisiones.

Sistemas expertos. Métodos de los sistemas basados en conocimiento

Un sistema experto es un producto fruto de un SBC, como así se muestra en la siguiente representación:

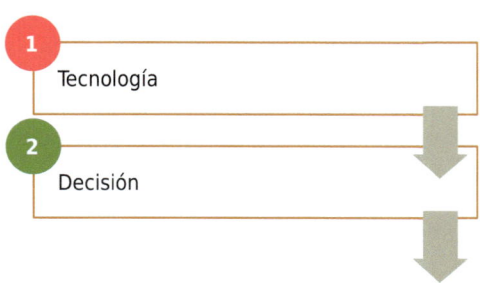

Continúa en página siguiente >>

<< Viene de página anterior

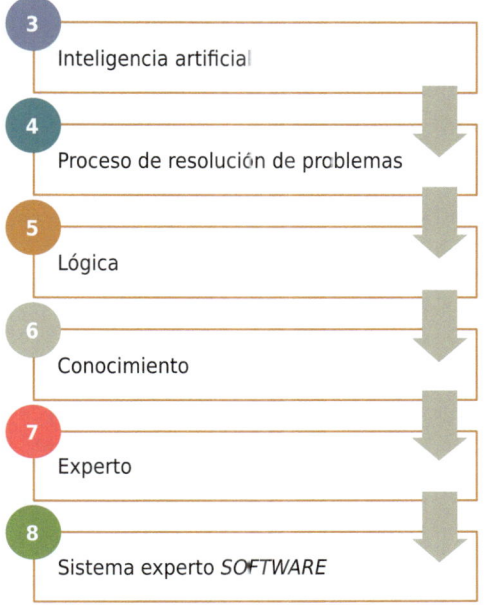

3 Inteligencia artificial

4 Proceso de resolución de problemas

5 Lógica

6 Conocimiento

7 Experto

8 Sistema experto *SOFTWARE*

Un sistema experto tiene como función poder representar el conocimiento de profesionales expertos en diferentes áreas del conocimiento, con idea de optimizar, aprovechar y aplicar ese conocimiento y experiencia en la expedición de diagnósticos y tareas diversas de control y aprendizaje.

Aunque los sistemas expertos son sistemas basados en conocimientos, no todos los SBC son sistemas expertos.

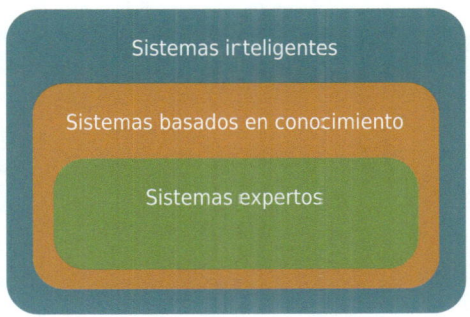

Sistemas inteligentes

Sistemas basados en conocimiento

Sistemas expertos

Los **sistemas expertos** son capaces de tener un comportamiento, en cuanto a la gestión del conocimiento, muy similar a la del ser humano.

Estos sistemas son diseñados para lograr resolver problemas complejos sin mecanismos de programación tradicional, pero sí requieren que en su diseño se refleje el dominio del problema que deba abordar, atendiendo a las relaciones de conceptos claves y a la identificación de estos conceptos y relaciones. Mientras que en un SBC intenta resolver problemas, modulando el problema, en los sistemas expertos se aborda el problema construyendo un modelo.

Los **sistemas basados en conocimiento (SBC)** son desarrollados empleando técnicas diversas. De entre las diferentes metodologías aplicables podrían nombrarse las siguientes:

DENDRAL
- Método de IA implementado en los a los años 60. Es considerado el primer sistema de experto capaz de ser aplicado a contextos reales del área de investigaciones científicas tanto biológicas como de la química. Sirvió para facilitar trabajos de inferencia sobre estructuras moleculares.

MYCIN
- Método de los años 70 que sirvió para desarrollar un sistema de experto cuya principal función consistió en proporcionar ayuda a profesionales médicos y del campo de la investigación a través del diagnóstico sobre enfermedades infecciosas de la sangre.

CADECEUS
- Completado en los años 80, se desarrolló una década anterior con idea de mejorar las técnicas de MYCIN en la realización de diagnósticos de medicina interna.

XCON/R1
- Método con el que se desarrolló un sistema de experto que prestaba asistencia a los pedidos de los sistemas de ordenadores a través de la selección de aquellos componentes necesarios en función de los requerimientos del cliente.

KADS
- Método de gran relevancia para las organizaciones empresariales. Fue implementado a mediados de los años 90 y contribuyó a mejorar el alcance de los objetivos empresariales a través de un sistema basado en iteraciones.
  - 1. Definición de objetivos
  - 2. Evaluación de riesgos
  - 3. Creación del sistema basado en conocimiento
  - 4. Plan de mejora ciclo depurativo

Continúa en página siguiente >>

<< Viene de página anterior

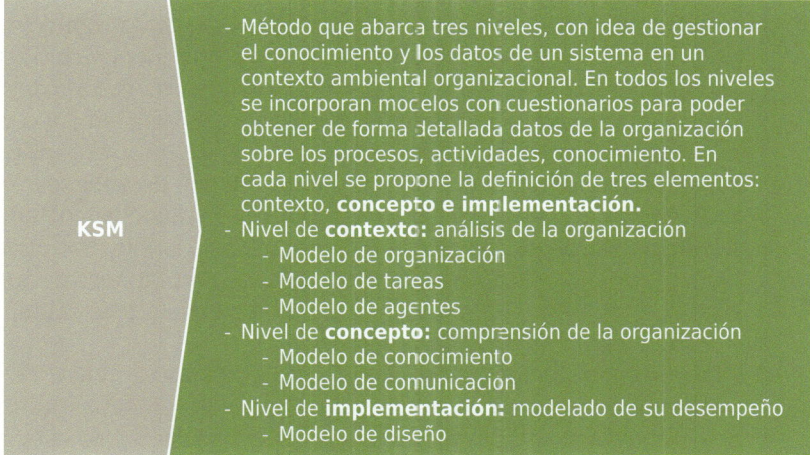

KSM	- Método que abarca tres niveles, con idea de gestionar el conocimiento y los datos de un sistema en un contexto ambiental organizacional. En todos los niveles se incorporan modelos con cuestionarios para poder obtener de forma detallada datos de la organización sobre los procesos, actividades, conocimiento. En cada nivel se propone la definición de tres elementos: contexto, **concepto e implementación.**
	- Nivel de **contexto:** análisis de la organización
	  - Modelo de organización
	  - Modelo de tareas
	  - Modelo de agentes
	- Nivel de **concepto:** comprensión de la organización
	  - Modelo de conocimiento
	  - Modelo de comunicación
	- Nivel de **implementación:** modelado de su desempeño
	  - Modelo de diseño

Categorización de los sistemas basados en conocimiento

Son **seis las categorías de los sistemas basados en conocimiento.** Cada tipo de SBC cuenta con unas características distintas que lo diferencia de los demás. Saber distinguir tipos de SBC es interesante principalmente porque cada tipo está diseñado para abordar diferentes problemas y aplicaciones, aprovechando diversas metodologías y tecnologías:

1. Cada tipo de SBC está optimizado para resolver problemas específicos, como son el diagnóstico médico, la gestión de procesos industriales o la asistencia legal.
2. Identificar el tipo de SBC adecuado ayuda a seleccionar las técnicas y herramientas más eficaces, como sistemas expertos, redes neuronales o algoritmos de aprendizaje automático, facilitando el desarrollo y la implementación del sistema.
3. Algunos SBC son más fáciles de interpretar y explicar que otros. Por ejemplo, los sistemas basados en reglas suelen ser más transparentes que las redes neuronales profundas, lo cual es muy importante en áreas donde la interpretabilidad es clave.
4. Igualmente, al conocer las características y requerimientos de cada tipo de SBC, se pueden optimizar los recursos de *hardware* y *software* necesarios para su implementación y buen funcionamiento.
5. Poder distinguir entre diferentes tipos de SBC fomenta la innovación y el desarrollo de nuevas técnicas y aplicaciones, adaptadas a las necesidades cambiantes de la industria y la sociedad.

La descripción de cada una de las categorías es la siguiente:

- **Sistemas expertos.** Son los encargados de integrar los conocimientos que, de forma organizada, aproximan esa área de conocimiento que está asociada con el saber humano, pero con un esfuerzo mucho menor. En definitiva, son programas informáticos diseñados para emular el juicio y el comportamiento de un experto humano en un campo específico. Utilizan reglas basadas en el conocimiento para tomar decisiones o resolver problemas. Como ejemplo están los sistemas de diagnóstico médico.
- **Redes neuronales.** Son modelos de aprendizaje automático inspirados en la estructura del cerebro humano. Además, son capaces de aprender de datos, identificar patrones y hacer predicciones. Como ejemplo es el reconocimiento de voz y de imágenes.
- **Algoritmos genéticos.** Son técnicas de optimización basadas en los principios de la selección natural y la genética. Se utilizan para encontrar soluciones aproximadas a problemas complejos mediante la evolución de una población de soluciones candidatas. Por ejemplo: la optimización de rutas en logística.
- **Agentes inteligentes.** Son entidades autónomas que perciben su entorno y toman decisiones para alcanzar objetivos específicos. Aprenden y tienen la capacidad de adaptarse a lo largo del tiempo. Por ejemplo: los asistentes virtuales como *Siri* o *Alexa*.
Los agentes inteligentes son sistemas autónomos diseñados para percibir, actuar y adaptarse en su entorno con el fin de cumplir con objetivos específicos. Estos sistemas son fundamentales en aplicaciones modernas que requieren decisiones autónomas y adaptativas, desde asistentes virtuales hasta sistemas de control en casas inteligentes.
Un agente inteligente es una entidad autónoma que percibe su entorno mediante sensores y actúa sobre ese entorno utilizando actuadores. Su objetivo es realizar tareas específicas o lograr metas definidas, adaptándose a las condiciones cambiantes del entorno. Los agentes inteligentes pueden tomar decisiones, aprender de la experiencia y trabajar de manera colaborativa o individual para resolver problemas complejos.
Las características clave de los agentes inteligentes son:

  - **Autonomía.** Pueden tomar decisiones por sí mismos basándose en las percepciones de su entorno.
  - **Capacidad de percepción.** Utilizan sensores para recoger datos del entorno (cámaras, micrófonos, sensores de temperatura) o virtuales (recopilación de datos en línea, API).
  - **Capacidad de actuación.** Utilizan actuadores para interactuar con su entorno: es decir, son capaces de modificar datos, enviar comandos a otros sistemas, etc.
  - **Objetivos y metas.** Están diseñados para cumplir con objetivos específicos. Estos objetivos guían su comportamiento y sus decisiones.

Ø **Adaptabilidad.** Aprenden de la experiencia y ajustan sus estrategias para mejorar el desempeño.

Ø **Interactividad.** Son capaces de interactuar con otros agentes o humanos. La colaboración y comunicación con otros agentes es una característica común en sistemas multiagente.

⮑ **Minería de datos.** Se trata de un concepto que describe cómo se halla el conocimiento a través de la detección de relaciones no identificadas o inexploradas entre conjuntos de datos. La minería de datos se puede definir como el proceso de descubrir patrones, correlaciones y tendencias en grandes conjuntos de datos. Utiliza técnicas de aprendizaje automático, estadísticas y bases de datos. Por ejemplo, el análisis de comportamiento de clientes en comercio electrónico.

La minería de datos es un proceso en el que participan varias tecnologías, que tienen por objetivo encontrar relaciones ocultas entre los datos.

⮑ **Sistemas de tutoría inteligente.** Más que una categoría es una forma de aplicación sofisticada de recursos formativos apoyados en la informático que persigue optimizar la calidad a un menor coste. Los sistemas de tutoría inteligente son aplicaciones que proporcionan un proceso personalizado de enseñanza-aprendizaje y una eficaz retroalimentación. Utilizan modelos de conocimiento del dominio y de los usuarios para adaptar el contenido y las actividades. Un ejemplo de estos sistemas son las plataformas de aprendizaje adaptativo.

Sistemas de tutoría inteligentes

Trazo editable

Para tener la consideración de sistema de tutoría Inteligente, el software debe ser capaz de mantener intervenciones de forma continuada a lo largo de todo el proceso de aprendizaje.

 ACTIVIDAD COMPLEMENTARIA

12. Responde a las siguientes preguntas:

- ¿Cómo pueden los sistemas de aprendizaje adaptativo ser implementados eficazmente en entornos educativos y laborales?
- ¿Cuáles son los beneficios y desafíos de su aplicación?
- ¿Qué ejemplos de aplicaciones actuales existen que utilizan sistemas de aprendizaje adaptativo?

Escanea el siguiente QR, para utilizar el artículo como punto de partida para tu investigación y reflexión.

https://redirectoronline.com/ifcd990405

TAREA 8

El Departamento de *Marketing* de una empresa especialista en domótica del hogar pretende diseñar una estrategia comercial dirigida a clientes que hayan comprado cámaras de seguridad a la misma vez que sensores de humos inteligentes. Para ello, este departamento necesitará analizar los todos los *tickets* de compra almacenados y extraer de ahí esa información.

Según esto, indica qué categoría de sistema basado en conocimiento es la que permitiría abordar ese trabajo de recopilación, clasificación, análisis de información de forma más eficiente que si se abordara esta tarea de forma manual por el personal del Departamento de *Marketing*.

- -

2.4. Programación de inteligencia artificial, NLP, *text to speech, speech to text* y algoritmos

En el panorama de la programación de inteligencia artificial, áreas como el **procesamiento del lenguaje natural (NLP)** y las **tecnologías de conversión de texto a voz** *(text to speech,* **TTS)** y **de voz a texto** *(speech to text,* **STT)** desempeñan un papel fundamental. Estos campos están en constante evolución y revolucionan la forma en que interactuamos con la tecnología, permitiendo una comunicación más natural y fluida entre humanos y máquinas. En este análisis, exploraremos en detalle la programación de IA en NLP, TTS y STT, así como los algoritmos asociados que hacen posible estas tecnologías. Comprenderemos cómo estas áreas están transformando la experiencia del usuario y abriendo nuevas oportunidades en campos como la asistencia virtual, la accesibilidad y la automatización de tareas cotidianas.

Desde el reconocimiento de voz en dispositivos móviles hasta la generación de respuestas inteligentes en sistemas de *chatbot,* la programación de IA en NLP, TTS y STT está en el centro de la revolución digital, mejorando nuestra capacidad para comunicarnos y colaborar con la tecnología de manera más eficiente y efectiva.

A continuación se presenta una descripción detallada de la programación de inteligencia artificial (IA), poniendo el foco en las áreas de procesamiento del lenguaje natural (NLP), *text to speech* (TTS), *speech to text* (STT) y los algoritmos asociados.

Procesamiento del lenguaje natural (NLP)

El **procesamiento del lenguaje natural** *(NLP* o *natural language processing)* es una rama de la inteligencia artificial que se centra en la interacción entre las máquinas (sistemas informáticos) y el lenguaje humano.

Los algoritmos de NLP permiten a las máquinas entender, interpretar y generar texto y discurso de manera similar a como lo hacen los humanos.

Los sistemas de *chatbot* que utilizan el procesamiento del lenguaje natural emplean algoritmos y modelos de lenguaje para comprender preguntas escritas en lenguaje natural. Estos algoritmos analizan el texto de entrada, identifican las palabras clave, comprenden la intención del usuario y extraen la información relevante. Luego, el *chatbot* consulta su base de conocimientos o base de datos para encontrar respuestas apropiadas y las presenta al usuario de manera comprensible. Este proceso permite a los *chatbots* responder de manera precisa y relevante a las consultas de los usuarios, ofreciendo una experiencia más intuitiva y efectiva en la interacción del usuario.

 ## PARA SABER MÁS

Escanea el siguiente QR para acceder al artículo de IBM titulado **¿Qué es el procesamiento del lenguaje natural (NLP)?,** para conocer en mayor profundidad en qué consiste el procesamiento del lenguaje natural, enfoques y herramientas.

Continúa en página siguiente >>

<< Viene de página anterior

https://redirectoronline.com/ifcd990406

Text to speech (TTS – conversión de texto a voz)

La **tecnología TTS** *(text to speech)* convierte el texto escrito en discurso sintetizado, permitiendo que máquinas, robots o dispositivos hablen con una voz natural.

Los algoritmos TTS utilizan técnicas de síntesis de voz para generar una salida de audio que suena como habla humana.

Los asistentes virtuales como Siri convierten respuestas escritas en discurso hablado.

Speech to text (STT – conversión de voz a texto)

Los algoritmos de STT convierten el discurso hablado en texto escrito, permitiendo que las computadoras comprendan y procesen comandos de voz.

Estos algoritmos utilizan modelos de reconocimiento de voz para transcribir el audio en palabras escritas.

 **EJEMPLO**

Los sistemas de reconocimiento de voz en teléfonos inteligentes permiten a los usuarios dictar mensajes de texto o realizar búsquedas en línea utilizando la voz del usuario voz. El algoritmo STT utiliza técnicas de procesamiento de señales de audio y modelos de inteligencia artificial para transcribir el habla en texto con precisión. Esto permite a los usuarios comunicarse con dispositivos y sistemas mediante comandos de voz, dictar mensajes de texto, realizar búsquedas *online* y muchas otras acciones sin necesidad de escribir manualmente.

Algoritmos asociados

Dentro de la programación de IA para NLP, TTS y STT, se utilizan una variedad de algoritmos, incluyendo modelos de aprendizaje profundo como las redes neuronales recurrentes (RNN) y las redes neuronales convolucionales (CNN).

Estos algoritmos son entrenados con grandes cantidades de datos de texto y voz para aprender patrones y relaciones complejas entre palabras y sonidos.

EJEMPLO

Las redes neuronales recurrentes son normalmente utilizadas en tareas de NLP como el análisis de sentimientos o la traducción automática, mientras que las redes neuronales convolucionales se utilizan principalmente en sistemas de reconocimiento de voz para extraer características relevantes del espectrograma de audio.

La programación de inteligencia artificial en áreas como NLP, TTS y STT implica el uso de algoritmos avanzados para permitir la comunicación natural entre humanos y máquinas. Estos avances están transformando la forma en que interactuamos con la tecnología y abriendo nuevas posibilidades en campos como la asistencia virtual, la accesibilidad y la automatización de tareas cotidianas.

 ## SABÍAS QUE...

Gemini, desarrollado por *Google*, es una herramienta poderosa para la generación de código. Utiliza modelos avanzados de NLP para comprender las descripciones en lenguaje natural y convertirlas en código de diversos lenguajes de programación como *Python, Java* y *C++*. Esta herramienta es especialmente útil en el desarrollo de *software* porque permite a los desarrolladores enfocarse en la lógica de negocio y los requisitos funcionales, mientras que *Gemini* se encarga de generar el código repetitivo y estructural.

Por ejemplo, un desarrollador puede describir una función que filtre datos de un conjunto masivo basado en ciertos criterios, y *Gemini* generará el código necesario para implementar dicha función. Esta capacidad es fundamental en proyectos de *big data*, donde las tareas de manipulación y análisis de datos suelen ser complejas y propensas a errores.

Vertex AI es otra herramienta de *Google* que ofrece algunas API de Codey, diseñadas para la generación y finalización de código a partir de descripciones en lenguaje natural. *Vertex AI* se integra fácilmente con *Google Cloud,* proporcionando una plataforma robusta para el desarrollo de aplicaciones de IA.

En el contexto de *big data*, *Vertex AI* puede perfectamente ser utilizado para automatizar el procesamiento de grandes volúmenes de datos, crear modelos

Continúa en página siguiente >>

<< Viene de página anterior

de aprendizaje automático y desplegarlos en producción. Los desarrolladores describen en lenguaje natural las transformaciones de datos que necesitan realizar y *Vertex AI* genera el código correspondiente. Esto reduce significativamente el tiempo de desarrollo, reduciendo los errores.

En tecnologías de *lbockchain*, *Vertex AI* es capaz de desarrollar contratos inteligentes. Los contratos inteligentes son acuerdos programables que se ejecutan automáticamente cuando se cumplen ciertas condiciones. Utilizando descripciones en lenguaje natural, los desarrolladores pueden definir las reglas y condiciones de estos contratos. *Vertex AI* genera el código necesario en Solidity (el lenguaje de programación utilizado en Ethereum), facilitando la implementación y asegurando la precisión en los detalles del contrato.

2.5. Generación de código con inteligencia artificial

La **generación de código con IA** consiste en utilizar inteligencia artificial y aprendizaje automático para crear código a partir de descripciones en lenguaje humano. Esto permite a los desarrolladores ahorrar tiempo y esfuerzo, ya que pueden generar y completar código rápidamente, depurar errores y recibir explicaciones detalladas de cómo funciona el código.

La generación de código con IA utiliza modelos de IA para interpretar descripciones en lenguaje natural y convertirlas en código en diversos lenguajes de programación.

Gemini Code Assist de *Google* es un ejemplo de herramienta que ofrece estas funcionalidades, permitiendo a los desarrolladores generar y completar código basándose en mejores prácticas y descripciones en lenguaje natural.

 **EJEMPLO**

Con la instrucción en Gemini Code Assist Crear una función en Python que sume dos números, se obtendría el siguiente resultado.

```python
def sumar_numeros(a, b):

    return a + b
```

Gemini

Gemini de *Google* cuenta con un ecosistema de desarrolladores que engloba multitud de herramientas como *Android Studio, Colab, Firebase* y *Proyecto IDX.*

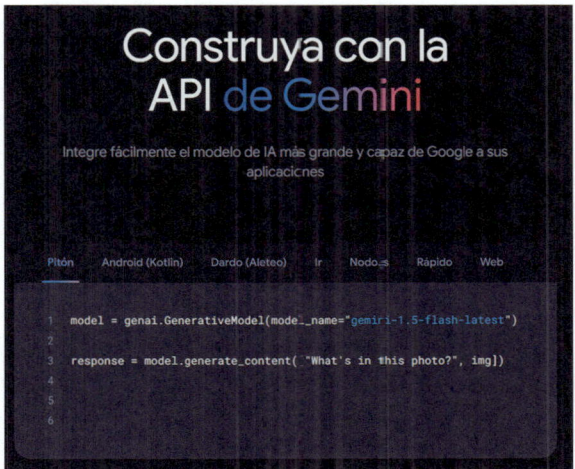

Gemini de Google es un potente modelo de IA con el que, además de otras aplicaciones, se puede generar, depurar y explicar código en más de veinte lenguajes de programación, como son C++, Go, Java, JavaScript, Python y TypeScript.

Cuando un usuario interactúa con el modelo de lenguaje grande de *Google AI,* este responde en un lenguaje natural similar al humano.

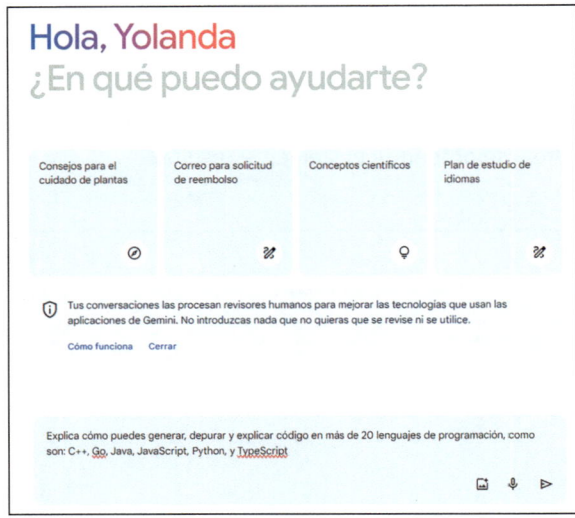

Interfaz de Gemini. Fuente: Google AI.

A continuación, se ilustra cómo el programa *Gemini (Google AI*, 2024) expone en un lenguaje natural, cómo es capaz de generar, depurar y explicar código en más de 20 lenguajes de programación. Veamos cuál es su respuesta.

Soy un modelo de lenguaje grande entrenado por Google AI con capacidades que van más allá de la simple comprensión y generación de texto. Entre mis habilidades se encuentra la capacidad de trabajar con código en diversos lenguajes de programación. A continuación, te explico cómo puedo generar, depurar y explicar código en más de veinte lenguajes de programación, incluyendo C++, Go, Java, JavaScript, Python y TypeScript.

Generación de código:

⊃ ***A partir de descripciones naturales:*** *puedo generar código a partir de descripciones en lenguaje natural del problema que se quiere resolver. Por ejemplo, si me dices "Quiero escribir un programa que calcule la suma de dos números", puedo generar código equivalente en el lenguaje de programación que prefieras.*

⊃ ***A partir de ejemplos:*** *si tienes un ejemplo de código que realiza una tarea similar a la que deseas, puedo utilizarlo como base para generar nuevo código. Solo tienes que proporcionarme el código existente y explicarme qué quieres que haga de manera diferente.*

⊃ ***Completar código incompleto.*** *Si tienes un fragmento de código incompleto, puedo ayudarte a completarlo. Puedo identificar las partes* faltantes y generar el código necesario para que el programa funcione correctamente.

Depuración de código:

- **Identificar errores.** Puedo analizar tu código y detectar posibles errores sintácticos, semánticos y lógicos. Te indicaré la ubicación del error y te proporcionaré sugerencias sobre cómo solucionarlo.
- **Explicar el comportamiento del código.** Puedo explicar paso a paso cómo se ejecuta tu código y qué valores toman las variables en cada punto. Esto te ayudará a comprender mejor el funcionamiento de tu programa y a identificar posibles problemas.
- **Sugerir mejoras.** Puedo analizar tu código y sugerir mejoras en cuanto a legibilidad, eficiencia y rendimiento. También puedo ayudarte a refactorizar tu código para hacerlo más modular y mantenible.

Explicación de código:

- **Explicación de fragmentos de código.** Si no entiendes cómo funciona un fragmento de código, puedo explicártelo en términos sencillos. Te proporcionaré una descripción detallada de lo que hace el código y cómo funciona.
- **Explicación de conceptos de programación.** Si necesitas aprender un concepto de programación específico, puedo proporcionarte una explicación clara y concisa. También puedo ofrecerte ejemplos de código que ilustren el concepto en cuestión.
- **Comparación de lenguajes de programación.** Si necesitas comparar dos lenguajes de programación, puedo ayudarte a identificar las diferencias y similitudes entre ellos. También puedo proporcionarte ejemplos de código en ambos lenguajes para ilustrar las diferencias.

Idiomas de programación compatibles:

Actualmente puedo trabajar con más de veinte lenguajes de programación, incluyendo:

- C++
- Go
- Java
- JavaScript
- Python
- TypeScript
- C
- C#
- R

- *Swift*
- *Kotlin*
- *PHP*
- *Ruby*
- *Perl*
- *Scala*
- *Rust*
- *Elm*
- *Haskell*
- *Idris*

Esta lista no es exhaustiva, estoy constantemente aprendiendo nuevos lenguajes de programación.

Cómo utilizar mis capacidades de código:

Para utilizar mis capacidades de código, puedes interactuar conmigo de varias maneras:

- **A través de una interfaz web.** *Puedes acceder a una interfaz web que me permite proporcionar instrucciones y código en lenguaje natural. La interfaz te mostrará el código generado y te permitirá depurarlo y explicarlo.*
- **A través de una API.** *Si eres desarrollador, puedes utilizar una API para integrarme en tus flujos de trabajo de desarrollo. La API te permite generar, depurar y explicar código de forma programática.*
- **A través de una línea de comandos.** *También puedes utilizar una línea de comandos para interactuar conmigo. La línea de comandos te permite proporcionar instrucciones y código en lenguaje natural, y te mostrará el código generado, depurado y explicado.*

Espero que esta información te haya sido útil. Si tienes alguna pregunta o necesitas ayuda para utilizar mis capacidades de código, no dudes en contactarme.

En los lenguajes de programación, especialmente en aquellos orientados a objetos y de *scripting* como *Python,* las listas de diccionarios son una estructura de datos frecuentemente utilizada. Estas estructuras combinan las características de las listas y los diccionarios para manejar datos con eficiencia y flexibilidad.

Para comprender mejor la utilidad de estas estructuras, considera una aplicación de gestión de una biblioteca donde cada libro tiene un título, un autor y un año de publicación. Usar una lista de diccionarios para almacenar esta información podría verse de esta manera:

```
libros = [
{"titulo": "Cien años de soledad", "autor": "Gabriel
García Márquez", "año": 1967},
{"titulo": "1984", "autor": "George Orwell", "año":
1949},
{"titulo": "El Quijote", "autor": "Miguel de
Cervantes", "año": 1605}
]
# Accediendo y manipulando datos
for libro in libros:
print(f"'{libro['titulo']}' escrito por
{libro['autor']} en {libro['año']}")
```

Cada libro es un diccionario y la lista libros contiene todos estos diccionarios, lo que permite un acceso fácil y claro a la información de cada libro.

Se utilizan las listas de diccionarios principalmente porque permiten almacenar pares clave-valor, lo cual es ideal para representar entidades con múltiples atributos. Los motivos son:

Dinamismo Las listas de diccionarios permiten agregar, eliminar y modificar elementos fácilmente. Esta flexibilidad es muy importante para muchas aplicaciones que requieren manipulación dinámica de datos.

Legibilidad del código El uso de diccionarios dentro de listas hace que el código sea claro y legible. Cada elemento de la lista es un diccionario, y cada diccionario tiene claves descriptivas que indican qué tipo de información contiene. Esto permite mejorar la autoexplicación del código.

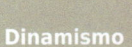 **EJEMPLO**

Estamos desarrollando una aplicación para gestionar los empleados de una empresa. Necesitamos agregar, eliminar y modificar los datos de los empleados,

Continúa en página siguiente >>

[377]

<< Viene de página anterior

así como mantener el código claro y legible. Las listas de diccionarios permiten agregar, eliminar y modificar elementos fácilmente, lo cual es clave para programas o aplicaciones que requieren que sus datos sean manipulados de forma dinámica. Por otra parte, la utilización de diccionarios dentro de listas aporta claridad y legibilidad. Por ejemplo:

• **Lista de diccionarios que representa a los empleados de una empresa**

```
empleados = [
{"id": 1, "nombre": "Ana", "edad": 28, "puesto":
"desarrolladora"},
{"id": 2, "nombre": "Juan", "edad": 35, "puesto":
"analista de datos"},
{"id": 3, "nombre": "María", "edad": 40, "puesto":
"gerente de proyectos"}
]
```

• **Agregar un nuevo empleado**

Se utiliza el método *append* para añadir un nuevo diccionario a la lista empleados.

```
nuevo_empleado = {"id": 4, "nombre": "Carlos", "edad": 30,
"puesto": "diseñador UX"}
empleados.append(nuevo_empleado)
```

• **Eliminar un empleado por ID**

Se utiliza una lista por comprensión para crear, por ejemplo, una nueva lista sin el empleado cuyo id es 2.

Continúa en página siguiente >>

<< Viene de página anterior

```
empleados = [empleado for empleado in empleados if
empleado["id"] != 2]
```

- **Modificar los datos de un empleado existente**

Para modificar los datos de un empleado existente, se itera sobre la lista de empleados y se actualizan los campos del diccionario correspondiente, por ejemplo, al empleado con id 3.

```
for empleado in empleados:
if empleado["id"] == 3:
empleado["edad"] = 41 # Actualizando la edad
empleado["puesto"] = "jefe de proyectos" #
Actualizando el puesto
```

- **Mostrar la lista actualizada de empleados**

Para mostrar la lista actualizada de empleados se itera sobre la lista de empleados y se imprime la información de cada uno.

```
for empleado in empleados:
print(f"ID: {empleado['id']}, Nombre: {empleado['nombre']},
Edad: {empleado['edad']}, Puesto: {empleado['puesto']}")
```

En este ejemplo se observa que la estructura permite agregar, eliminar y modificar empleados de forma sencilla y con flexibilidad. Igualmente, cada empleado es representado por un diccionario con claves descriptivas (id, nombre, edad, puesto), haciendo que el código sea fácil de entender y de mantener.

Este enfoque es útil en muchas aplicaciones en que los datos deben ser manipulados dinámicamente, mientras se mantiene el código limpio y fácil de seguir.

La generación de código con inteligencia artificial es una excelente alternativa para el uso de diccionarios y librerías en lenguajes de programación, debido a su capacidad para automatizar tareas repetitivas y complejas, garantizar la correcta sintaxis y estructura, y proporcionar sugerencias inteligentes que optimicen el código.

Esta tecnología es capaz de interpretar descripciones en lenguaje natural y convertirlas en código eficiente, acelerando el desarrollo, reduciendo errores manuales y permitiendo a los desarrolladores centrarse en aspectos que aporten mayor valor de sus proyectos. Con todo y eso, la inteligencia artificial es capaz de recomendar las mejores prácticas y librerías más adecuadas, mejorando la calidad y el mantenimiento del código.

Vertex AI

Vertex AI de *Google Cloud* también ofrece algunas **API de Codey,** lo que permite generar y completar código basándose en descripciones en lenguaje natural. Basta con:

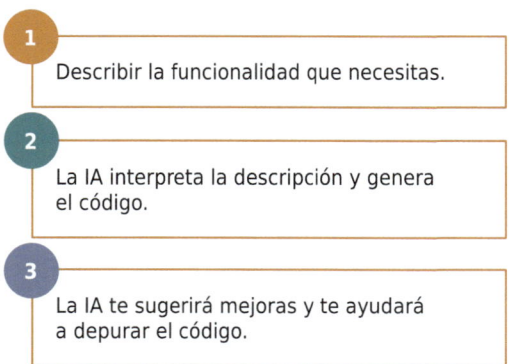

1 Describir la funcionalidad que necesitas.

2 La IA interpreta la descripción y genera el código.

3 La IA te sugerirá mejoras y te ayudará a depurar el código.

Las **API de Codey** de *Vertex AI* de *Google Cloud* son interfaces de programación de aplicaciones que utilizan inteligencia artificial avanzada para ayudar a generar, completar y gestionar código en varios lenguajes de programación. Estas API aprovechan el modelo *Gemini* de *Google* para interpretar descripciones en lenaguaje natural proporcionadas por los usuarios y convertirlas en código funcional. Igualmente, las API de Codey son capaces de sugerir autocompletados, responder preguntas sobre el código y proporcionar ejemplos de implementación. Todo ello facilita el trabajo de los profesionales desarrolladores al automatizar y optimizar tareas de programación, que en ocasiones son rutinarias y complejas.

 EJEMPLO

Con la instrucción en Vertex AI Escribe una función en JavaScript que verifique si un número es par, se obtendría el siguiente resultado.

```javascript
function esPar(num) {

    return num % 2 === 0;

}
```

Recuerda que las ventajas de utilizar IA para generar código son varias: por una parte, proporciona un ahorro de tiempo en la escritura y depuración de código; por otra, aporta precisión, al reducir errores humanos, lo que permite mejorar la calidad del código. También consigue que los desarrolladores se centren en la lógica y en el diseño, dejando la implementación detallada a la IA.

 PARA SABER MÁS

Escanea los siguientes QR para conocer más sobre las plataformas ***Vertex AI*** de *Google Cloud*.

Continúa en página siguiente >>

<< Viene de página anterior

https://redirectoronline.com/ifcd990407

Y para conocer más sobre la plataforma **_Api_ de Codey.**

https://redirectoronline.com/ifcd990408

 TAREA 9

Una clínica médica desea mejorar su proceso de análisis de datos de pacientes mediante la automatización del cálculo del índice de masa corporal (IMC) de cada individuo. La clínica dispone de estos datos de cada paciente: nombre, peso y altura.

Juan = 70 kilos y 1,75 de altura

Ana = 65 kilos y 1,68 de altura

Luis = 80 kilos y 1,80 de altura

Desean un _script_ en _Python_ que procese estos datos, calcule el IMC de cada persona y muestre los resultados de forma clara.

Según el enunciado, utiliza alguna de las herramientas de generación de código con IA para obtener un _script_ en el lenguaje de programación _Python_ que

Continúa en página siguiente >>

<< *Viene de página anterior*

procese una lista de diccionarios. Cada uno debe contener el nombre, peso (en kg) y altura (en metros) de un paciente. El *script* debe calcular el IMC de cada paciente y mostrar el resultado en un formato legible.

2.6. Inteligencia artificial aplicada a *big data, blockchain,* 5G y *smart cities*

En la era digital actual, la intersección entre la inteligencia artificial y las tecnologías emergentes como el *big data,* el *blockchain,* la conectividad 5G y el desarrollo de *smart cities* está redefiniendo la forma en que interactuamos con nuestro entorno y gestionamos la información. Estas sinergias ofrecen un potencial sin precedentes para optimizar procesos, mejorar la eficiencia y crear entornos urbanos más inteligentes y sostenibles. En este análisis, exploraremos cómo la aplicación de la inteligencia artificial en áreas como el *big data,* el *blockchain,* la infraestructura 5G y las ciudades inteligentes están transformando industrias enteras y redefiniendo el concepto de **innovación tecnológica.** Desde la optimización de servicios públicos hasta la gestión de datos a gran escala y la creación de redes de comunicación ultrarrápidas, esta convergencia está impulsando avances significativos que afectan directamente a la sociedad en su conjunto. En este contexto, examinaremos en detalle cómo la inteligencia artificial potencia estas tecnologías, los desafíos y las oportunidades que presenta, así como ejemplos concretos de su aplicación en diversas áreas, desde la salud hasta la movilidad urbana. Esta exploración nos permitirá comprender mejor el impacto transformador de la IA en el panorama tecnológico actual y su papel clave en la creación de un futuro más inteligente, conectado y sostenible.

Inteligencia artificial aplicada a *big data*

El *big data* hace referencia a un conjunto de potentes tecnologías capaces de almacenar, procesar y analizar grandes volúmenes de datos para extraer información valiosa y patrones significativos.

La inteligencia artificial desempeña un papel protagonista en esta área al proporcionar algoritmos y técnicas avanzadas para analizar datos de forma eficiente, además de ser capaz de realizar predicciones precisas. Los sistemas de IA tienen la capacidad de identificar con agilidad correlaciones complejas entre conjuntos de datos heterogeneos. Esto permite a las organizaciones tomar decisiones basadas en datos en tiempo real y descubrir conocimientos ocultos que de otro modo podrían pasar desapercibidos o bien se tardaría años luz en ser descubiertos.

 EJEMPLO

En el sector financiero, los bancos utilizan sistemas de IA para analizar grandes volúmenes de transacciones financieras y detectar actividades fraudulentas con mayor precisión y rapidez.

La inteligencia artificial desempeña un papel muy importante en la **explotación de los datos** dentro del ecosistema del *big data*. Los algoritmos de IA son capaces de analizar grandes cantidades de datos con gran eficiencia y precisión, permitiendo a las organizaciones obtener en tiempo real los valiosos.

Las **técnicas de minería de datos** *(data mining)* permiten que puedan ser tratados grandes volúmenes de datos, con independencia de si estos son estructurados, semiestructurados o no estructurados.

La siguiente imagen describe el proceso en el que la extracción de datos termina convirtiéndose en fuente de conocimiento para la toma de importantes decisiones en las organizaciones.

 IMPORTANTE

Las técnicas de minería de datos exploran un conjunto de datos previamente depurados para evitar sobrecargar los algoritmos con información innecesaria. Este proceso inicial de limpieza de datos asegura que solo se utilicen datos relevantes, aunque es posible que aún queden algunos errores que necesiten corrección durante la construcción del modelo de aprendizaje automático.

**Proceso de transformación de datos en conocimiento
con la intervención de la minería de datos**

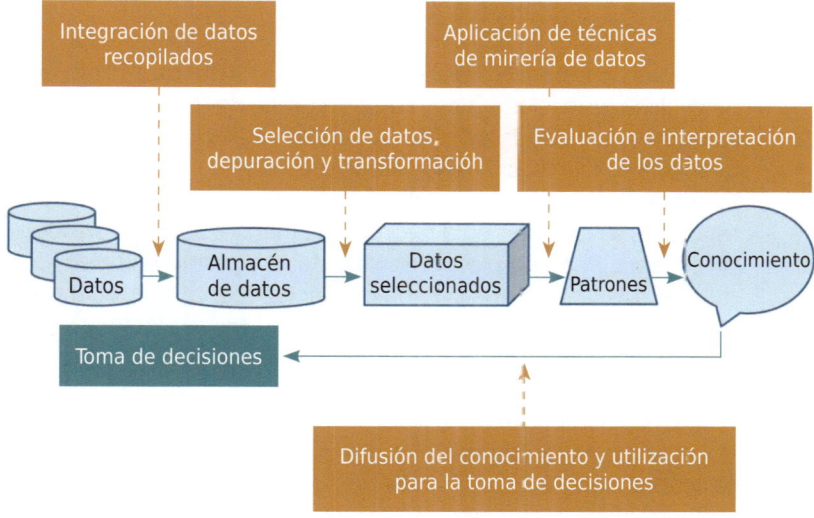

En la minería de datos se llevan a cabo distintos tipos de trabajos:

- **Tareas descriptivas.** Consiste en la identificación de patrones que dan explicación a los datos o a sus resúmenes.
  Las tareas descriptivas del *data mining* buscan y describen las reglas de asociación de patrones secuenciales. Por ejemplo:

  - Consigue establecer la relación de productos que suelen ser adquiridos al mismo tiempo por un consumidor dentro de un mismo comercio.

- **Tareas predictivas.** Consiste en la estimación de valores futuros que son desconocidos y de los que se obtienen a través de variables existentes en la base de datos.
  Las tareas predictivas del *data mining* consisten en, una vez encontradas las reglas de asociación, para predecir y estimar comportamientos. Por ejemplo:

  - Desde un enfoque de la medicina, se puede estimar el desencadenante futuro de una enfermedad.

Para llevar a cabo tanto las tareas descriptivas como las tareas predictivas en la minería de datos, el científico de datos tendrá que utilizar una serie de técnicas diferentes para sacar el mejor provecho a los datos:

- **Técnicas de sistemas de agrupamiento.** Con las que se obtienen datos naturales agrupados a partir de un volumen de datos iniciales. Recuerda que estas técnicas se reconocen también con el nombre de técnicas de *clustering* o técnicas de segmentación.
Por ejemplo, un supermercado puede utilizar técnicas de *clustering* para agrupar a sus clientes en diferentes segmentos basados en sus patrones de compra. Por ejemplo, un análisis de agrupamiento puede identificar grupos de clientes que compran principalmente productos orgánicos, productos de limpieza en grandes cantidades, o aquellos que frecuentan la sección de productos frescos.
- **Técnicas de reglas de asociación.** Con las que se consigue identificar relaciones ocultas entre variables.
Por ejemplo, un supermercado puede aplicar reglas de asociación para descubrir que los clientes que compran pan también suelen comprar mantequilla. Esto permite al supermercado decidir dónde colocar ambos productos para aumentar las ventas.
- **Técnicas de reglas de asociación secuenciales.** Con las que se consiguen identificar reglas de asociación en las que se acuerdan relaciones temporales entre datos.
Por ejemplo, una tienda *online* puede identificar que los clientes que compran un teléfono móvil suelen comprar una funda protectora dentro de los siguientes dos días. Con esta información, pueden enviar recomendaciones personalizadas para vender la funda justo después de la compra del móvil.
- **Técnicas correlacionales.** Con las que se obtienen grados de semejanza entre distintas variables cuantitativas.
Por ejemplo, una empresa puede utilizar técnicas correlacionales para descubrir que hay una alta correlación entre el incremento en el gasto en publicidad y un aumento en las ventas. Esto permite a la empresa planificar mejor sus campañas publicitarias.
- **Técnicas de clasificación.** Con las que se consigue hacer una predicción de la clase (valor de un atributo) a la que pertenecen objetos teniendo en cuenta otras variables.
Por ejemplo, en el ámbito de la salud, se pueden usar técnicas de clasificación para predecir si un paciente tiene una enfermedad específica (por ejemplo, diabetes) basándose en variables como edad, peso, niveles de glucosa, presión arterial, etc.
- **Técnicas de regresión.** Con las que se consigue hacer una predicción del valor que toma una determinada variable en nuevos elementos partiendo de la información proporcionada por el resto de variables.

Por ejemplo, un agente inmobiliario puede valerse de las técnicas de regresión para predecir el precio de una vivienda basándose en variables como la ubicación, el tamaño, el número de habitaciones y otros factores importantes.

TAREA 10

Una cadena de supermercados desea optimizar sus estrategias de venta y mejorar la experiencia de compra de su clientela. Para ello, ha recopilado una gran cantidad de datos sobre el comportamiento de compra de sus clientes, incluyendo información sobre los productos comprados, la frecuencia de compra, el gasto total por visita y las promociones aplicadas. La dirección de la cadena quiere utilizar estos datos para responder a varias preguntas estratégicas:

a. Segmentar a los clientes para diseñar campañas de *marketing* personalizadas.
b. Identificar productos que suelen comprarse juntos para mejorar la disposición de los productos en las tiendas.
c. Predecir las ventas futuras basándose en patrones históricos.
d. Evaluar el impacto de las promociones en las ventas de productos específicos.

A partir de la información proporcionada, ¿qué técnicas de minería de datos deberían utilizarse para responder a cada una de las preguntas estratégicas planteadas por la cadena de supermercados? Ayuda a la gerencia a reconocer las técnicas de minería de datos que mejor se adaptan a las necesidades específicas del análisis comercial, proporcionando *insights* valiosos que pueden guiar las decisiones estratégicas de la cadena de supermercados.

Argumenta tu respuesta.

- -

La combinación de *big data* e inteligencia artificial ofrece una poderosa herramienta para transformar numerosos sectores a través de la capacidad de procesar y analizar vastos volúmenes de datos en tiempo real. Una información significativa es que la IA aplicada a *big data* permite no solo detectar fraudes financieros, sino también optimizar operaciones logísticas, personalizar experiencias de usuario y mejorar la atención sanitaria, entre otras muchas cuestiones.

Por ejemplo, en el ámbito de la salud, los algoritmos inteligentes analizan grandes conjuntos de datos médicos para:

- ⮑ Predecir brotes de enfermedades.
- ⮑ Personalizar tratamientos y mejorar diagnósticos.

 SABÍAS QUE...

Según un informe de McKinsey, las aplicaciones de IA y *big data* en la atención sanitaria podrían generar ahorros de hasta 100 mil millones de dólares anuales en el sector estadounidense, al optimizar la eficiencia operativa y mejorar los resultados clínicos (McKinsey & Company, 2018).

En otro contexto, la plataforma de *streaming Netflix* utiliza IA y *big data* para analizar patrones de visualización y personalizar recomendaciones de contenido para sus usuarios. Esta fusión tecnológica ha sido un factor clave en su éxito y en su alta tasa de retención de clientela. Según *Netflix*, sus algoritmos de recomendación impulsados por IA representan el 80 % de las horas de visualización en la plataforma (Gómez-Uribe & Hunt, 2015).

Google, o cualquier gran plataforma, utiliza una gran base de datos para ofrecer respuestas a los usuarios. Los datos manejados por las grandes compañías tecnológicas sustentan la base de sus innovaciones.

Por todo ello, y para cualquier tipo de empresa pueda implementar un sistema de inteligencia artificial con éxito, es necesario realizar un paso previo relacionado con la gestión de los datos.

Hoy en día existen herramientas de fácil implementación que permiten a cualquier usuario aplicar técnicas de minerías de datos e incluso de creación de modelos de inteligencia artificial con la que poder poner en práctica los conocimientos teóricos aprendidos.

En la actualidad hay numerosas plataformas que pueden utilizarse para aplicar diferentes técnicas de data mining. En ellas se pueden introducir datos, añadir criterios e incluso dar instrucciones sobre las estrategias basadas en inteligencia artificial que se quieran aplicar en la actividad del negocio.

NOTA

Más adelante descubrirás algunas plataformas de exploración de datos que cuentan con interesantes características para aplicar las técnicas de minería al conjunto de datos y desarrollar modelos de IA.

Inteligencia artificial aplicada a *blockchain*

Blockchain es otra tecnología disruptiva de **registro distribuido** que permite la creación de bases de datos seguras y descentralizadas.

DEFINICIÓN

Registro distribuido

Un registro distribuido significa que la información no se almacena en un único lugar, sino que se distribuye a través de múltiples nodos (computadoras) en una red. Cada nodo tiene una copia completa del registro, lo cual hace que la información sea más segura y resistente a manipulaciones. En lugar de depender de una autoridad central, la validación y actualización de los datos se realiza de manera consensuada entre todos los nodos participantes.

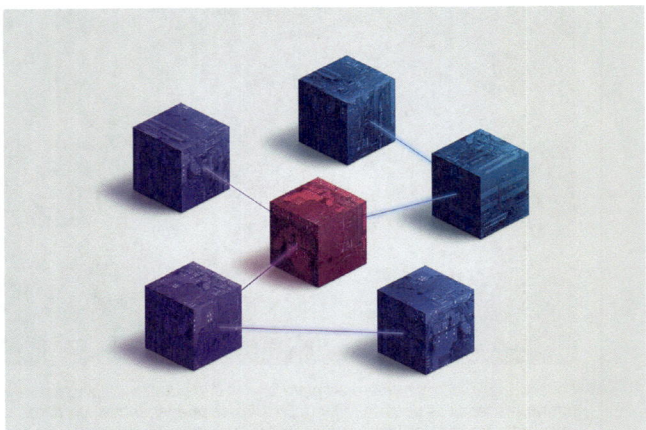

Blockchain o cadena de bloques es una tecnología de registro descentralizado que permite almacenar datos de forma segura, transparente y a prueba de manipulaciones. Se utiliza principalmente para registrar transacciones de manera pública y verificable.

El **funcionamiento de *blockchain*** puede explicarse de manera sencilla en cinco pasos.

---

1. Transacción inicial

Imagina que alguien quiere enviar dinero a otra persona. Esta transacción se registra en un bloque, junto con otras transacciones que ocurrieron al mismo tiempo.

---

2. Verificación de transacciones

Antes de que el bloque pueda ser añadido a la cadena, las transacciones en el bloque deben ser verificadas por una red de ordenadores, también conocidas como nodos. Estas máquinas utilizan algoritmos para validar que las transacciones son legítimas.

---

3. Creación de bloque

Una vez verificadas, las transacciones se agrupan en un bloque. Cada bloque contiene un conjunto de transacciones, un sello temporal y un enlace al bloque anterior mediante un *hash,* que es una cadena única de caracteres generada a partir de los datos del bloque anterior.

Continúa en página siguiente >>

<< Viene de página anterior

4. Adición a la cadena

El nuevo bloque se añade a la cadena existente de bloques, de aquí el nombre, *blockchain*. Este proceso garantiza que cada transacción esté cronológicamente vinculada y es inmutable, es decir, no es alterable.

5. Descentralización y seguridad

La naturaleza descentralizada de la *blockchain* significa que no hay un solo punto de control. Cada nodo de la red tiene una copia de toda la cadena de bloques. Esto hace que sea extremadamente difícil para los *hackers* manipular los datos, ya que tendrían que alterar todas las copias de forma simultánea.

 **EJEMPLO**

Piensa en un libro contable en el que se anoten todas las transacciones de una comunidad de propietarios. Este libro tiene muchas copias distribuidas por toda la comunidad. Cada vez que se realiza una transacción, todas las copias del libro deben actualizarse. Si algún vecino intenta alterar una transacción en su copia, las demás copias no coincidirán y la comunidad detectará la discrepancia, lo cual asegura la integridad del libro contable. Este es el principio básico de funcionamiento de *blockchain*.

El papel de la inteligencia artificial en *blockchain* se justifica para mejorar la seguridad, la eficiencia y la transparencia de las transacciones. Los algoritmos de IA pueden analizar patrones de comportamiento en la cadena de bloques para detectar actividades sospechosas o fraudulentas. Además, la IA puede utilizarse para mejorar la escalabilidad y la interoperabilidad de las redes *blockchain,* así como para automatizar procesos de toma de decisiones basados en contratos inteligentes.

En el sector de la logística, la combinación de inteligencia artificial y blockchain permite realizar un seguimiento transparente y seguro de la cadena de suministro, desde la producción hasta la entrega final.

Un algoritmo de inteligencia artificial muy utilizado en transacciones con *blockchain* es el **algoritmo de consenso.** Uno de los más conocidos algoritmos de consenso es el **algoritmo de prueba de trabajo** *(proof of work, PoW),* utilizado en *blockchain* como Bitcoin. Fíjate en qué consiste cada uno:

- **Algoritmo de consenso.** El algoritmo de consenso es el protocolo que permite a los nodos en una red *blockchain* ponerse de acuerdo sobre el estado de la red y validar nuevas transacciones. Además del algoritmo de **prueba de trabajo (PoW), hay otros algoritmos de consenso, como prueba de participación (PoS), prueba de autoridad (PoA), prueba de espacio y tiempo** *(proof of space and time, PoST),* etc.
- **Algoritmo prueba de trabajo (PoW).** En PoW, los nodos de la red compiten entre sí para resolver un problema criptográfico complejo. Este problema requiere una cantidad significativa de poder computacional para resolverlo, pero la solución es fácil de verificar. El nodo que resuelve el problema primero tiene derecho a agregar un nuevo bloque a la cadena de bloques y es recompensado con una cantidad de la criptomoneda nativa de esa *blockchain* (como bitcoins en el caso de Bitcoin). Este proceso es conocido como **minería.** La dificultad del problema se ajusta automáticamente para mantener constante el tiempo promedio entre bloques.
  PoW se utiliza principalmente para validar transacciones en la red de Bitcoin y otras *blockchains* que lo adoptan. Cada transacción debe ser incluida en un bloque y validada por los nodos mineros a través de este proceso de prueba de trabajo.

Inteligencia artificial aplicada a 5G

El 5G es la quinta generación de tecnología de comunicaciones móviles. Ofrece velocidades de datos ultrarrápidas, menor latencia y mayor capacidad de conexión. La inteligencia artificial aprovecha todas esas capacidades para optimizar el rendimiento de las redes 5G, mejorar la calidad de servicio y facilitar nuevas aplicaciones y servicios. Dicha optimización también se expresa de la manera siguiente:

○ **Realizan un análisis predictivo del tráfico de red.** Piensa que una red 5G es como una autopista que atraviesa una ciudad. La inteligencia artificial actúa como un sistema de gestión de tráfico avanzado que supervisa constantemente el flujo de vehículos que transitan por la autopista. Utilizando cámaras de vigilancia y sensores de tráfico, la IA recopila datos sobre la velocidad de los coches, motocicletas, camiones, el número de vehículos en cada carril y los patrones de tráfico a lo largo del día. Basándose en todos estos datos, la inteligencia artificial es capaz de predecir cómo será el tráfico en la autopista en diferentes momentos del día, con idea de poder tomar medidas preventivas para evitar congestiones. Por ejemplo, si se espera un aumento en el número de vehículos durante las horas pico de la tarde, el sistema ajustaría dinámicamente los semáforos para dar prioridad al tráfico en dirección al centro de la ciudad, o puede desviar parte del tráfico a rutas alternativas para aliviar la congestión en esta autopista.

La inteligencia artificial también aprende de situaciones pasadas. Por ejemplo, si en el pasado se produjeron atascos de tráfico debido a un evento especial en la ciudad, como un concierto o un partido de fútbol, el sistema puede anticipar eventos similares en el futuro y tomar medidas preventivas, como desplegar más patrullas de tráfico o ajustar los tiempos de los semáforos en las áreas cercanos al evento.

○ **Optimizan el enrutamiento de datos.** Los algoritmos de inteligencia artificial pueden analizar el tráfico de red en tiempo real y con ello tomar decisiones sobre cómo enrutar los datos de forma más efectiva. Por ejemplo, son capaces de identificar rutas alternativas menos congestionadas o reconfigurar dinámicamente la topología de la red para evitar cuellos de botella y minimizar la latencia en la transmisión de datos.

⊃ **Gestionan de forma dinámica los recursos de red para adaptarse a las demandas cambiantes.** La inteligencia artificial hace una monitorización continua del estado de la red, incluyendo la carga de los nodos, el ancho de banda disponible y otros parámetros clave. Basándose en esta información y en los datos de tráfico históricos y predictivos, los algoritmos de IA son capaces de asignar dinámicamente recursos de red según sea necesario para satisfacer las demandas cambiantes. Por ejemplo, si se detecta un aumento repentino en el tráfico de datos en una determinada área geográfica, la IA asignaría más ancho de banda y capacidad de procesamiento a esa área para evitar la degradación del servicio.

 **EJEMPLO**

En entornos urbanos, la inteligencia artificial utiliza datos de sensores IoT y análisis de *big data* para gestionar el tráfico de manera inteligente y reducir la congestión en las redes 5G.

Sin duda, la inteligencia artificial y el 5G están transformando las comunicaciones móviles y habilitando nuevas aplicaciones y servicios. A continuación, se presentan muestras de estas mejoras:

⊃ **Edge computing y 5G.** La combinación de inteligencia artificial y el 5G permite el *edge computing,* que consiste en procesar datos cerca del lugar donde se generan, en lugar de enviarlos a través de la red a centros de datos remotos. Esto reduce la latencia y permite aplicaciones en tiempo real, como el disfrute de la realidad aumentada y la conducción autónoma.

⊃ **Telemedicina avanzada.** Con el 5G y la inteligencia artificial, la telemedicina está avanzando significativamente. Los profesionales de la medicina ya que pueden realizar diagnósticos más precisos y ultrarrápidos utilizando imágenes médicas de alta calidad transmitidas en tiempo real a través de redes 5G. Igualmente, la IA es de vital ayuda para la interpretación de estas imágenes, pues mejora la eficiencia y la precisión del diagnóstico.

⊃ **Ciudades inteligentes y movilidad.** Además de la gestión del tráfico, la inteligencia artificial en combinación con el 5G está enfocada a mejorar la movilidad urbana de muchas otras maneras. Por ejemplo: optimizando el uso del transporte público, facilitando el estacionamiento inteligente, gestionando la infraestructura de energía de forma más eficiente y mejorando la seguridad pública con sistemas de vigilancia inteligente.

○ **Industria 4.0.** En entornos industriales, la combinación de 5G e inteligencia artificial permite la automatización avanzada y la optimización de procesos. Los robots y la maquinaria autónoma pueden comunicarse de forma más rápida y confiable a través de las redes 5G, mientras que los algoritmos de IA se encargan de optimizar la producción, predecir fallos en las maquinarias empleadas y mejorar la calidad del producto.

○ **Entretenimiento inmersivo.** El 5G habilita experiencias de entretenimiento inmersivas, como son la realidad virtual y la realidad aumentada, debido a que cuenta con una menor latencia y velocidades de transmisión más rápidas. La inteligencia artificial mejora estas experiencias mediante la personalización de contenido y la optimización de la calidad de imagen en tiempo real.

Inteligencia artificial aplicada a *smart cities*

Las ***smart cities*** o **ciudades inteligentes** utilizan tecnologías avanzadas para mejorar la calidad de vida de los ciudadanos, optimizar la gestión de recursos y promover la sostenibilidad.

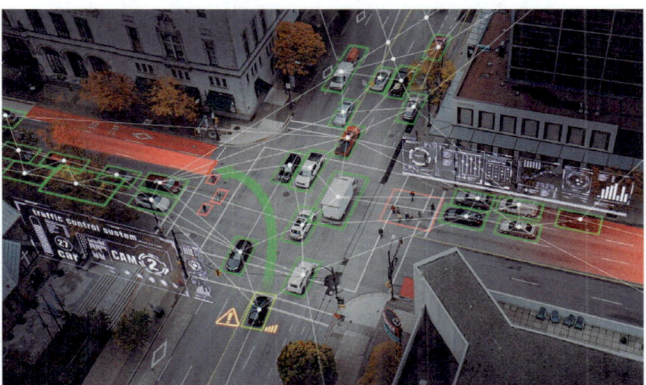

Una ciudad inteligente, también conocida como smart city, es un concepto que hace referencia a una comunidad urbana que utiliza la tecnología de la información y la comunicación (TIC) para mejorar la calidad de vida de sus habitantes, aumentar la eficiencia operativa de los servicios municipales y promover el desarrollo sostenible.

Las ciudades inteligentes integran diversas tecnologías, como sensores IoT (internet de las cosas), redes de comunicación avanzadas, análisis de datos, inteligencia artificial y sistemas de gestión inteligente. Todas estas tecnologías se usan para **recopilar, procesar y analizar datos en tiempo real.** Los datos capturados se utilizan para tomar decisiones a partir de la información y optimizar el funcionamiento de la ciudad en áreas como el transporte, la energía, la gestión de residuos, la seguridad pública, la salud, la educación, etc. Sus características principales son las siguientes:

- **Conectividad.** Una infraestructura de comunicaciones sólida que proporciona conectividad de alta velocidad y cobertura amplia para la ciudadanía, las empresas, las organizaciones y los dispositivos conectados.

- **Gestión eficiente de recursos.** Utilización inteligente de recursos como la energía, el agua, el transporte y el espacio urbano para minimizar el impacto ambiental y maximizar la eficiencia.

- **Participación ciudadana.** Fomento de la participación activa de la ciudadanía en la toma de decisiones mediante el uso de plataformas digitales y aplicaciones móviles.

➲ **Sostenibilidad.** Integración de prácticas sostenibles para reducir la huella ecológica y promover un desarrollo urbano equilibrado.

➲ **Innovación.** Promoción de la innovación tecnológica y la colaboración entre el sector público, privado y académico para resolver los desafíos urbanos.

La inteligencia artificial es fundamental para el desarrollo de las *smart cities*, ya que puede analizar datos en tiempo real de sensores IoT, cámaras de vigilancia y otros dispositivos conectados para tomar decisiones informadas y automatizar procesos. La IA puede utilizarse para gestionar el tráfico, mejorar la eficiencia energética, prevenir delitos y proporcionar servicios públicos personalizados.

En una smart city los sistemas de IA analizan grandes volúmenes de datos relacionados con el tráfico en tiempo real para optimizar la sincronización de semáforos y reducir los tiempos de viaje de los ciudadanos.

A continuación, se nombran y definen algunos importantes algoritmos de inteligencia artificial empleados en la tecnología de las *smart cities:*

⊃ **Algoritmos de optimización de rutas.** Se utilizan para encontrar las rutas más eficientes y rápidas para el transporte público, la entrega de bienes, la gestión de flotas y el tráfico vehicular, para optimizar el uso de los recursos y minimizar los tiempos de viaje.

Algunos de estos algoritmos son:

U Algoritmo de Dijkstra
U Algoritmo genético
U Algoritmos de búsqueda heurística (como A∗, búsqueda en profundidad limitada, búsqueda en amplitud, etc.)

⮑ **Algoritmos de predicción de demanda de transporte.** Utilizan técnicas de aprendizaje automático para analizar datos históricos de transporte, como el uso del transporte público, el tráfico de vehículos y los patrones de movilidad de los ciudadanos. Con esta información, predicen la demanda futura de transporte en diferentes momentos del día y en diferentes áreas de la ciudad, lo cual permite una planificación más optimizada de los servicios de transporte.
Algunos de estos algoritmos son:

U Modelos de regresión (como regresión lineal, regresión logística).
U Redes neuronales artificiales (como perceptrón multicapa, redes neuronales recurrentes).
U Máquinas de vectores de soporte (SVM)
U Árboles de decisión y bosques aleatorios.

⮑ **Algoritmos de gestión de energía.** Se utilizan para optimizar el uso de la energía en la ciudad, gestionar la demanda eléctrica y reducir los altos costes energéticos. Son capaces de ajustar dinámicamente la generación y distribución de energía en función de la demanda en tiempo real y las condiciones ambientales.
Algunos de estos algoritmos son:

U Programación lineal.
U Análisis de series temporales.
U Algoritmos de optimización convexa (como el algoritmo del gradiente descendente).

⮑ **Algoritmos de análisis de sentimientos en redes sociales.** Se utilizan para analizar los comentarios y publicaciones en redes sociales relacionados con los intereses de la ciudadanía, como *X, Facebook, Tiktok* o *Instagram*. Utilizan técnicas de procesamiento de lenguaje natural y aprendizaje automático para identificar tendencias, opiniones y preocupaciones de los ciudadanos en tiempo real, lo cual permite a los responsables de la ciudad tomar decisiones y responder con proactividad a las necesidades de la comunidad.

Algunos de estos algoritmos son:

◑ Análisis de sentimientos basado en diccionarios.
◑ Análisis de sentimientos con aprendizaje automático (usando clasificadores como Naive Bayes, SVM, etc.).
◑ Modelos de lenguaje (como Word2Vec, GloVe).
◑ Redes neuronales recurrentes (como LSTM, GRU) para el análisis de secuencias de texto.

➲ **Algoritmos de optimización de la distribución de recursos.** Se utilizan para asignar con eficiencia y eficacia los recursos municipales, como son la recolección de residuos, el mantenimiento de infraestructuras y la distribución de servicios públicos. Utilizan técnicas de optimización combinatoria y algoritmos de programación lineal para maximizar la cobertura de los servicios y minimizar los costes operativos.
Algunos de estos algoritmos son:

◑ Programación lineal entera (como el método Simplex).
◑ Algoritmos de programación lineal entera mixta (como el algoritmo de ramificación y poda).
◑ Algoritmos de agrupamiento (como *K-means)*.
◑ Algoritmos de ruteo y programación de vehículos (como el problema del viajante de comercio, VRP).

 SABÍAS QUE...

El concepto *internet de las cosas* o *IoT* corresponde a la interconexión de dispositivos y objetos cotidianos a través de internet, lo que permite la recolección y el intercambio de datos en tiempo real. La aplicación de algoritmos de inteligencia artificial en el IoT ha revolucionado diversos sectores, proporcionando soluciones avanzadas que mejoran la eficiencia y la toma de decisiones. Por ejemplo, en la gestión de tráfico urbano, los algoritmos de IA analizan datos en tiempo real de sensores y cámaras para optimizar la sincronización de semáforos y reducir la congestión. En el ámbito de la salud, dispositivos médicos conectados a IoT recopilan datos de pacientes que son analizados por IA para prever problemas de salud y mejorar la atención personalizada. Así, la integración de IA en IoT no solo permite una monitorización constante y precisa, sino que también facilita la creación de sistemas autónomos capaces de aprender y adaptarse a nuevas circunstancias, mejorando significativamente la calidad de vida y eficiencia operativa en las ciudades inteligentes y en el ámbito doméstico.

Continúa en página siguiente >>

<< Viene de página anterior

Las tecnologías IoT recopilan continuamente enormes cantidades de datos mediante diversos mecanismos, a través de sensores, cámaras y otros dispositivos conectados a internet. Según un informe de Sumo Logic (2019), los dispositivos IoT generaron más de 500 zettabytes de datos. Imagínate cuánto ha aumentado esta cifra en la actualidad.

 ACTIVIDAD COMPLEMENTARIA

13. Has conocido algunos de los algoritmos más utilizados en el desarrollo de sistemas de gestión de ciudades inteligentes que, tras un proceso de adaptación, son capaces de abordar desafíos específicos dentro del contexto urbano.

    Teniendo en cuenta esto, investiga alguna curiosidad relevante sobre las *smart cities* y los algoritmos que haga que como ciudadano puedas disfrutar de una experiencia más gratificante.

----

3. Resumen

La combinación de inteligencia artificial, *big data* y tecnología 5G ofrece un enorme potencial para la innovación y la eficiencia en una amplia gama de aplicaciones. Al aprovechar estas tecnologías con conocimiento y eficacia, las empresas pueden obtener una ventaja competitiva significativa y contribuir al avance de la sociedad hacia un futuro más inteligente y conectado.

La inteligencia artificial en entornos de cobertura 5G permite procesar datos rápidamente gracias a la baja latencia y la alta velocidad de transmisión. Este avance facilita la implementación de sistemas inteligentes en tiempo real en aplicaciones como ciudades inteligentes y tecnologías IoT. Los principales tipos de algoritmos de IA incluyen aprendizaje supervisado, no supervisado y por refuerzo, cada uno adecuado para diferentes tareas de análisis de datos y toma de decisiones automatizadas:

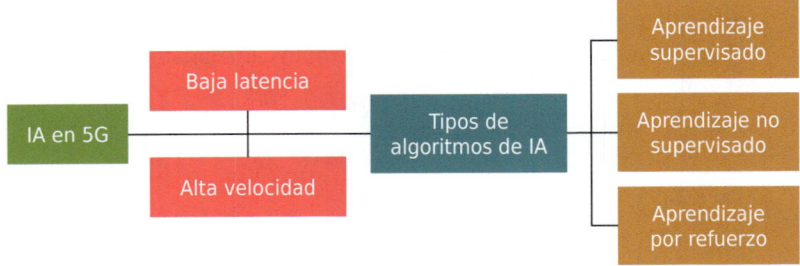

Los modelos de inteligencia artificial varían desde sistemas de reglas y redes neuronales hasta sistemas expertos. Las redes neuronales profundas, incluyendo las redes convolucionales y recurrentes, son particularmente eficaces en el reconocimiento de patrones complejos y predicciones.

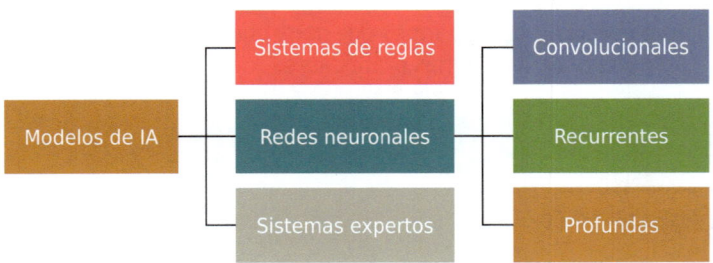

Comparando sistemas de aprendizaje automático y manual, los automáticos permiten una mayor escalabilidad y adaptación, mientras que los manuales requieren de intervención humana para ajustes específicos.

Ejercicios de autoevaluación
Unidad de Aprendizaje 5

1. Indica si las siguientes afirmaciones son verdaderas o falsas.

   a. En el mundo actual, la convergencia de tecnologías como la inteligencia artificial, el *big data* y el 5G está transformando radicalmente la forma en que interactuamos con la información y el entorno que nos rodea.

- ■ Verdadero
- ■ Falso

   b. *Machine learning* o aprendizaje automático es una rama de la inteligencia artificial que permite a las máquinas aprender y mejorar automáticamente a partir de datos y experiencias.

- ■ Verdadero
- ■ Falso

   c. Aunque la inteligencia artificial ha revolucionado muchos aspectos a nivel de las empresas, hasta ahora no está ejerciendo influencia en la vida de las personas.

- ■ Verdadero
- ■ Falso

2. ¿Cuáles son las dos tareas principales que buscan realizar los algoritmos de aprendizaje supervisado?

   a. Predicción de valores discretos y segmentación de datos.
   b. Regresión y *clustering*.
   c. Regresión y clasificación.
   d. Clasificación y agrupamiento.

3. ¿Cuál de las siguientes métricas mide el promedio de los errores al cuadrado entre las predicciones del modelo y los valores reales?

   a. Gráfico de residuos
   b. R^2
   c. ECM
   d. EAM

4. ¿Cuál de los siguientes algoritmos de aprendizaje por refuerzo actualiza valores de recompensa para acciones en estados específicos, enseñando a los agentes a tomar decisiones óptimas en un entorno?

    a. Árboles de decisión
    b. *Q-learning*
    c. Regresión lineal
    d. Máquinas de vectores de soporte (SVM)

5. ¿Qué problema indica la presencia de heterocedasticidad en un modelo de regresión lineal contextualizado a la predicción del precio de la vivienda?

    a. Los errores de predicción varían en diferentes rangos de tamaños de viviendas, lo que afecta a la precisión de las predicciones.
    b. La relación entre el tamaño de la vivienda y el precio de la vivienda es lineal.
    c. El modelo de regresión lineal está sesgado hacia viviendas más grandes.
    d. La variabilidad de los errores es constante a lo largo de todos los niveles de la variable independiente.

6. ¿Cuál de las siguientes afirmaciones describe correctamente el funcionamiento de los árboles de decisión?

    a. Es un algoritmo que utiliza una curva sigmoidea para clasificar datos binarios.
    b. Es un algoritmo de aprendizaje supervisado que encuentra el hiperplano óptimo para separar las clases de datos.
    c. Es un algoritmo de aprendizaje supervisado utilizado para la clasificación y la regresión, que divide el conjunto de datos en subconjuntos más pequeños basados en características específicas.
    d. Es un algoritmo no supervisado que agrupa datos en clústeres sin etiquetas conocidas.

7. ¿Cuál es el nodo superior del árbol de decisión desde donde comienza el proceso de toma de decisiones?

    a. Raíz
    b. Subárbol

c. Nodo de decisión
d. Nodo hoja

8. **¿Cuál de las siguientes afirmaciones describe correctamente el funcionamiento de un bosque aleatorio o *random forest*?**

   a. Es un algoritmo de aprendizaje no supervisado que agrupa datos en clústeres sin etiquetas conocidas.
   b. Es un algoritmo de aprendizaje supervisado que utiliza una única línea recta para realizar predicciones.
   c. Es un algoritmo de aprendizaje supervisado que utiliza múltiples árboles de decisión para realizar predicciones, donde cada árbol vota por la clasificación más popular.
   d. Es un algoritmo de aprendizaje supervisado que utiliza una curva sigmoidea para clasificar datos binarios.

9. **¿Cuál de los siguientes algoritmos NO es un ejemplo representativo de un algoritmo no supervisado?**

   a. *K-nearest neighbors (KNN)*
   b. *Naive Bayes*
   c. *K-means clustering*
   d. *Gradient boosting machines* (GBM)

10. **¿Cuál es el propósito principal de la LOPDGDD dentro del contexto de la integración de la inteligencia artificial en plataformas de terceros, páginas web y redes sociales?**

    a. Proteger los derechos de autor en el uso de algoritmos de inteligencia artificial.
    b. Establecer un marco legal para la implementación de sistemas de inteligencia artificial en entornos digitales.
    c. Regular el acceso público a la inteligencia artificial en plataformas en línea.
    d. Garantizar la protección de los datos personales y mantener la confianza del público al respecto.

Elaboración de un proyecto de inteligencia artificial y *big data* en entornos de cobertura 5G

Contenido

→ Distinguir los tipos de gráficas interactivas que ofrecen los modelos de aprendizaje automático, conociendo el funcionamiento de los componentes de *Orange* como plataformas de *machine learning*.

→ Crear flujos de trabajo en *Orange,* interactuando con los elementos que forman parte de la caja de herramientas de esta plataforma.

→ Preparar un modelo de *machine learning* para ser entrenado, creando un flujo de trabajo en la plataforma de *Orange* con árboles de clasificación.

→ Tomar conciencia sobre la importancia del manejo y aplicación responsable de programas y algoritmos de inteligencia artificial.

→ Aplicar los algoritmos de inteligencia artificial desarrollados a casos de IoT y ciudades inteligentes.

→ Gestionar la resolución de incidencias, conflictos y problemas durante la integración de la IA en plataformas de terceros, páginas web y RR. SS.

→ Tomar decisiones responsables durante la integración en plataformas de terceros, páginas web y redes sociales.

Objetivos

El objetivo general de esta Unidad de Aprendizaje es:

→ Realizar proyectos de inteligencia artificial y *big data* sobre tecnologías aplicables en entornos de cobertura 5G.

Los objetivos específicos de esta Unidad de Aprendizaje son:

→ Seleccionar técnicas de minería de datos para obtener *insights* que permitan a las empresas guiar decisiones estratégicas.

1. Introducción

La era digital está marcada por un volumen de datos sin precedentes. Esto impulsa la necesidad de utilizar tecnologías avanzadas para procesar y analizar los datos con eficiencia y eficacia. En esta unidad exploraremos cómo la inteligencia artificial y el *big data* se integran en entornos de cobertura 5G, permitiendo la creación de proyectos innovadores que transforman la forma en la que los usuarios interactúan con la información. La alta velocidad y baja latencia del 5G proporcionan un escenario óptimo para el despliegue de soluciones inteligentes capaces de procesar y analizar grandes cantidades de datos en tiempo real.

Para construir un proyecto de *big data* es esencial seguir con precisión una serie de pasos, desde la definición del objetivo hasta la iteración del modelo de aprendizaje automático. Comenzaremos por definir claramente los objetivos del proyecto, obtener y limpiar los datos necesarios, y enriquecerlos para descubrir *insights* valiosos. Posteriormente, desplegaremos técnicas de *machine learning* y realizaremos iteraciones para perfeccionar el modelo. Cada etapa es fundamental, requiriendo la colaboración de diversos profesionales del *big data*.

Además de los aspectos técnicos, abordaremos herramientas y tecnologías específicas que facilitan la implementación de estos proyectos. Exploraremos la arquitectura de *big data* y el uso de *Hadoop* en sistemas de aprendizaje automático, así como la construcción de proyectos de *machine legaran* utilizando herramientas como *Orange*. También veremos cómo *chatbots*, hologramas y robots vienen integrados en estos sistemas para ofrecer soluciones más interactivas y eficientes. La gestión de bases de inteligencia, la visualización interactiva de datos y la integración en plataformas de terceros serán temas clave para garantizar una aplicación exitosa en el contexto actual de ciudades inteligentes y entornos IoT.

Para facilitar la adquisición de conocimientos sobre la temática tratada, nos fijaremos en el equipo de trabajo liderado por Marta y cómo pone el énfasis en la gestión inteligente de datos, y en su entrenamiento con modelos de IA.

2. Elaboración de un proyecto de inteligencia artificial y *big data* en entornos de cobertura 5G

☞ HILO CONDUCTOR

Con la idea de integrar IA y *big data* en su proyecto, el equipo comenzó a elaborar un plan. Utilizarían las capacidades de almacenamiento y procesamiento de datos masivos del 5G para recoger información detallada sobre el uso de su aplicación. Con estos datos, aplicarían técnicas *de big data* para identificar patrones y comportamientos, mejorando continuamente la experiencia del usuario y la funcionalidad de su programa informático.

En la era de la digitalización y la conectividad ultrarrápida que ofrece la tecnología 5G, la implementación de proyectos de inteligencia artificial y *big data* adquiere una relevancia sin precedentes. Estos proyectos no solo aprovechan la velocidad y la capacidad de procesamiento mejorada proporcionada por el 5G, sino que también abren nuevas posibilidades para la innovación y la eficiencia en una amplia gama de aplicaciones.

El siglo XXI ha sido testigo de una explosión sin precedentes en la cantidad de datos generados por individuos, empresas y dispositivos. Este fenómeno ha dado lugar al paradigma del big data, que hace referencia a la gestión y análisis de conjuntos de datos extremadamente grandes y complejos que no pueden ser manejados por las herramientas de procesamiento de datos tradicionales.

NOTA

La capacidad de extraer información valiosa de estos datos ha transformado industrias enteras, desde la atención médica hasta el *marketing*, y ha dado origen a nuevas oportunidades y desafíos en la toma de decisiones basada en datos.

Los datos son el *nuevo petróleo*. Esta frase fue pronunciada por Clive Humby en 2006. Esta metáfora destaca el inmenso valor de los datos en la economía digital contemporánea, comparando su potencial con el del petróleo en la era industrial. Así como el petróleo necesita ser refinado para extraer su valor, los datos requieren procesamiento y análisis para convertirse en información útil y aplicable.

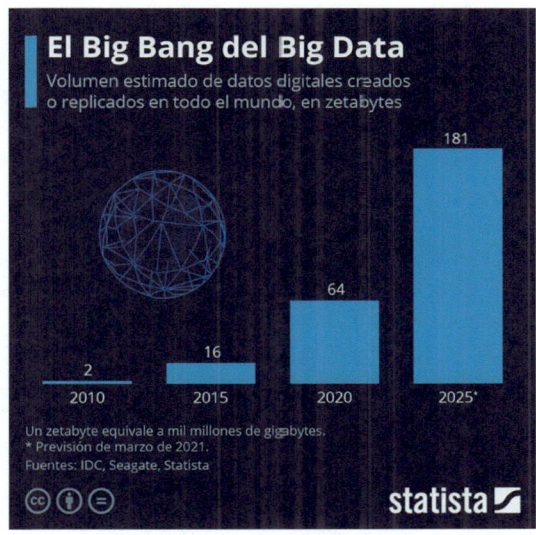

Infografía que destaca el reto del incremento del volumen de datos a nivel mundial. Fuente: Statista

 PARA SABER MÁS

El artículo de Rosa Fernández publicado por *Statista* el 4 de enero de 2024 aborda el impacto del crecimiento exponencial en el flujo de datos a nivel mundial debido

Continúa en página siguiente >>

<< *Viene de página anterior*

al desarrollo de las tecnologías de la información y la comunicación (TIC) y los dispositivos inteligentes. Este aumento ha superado la capacidad del *software* convencional para capturar y procesar datos de manera eficiente, con conceptos como gigabytes siendo superados por petabytes en el ámbito de las tecnologías de la información.

https://redirectoronline.com/ifcd990409

El *big data* ha revolucionado la recolección de información, la infraestructura de almacenamiento, los repositorios analíticos, los métodos de análisis y los objetivos empresariales. Este cambio ha sido fundamental para la evolución de las estrategias de negocio y la toma de decisiones basadas en datos.

Para poder tener una dimensión del impacto de *big data* basta entender la magnitud de 175 zettabytes. Estos representan una cantidad de datos enorme. Compararla con 1 MB nos ayudará a comprender mejor su dimensión. Esta cantidad de datos es tan vasta que supera cualquier escala humana de almacenamiento y procesamiento, destacando la increíble capacidad y la demanda de las tecnologías de almacenamiento y procesamiento de datos actuales. Así, podemos distinguir los siguientes pasos:

➲ **Paso 1.** Primero, recordamos las conversiones entre las diferentes unidades de almacenamiento:

- 1 byte = 8 bits
- 1 kilobyte (KB) = 1.024 bytes
- 1 megabyte (MB) = 1.024 kilobytes
- 1 gigabyte (GB) = 1.024 megabytes
- 1 terabyte (TB) = 1.024 gigabytes
- 1 petabyte (PB) = 1.024 terabytes
- 1 exabyte (EB) = 1.024 petabytes
- 1 zettabyte (ZB) = 1.024 exabytes

➲ **Paso 2.** Ahora, compararemos 1 zettabyte con 1 megabyte:

- ◐ 1 ZB = 1,024 EB
- ◐ 1 EB = 1,024 PB
- ◐ 1 PB = 1,024 TB
- ◐ 1 TB = 1,024 GB
- ◐ 1 GB = 1,024 MB

Por lo tanto:

$$1 \text{ ZB} = 1,024 \times 1,024 \times 1,024 \times 1,024 \times 1,024 \text{ MB}$$
$$\approx 1,180,591,620,717,411,303,424 \text{ MB}$$
$$\approx 1,18 \times 10^{21} \text{ MB}$$

➲ **Paso 3.** Ahora, multipliquemos esa cifra por 175 para obtener cuántos megabytes hay en 175 zettabytes:

$$175 \text{ ZB} = 175 \times 1,18 \times 10^{21} \text{ MB}$$

$$\approx 2,06 \times 10^{23} \text{ MB}$$

➲ **Paso 4.** Para poner esta cifra en perspectiva, imagina que un documento de Word promedio tiene aproximadamente 1 MB. Ahora, compara esa sola unidad de 1 MB con $2,06 \times 10^{23}$ MB.

 EJEMPLO

Para visualizar lo que representa la capacidad de almacenamiento y procesamiento de *big data* reflexiona sobre las siguientes informaciones, te servirán de ejemplo para comprender la dimensión.

- Si apilamos todos los documentos de *Word* de 1 MB uno sobre otro (del paso 4), la pila sería increíblemente alta, mucho más allá de cualquier medida terrenal.
- Por ejemplo, una pila de 175 zettabytes de documentos de *Word* superaría la distancia entre la Tierra y el Sol innumerables veces.
- Si una persona pudiera leer un documento de *Word* de 1 MB en un minuto, le tomaría más tiempo que la edad del universo leer todos los documentos de Word contenidos en 175 zettabytes.

2.1. Pasos para construir un proyecto de *big data*

Los **insights** obtenidos a través de *big data* son esenciales para que las empresas puedan competir y prosperar en el entorno actual. Al seguir un proceso estructurado de recopilación, almacenamiento, procesamiento, análisis e interpretación de datos, las empresas transforman grandes volúmenes de datos en **inteligencia accionable.** Esta capacidad de convertir datos en *insights* valiosos es lo que verdaderamente impulsa el éxito de *big data* en cualquier sector.

En el contexto de big data, los insights son valiosos descubrimientos obtenidos a partir de un análisis profundo de grandes volúmenes de datos. Estos insights son capaces de revelar patrones, tendencias, comportamientos o relaciones que no son evidentes a simple vista.

 **SABÍAS QUE...**

La inteligencia accionable es un concepto que hace referencia a la información obtenida a través del análisis de datos, que es específica, relevante y oportuna, permitiendo a las organizaciones tomar decisiones informadas y ejecutar acciones concretas. Esta inteligencia no solo describe qué está sucediendo, sino que también proporciona recomendaciones claras sobre qué acciones deben emprenderse para mejorar resultados o resolver problemas.

La inteligencia accionable es clave en el paradigma empresarial actual, porque transforma el análisis de datos en valor real para cualquier tipo de organización. Esta inteligencia permite a las empresas:

Continúa en página siguiente >>

<< Viene de página anterior

- Tomar decisiones basadas en información de valor, es decir, en evidencia y no en suposiciones.
- Optimizar procesos haciendo ajustes precisos que mejoran la eficiencia y efectividad.
- Responder rápidamente a cambios con una adaptación ágil a nuevas oportunidades o amenazas en el entorno.
- Mejorar la satisfacción de la clientela a través de acciones más alineadas con las necesidades y preferencias de los clientes.

Los *insights* son la inteligencia que se extrae de los datos. Permiten a las empresas tomar decisiones correctamente informadas y verdaderamente estratégicas.

Una vez que contemplamos *big data* como una herramienta poderosa para cualquier negocio u organización, veamos paso a paso cómo construir un **proyecto de *big data*:**

 **IMPORTANTE**

Hoy en día, es fundamental que una empresa construya un proyecto de *big data* para mejorar la toma de decisiones, personalizar la experiencia del cliente,

Continúa en página siguiente >>

<< Viene de página anterior

optimizar procesos operativos y obtener una ventaja competitiva. Mediante el análisis de grandes volúmenes de datos en tiempo real, las compañías pueden predecir tendencias, identificar ineficiencias, innovar en productos y servicios, y gestionar riesgos con efectividad. En definitiva, un proyecto de *big data* impulsa la rentabilidad y el éxito empresarial transformando los datos brutos en conocimiento.

Definir el objetivo

El primer paso para construir un proyecto de *big data* es entender a fondo cómo funciona tu negocio o actividad. Es lo que llamamos **definir el objetivo.**

Para lograrlo, necesitas informarte bien sobre todas las operaciones y procesos internos. Una buena fórmula de hacerlo es hablando con los profesionales que gestionan y realizan estas actividades a diario. Después de obtener esta comprensión y entender las claves, es crítico sentarse a planificar detalladamente:

⊃ **Establecer un plan de hitos.** Este paso implica dividir el proyecto en etapas más pequeñas y manejables, llamadas hitos. Cada hito marca un punto importante en el progreso del proyecto. Estos hitos ayudarán a mantener el proyecto organizado, a realizar un seguimiento del avance y a garantizar que se están alcanzando los objetivos en el tiempo previsto. Por ejemplo, si estás construyendo un sistema de análisis de datos para una empresa, algunos hitos serían:

 ◡ La recopilación de datos
 ◡ El diseño del modelo de datos
 ◡ La implementación del análisis
 ◡ La presentación de resultados

⊃ **Identificar los indicadores clave de rendimiento (KPI).** Los KPI son métricas específicas que ayudan a medir el rendimiento y el éxito de un proyecto. Estos indicadores son seleccionados porque están directamente relacionados con los objetivos y metas del proyecto. Por ejemplo, si el objetivo de tu proyecto es aumentar las ventas, algunos KPI podrían ser:

 ◡ El número de clientes nuevos
 ◡ El valor promedio de las ventas
 ◡ La tasa de conversión

Identificar los KPI adecuados permite monitorear el progreso, además de tomar decisiones basadas en datos para optimizar el rendimiento.

⇒ **Definir los resultados esperados (KER).** Los resultados esperados o KER *(key expected results)* son las metas específicas que se espera lograr al finalizar el proyecto. Estos resultados deben ser claros, medibles y alineados con los objetivos del negocio. Por ejemplo, si estás desarrollando un sistema de recomendación para un sitio web de comercio electrónico, un resultado esperado podría ser:

◑ *Aumentar las ventas en un 20 % en los próximos seis meses.*

Definir estos resultados es de gran ayuda para mantener el enfoque del proyecto y para evaluar su éxito una vez que se haya completado.

 IMPORTANTE

Definir el objetivo de un proyecto de *big data* consiste en conocer el negocio, escuchar a las personas expertas para uego y ser capaz de crear un plan estratégico claro que sirva para guiarlo.

- -

Obtener los datos

El segundo paso para construir un proyecto de *big data* es recopilar los datos que necesitas para alcanzar tus objetivos. Ya sabes lo que quieres lograr, ahora es el momento de encontrar la información que te ayudará a conseguirlo.

Puedes hacerlo de varias maneras: utilizando bases de datos existentes dentro de tu empresa, aprovechando los recursos disponibles a través de API comerciales que permiten acceder a datos externos o utilizando datos abiertos *(open data),* que se pueden obtener mediante extractores web:

1. **Utilizar bases de datos existentes dentro de la empresa.** Muchas empresas ya tienen una gran cantidad de datos almacenados en sus sistemas internos. Estos datos provienen de diferentes fuentes, como son los sistemas de gestión de clientes (CRM), sistemas de gestión de recursos empresariales (ERP), registros de ventas, registros de transacciones y otros sistemas más. Utilizar estas bases de datos existentes permite acceder a información específica clave del negocio sin necesidad de buscar

en fuentes externas. Asimismo, estos datos suelen estar estructurados y organizados de acuerdo con las necesidades de la empresa, lo cual facilita su análisis y procesamiento.

2. **Aprovechar los recursos disponibles a través de API comerciales que permiten acceder a datos externos.** Las API *(application programming interface,* interfaces de programación de aplicaciones) comerciales son una excelente fuente de datos externos para complementar la información interna de la empresa. Muchas empresas y organizaciones ofrecen API que permiten acceder a sus datos de manera programática. Esto facilita la integración de esta información en los proyectos de *big data.* Por ejemplo, es posible acceder a datos de redes sociales, datos meteorológicos, datos de mercado financiero, datos de transporte, etc. Todos estos datos externos proporcionan información complementaria de valor, además de contextos importantes para los análisis y las decisiones empresariales.

3. **Utilizar datos abiertos *(open data)* que se pueden obtener mediante extractores web.** Los datos abiertos, también conocidos como *open data,* son conjuntos de datos que están disponibles públicamente, por tanto pueden ser utilizados y redistribuidos libremente por cualquier persona o usuario. Estos datos suelen provenir de organismos públicos, organizaciones sin ánimo de lucro, instituciones académicas, etc. Para acceder a los datos abiertos, se suelen utilizar **extractores web** o herramientas de ***web scraping.*** Estas herramientas sirven para recopilar la información de forma automatizada desde sitios web públicos. Los datos abiertos son considerados una fuente valiosa de información con una amplia variedad de aplicaciones, desde análisis de mercado hasta investigaciones científicas.

 **IMPORTANTE**

Obtener datos para un proyecto de *big data* consiste en identificar las fuentes de datos disponibles y seleccionar aquellas que proporcionarán la información necesaria para el proyecto.

Limpiar los datos

El tercer paso para construir un proyecto de *big data* es limpiar y adaptar los datos que has recopilado. Aunque ya tienes toda la información que necesitas, puede estar desordenada y en diferentes formatos. Es esencial organizar y estandarizar estos datos, asegurándote de que, por ejemplo, todas las filas de una misma columna sigan un formato uniforme (como usar el mismo número de decimales para una categoría específica). Además, debes tener mucho cuidado de cumplir con las leyes de protección de datos y privacidad vigentes. Recuerda que, aunque esta tarea puede consumir hasta el 80 % del tiempo del proyecto, es clave para garantizar la calidad y fiabilidad de tus análisis posteriores. Este paso se caracteriza por las acciones que se describen a continuación.

Estandarización de datos

Uno de los primeros pasos en la limpieza de datos es asegurarse de que todos los datos estén en un formato coherente y uniforme. Esto implica convertir diferentes representaciones de la misma información en un formato consistente. Por ejemplo, si estás trabajando con datos de fechas, asegúrate de que todas las fechas estén en el mismo formato (por ejemplo, DD/MM/AAAA o AAAA-MM-DD) para facilitar su análisis.

 **EJEMPLO**

Estás trabajando en un proyecto de análisis de ventas para una empresa que vende productos en diferentes países. Tienes una tabla de datos que incluye información sobre las ventas realizadas durante el último año, pero descubres que las fechas de las transacciones están en diferentes formatos, como DD/MM/AAAA y MM/DD/AAAA, lo cual te dificulta e análisis.

Para estandarizar los datos de fecha, decides convertir todos los formatos a AAAA-MM-DD, que es el formato estándar que prefieres para tu análisis. Utilizas técnicas de limpieza de datos para realizar esta transformación de manera consistente en todo el conjunto de datos. Por ejemplo:

- **Original: 15/03/2025 Estandarizado: 2025-03-15**
- **Original: 03/25/2025 Estandarizado: 2025-03-25**
- **Original: 2025-04-10 Estandarizado: 2025-04-10**

Al estandarizar los datos de fecha en un formato uniforme, se facilita el análisis y las comparativas de las ventas a lo largo del tiempo, permitiendo identificar tendencias y patrones con mayor precisión. Al mismo tiempo, al utilizar un formato estándar se reduce la posibilidad de errores en el análisis debido a la

Continúa en página siguiente >>

<< *Viene de página anterior*

inconsistencia en los datos. Esto ayuda a garantizar la calidad y la fiabilidad de los resultados obtenidos en un proyecto de análisis de ventas.

Limpieza de valores atípicos (outliers)

Los valores atípicos son puntos de datos que se desvían significativamente de la mayoría de los otros puntos de datos en un conjunto. Estos valores suelen distorsionar el análisis y las conclusiones obtenidas a partir de los datos. Por lo tanto, es importante identificar y tratar estos valores atípicos de manera adecuada, ya sea eliminándolos o corrigiéndolos si es posible.

👁 EJEMPLO

Estás trabajando en un proyecto de análisis de precios de viviendas en una ciudad determinada. Tienes un conjunto de datos, que incluyen el precio de venta de diferentes propiedades residenciales durante el último año.

Al explorar tus datos, notas que hay un punto de datos que se desvía significativamente del resto: una propiedad que se vendió por un precio extremadamente alto en comparación con las demás. Este valor atípico podría distorsionar tus análisis y también tus conclusiones, ya que ejerce influencia de manera desproporcionada en medidas como el precio promedio o la tendencia general de los precios.

Para tratar este valor atípico, decides investigar más a fondo. Descubres que esta propiedad en particular es una mansión de lujo con características únicas y con ubicación privilegiada. Esto justifica su precio excepcionalmente alto en comparación con otras propiedades.

Después de confirmar que el valor atípico es válido y no es el resultado de un error de entrada de datos, decides mantenerlo en tu conjunto de datos. Sin embargo, decides tener en cuenta este valor atípico al realizar análisis y presentaciones, considerando su impacto en las medidas estadísticas y asegurándote de contextualizarlo adecuadamente en tus informes.

Gestión de datos faltantes

Los datos incompletos o faltantes son cuestiones comunes en muchos conjuntos de datos y pueden afectar a la calidad y la precisión del análisis. Es fundamental decidir cómo manejar estos datos faltantes de forma idónea. Esto implica, por ejemplo, la eliminación de registros con datos faltantes, la imputación de valores utilizando técnicas estadísticas o el desarrollo de modelos para predecir los valores faltantes.

◁◎▷ **EJEMPLO**

Estás trabajando en un proyecto de análisis de satisfacción del cliente para una empresa de comercio electrónico. Tienes un conjunto de datos, entre los que se incluyen las respuestas de encuestas de la clientela, pero notas que algunos clientes no han completado todas las preguntas en la encuesta, dejando ciertos campos vacíos, por lo que decides hacer una gestión de datos faltantes.

Para manejar estos datos faltantes de manera adecuada, consideras varias opciones:

- Eliminación de registros con datos faltantes. Una opción es eliminar por completo los registros que contienen datos faltantes. Sin embargo, esta opción puede no ser ideal si la cantidad de registros con datos faltantes es significativa, ya que podrías perder información valiosa de otros campos completos en esos registros.
- Imputación de valores utilizando técnicas estadísticas. Otra opción es imputar o rellenar los valores faltantes utilizando técnicas estadísticas. Por ejemplo, podrías calcular el promedio o la mediana de los valores existentes en una columna y usar ese valor para llenar los campos faltantes. Esta técnica es útil para preservar la integridad del conjunto de datos y evita la pérdida de información.
- Desarrollo de modelos para predecir los valores faltantes. Una opción más avanzada es desarrollar modelos predictivos para estimar los valores faltantes en función de otros atributos del conjunto de datos. Por ejemplo, podrías usar un **modelo de regresión** para predecir la calificación de satisfacción de un cliente en función de su historial de compras, interacciones anteriores con la empresa, etc. Este enfoque es más preciso y sofisticado, pero también requiere de más recursos y conocimientos técnicos.

Validación de datos

Es importante verificar la precisión y la coherencia de los datos para garantizar que sean confiables y precisos. Esto se traduce en realizar una comparación de los datos con fuentes externas o bien la realización de controles de integridad para identificar posibles errores o inconsistencias en los datos.

 **EJEMPLO**

Estás trabajando en un proyecto de análisis de inventario para una cadena de tiendas minoristas. Tienes un conjunto de datos, que incluye información sobre los niveles de inventario de diferentes productos en varias ubicaciones de tiendas. Para validar la precisión y coherencia de tus datos, decides compararlos con una fuente externa confiable, como el sistema de gestión de inventario de la empresa. Este sistema es considerado como la fuente principal y más confiable de información sobre el inventario de la empresa.

Comienzas comparando los datos de tu conjunto con los registros del sistema de gestión de inventario. Durante esta comparativa, identificas discrepancias significativas entre los niveles de inventario registrados en tu conjunto de datos y los niveles de inventario registrados en el sistema. Después de investigar más a fondo, descubres que las discrepancias son el resultado de errores humanos en la entrada de datos, como son errores propios de transcripción o de registros duplicados. También, identificas casos de productos que faltan en tu conjunto de datos pero que están presentes en el sistema de gestión de inventario, y viceversa.

Para abordar todos estos problemas, decides implementar medidas correctivas, como son: corregir los errores de entrada de datos, eliminar registros duplicados y actualizar tu conjunto de datos para incluir los productos faltantes. También estableces procedimientos para mejorar la precisión de la entrada de datos en el futuro.

Al validar los datos con una fuente externa confiable y abordar las discrepancias identificadas, es posible tener más confianza en la precisión y la fiabilidad de tus datos. Esto te permite realizar análisis más precisos y tomar decisiones basadas en datos de valor sobre la gestión de inventario en las tiendas minoristas.

Cumplimiento de regulaciones de protección de datos y privacidad

Es fundamental garantizar que la limpieza de datos se realice de acuerdo con las leyes y regulaciones vigentes de protección de datos. Esto significa guardar y proteger el anonimato de los datos personales, la protección de la privacidad de los individuos y el cumplimiento de normativas como el RGPD (Reglamento General de Protección de Datos) de la Unión Europea o Ley Española de Protección de Datos y Garantía de Derechos Digitales (LOPDGDD). Estas normativas han de ser el referente.

 EJEMPLO

Estás trabajando en un proyecto de análisis de datos para una empresa que opera en la Unión Europea y recopila información personal de sus clientes: nombres, direcciones de correo electrónico y números de teléfono. Como parte de tu trabajo, estás limpiando y preparando estos datos para su análisis posterior.

Para cumplir con las regulaciones de protección de datos, como el RGPD y la LOPDGDD, has de garantizar que la limpieza de datos se realice de forma ética y legal. Esto significa tomar medidas para proteger la privacidad y la seguridad de los datos personales de los individuos.

Por ejemplo, al limpiar los datos debes tener cuidado de no divulgar información personal sensible y proteger la identidad de los individuos. Esto implica eliminar o encriptar ciertos campos de datos que podrían identificar directamente a una persona, como son los números de identificación personal o las direcciones completas. Igualmente, debes asegurarte de que los datos se almacenen de forma segura y se protejan contra accesos no autorizados o filtraciones de datos. Por ejemplo, haciendo uso de medidas de seguridad como la encriptación de datos, el acceso restringido a la información y a implementación de políticas de privacidad y seguridad de datos sólidas.

Enriquecer los datos

El paso cuarto para construir un proyecto de *big data* consiste en enriquecer los datos, lo que implica que tienes que hacer que tus datos sean aún más valiosos y útiles. Imagina que tienes un montón de piezas de rompecabezas, pero algunas están incompletas o desordenadas. En este paso, estás trabajando para completar esas piezas y organizarlas de manera que todo encaje perfectamente.

¿Cómo haces esto? Puedes conseguirlo combinando diferentes conjuntos de datos, como si estuvieras mezclando colores para crear un nuevo color más vibrante. También puedes combinar diferentes partes de tus datos, como fechas, para crear intervalos de tiempo que te ayuden a entender mejor cómo cambian las cosas a lo largo del tiempo.

¿Para qué un algoritmo de *machine learning* necesita datos enriquecidos? El objetivo es preparar los datos para que un algoritmo de *machine learning* pueda entenderlos más fácilmente y hacer predicciones mucho más precisas. Piensa en ello como preparar una receta para que sea más fácil de seguir y entender. Cuando los datos están enriquecidos, el análisis que hagas más adelante será mucho más efectivo y preciso.

 **EJEMPLO**

Estás trabajando en un proyecto de *big data* para una empresa de comercio electrónico. Tu objetivo es mejorar la recomendación de productos para los clientes basándote en sus comportamientos de compra anteriores. Para lograr esto, sigues el cuarto paso del proyecto: enriquecer los datos. Veamos cómo puedes hacerlo.

Combinar diferentes conjuntos de datos

- Datos de compras: tienes un conjunto de datos que muestra cada compra realizada por los clientes, incluyendo el ID del cliente, el ID del producto, la fecha de compra y el precio.
- Datos de navegación web: tienes otro conjunto de datos que muestra el comportamiento de navegación de los clientes en el sitio web, como las páginas visitadas, el tiempo pasado en cada página y los productos vistos.
- Datos demográficos: también tienes un conjunto de datos que incluye información demográfica sobre los clientes, como la edad, el género y la ubicación.

Para enriquecer tus datos, combinas estos conjuntos en un único *dataset* que proporciona una vista más completa de cada cliente. Por ejemplo, puedes vincular las compras y los datos de navegación con los datos demográficos para obtener información sobre cómo los diferentes grupos de clientes navegan y compran.

Continúa en página siguiente >>

<< Viene de página anterior

Crear nuevas características a partir de los datos existentes

- Intervalos de tiempo: puedes usar las fechas de compra para calcular intervalos de tiempo entre compras sucesivas para cada cliente. Esto te ayuda a entender la frecuencia de las compras y a identificar patrones de comportamiento.
- Categorías de productos: puedes añadir columnas que clasifiquen los productos en diferentes categorías, como "electrónica", "ropa", "hogar", etc. Esto permite analizar tendencias de compra en diferentes categorías.
- Valor de vida del cliente: puedes calcular el valor de vida de cada cliente sumando el total de sus compras. Esta métrica (CLV) es útil para identificar a los clientes más valiosos.

Combinar columnas para crear nuevas métricas

- *Engagement score:* combina datos de navegación y de compra para crear una métrica que mida el nivel de compromiso de cada cliente. Por ejemplo, podrías crear una fórmula que tenga en cuenta el número de visitas al sitio web, el tiempo pasado en el sitio y la frecuencia de compra.
- Índice de satisfacción: si tienes datos de encuestas de satisfacción del cliente, puedes combinarlos con datos de compra para ver cómo la satisfacción del cliente impacta en sus hábitos de compra.

Al enriquecer tus datos de esta manera, preparas una base de datos mucho más completa y robusta, que un algoritmo de *machine learning* utilizará para hacer predicciones con un nivel alto de precisión. Por ejemplo, el algoritmo usaría los datos enriquecidos para recomendar productos que un cliente probablemente comprará basándose en sus compras anteriores, su comportamiento de navegación y su localización.

Encontrar *insights*

El quinto paso es encontrar *insights*. Es como darle un sorbo a una bebida hecha con tus datos. Después de haberlos arreglado y enriquecido, ahora es momento de disfrutarlos y obtener algo valioso de ellos. Esto se hace a través de la visualización.

 **EJEMPLO**

Imagina que tienes un delicioso plato de comida frente a ti y que, antes de empezar a comer, decides decorarlo con hierbas frescas y salsas coloridas para resaltar su sabor y belleza. De manera similar, con la visualización de datos estás adornando tus datos de una forma que te permita ver patrones, tendencias y relaciones que no serían tan evidentes si solo miraras los datos numéricos.

Para encontrar *insights* puedes utilizar herramientas como son:

| Power BI | Grafana | Tableau |

PARA SABER MÁS

Escaneando los siguientes QR podrás acceder a *Power BI, Grafana y Tableau,* que son recursos tecnológicos capaces de crear gráficos y tablas que representen tus datos de forma atractiva. Estos gráficos te ayudarán a obtener *insights*, que son como pequeñas joyas escondidas dentro de tus datos, ayudándote a tomar mejores decisiones, respaldando tus argumentos, o incluso, alimentando algoritmos de aprendizaje automático para que funcionen aún mejor. Así que, al igual que cuando pruebas un plato y encuentras nuevos sabores y combinaciones, al visualizar tus datos encontrarás nuevas perspectivas y conocimientos que te ayudarán a aprovechar al máximo la información que has recopilado y preparado con tanto cuidado.

Continúa en página siguiente >>

<< Viene de página anterior

Power BI

https://redirectoronline.com/ifcd990409

Grafana

https://redirectoronline.com/ifcd990410

Tableau

https://redirectoronline.com/ifcd990411

Desplegar *machine learning*

El sexto paso consiste en desplegar *machine learning*. Es como usar una varita mágica para hacer predicciones sobre lo que podría suceder en el futuro basándote en lo que has aprendido del pasado. Una bola de cristal que te ayudará a ver tendencias ocultas que no pudiste encontrar en los pasos anteriores.

 EJEMPLO

Imagina que estás organizando una fiesta y quieres agrupar a tus invitados en mesas de manera que tal disposición permita que los asistentes disfruten más. Usando algoritmos de aprendizaje automático, puedes agrupar a las personas que tienen más cosas en común, como son intereses o simplemente rangos de edad, de manera que estén ubicados en mesas donde probablemente se lleven bien y puedan compartir experiencias que diviertan. Esto se llama *clustering*, ya lo vimos. Es solo una de las muchas cosas que no puedes hacer con *machine learning*.

También puedes usar aprendizaje supervisado en el despliegue del *machine learning,* que es como enseñarle a un ordenador a hacer predicciones basadas en ejemplos pasados. Por ejemplo, si tienes datos sobre ventas de productos y quieres predecir cuánto venderás el próximo mes, podrás entrenar un algoritmo con datos históricos para que aprenda patrones y luego lo uses para hacer predicciones futuras. Pero además no solo se trata de hacer estas predicciones una vez, también necesitas desplegar tus modelos de *machine learning* en una arquitectura operativa, para que puedan ser utilizados una y otra vez de forma recurrente.

Desplegar una infraestructura de machine learning es como tener una máquina que constantemente ayuda a tomar decisiones inteligentes basadas en los datos recopilados y analizados. De modo que este despliegue se traduce en un asistente con inteligencia que ayuda a tomar mejores decisiones y a anticipar lo que pueda suceder en el futuro.

Iterar

El último paso, iterar, es como dar vueltas en un carrusel emocionante y nunca terminar el viaje. Llegar al sexto paso no significa que hayas llegado al final del camino. En realidad, es más bien como cerrar un círculo y volver al principio, pero con una visión más clara y una comprensión mucho más profunda.

 **EJEMPLO**

Imagina que estás construyendo un castillo de arena en la playa. Una vez que lo has terminado, no te sientas y te relajas pensando que has terminado tu obra maestra. Sabes que las olas vendrán y se llevarán parte del castillo, el viento lo cambiará, y tal vez quieras agregarle una torre más alta o un foso más profundo. Lo mismo sucede con los proyectos de _big data_.

Es muy importante entender que estos proyectos nunca estarán completamente terminados. Siempre habrá nuevas fuentes de datos para explorar, nuevos algoritmos de _machine learning_ para probar y nuevas preguntas que hacer. **La clave del éxito es aceptar este ciclo de iteración** y tener disposición para volver al principio una y otra vez, refinando y mejorando continuamente el enfoque y los resultados.

Así que no queda otra que, en lugar de ver esta fase como un final, piensa en el sexto paso como un punto de partida para una nueva vuelta en la montaña rusa de descubrimiento y aprendizaje.

Cada iteración te acercará un poco más a tus objetivos y te ayudará a construir sobre lo que ya has aprendido. Es un proceso emocionante y continuo que permitirá adaptarte y evolucionar a lo largo del tiempo en un **entorno VUCA.**

El entorno VUCA (volátil, incierto, complejo y ambiguo) describe las condiciones cambiantes y desafiantes en las que operan las empresas modernas. Se caracteriza por fluctuaciones rápidas, falta de previsibilidad, interrelaciones complicadas y ambigüedades en la toma de decisiones.

En el contexto del desarrollo de un proyecto de *big data,* trabajar en un entorno VUCA significa que los datos, las tecnologías y las necesidades empresariales pueden cambiar rápidamente, requiriendo adaptabilidad y respuestas ágiles. Por ello, el proceso de iterar se vuelve crucial en la última fase del proyecto de *big data.*

IMPORTANTE

Iterar implica revisar y mejorar continuamente los modelos y análisis basados en los nuevos datos y retroalimentación. Esta práctica garantiza que el proyecto se mantenga relevante, preciso y alineado con las dinámicas cambiantes del entorno empresarial, permitiendo una mejor toma de decisiones y aprovechamiento de oportunidades emergentes.

- -

2.2. Profesionales *big data*

Desarrollar un proyecto de *big data* es una tarea compleja que requiere de una combinación de habilidades especializadas y la colaboración de diversos perfiles profesionales. Cada etapa del proyecto, desde la definición de objetivos hasta la implementación de soluciones de inteligencia artificial, demanda conocimientos técnicos y estratégicos específicos.

Para afrontar con éxito estos desafíos, es vital contar con un equipo multidisciplinar que pueda abordar todos los aspectos del **ciclo de vida del proyecto.** En este contexto, son cinco perfiles profesionales los que emergen como piezas clave: el **ingeniero de datos,** el **analista de datos,** el **arquitecto de *big data*,** el **especialista en IA** y el **científico de datos**. La labor de todos estos profesionales consigue transformar datos en decisiones *(insights).*

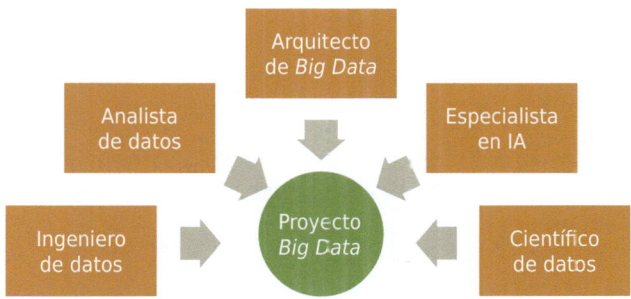

Cada uno de los profesionales aporta una perspectiva única, conocimientos y destrezas fundamentales que, en conjunto, permiten convertir grandes volúmenes de datos en insights valiosos y decisiones bien informadas.

A continuación, podrás explorar el rol y la contribución de cada una de estas personas expertas en la construcción de un proyecto de *big data* exitoso.

Ingeniero de datos

El **ingeniero de datos** es el especialista responsable en una organización de establecer las bases para la recolección, almacenamiento, procesamiento y gestión de los datos.

Actúa como la puerta de entrada de los datos, configurando la infraestructura necesaria para que la información sea accesible y utilizable por los analistas y científicos de datos que la trabajarán posteriormente. Este profesional debe manejar motores de bases de datos tanto SQL como NoSQL, tener experiencia en plataformas de nube como AWS y sistemas de procesamiento masivo de datos como *Hadoop.*

NOTA

Es muy recomendable que este profesional tenga habilidades en lenguajes de programación para facilitar la manipulación y transformación de los datos.

Continúa en página siguiente >>

<< Viene de página anterior

En esencia, el ingeniero de datos prepara y organiza el entorno de datos, asegurando que esté listo para el análisis y el desarrollo de modelos predictivos.

Analista de datos

El **analista de datos** es el profesional de *big data* encargado de convertir los datos en información de valor para facilitar a la empresa una óptima toma de decisiones.

Su trabajo consiste en extraer información clave a partir de los datos proporcionados por el ingeniero de datos. Para ello, el analista debe explorar, preprocesar y analizar estos datos, y luego, saber comunicar los hallazgos al personal clave, generalmente el personal directivo. Para ello, utiliza herramientas de visualización como *Tableau* o *Grafana*.

 **NOTA**

Además de las habilidades técnicas del analista de datos, es fundamental que este profesional tenga una buena comprensión del negocio, conocimiento del sector, capacidad para colaborar con otros equipos de trabajo y habilidades interpersonales para comunicar eficazmente sus resultados.

Arquitecto de datos

El arquitecto de *big data* actúa como un enlace vital entre los equipos técnicos, científicos e ingenieros de datos, y los equipos orientados al negocio, analistas de datos y personal directivo.

Este profesional es esencial para cualquier empresa que desee construir un entorno de *big data* eficaz, ya que gestiona todo el ciclo de vida de los datos, desde su recolección hasta su presentación final. Su función es multidisciplinaria: abarca la creación y mantenimiento de la infraestructura necesaria para que cada tarea específica pueda llevarse a cabo eficientemente por los demás perfiles del equipo.

NOTA

El arquitecto de *big data* asegura que todas las partes del sistema de datos estén perfectamente integradas y funcionen de manera cohesiva, facilitando tanto el trabajo técnico como la toma de decisiones estratégicas.

Especialista en IA

El especialista en inteligencia artificial añade una dimensión decisiva a un proyecto de *big data,* al potenciar la capacidad de predicción del proyecto.

Mientras que los analistas de datos proporcionan información valiosa para la toma de decisiones, el especialista en IA lleva esto un paso más allá al desarrollar algoritmos de *machine learning* y *deep learning*. Estos algoritmos permiten realizar predicciones precisas sobre tendencias futuras y comportamientos, mejorando significativamente la calidad y la eficacia de las decisiones empresariales.

NOTA

Los especialistas en IA son profesionales altamente demandados y escasos que necesitan competencias muy específicas y un compromiso continuo con el aprendizaje para mantenerse al día con los avances tecnológicos. Su papel es esencial para aprovechar al máximo el potencial de los datos y transformar *insights* en acciones predictivas.

Científicos de datos

El científico de datos, aunque similar al analista de datos, se diferencia principalmente en su enfoque más orientado a la investigación y desarrollo (I+D).

Mientras que el analista de datos se centra en el análisis con una mentalidad de negocio para apoyar la toma de decisiones, el científico de datos busca descubrir valor oculto en los datos sin necesariamente tener que extraer conclusiones prácticas inmediatas. Este perfil es estratégico y se enfoca en encontrar patrones complejos y relaciones profundas que no son evidentes para el analista de datos.

NOTA

Idealmente, un científico de datos cuenta con un sólido historial de investigación, publicaciones científicas de renombre en su campo y fuertes vínculos con el sector académico, lo cual le permite abordar problemas desde una perspectiva más teórica y metodológica.

- -

3. Sistemas de aprendizaje automático y manuales

☞ HILO CONDUCTOR

Para mejorar aún más su aplicación, Marta y sus amigos decidieron incorporar sistemas de aprendizaje automático o *machine learning.* Estos sistemas podrían entrenarse tanto con datos históricos como con datos en tiempo real recopilados por su aplicación. También, explorarían opciones de aprendizaje manual para ajustar y optimizar sus modelos según fuera necesario, asegurando una precisión y eficiencia óptimas.

- -

Los sistemas de aprendizaje automático y aprendizaje profundo aprovechan la potencia del 5G para procesar grandes volúmenes de datos en tiempo real. Esto permite la creación de modelos predictivos más precisos y sofisticados, que pueden utilizarse en una variedad de casos de uso, desde la optimización de la cadena de suministro hasta la personalización de la experiencia del cliente. Asimismo, los sistemas manuales respaldados por el 5G posibilitan intervenciones humanas cuando es necesario, combinando lo mejor de ambos mundos para obtener resultados óptimos.

Sin embargo, en la era tecnológica actual, las organizaciones se enfrentan a una cantidad abrumadora de datos que, si no se gestionan y analizan adecuadamente, pueden convertirse en una desventaja competitiva significativa. Para evitar que esto ocurra y ganar competitividad, las organizaciones han de utilizar sistemas de aprendizaje tanto automáticos como manuales.

IMPORTANTE

Los sistemas de aprendizaje automático permiten procesar grandes volúmenes de datos rápidamente y pueden descubrir patrones ocultos que podrían pasar desapercibidos en el análisis manual. Estos sistemas se basan en algoritmos que aprenden y mejoran con el tiempo, ofreciendo predicciones y análisis cada vez más precisos. Sin embargo, el análisis manual, llevado a cabo por personas expertas en la materia tratada, sigue siendo trascendental para proporcionar contexto, interpretar resultados complejos y tomar decisiones bien informadas basadas en el conocimiento, la intuición y la experiencia.

3.1. Arquitectura de *big data*

Para maximizar el potencial de ambos enfoques, el aprendizaje automático y el aprendizaje manual, es esencial contar con una infraestructura robusta que soporte la recopilación, almacenamiento, procesamiento y análisis de datos a gran escala. Aquí es donde entra en juego la **arquitectura de *big data*,** siendo su base la siguiente:

- ⮑ **Data hub.** Es un sistema que centraliza todos los datos de una organización en un único lugar para facilitar su procesamiento. Su objetivo es integrar diferentes fuentes de datos, organizarlos y hacerlos accesibles para su análisis y visualización mediante herramientas de *Business Intelligence* o inteligencia de negocios. Se puede pensar en este sistema como un centro de mando donde toda la información se reúne para ser gestionada y aprovechada con eficacia.
  Por ejemplo, una empresa recoge datos de ventas, *marketing* y atención al cliente. El *data hub* centraliza esta información, permitiendo a los profesionales analistas combinar y analizar los datos de forma integral para obtener una visión completa del rendimiento de la empresa.

➲ **EDW.** *Enterprise data warehouse* o EDW es un sistema de almacenamiento diseñado principalmente para informes y análisis de datos.

**Representación de un sistema
tradicional EDW**

Por ejemplo, una cadena de supermercados utiliza un EDW para almacenar registros de venta históricos. Los directivos pueden generar informes detallados y analizar tendencias de ventas anuales, mensuales o incluso diarias para tomar decisiones sobre inventarios y estrategias de *marketing.*

A diferencia del *data hub,* la principal función del EDW es almacenar grandes volúmenes de datos de forma estructurada y optimizada para poder realizar consultas ágiles. Es ideal para tener un repositorio centralizado donde los datos estén organizados y preparados para ser analizados, sin importar el nivel de procesamiento necesario, aunque también presenta algún inconveniente.

Básicamente, se integran todas las bases de datos existentes en la empresa para complementar los datos provenientes de diversas fuentes, que se envían directamente al repositorio de *big data* gestionado por la arquitectura. La principal problemática que presenta este modelo EDW es que actúa como si fuera un cuello de botella. Este estrechamiento disminuye la eficiencia del sistema debido a que no aprovecha las ventajas del repositorio de *big data*. En consecuencia, es posible afirmar que este enfoque de almacenamiento de datos empresariales no es escalable.

➲ *Data lake.* Es un vasto depósito que almacena datos en su formato original sin necesidad de estructurarlos previamente y que proceden de diferentes fuentes. Esto significa que puede contener:

◔ Datos estructurados
◔ Datos semiestructurados
◔ Datos no estructurados

El lago de datos funciona como un avanzado centro de procesamiento de datos, armonizándolos y analizándolos para que puedan ser enviados directamente a las herramientas de visualización e inteligencia empresarial, o pasar por el EDW para mejorar la velocidad y efectividad de las respuestas.

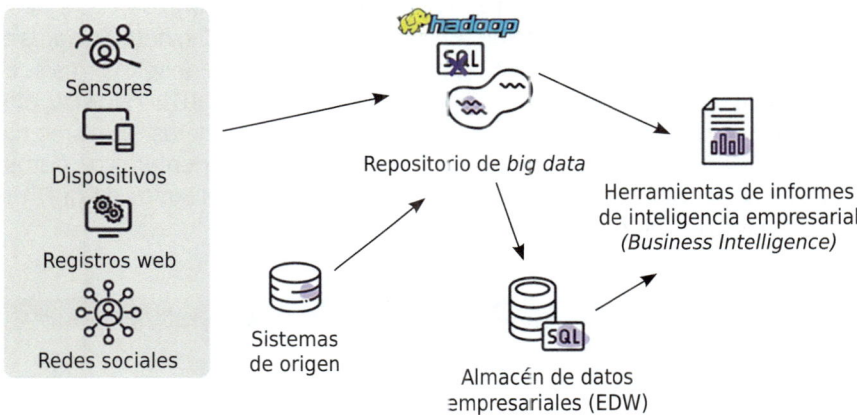

La estructura de los datos no se define hasta que se necesite, permite una gran flexibilidad. Es útil para almacenar grandes cantidades de información diversa, donde los datos pueden ser procesados y analizados en su forma más cruda.

Por ejemplo, una empresa tecnológica recopila datos de sensores de IoT, registros de actividad web y datos de redes sociales. Estos datos se almacenan en un *data lake* en su formato original. Los científicos de datos pueden extraer y procesar estos datos según sea necesario para desarrollar modelos predictivos y mejorar la experiencia del usuario.

NOTA

Los datos estructurados son aquellos que están organizados en un formato fijo, como pueden ser tablas en bases de datos relacionales, donde cada campo tiene

Continúa en página siguiente >>

[437]

<< Viene de página anterior

un tipo de dato definido (números, fechas, texto). Los datos no estructurados no siguen un formato predefinido y lo podrían conformar textos libres, imágenes, vídeos, correos electrónicos y publicaciones en redes sociales. Los datos semiestructurados tienen una estructura flexible que no se ajusta completamente a un modelo rígido, pero contienen etiquetas y elementos organizativos, como XML y JSON, que facilitan su análisis y procesamiento.

La arquitectura *big data* proporciona el marco necesario para integrar diversas tecnologías y herramientas que faciliten el flujo eficiente de datos desde su origen hasta su análisis final. En este entorno, se despliegan soluciones de almacenamiento como **Hadoop, bases de datos SQL y NoSQL**, plataformas en la nube y herramientas de visualización de datos. Al mismo tiempo, permite a diferentes perfiles profesionales, como ingenieros de datos, analistas, científicos de datos, especialistas en IA y arquitectos de *big data,* trabajar en conjunto con eficacia y eficiencia.

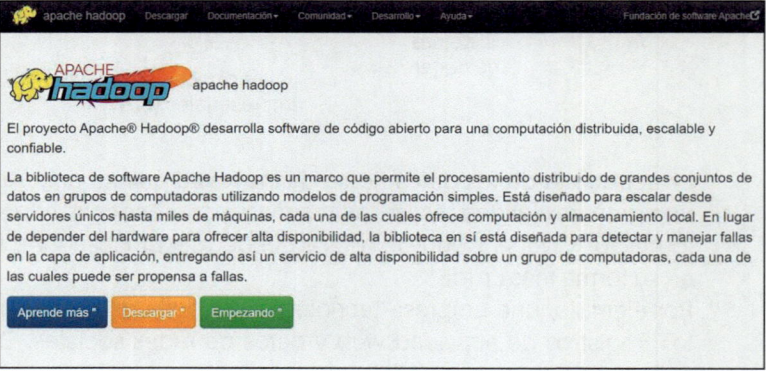

Hadoop permite manejar cantidades masivas de datos con gran eficiencia, haciendo que sea ideal para aplicaciones de big data, con independencia del sector, desde análisis de negocios hasta investigación científica.

 **PARA SABER MÁS**

Puedes acceder al siguiente enlace para ampliar la información sobre *Hadoop.*

Continúa en página siguiente >>

<< Viene de página anterior

https://redirectoronline.com/ifcd990412

3.2. *Hadoop* para sistemas de aprendizaje automático y manual

Hadoop es una plataforma de *software* de código abierto que se utiliza para almacenar y procesar grandes conjuntos de datos de manera distribuida. Es especialmente útil para diseñar sistemas de aprendizaje automático y manual, debido a su capacidad para manejar grandes volúmenes de datos y por su flexibilidad para integrarse con otras herramientas de procesamiento de datos y aprendizaje automático. Su explicación es la siguiente:

⮑ *Hadoop* **para sistemas de aprendizaje automático:**

1. **Almacenamiento distribuido con HDFS:**

   ⇕ **HDFS (*Hadoop distributed file system*).** *Hadoop* almacena datos en un sistema de archivos distribuido. Esto permite manejar grandes volúmenes de datos distribuidos en múltiples servidores. Se trata de una característica clave para el aprendizaje automático, ya que en la mayoría de las ocasiones requiere procesar grandes cantidades de datos para entrenar modelos precisos.

   ⇕ **Escalabilidad.** HDFS permite escalar el almacenamiento y el procesamiento de datos simplemente agregando más nodos al clúster. Con ello se facilita el manejo de datasets masivos que son propios en proyectos de aprendizaje automático.

2. **Procesamiento de datos con *MapReduce*:**

   ⇕ ***MapReduce*.** Se trata de un modelo de programación que permite procesar grandes volúmenes de datos en paralelo. *MapReduce* divide la tarea en subtareas más pequeñas llamadas Map, para luego combinar los resultados o Reduce. Esto permite procesar y limpiar datos con gran eficiencia, preparándolos para el entrenamiento de modelos de aprendizaje automático. Por ejemplo, para un sistema de recomendación de productos, *MapReduce* podría ser utilizado para procesar esos grandes volúmenes de datos de usuarios, extrayendo características relevantes para el modelo de recomendación.

3. **Integración con herramientas de aprendizaje automático:**

⇕ **Apache Mahout.** Es una biblioteca de aprendizaje automático que se ejecuta sobre *Hadoop,* permitiendo a los desarrolladores construir y aplicar algoritmos de aprendizaje automático directamente sobre el clúster de *Hadoop.*

⇕ **Apache Spark.** Aunque no es parte de *Hadoop, Spark* se integra bien con HDFS proporcionando una plataforma más rápida y flexible para el aprendizaje automático en comparación con *MapReduce, Spark* MLlib es su biblioteca de aprendizaje automático, que ofrece una amplia gama de algoritmos de *machine learning.*

➲ *Hadoop* **para sistemas de aprendizaje manual:**

1. **Almacenamiento y acceso a datos:**

⇕ **Data lake.** *Hadoop* se puede utilizar para construir un *data lake,* donde ya sabemos que se almacenan grandes volúmenes de datos en su formato más bruto. Esto es útil para los analistas y científicos de datos que realizan análisis manuales, pues pueden acceder a datos históricos y sin procesar para realizar exploraciones y nuevos descubrimientos.

⇕ **Estructuración y preprocesamiento.** *HDFS* permite almacenar datos estructurados, semiestructurados y no estructurados. Proporciona una base sólida para el análisis manual de datos.

2. **Herramientas de consulta y análisis:**

⇕ **Hive y Pig.** Son herramientas que se ejecutan sobre *Hadoop.* Permiten realizar consultas y transformaciones de datos utilizando un lenguaje de alto nivel. *Hive* utiliza SQL, lo cual facilita la labor de los analistas de datos, al permitirles realizar consultas complejas sin necesidad de escribir código *MapReduce.* Por ejemplo, un analista de datos puede utilizar *Hive* para consultar grandes volúmenes de registros de transacciones con idea de identificar patrones de fraude sin necesidad de escribir código complejo.

Veamos a continuación un sencillo ejemplo de uso del aprendizaje automático y del aprendizaje manual en una empresa que pretende mejorar su sistema de recomendaciones de productos y. además, quiere llevar a cabo un análisis exploratorio manual a fin de mejorar su estrategia de *marketing* digital.

 **EJEMPLO**

Una empresa de comercio electrónico desea optimizar su sistema de recomendaciones de bienes y servicios (aprendizaje automático) y también realizar un análisis exploratorio para optimizar su estrategia de *marketing online* (aprendizaje manual).

Aprendizaje automático

1. La empresa almacena datos de navegación y compra de clientes en HDFS.
2. Utiliza *MapReduce* para limpiar y preprocesar estos datos, extrayendo características como el historial de compras, el tiempo de navegación y las preferencias de productos.
3. Emplea *Apache Mahout* para entrenar un modelo de recomendación que sugiera productos a los clientes basándose en sus comportamientos y características similares de otros clientes.

Aprendizaje manual

1. Los analistas de la empresa utilizan *Hive* para consultar el *data lake* en HDFS, explorando tendencias de compra y comportamiento del cliente.
2. Utilizan *Pig* para transformar y estructurar datos antes de realizar análisis más profundos con herramientas de BI o *business intelligence*.

Hadoop es una plataforma robusta y flexible que facilita tanto el diseño de sistemas de aprendizaje automático, mediante el procesamiento y almacenamiento eficiente de grandes volúmenes de datos, como el aprendizaje manual, proporcionando herramientas que permiten a los analistas explorar y analizar datos en detalle.

Si tienes alguna duda sobre algunas de las herramientas nombradas, haz clic en el siguiente vídeo, en el cual un experto explica en datos cuáles son las principales claves que diferencian la plataforma *Hadoop* y *Apache Park*. Se hace una comparativa exhaustiva de dos de las tecnologías más destacadas en el ámbito del *big data: Apache Spark* y *Hadoop*. Además, se examinan las diferencias clave en cuanto a arquitectura, velocidad de procesamiento, facilidad de uso y aplicaciones específicas de cada plataforma. Conocer estas diferencias es importante para determinar qué herramienta es más apropiada para diversos contextos de procesamiento y análisis de datos.

 **VÍDEO**

Escanea el siguiente QR para conocer qué diferencias son relevantes destacar entre dos potentes plataformas empleadas en la construcción de *big data*, *Apache Spark y Hadoop.*

https://redirectoronline.com/ifcd990413

3.3. Construcción de un proyecto de *machine learning*

La construcción de un modelo de aprendizaje automático se puede esquematizar de forma sencilla mediante un proceso que consta de cuatro pasos:

1. **Datos de preparación.** En este primer paso estamos reuniendo los materiales necesarios para construir nuestro modelo. Imagina que estamos haciendo una manualidad y necesitamos papel, tijeras y pegamento. Pero, a veces, el papel que tenemos no está en el tamaño adecuado o no es del tipo que necesitamos. Entonces, tenemos que cortarlo y darle forma para que se ajuste a nuestras necesidades. Eso es básicamente lo que hacemos en la preparación de datos, convertimos los datos en bruto en un formato que nuestro modelo pueda entender y usar.
Avanzar a un segundo paso con los datos en un formato CSV es una excelente opción.

2. **Ingeniería de características.** Una vez que tenemos nuestros materiales listos, necesitamos decidir qué partes específicas de esos materiales son importantes para nuestra manualidad. Si estamos construyendo un avión de papel, las alas son primordiales. En la ingeniería de características, seleccionamos las partes más relevantes de nuestros datos que

creemos que serán útiles para predecir lo que queremos. Por ejemplo, si estamos tratando de predecir el clima, seleccionamos características *(features)* como la temperatura, la humedad, etc.

Como ejemplo, en la predicción del clima podemos seleccionar como característica principal la temperatura. Es entonces cuando estaremos preparados para avanzar al tercer paso.

3. **Modelado de datos.** Ahora que sabemos qué partes de nuestros materiales son importantes, es hora de empezar a construir nuestro modelo. Piensa en esto como seguir las instrucciones para armar nuestro avión de papel. Tenemos que doblar el papel de cierta manera para que se convierta en las alas y otra forma para dar forma al fuselaje. Del mismo modo, elegimos un modelo de aprendizaje automático, es decir, seleccionaremos el algoritmo, y lo alimentamos con nuestros datos preparados para que pueda aprender cómo se relacionan las características seleccionadas con lo que queremos predecir.

4. **Medición del rendimiento.** Una vez que hemos construido nuestro avión de papel, queremos saber si realmente vuela bien o no. Probamos lanzándolo varias veces y vemos la distancia que alcanza. En el aprendizaje automático, hacemos algo similar. Tomamos nuestro modelo y lo probamos con datos que no ha visto antes para ver cómo de bien puede llegar a hacer predicciones.

La métrica de rendimiento nos dice cuánto de precisas son las predicciones realizadas por el modelo. Cuanto más preciso sea, mejor será su rendimiento. Esto nos ayuda a saber si nuestro modelo es efectivo o si necesita más ajustes. En este último caso, hablamos de proceso iterativo, es decir, va repitiéndose hasta poder comprobar que este modelo cumple con la expectativa de rendimiento.

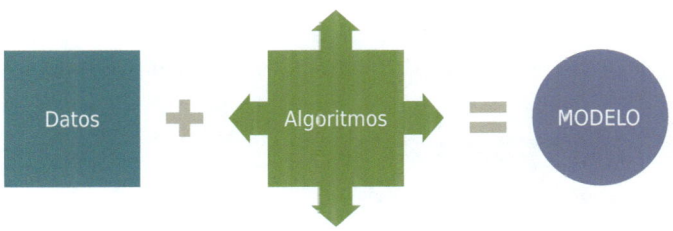

Llegados a este punto, no está mal recordar la diferencia entre aprendizaje automático supervisado y aprendizaje automático no supervisado.

NOTA

La mejor manera de comprender y alcanzar a ver cómo un sistema es capaz con su inteligencia artificial de simular a la inteligencia humana es desmembrando con ejemplo modelos de aprendizaje automático. Con ello, es posible vislumbrar cómo se construye la inteligencia artificial y cómo se entrenan los modelos, para dotarlos de esas capacidades humanas para que aprendan de forma automática a razonar, deducir y predecir con enorme agilidad.

4. *Chatbots,* hologramas y robots

👉 HILO CONDUCTOR

El equipo también vio el potencial en el uso de *chatbots,* hologramas y robots dentro de su aplicación de realidad virtual. Los *chatbots,* impulsados por IA, proporcionarían asistencia instantánea a los usuarios, mientras que los hologramas y robots ofrecerían experiencias más interactivas y totalmente personalizadas. La conectividad 5G permitiría que estas tecnologías funcionaran en tiempo real sin problema, mejorando considerablemente la experiencia del usuario.

La combinación de inteligencia artificial y 5G permite potenciar la interacción entre humanos y tecnologías de formas muy innovadoras.

Los chatbots impulsados por IA pueden brindar asistencia instantánea y personalizada a los usuarios.

Todas las ventajas de estos tipos de tecnologías son posibles gracias a la baja latencia y alta velocidad del 5G.

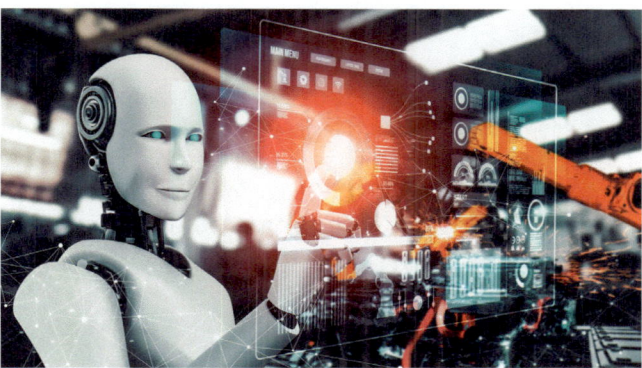

Los hologramas y los robots ofrecen experiencias inmersivas y servicios físicos automatizados en tiempo real.

ACTIVIDAD COMPLEMENTARIA

14. En la era de la inteligencia artificial, tecnologías como *chatbots,* hologramas y robots han transformado la manera en que interactuamos con el mundo digital y físico. Sin embargo, estas innovaciones dependen en gran medida de una conectividad rápida y de baja latencia, como la que proporciona el 5G. Sin estas características, se presentan varios inconvenientes que pueden afectar a la eficacia de la tecnología y a las experiencias de los usuarios.

Basándote en esto, responde a las siguientes preguntas: ¿cuáles son los principales inconvenientes que enfrentarían las tecnologías avanzadas como los *chatbots,* hologramas y robots al no contar con la baja latencia y alta velocidad del 5G? ¿Cómo podemos mitigar estos desafíos para seguir avanzando en la innovación tecnológica?

5. Redes neuronales y sistemas expertos

👉 **HILO CONDUCTOR**

Para analizar los datos complejos generados por su aplicación, el grupo de emprendedores formado por Marta y sus compañeros de trabajo decidió utilizar redes neuronales profundas y sistemas expertos. Las redes neuronales les permitirían identificar patrones complejos en los datos, mientras que los sistemas expertos podrían proporcionar recomendaciones basadas en reglas predefinidas. Esta combinación, o sistema híbrido, permitiría una mejor toma de decisiones dentro de la aplicación.

Mientras que el *machine learning* hace referencia al uso de algoritmos de aprendizaje automático, *deep learning* o aprendizaje profundo emplea un conjunto más avanzado de algoritmos conocidos como **redes neuronales profundas,** que contienen múltiples capas. Recordemos brevemente en qué consistían:

Capa de entrada
Es la primera capa de una red neuronal. Su función es recibir los datos iniciales que se van a procesar. Cada neurona en esta capa representa una característica o un atributo de los datos de entrada.

Capa oculta
Está ubicada entre la capa de entrada y la capa de salida. Puede haber una o varias capas ocultas. Su función es procesar las entradas mediante una serie de transformaciones y cálculos. Las neuronas en las capas ocultas aplican funciones de activación para capturar relaciones complejas entre los datos.

Capa de salida
Es la última capa de la red neuronal. Su función es producir la salida final de la red, que puede ser una predicción, una clasificación o cualquier otro resultado deseado. Cada neurona en esta capa representa una posible salida o clase.

◎ EJEMPLO

Consideremos una red neuronal simple para predecir el precio de una casa en función de dos características: el tamaño (en metros cuadrados) y el número de habitaciones.

1. Capa de entrada

Neurona 1: tamaño de la casa (metros cuadrados)

Neurona 2: número de habitaciones

2. Capa oculta

Neurona oculta 1

Neurona oculta 2

Neurona oculta 3

Cada neurona oculta toma las entradas, aplica un peso a cada una, suma los resultados y pasa esta suma por una función de activación (como ReLU o sigmoide).

3. Capa de salida

Neurona de salida = precio de la casa

La neurona de salida toma las salidas de todas las neuronas ocultas, las combina (aplicando sus respectivos pesos y una función de activación) y produce el valor final: la predicción del precio de la casa.

- -

Una de las principales diferencias entre el *machine learning* y el *deep learning* es la profundidad de las capas que este último contempla, imitando las conexiones neuronales de un sistema neuronal biológico.

Neurona artificial

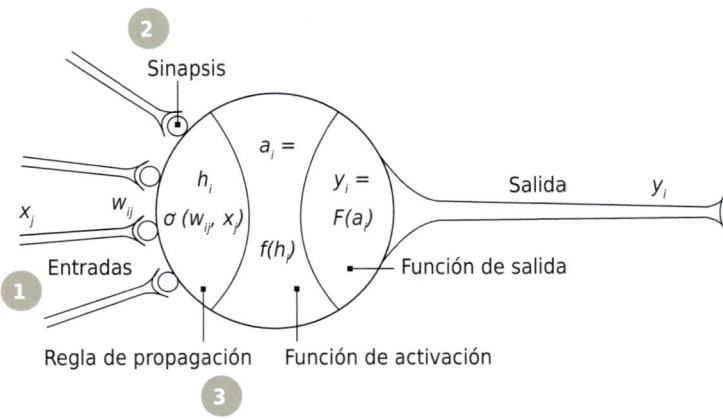

Redes neuronales

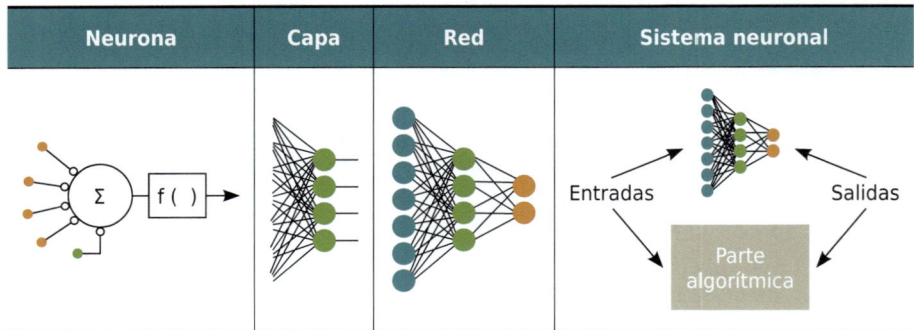

Elementos necesarios para simular artificialmente un sistema nervioso

Las redes neuronales están diseñadas específicamente para el reconocimiento de patrones complejos. Son una evolución avanzada del *machine learning*. Este enfoque no solo trata de imitar cómo los humanos aprenden, sino que se inspira en la actividad de las redes neuronales del cerebro humano.

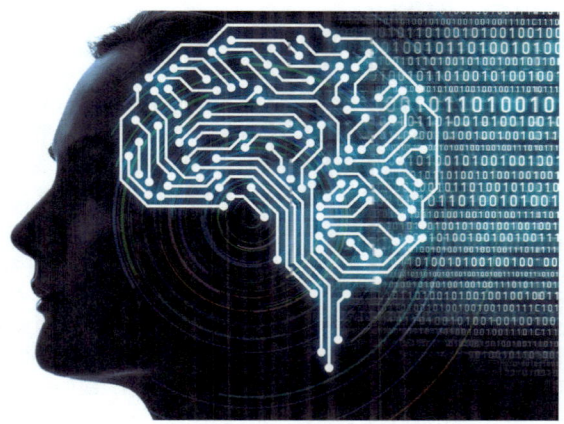

Utilizando múltiples capas de redes neuronales artificiales, deep learning puede analizar y extraer información compleja del entorno, similar a como el cerebro humano percibe y procesa información para adquirir conocimiento.

Las **redes neuronales profundas** y los **sistemas expertos** son dos enfoques distintos dentro del campo de la inteligencia artificial, pero comparten el objetivo común de resolver problemas complejos y proporcionar soluciones inteligentes:

1. **Redes neuronales profundas.** Son un tipo de aprendizaje automático inspirado en la estructura del cerebro humano. Están formadas por múltiples capas de neuronas artificiales que procesan datos de manera jerárquica.

   ☷ **Funcionamiento.** Utilizan grandes cantidades de datos y algoritmos de entrenamiento (como el descenso de gradiente) para aprender representaciones complejas de los datos. Cada capa de la red extrae características progresivamente más abstractas.
   ☷ **Aplicaciones.** Reconocimiento de imágenes, procesamiento de lenguaje natural, predicción de secuencias, etc.

2. **Sistemas expertos.** Los sistemas expertos son programas que emulan el juicio y el comportamiento de un ser humano o una organización que tiene experiencia y conocimientos en un campo específico.

   ☷ **Funcionamiento.** Utilizan reglas basadas en conocimiento (si-entonces) y una base de conocimientos para tomar decisiones o resolver problemas. A menudo, incluyen un motor de inferencia que aplica las reglas al conocimiento para derivar conclusiones.
   ☷ **Aplicaciones.** Diagnóstico médico, asesoramiento financiero, planificación logística, etc.

3. **Relación entre ambos:**

ᕫ Ambos buscan resolver problemas complejos y proporcionar soluciones inteligentes. Las redes neuronales profundas hacen esto aprendiendo patrones y representaciones de datos, mientras que los sistemas expertos lo hacen aplicando reglas y conocimiento predefinido.

ᕫ Las redes neuronales profundas pueden ser utilizadas para mejorar los sistemas expertos. Por ejemplo, son capaces de analizar grandes cantidades de datos para descubrir nuevas reglas o patrones que pueden ser incorporados en la base de conocimientos de un sistema experto.

ᕫ Existen sistemas híbridos que combinan redes neuronales profundas y sistemas expertos. En estos sistemas, las redes neuronales suelen ser utilizadas para el procesamiento inicial y la extracción de características, mientras que los sistemas expertos aplican reglas y conocimientos específicos para la toma de decisiones finales.

IMPORTANTE

Las redes neuronales profundas y los sistemas expertos pueden beneficiarse enormemente de la capacidad de procesamiento mejorada del 5G. Estos sistemas analizan datos complejos a una velocidad sin precedentes, lo cual permite tomar mejores decisiones tiempo real en una variedad de aplicaciones.

---

6. Gestión de bases de inteligencia

 ## HILO CONDUCTOR

La gestión eficiente de la información recopilada sería crucial. Marta y sus compañeros decidieron establecer una base de datos centralizada y segura, donde todos los datos recolectados podrían ser almacenados y analizados. Utilizando técnicas avanzadas de gestión de datos, asegurarían que la información fuera accesible y útil para la mejora continua de su aplicación de realidad virtual.

La gestión eficiente de grandes volúmenes de datos es fundamental para el éxito de los proyectos de inteligencia artificial y *big data*, *Google*, *Netflix*, *Amazon* son buenos ejemplos de estos éxitos.

 **RECUERDA**

El siguiente esquema describe el proceso en el que la extracción de datos termina convirtiéndose en fuente de conocimiento para la toma de importantes decisiones.

Proceso de transformación de datos en conocimiento con la participación de la minería de datos

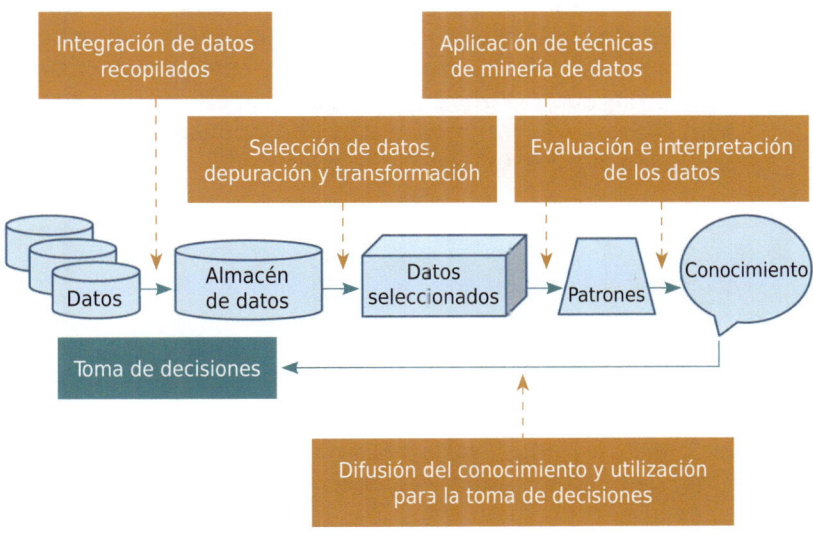

Con las tecnologías del 5G, las empresas tienen el potencial para acceder, almacenar y procesar datos con gran agilidad, con lo cual son más eficientes que nunca. Esto les ayuda a extraer información valiosa y tomar decisiones basadas en datos de valor de una manera más productiva.

6.1. *Orange* y *Weka*

Orange y **Weka** están entre las múltiples plataformas de exploración de datos que cuentan con interesantes características para aplicar las técnicas de minería al conjunto de datos y desarrollar modelos de IA.

A continuación, conocerás con más detalle algunos aspectos interesantes de estos programas informáticos:

- ⊃ **ORANGE.** Es una plataforma de trabajo para el aprendizaje automático creada por la Universidad de Ljubljana. Se trata de un *software* de código abierto que facilita la visualización de datos y la creación de flujos de trabajo en el análisis de datos de una manera muy visual. Cuenta con diversas herramientas para facilitar el manejo y procesamiento de un gran volumen de datos.
- ⊃ **WEKA.** Otra conocida plataforma de trabajo para el aprendizaje automático creada por la Universidad de Waikato. Se trata de un *software* de código abierto con una intuitiva interfaz gráfica. Su uso está recomendado para tanto como plataforma de enseñanza como aplicaciones empresariales en las que se manejan una ingesta importante de datos. Contiene herramientas diversas para llevar a cabo las tareas propias del aprendizaje automático: *Scikitlearn, R* y *Deeplearning4j.*

 **IMPORTANTE**

Tanto *Orange* como *Weka* son programas de código abierto que sirven para construir modelos basados en inteligencia artificial sobre un conjunto de datos, a fin de obtener resultados predictivos que den solución a multitud de problemas. Realizan tareas de explotación y exploración de datos, entrenando al algoritmo para desempeñar tareas.

La *suite* de aprendizaje automático *Orange* está siendo desarrollada por la Universidad eslovena de Ljubljana. Miembros de la Facultad de Informática han conseguido diseñar una ágil herramienta con una interfaz de programación realmente versátil que permite aplicar las técnicas de minería de datos con cierta facilidad.

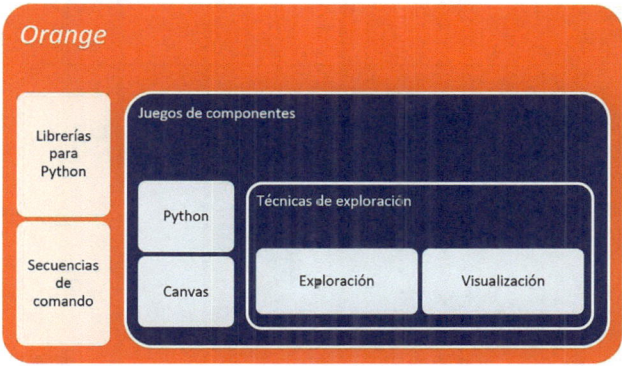

Este *software* permite programar la visualización de información para el **análisis de las exploraciones de datos,** las **secuencias de comando** y la **librería de *Python.***

Python es un lenguaje de programación mundialmente conocido. Sus numerosas librerías compuestas de paquetes y módulos que contienen operaciones para que el programa desarrollado ejecute tareas acorde a los objetivos.

 PARA SABER MÁS

Si te interesa el lenguaje de programación de *Fython,* o bien tienes interés por conocer cómo se desarrollan las *apps,* o aprender más sobre las librerías de Python, escanea el siguiente QR, que ofrece información interesante sobre este conocido lenguaje informático.

https://redirectoronline.com/ifcd990414

Continúa en página siguiente >>

<< Viene de página anterior

Ejemplos de librerías de Python. Fuente: decodigo.com

Orange cuenta además con un atractivo **juego de componentes** conocidos como *widgets,* que sirven para el procesamiento de un gran volumen de datos:

➲ **Aplicación para la entrada de datos y salidas.** *Orange* soporta diferentes formatos de datos como protocolo de comunicación. Entre ellos están:

   ◍ Formato retis
   ◍ Formato tab
   ◍ Formato assistant
   ◍ Formato C4.5

➲ **Aplicación para el preprocesamiento de datos.** Selección de datos, depuración, transformación, etc.
➲ **Aplicación para el modelado predictivo.** Selección de modelos en función del enfoque:

   ◍ Árboles de decisión
   ◍ Bayes
   ◍ Reglas de asociación
   ◍ Regresión
   ◍ Etc.

⊃ **Aplicación de técnicas para la descripción de datos.** Métodos de *clustering, k-means, etc.*
⊃ **Aplicación de técnicas de validación del modelo.** Entre ellas está la técnica *cross-validation* o método de validación cruzada.

NOTA

Una gran biblioteca de componentes posibilita a los usuarios del programa, ya sean expertos o no, una investigación más orientada a focalizar en temáticas concretas.

Existen dos fórmulas para acceder a los componentes que presenta *Orange:*

⊃ ***Scripts* de *Python.*** Los *scripts* son secuencias de comandos. Informalmente se hace referencia a ellos para nombrar lenguajes de programación. Para este caso hablamos del conocido lenguaje de programación *Python.*
⊃ ***Widgets* desde *Canvas.*** Los *widgets* son pequeñas aplicaciones que facilitan el acceso a funciones para mostrar información de manera visual. Gracias a ellos se posibilita la interacción con información que se intercambia en Internet. Para *Orange, Canvas* es el programa de información gráfica que utiliza.

NOTA

Orange es una plataforma con múltiples funcionalidades de *software* libre y código abierto. Esto permite a los usuarios poder disponer de ella e incluso realizar modificaciones del *software*, siempre que estas acciones se lleven a cabo para mejorar el programa.

Recuerda que al descargar *Orange* ten en cuenta el sistema operativo que tenga tu dispositivo.

PARA SABER MÁS

Escanea el siguiente QR para acceder a la web de *Orange*.

https://redirectoronline.com/ifcd990415

Visualización interactiva de datos

Orange permite que el conocimiento adquirido en el procesamiento de datos pueda traducirse en **visualizaciones interactivas.** Estas visualizaciones facilitan la comunicación y comprensión de las predicciones.

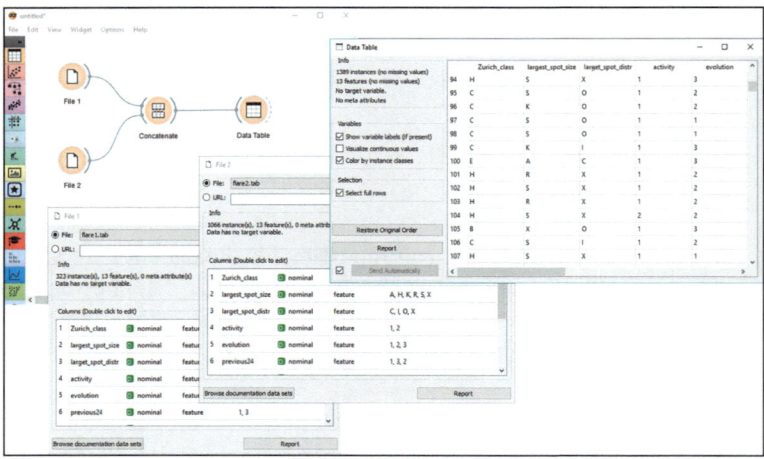

Representación gráfica de tablas de datos en Orange. Fuente: orangedatamining.com

Antes de contar con algunos ejemplos gráficos de *Orange* para conocer cómo se visualizan los datos de forma interactiva, has de saber qué información puede descubrir y de qué forma se muestran estas interacciones:

Visualizar patrones
Facilita la visualización de patrones ocultos en la información descubiertos por el modelo.

Desarrollar la inteligencia intuitiva de las organizaciones
Facilita la visualización de procedimientos intuitivos que apoyarán conclusiones para la toma de decisiones partiendo de la analítica de datos. Proporciona una comunicación mediante gráficas muy claras y sencillas.

Visualizar información específica
Cuenta con widgets de visualización como diagramas de dispersión, diagrama de caja e histograma. Esto permite mostrar la base de datos con visualizaciones muy específicas:
- Dendogramas
- Diagramas de silueta
- Árboles
- Etc.

Utilizar diferentes complementos de visualización
Ofrece la posibilidad de utilizar complementos que pueden mostrar visualizaciones de varios tipos:
- Mapas geográficos
- Redes
- Nubes de palabras
- Etc.

Contar con visualizaciones interactivas estandarizadas hace de *Orange* una herramienta realmente interesante. Facilita la comprensión del trabajo realizado por el algoritmo o la red neuronal a través de distintas fórmulas:

➲ **Diagrama de dispersión.** Perfecto para visualizar las correlaciones entre pares de variables o atributos.

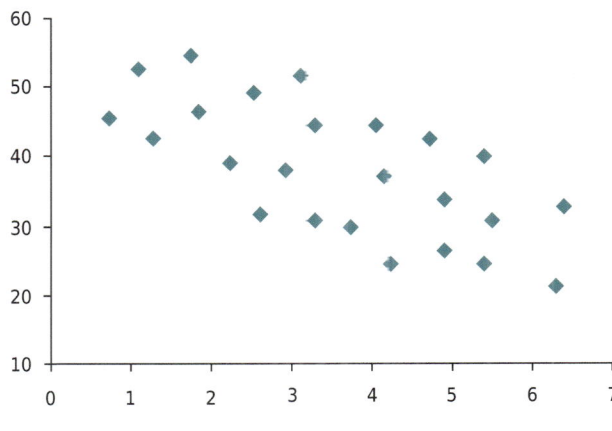

● **Diagrama de caja.** Perfecto para visualizar estadísticas básicas.

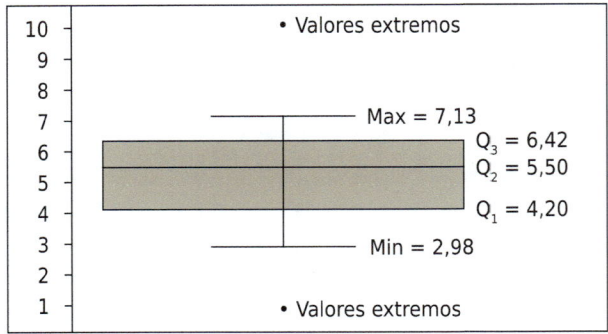

● **Mapa de calor.** Perfecto para visualizar una representación general de todo el conjunto de datos.

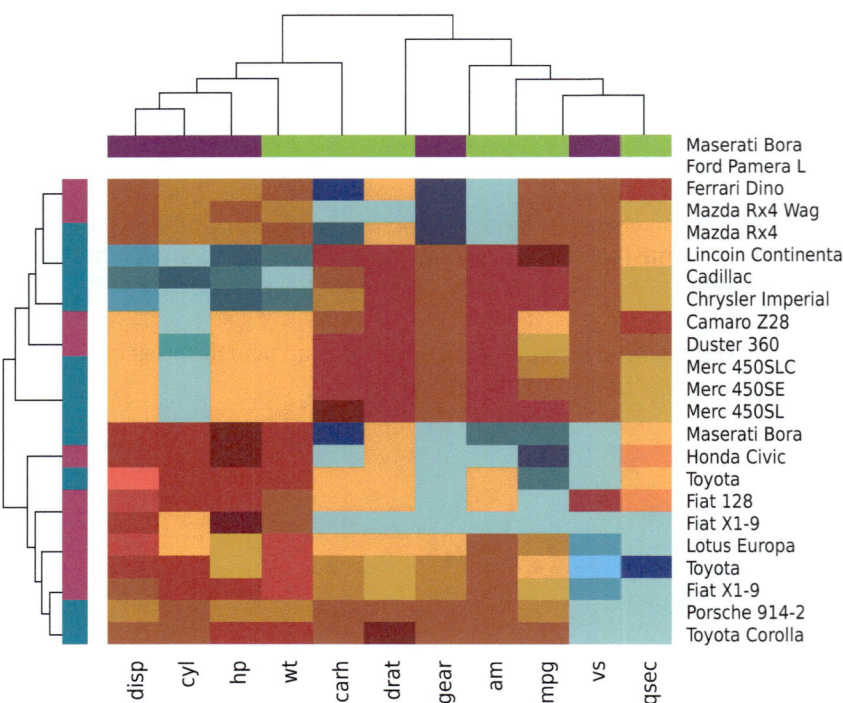

➲ **Diagrama de proyección.** Perfecto para trazar los datos específicos del caso (datos multinomiales) en dos dimensiones.

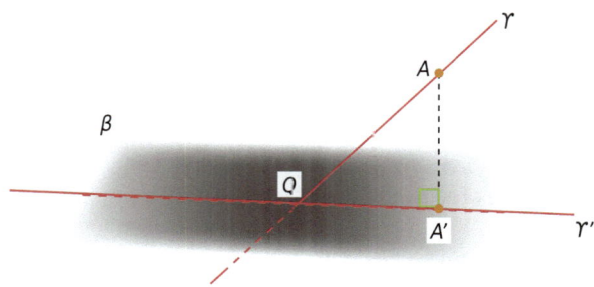

Una vez que se han cargado los datos en *Orange* y estos han sido procesados en esta multiplataforma, es posible convertir las visualizaciones en **gráficos interactivos.**

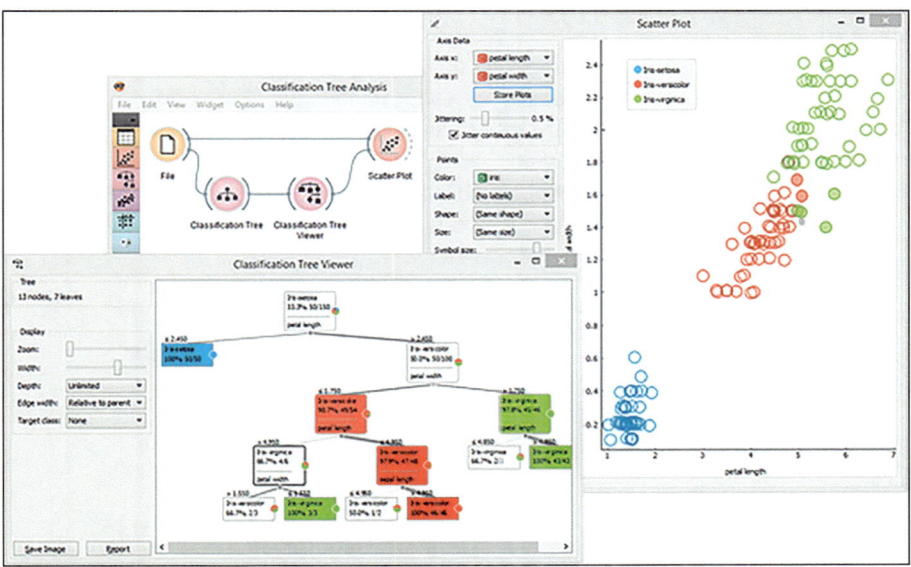

La interactividad de las visualizaciones permite seleccionar puntos de datos en diagramas de dispersión, también seleccionar algún nodo en el árbol de clasificación. Fuente: orar gedatamining.com

 **EJEMPLO**

El diagrama de dispersión analiza la relación existente entre dos variables, cómo afecta en una variable los cambios producidos en otras y las posibles relaciones causa/efecto. Visualizar todo ello de forma gráfica ayuda a interpretar los información con mayor precisión.

En este ejemplo se utiliza el diagrama de dispersión para explorar cómo las horas de estudio afectan las calificaciones del alumnado. Esto permite interpretar y comunicar la información con mayor precisión y efectividad. Esta técnica es especialmente útil en la identificación de patrones y relaciones que pueden ser clave para la toma de decisiones.

Imagina que queremos analizar cómo las horas de estudio afectan en las calificaciones de un examen final donde la variable 1 (eje X): horas de estudio y la variable 2 (eje Y): calificaciones en el examen final.

Los pasos en *Orange* serían los siguientes:

1. Importar datos: cargamos un conjunto de datos que contiene información sobre las horas de estudio y las calificaciones del alumnado.
2. Seleccionar variables: en *Orange,* seleccionamos las variables, que son horas de estudio y calificaciones.
3. Crear diagrama de dispersión: utilizamos el *widget* de diagrama de dispersión *(scatter plot)* para visualizar la relación entre estas dos variables.

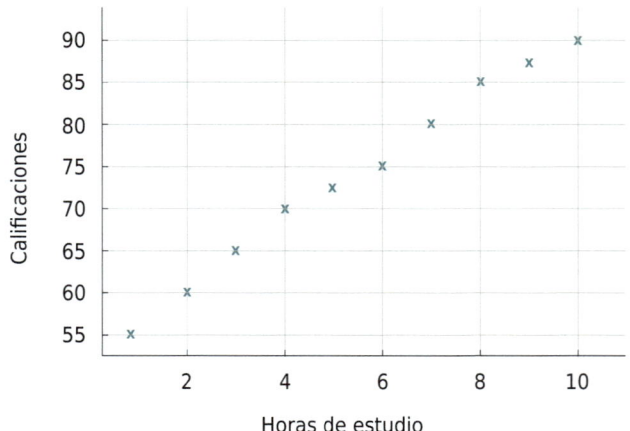

Relación entre Horas de Estudio y Calificaciones

Continúa en página siguiente >>

<< Viene de página anterior

Eje X: representa las horas de estudio.

Eje Y: representa las calificaciones obtenidas en el examen final.

Puntos en el gráfico: cada punto representa a un estudiante, con su posición en el eje X correspondiente a las horas que estudió y su posición en el eje Y correspondiente a la calificación que obtuvo.

Análisis:

- Patrón de dispersión: si los puntos muestran una tendencia ascendente, es decir, a medida que aumentan las horas de estudio también aumentan las calificaciones, podemos inferir una relación positiva entre las dos variables.
- Relación causa/efecto: este patrón sugiere que incrementar las horas de estudio podría llevar a mejores calificaciones, indicando una posible relación de causa y efecto.

Visualización

En el gráfico anterior, hemos observado cómo las calificaciones tienden a aumentar con el incremento de las horas de estudio; sin embargo, también podemos encontrarnos con algunas excepciones, lo que sugeriría que otros factores podrían estar influyendo en las calificaciones.

Interpretación de resultados de visualización

La **interpretación de los gráficos** es realmente importante, más aún cuando se puede incidir de manera interactiva en pares de variables. Por ejemplo, el **diagrama de dispersión** puede mostrar resultados diferentes al seleccionar un punto de datos, o bien utilizar un **diagrama de caja,** a través del cual se obtendría una representación muy visual que describiría varias características relevantes de las variables en un mismo tiempo.

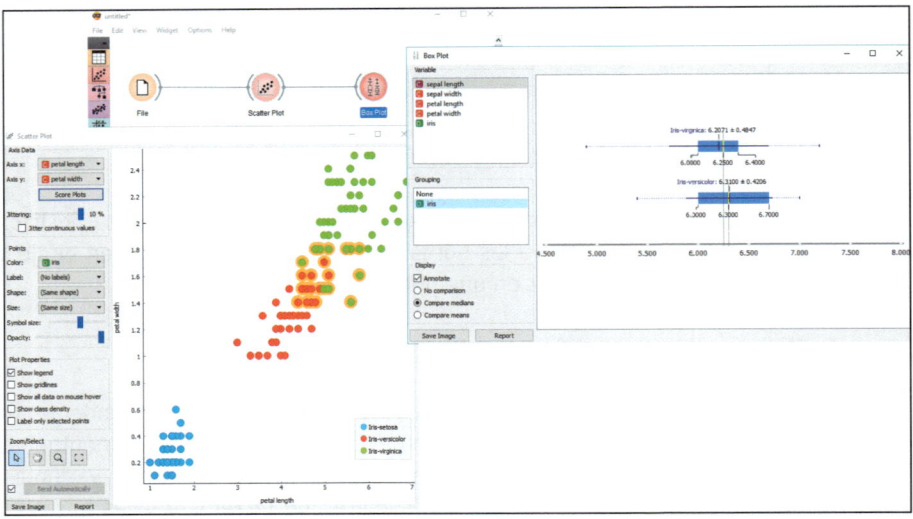

El resultado del análisis ofrece una imagen visual de un diagrama de caja. En una línea se representan los valores máximos y mínimos de los datos, permitiendo así visualizar medidas estadísticas y otra información adicional valiosa como valores extremos. Fuente: orangedatamining.com

Con la visualización interactiva es posible razonar la existencia de un patrón de comportamiento en dos grupos de mediciones. Por ejemplo, el diagrama de dispersión permite conocer de antemano cómo es el tipo de relación entre pares de variables seleccionadas:

➲ **Relación nula.** La correlación entre variables es inexistente, por lo que no se aprecia ningún tipo de relación.

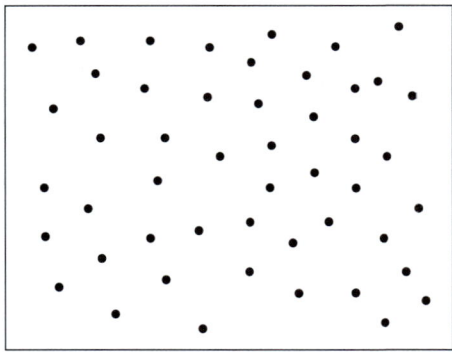

➲ **Alta correlación positiva.** Existe un leve incremento del valor de una variable (X) a medida que aumenta el valor de la otra variable (Y).

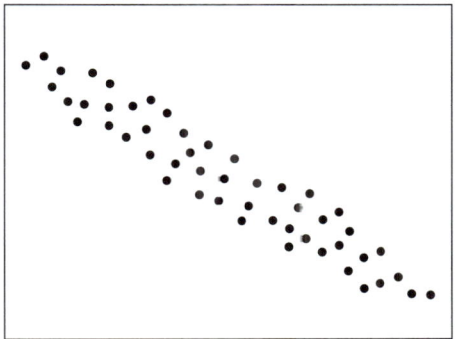

➲ **Baja correlación positiva.** Existe un leve incremento del valor de una variable (Y) a medida que aumenta el valor de la otra variable (X).

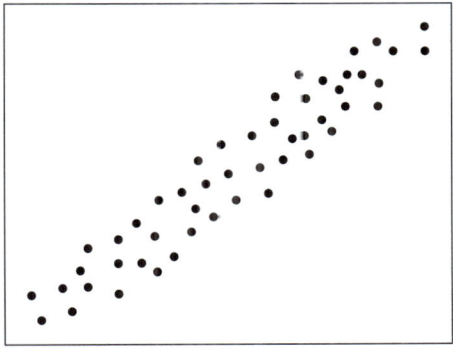

➲ **Fuerte correlación negativa.** Existe una clara disminución del valor atribuido a la variable (X) conforme se incrementa el valor de la variable (Y).

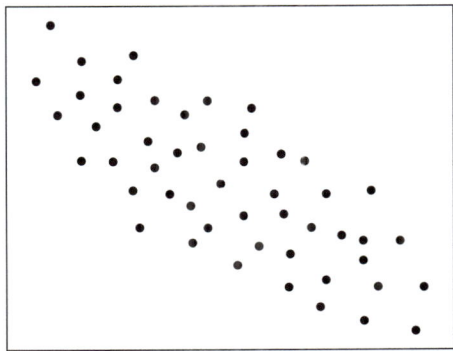

⊃ **Débil correlación negativa.** Existe una tímida disminución del valor atribuido a la variable (X) conforme se incrementa el valor de la variable (Y).

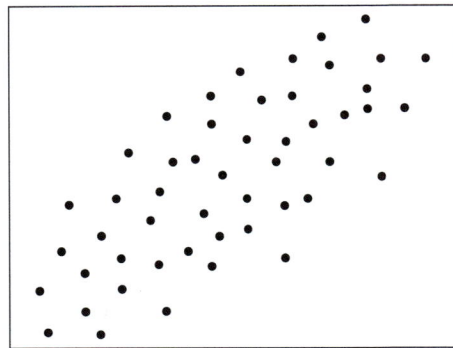

⊃ **Relación compleja.** Es difícil establecer con claridad la relación establecida entre las dos variables, aunque si se puede apreciar cierta relación.

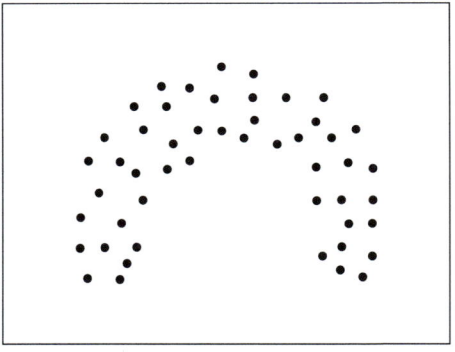

 TAREA 11

Gabriel acaba de comenzar a coquetear con una plataforma de aprendizaje automático. Él es estadístico de profesión y, tras encontrar muchas dificultades laborales, ha decidido emprender una actividad en el sector de la consultoría. Gabriel quiere aprovechar todas las oportunidades que ofrece *machine learning* para ofrecer servicios estadísticos a empresas del sector educativo. Por este motivo, y tras crear una base de datos, quiere comenzar a entrenar el algoritmo

Continúa en página siguiente >>

<< Viene de página anterior

e ir interactuando con distintos gráficos para obtener estadísticas básicas. ¿Podrías indicarle a Gabriel qué gráficos de *Orange* permiten visualizar datos estadísticos e interactuar con ellos?

A partir de esto, distingue los tipos de gráficas interactivas que has conocido hasta ahora por medio de los componentes de *Orange.*

- -

En *Orange* es posible interactuar con los distintos gráficos que ofrece esta plataforma. Cualquier interacción que hagamos la entenderá como una instrucción para generar una rápida respuesta de los datos en tiempo real.

A continuación vas a ver lo fácil que es interactuar con los gráficos:

Selección del área
Al seleccionar un conjunto de datos dentro de un gráfico, estos se enviarán como un subconjunto de datos pertenecientes a esa parte seleccionada del gráfico de visualización.

Respuesta a la interacción
Posteriormente y al interactuar en el área seleccionada provocará una respuesta en tiempo real del modelo.

En la imagen se muestra la combinación, en un mismo panel de visualización, de un **diagrama de dispersión** con un **árbol de clasificación.**

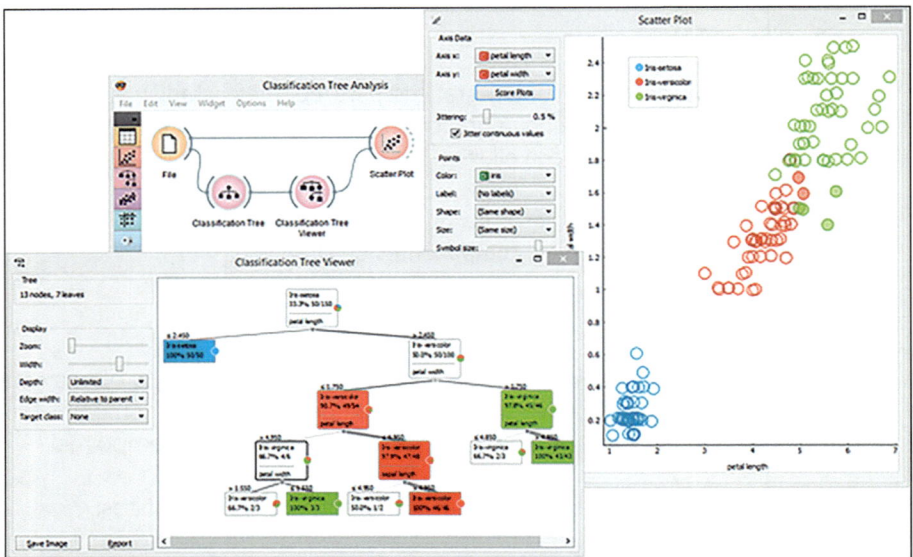

Visualización e interacción en el árbol de clasificación y visualización de resultados como diagrama de dispersión.
Fuente: orangedatamining.com

NOTA

El diagrama muestra el global de los datos, pero destaca el subconjunto de datos al que pertenece el nodo seleccionado del árbol de clasificación.

Flujos de trabajo

Orange cuenta con otras funcionalidades, además de las visualizaciones interactivas. La virtud principal de este programa es que su interfaz es muy sencilla. Su uso está indicado tanto para usuarios expertos como para aquellos otros que carecen de experiencia en la explotación de datos dirigidos al aprendizaje automático.

➲ **Sus *widgets*.** Los *widgets* son las unidades de trabajo de *Orange*. Estos componentes son los que dotan de funcionalidad a la plataforma. Para que *Orange* sea operativa necesitará de dos ingredientes básicos:

  ◉ Los componentes o *widgets*.
  ◉ Los datos

El *software* de *Orange* cuenta con una gran y variada biblioteca de componentes.

⊃ **Sus funcionalidades.** Los *widgets* llevan a cabo multitud de tareas que hacen posible que sea operativa la plataforma de *Orange:*

- ◑ Leen los datos
- ◑ Procesan los datos
- ◑ Visualizan los datos
- ◑ Agrupan los datos
- ◑ Crean modelos predictivos y ayudan a estos modelos a llevar a cabo la exploración de los datos

 **NOTA**

La simplicidad de *Orange* se basa en la funcionalidad de sus *widgets*, consistente en una gran biblioteca de componentes, puesto que la analítica de datos se lleva a cabo con la compilación de estas funcionalidades en los flujos de trabajo.

En la mayoría de las ocasiones, cuando se procede a iniciar un **flujo de trabajo** sobre un lienzo en blanco, se suele utilizar el componente llamado **File.**

Es tan sencillo como seleccionar con el ratón el *widget* correspondiente y arrastrarlo a esa gran área en blanco de trabajo que aparece al lado derecho de esta primera pantalla, y que prácticamente ocupa todo el espacio de trabajo.

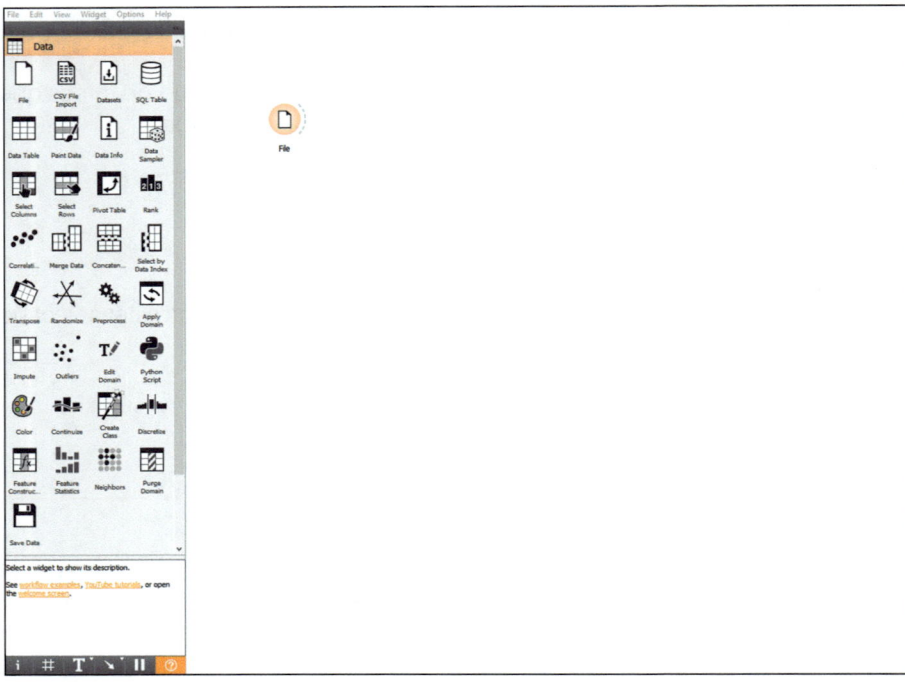

Área de trabajo de Orange. Fuente: aplicación Orange

DEFINICIÓN

Flujo de trabajo
Corresponde a la secuencia de acciones para poder llevar a cabo una tarea concreta.

ACTIVIDAD COMPLEMENTARIA

15. Crea tu primer flujo de trabajo en el lienzo de *Orange,* iniciándolo con unos sencillos pasos. Para ello, descarga en tu ordenador este programa gratuito. Una vez lo tengas instalado, solo tendrás que cerrar la primera ventana que aparece en él y quedarte con el lienzo el blanco.

Continúa en página siguiente >>

<< Viene de página anterior

Después dirígete a la columna de componentes y selecciona *Widget File* en el apartado DATA. Finalmente arrástralo hacia el panel en blanco que está a la derecha. No olvides clicar con el botón derecho del ratón sobre el componente "File" para cambiarle así su nombre.

Nombra a este componente con un apodo que identifique la base de datos que insertarás más adelante con idea de aplicar técnicas de *data mining.*

¿Cómo ha sido la experiencia?

Al acceder a la plataforma de *Orange* y al navegar por los distintos *widgets,* observarás que cada uno de ellos lleva incorporadas distintas funcionalidades. Todas esas tareas corresponden a técnicas de minería de datos basadas en componentes.

Data mining basada en componentes

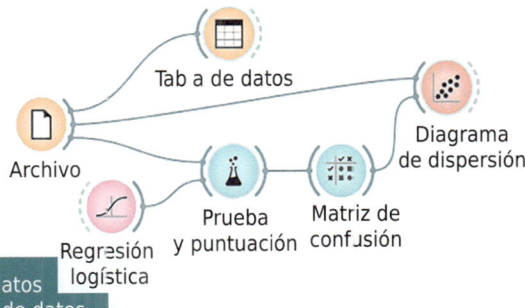

- Recuperación de datos
- Preprocesamiento de datos
- Visualización de datos
- Modelado
- Evaluación del modelo

Widgets

✎ **IMPORTANTE**

La combinación de los distintos componentes *(widgets)* en los flujos de trabajo con *Orange* posibilita la creación de sencillos esquemas de analíticas de datos en tiempo real.

La visualización interactiva de *Orange* es algo que destacar en este *software*. Sin embargo, lo que verdaderamente se aprecia de esta increíble plataforma es la facilidad con la que se pueden llevar a cabo una **exploración interactiva de datos.**

El proceso de exploración descrito de una manera muy sencilla es el siguiente:

- ⮕ **Comunicación entre componentes.** Los distintos componentes de *Orange* se comunican entre sí. Por ejemplo, un componente de archivo cuya tarea sea la de leer los datos, conecta su salida con otro componente como por ejemplo una tabla de datos. Como resultado se obtendrá un flujo de trabajo que está funcionando en tiempo real.
- ⮕ **Recepción y envío de datos entre componentes.** Los componentes reciben datos sobre la entrada y envían datos procesados o ya filtrados. El envío puede ser modelos de IA o cualquier otro elemento que haga que se convierta en un *widget* de salida. Esto significa que, si existiera cualquier interacción que afectara a los datos de entrada, como por ejemplo cambiar un parámetro, automáticamente se propagarán los cambios de manera instantánea al siguiente flujo de trabajo. La respuesta de todos los componentes posteriores a un cambio es inmediata.

Orange posibilita la construcción de flujos de trabajo complejos al permitir distintas conexiones de componentes. De esta manera, es posible vislumbrar las respuestas de los modelos frente a una importante variedad de tareas.

 SABÍAS QUE...

Para practicar sobre la marcha, *Orange* tiene cargada varias bases de datos, con las que puedes directamente trabajar y realizar una exploración de datos, a la par que vas aprendiendo a utilizar esta interesante herramienta.

Aprende a acceder a estas bases de datos siguiendo estos dos pasos:

Paso 1

Abre el componente seleccionado con doble clic. Accederás a distintas base de datos. Elige la que más te guste para practicar. Observarás que se trata de base de datos reales, ya que *Orange* hace una descripción e identifica correctamente la fuente.

Continúa en página siguiente >>

<< Viene de página anterior

Title	Size	Instances	Variables	Target		Tags
● Bank Marketing	466.1 KB	4119	20	C	categorical	economy
Breast Cancer and Docetaxel Treatment	1.8 MB	24	9486	C	categorical	biology
Smoking effect on B lymphocytes	1.8 MB	79	3000	C	categorical	genomics
Bone marrow mononuclear cells with AML	582.0 KB	96	1000	C	categorical	genomics
HDI	65.1 KB	188	66	N	numeric	economy, geo
Abalone	187.5 KB	4177	8	N	numeric	biology
Adult	4.1 MB	32561	15	C	categorical	economy
Attrition - Predict	838 bytes	3	18	C	categorical	economy, synthetic, education
Attrition - Train	182.2 KB	1470	18	C	categorical	economy, synthetic
Auto MPG	17.3 KB	398	9	N	numeric	
Banking Crises	31.3 KB	211	73			time, economy
Bone Healing	11.6 KB	37	0	C	categorical	image analytics, biology
Breast Cancer Wisconsin	34.9 KB	683	10	C	categorical	biology
Breast Cancer	18.4 KB	286	10	C	categorical	biology
Pittsburg Bridges	6.1 KB	108	11			cesign
Baker's Yeast	95.7 KB	186	81	C	categorical	biology
Liver Disorders	7.2 KB	345	11	C	categorical	biology
Car Evaluation	50.7 KB	1728	6	C	categorical	synthetic
Conferences	2.3 KB	42	5			
Cyber Security Breaches	225.0 KB	1055	10			security, time, geo
Dermatology	30.9 KB	366	35	C	categorical	biology, medical
Development of Social Amoeba	15.5 KB	152	0	C	categorical	image analytics, biology
Illegal waste dumpsites in Slovenia	2.8 MB	13165	25			geo, timeseries, ecology
Foodmart 2000	4.0 MB	52560	126			economy, associate, basket
Forest Fires	31.3 KB	517	12	N	numeric	ecology
Glass	10.4 KB	214	10	C	categorical	physics, criminology
Grades for English and Math	265 bytes	12	3			synthetic, educational

Datasets. Fuente: Orange

Paso 2

Al seleccionar una de las bases de datos, te aparecerá en el margen inferior izquierdo una ventanita con una cifra. Pulsa sobre ella y te proporcionará detalles interesantes con los que trabajarás, como:

- Número de instancias
- Números de variables
- Números de características
- Porcentaje de valores perdidos
- *Target* y meta.

Continúa en página siguiente >>

<< *Viene de página anterior*

Datasets. Fuente: Orange

 **APLICACIÓN PRÁCTICA**

Debido a la gran complejidad que supone el funcionamiento de su empresa, Matías está utilizando *Orange* para construir flujos de trabajo complejos. Esta labor le permitirá anticiparse a respuestas del mercado, pudiendo visualizar los resultados obtenidos tras analizar datos con los que está interactuando. Matías maneja distintos paquetes de variables, que han sido seleccionadas de una tabla. En primer lugar introduce datos de entrada a través de un componente de archivo. Posteriormente *Orange* los convierte con otra *widget* en una tabla. Finalmente, tras seleccionar de la tabla distintas variables, el resultado se muestra en una gráfica. Con el resultado Matías podrá observar distintas influencias de las variables.

Continúa en página siguiente >>

<< Viene de página anterior

¿Podrías indicar qué tipo de gráfica ha seleccionado el modelo de Matías para visualizar de forma interactiva el flujo de trabajo mostrado en la imagen?

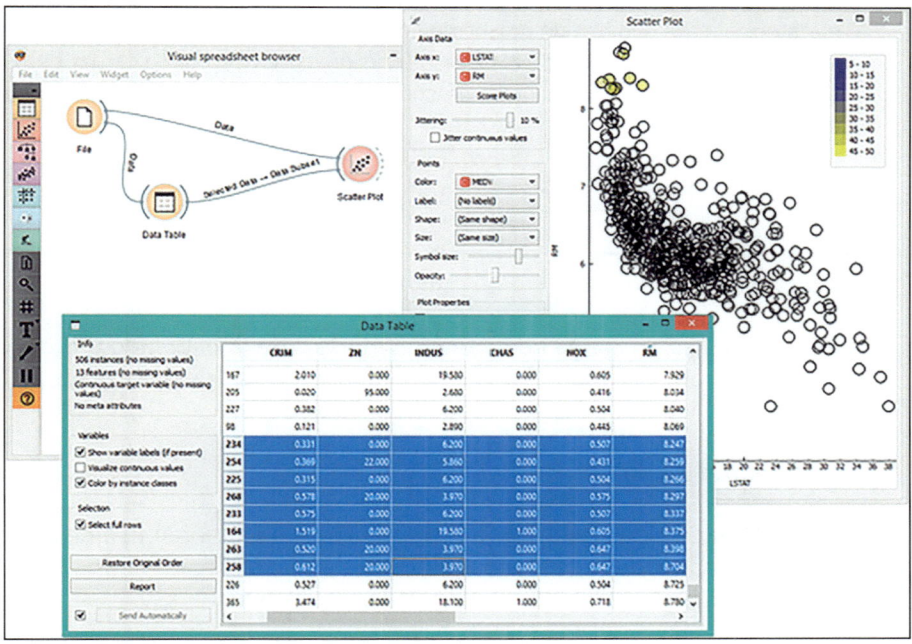

Flujo de trabajos complejos en Orange. Fuente: orangedatamining.com

Solución

Matías dispone de una visualización interactiva representado por un diagrama de dispersión. Parece que el objetivo de Matías es visualizar las correlaciones entre diferentes pares de variables o atributos seleccionados de una tabla.

TAREA 12

El negocio de Martín maneja un conjunto importante de datos. Él pretende utilizarlos para poder sacar provecho de todo ello, ya que ha averiguado que,

Continúa en página siguiente >>

<< *Viene de página anterior*

sin tener grandes conocimientos y empleando unas herramientas adecuadas, él mismo puede extraer información e incluso obtener una previsión de ventas.

Según esto, ayuda a Martín a crear su primer flujo de trabajo en *Orange*, interactuando con los elementos que forman parte de la caja de herramientas de esta plataforma. Para ello has de mostrarle cómo es un flujo de trabajo conectando varios componentes, incluido el de visualización (no es necesario cargar datos, solo mostrar cómo sería el orden de conexión entre componentes en un flujo de trabajo simple).

Construcción de un flujo de trabajo con base de datos propia

Es posible utilizar *Orange* para **crear un modelo de IA** utilizando una **base de datos propia.** *Orange* es una plataforma de análisis de datos y aprendizaje automático que permite a los usuarios lo siguiente:

- **Importar los datos:**
  - Abre *Orange* y selecciona el *widget File* para importar tu archivo de datos (puede ser en formatos como CSV, *Excel*, etc.).
  - Configura el *widget* para cargar tu base de datos.
- **Preprocesar los datos:**
  - Utiliza *widgets* como *Select Columns* para elegir las columnas relevantes.
  - Emplea el *widget Data Table* para visualizar y limpiar los datos si es necesario.
  - Puedes usar "Edit Domain" para cambiar los tipos de datos y "Continuize" para transformar datos categóricos a numéricos.
- **Dividir los datos:**
  - Usa el *widget Data Sampler* para dividir tu conjunto de datos en conjuntos de entrenamiento y prueba.

◆ **Seleccionar un modelo:**

◗ Arrastra un *widget* de modelo como *Logistic Regression, Random Forest, Neural Network,* etc., según el tipo de análisis que deseas realizar.

◆ **Entrenar el modelo:**

◗ Conecta el *widget* de datos de entrenamiento al *widget* del modelo para entrenar el modelo.

◆ **Evaluar el modelo:**

◗ Utiliza *widgets* como *Test & Score* para evaluar el rendimiento del modelo.
◗ Conecta el *widget* de datos de prueba y el modelo al *widget Test & Score* para obtener métricas de evaluación como precisión, *recalls, F1 score,* etc.

◆ **Visualizar los resultados:**

◗ Usa *widgets* de visualización como *Confusion Matrix, ROC Analysis* y *Scatter Plot* para interpretar los resultados.

Presta atención a un flujo de trabajo típico en *Orange* que permite a los usuarios crear y evaluar modelos de IA utilizando sus propias bases de datos.

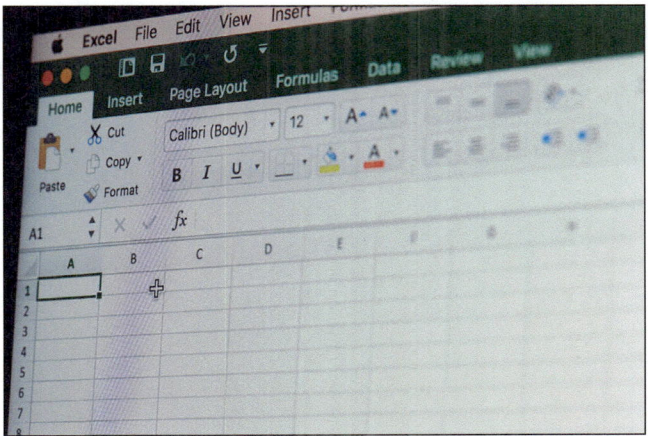

Orange admite la lectura de diversos formatos de bases de datos tales como Excel, archivos CSV, etc. Incluso admite la incorporación de datos a través de URL utilizando el programa de hojas de cálculo Google Sheets.

Pero antes ten claro cuál sería un ejemplo sencillo de esquema de trabajo:

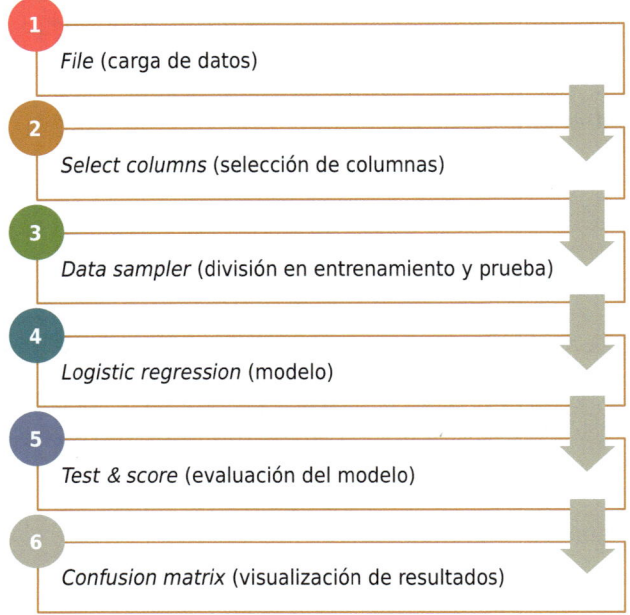

👁 **EJEMPLO**

Con este ejemplo, se persigue conseguir el objetivo de construir un modelo de clasificación que prediga una variable objetivo utilizando las herramientas de *Orange.* El proceso sigue los siguientes pasos, que se pueden observar en las imágenes proporcionadas:

Continúa en página siguiente >>

<< Viene de página anterior

1. Carga del archivo de datos:

- *Widget* **File**

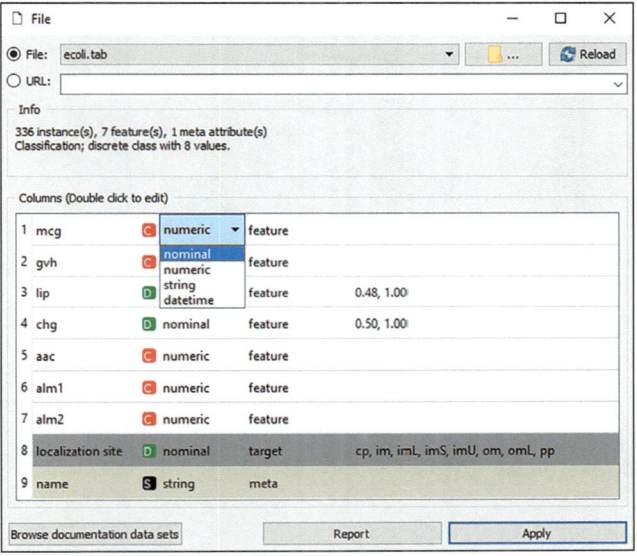

*Ejemplo de inicio de flujo de trabajo con **File**. Fuente Orange.*

El flujo comienza cargando el conjunto de datos desde el *widget* File, como se ve en la primera imagen. En este caso, se carga el archivo ecoli.tab, que contiene características numéricas y categóricas, con una columna objetivo llamada "localization site", que será la variable que intentaremos predecir. Configuración de las columnas: Aquí se definen las columnas como "numéricas", "nominales", "meta" u "objetivo", dependiendo de su tipo de dato y su función en el análisis.

2. Selección de columnas:

- *Widget* **Select Columns**

Una vez cargados los datos, el siguiente paso es seleccionar las columnas relevantes para el análisis. Este *widget* permite eliminar columnas innecesarias o seleccionar características específicas. Esto es clave para simplificar y optimizar el proceso de modelado. Observa la segunda imagen.

Continúa en página siguiente >>

[477]

<< Viene de página anterior

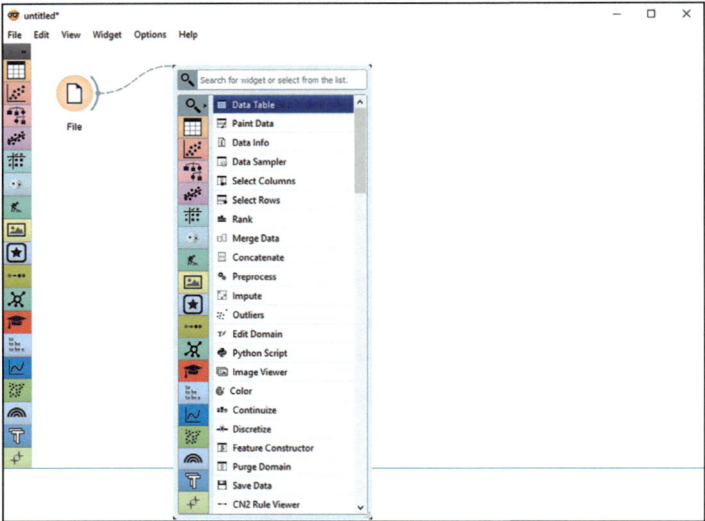

*Ejemplo flujo de trabajo **Select Columns**. Fuente Orange.*

3. Muestreo de datos:

- *Widget* **Data Sampler**

  Este *widget* divide el conjunto de datos en dos partes, una para entrenar el modelo, y otra para probar su rendimiento. En la tercera imagen, se puede ver cómo se realiza una división del conjunto de datos, utilizando un muestreo del 70 % para el entrenamiento y el 30 % restante para la prueba.

Continúa en página siguiente >>

<< Viene de página anterior

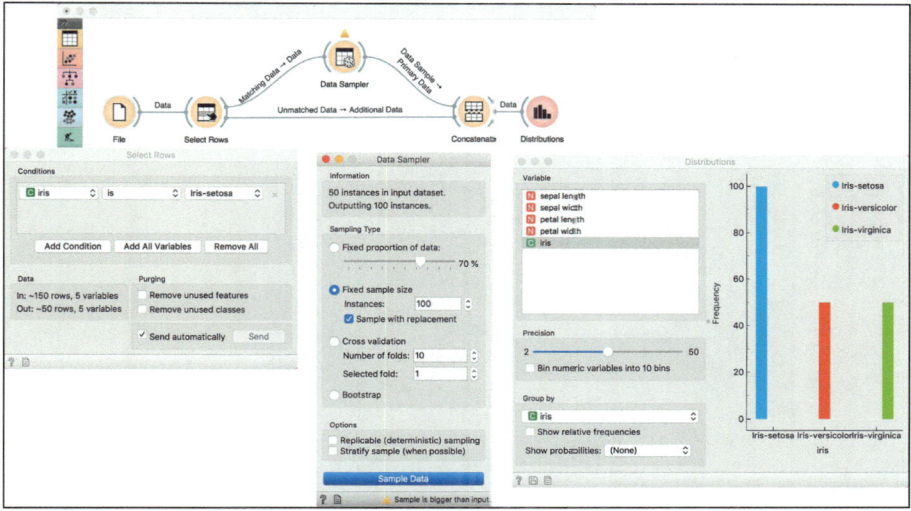

*Ejemplo flujo de trabajo **Data Sampler**. Fuente Orange.*

También se puede ajustar el tamaño de muestra o realizar un muestreo determinístico para garantizar la replicabilidad del experimento.

4. Creación del modelo:

- *Widget* **Logistic Regression**

En la cuarta imagen, se muestra cómo se puede utilizar el modelo de Regresión Logística para predecir a clase objetivo. Este *widget* permite ajustar parámetros como el tipo de regularización o Ridge y la fuerza de regularización. El modelo se entrena utilizando los datos de entrenamiento seleccionados en pasos anteriores.

Continúa en página siguiente >>

<< Viene de página anterior

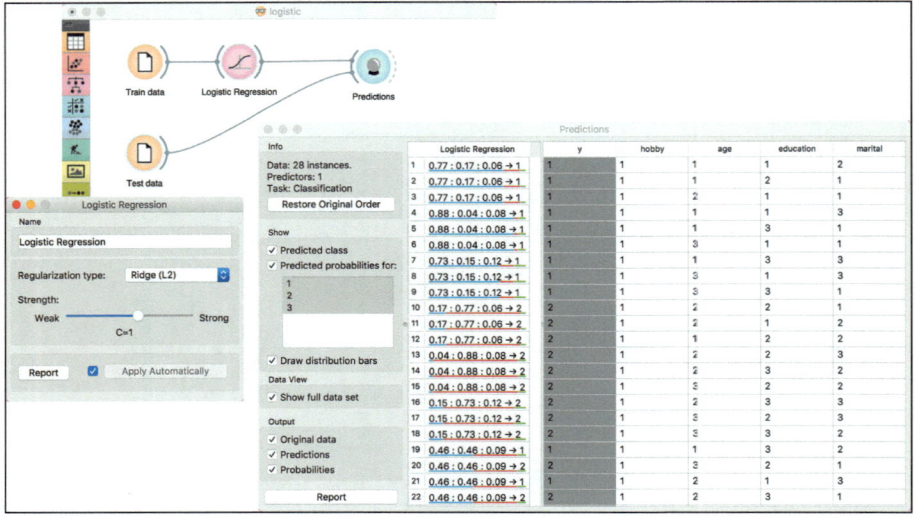

*Ejemplo flujo de trabajo **Logistic Regression**. Fuente Orange.*

5. Evaluación del modelo:

- *Widget* **Test & Score**

    Después de entrenar el modelo, se evalúa su rendimiento usando este *widget,* que se observa en la quinta imagen. En ella se muestran las métricas de evaluación como AUC, precisión, F1-score, etc.

Continúa en página siguiente >>

<< *Viene de página anterior*

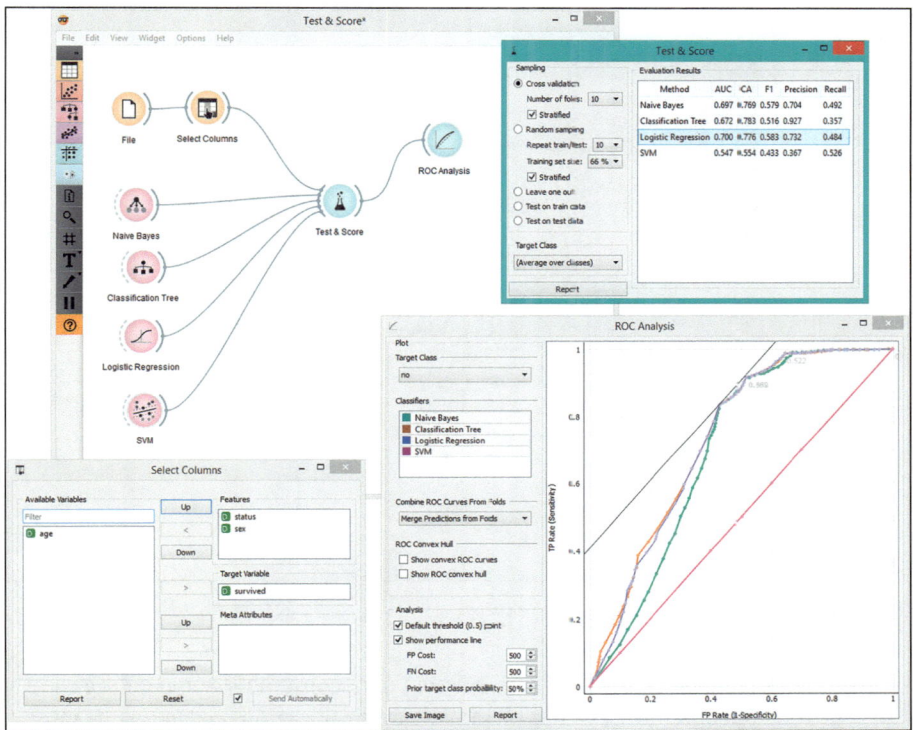

Ejemplo flujo de trabajo **Test & Score.** *Fuente Orange.*

Al mismo tiempo, se realiza una Análisis RCC para comparar el rendimiento del modelo con otras técnicas de clasificación como Naive Bayes, Árboles de Clasificación y SVM.

6. Visualización de los resultados:

- *Widget* **Confusion Matrix**

Finalmente, los resultados del modelo se visualizan a través de una matriz de confusión que muestra las predicciones correctas e incorrectas, permitiendo evaluar la efectividad del modelo en la clasificación de las distintas clases. Esto se puede observar en la última imagen, donde se compara la predicción de clases como Iris-setosa, Iris-versicolor, e Iris-virginica con los resultados reales.

Continúa en página siguiente >>

<< Viene de página anterior

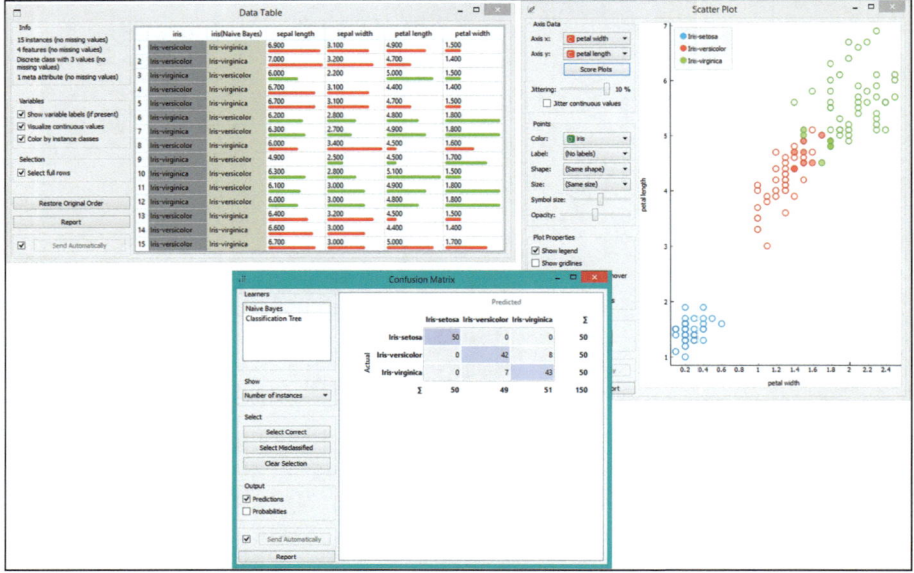

Ejemplo flujo de trabajo Confusión Matrix. Fuente Orange.

Este flujo de trabajo sirve de ejemplo para comprobar cómo con *Orange* se puede construir y evaluar un modelo de clasificación utilizando una interfaz visual intuitiva y potente. Este enfoque facilita la comprensión y el análisis de datos de forma estructurada y accesible.

 TAREA 13

La empresa de Carlos, dedicada al sector automovilístico, quiere hacer uso del aprendizaje automático para hacer previsiones de ventas. Para ello creó un modelo de decisión con el que trabajar una importante base de datos.

Para iniciar el camino de construcción de este modelo de decisión, Carlos va a utilizar una base de datos del *widget* Datasets de *Orange* denominada Car Evaluation. Este conjunto de datos incluye seis atributos, entre los que está el precio de compra, el mantenimiento, el número de pasajeros y el tamaño del maletero. La idea es poder evaluar la utilidad de los vehículos desde el enfoque del consumidor.

Continúa en página siguiente >>

<< Viene de página anterior

Según esto, prepara un modelo de *machine learning* paso a paso para ser entrenado, creando un flujo de trabajo en la plataforma de *Orange* con árboles de clasificación.

---

7. Integración en plataformas de terceros, páginas web y redes sociales

 HILO CONDUCTOR

Finalmente, para maximizar el alcance y la utilidad de su aplicación, el equipo trabajó en la integración con plataformas de terceros, páginas web y redes sociales. Utilizando API y herramientas de integración, podrían compartir datos y funcionalidades entre esta aplicación y otras plataformas, mejorando la experiencia del usuario y ampliando su base de usuarios.

La integración de sistemas de inteligencia artificial y *big data* en plataformas de terceros, páginas web y redes sociales se vuelve aún más poderosa con la tecnología 5G. Esto permite una interacción más fluida y personalizada con los usuarios, así como una recopilación y análisis de datos más exhaustivos en tiempo real, lo cual sirve de impulso para la toma de decisiones empresariales y mejorar la experiencia del cliente.

La integración de IA en plataformas de terceros, páginas web y redes sociales requiere de una gestión cuidadosa de incidencias y una toma de decisiones responsable. Al seguir estos principios, se puede garantizar una implementación efectiva que maximice los beneficios de la IA mientras se minimizan los riesgos y se asegura el cumplimiento ético y legal.

A continuación, se describen algunas pautas importantes que permitan una gestión de resolución de incidencias, conflictos y problemas durante la integración de la IA en plataformas de terceros, páginas web y redes sociales:

1. **Identificación de incidencias y problemas.** Antes de resolver cualquier problema, es fundamental identificarlo correctamente. Las incidencias

pueden variar desde errores técnicos hasta problemas de compatibilidad o preocupaciones de nivel ético.
Pasos para la identificación:

- **Monitoreo continuo.** Utilizar herramientas de monitoreo para supervisar el rendimiento y la funcionalidad de la IA.
- **Recolección de *feedback*.** Recoger comentarios de los usuarios para detectar problemas que pueden no ser evidentes a simple vista.
- **Revisión de *logs*.** Examinar los registros de actividad para identificar errores o comportamientos anómalos.

2. **Análisis de la incidencia.** Una vez identificado un problema, el siguiente paso es analizarlo para comprender su origen y alcance.
Métodos de análisis:

- **Diagnóstico técnico.** Revisar el código y la arquitectura para identificar errores de implementación.
- **Evaluación de datos.** Verificar la calidad y la integridad de los datos que la IA está utilizando.
- **Pruebas A/B.** Implementar pruebas controladas para comparar el rendimiento de diferentes versiones del sistema.

3. **Resolución de problemas.** Con el análisis en mano, ya se pueden desarrollar soluciones efectivas.
Estrategias de resolución:

- **Corrección de errores.** Modificar el código o los datos para corregir errores técnicos.
- **Ajustes en el modelo.** Refinar los algoritmos de IA para mejorar su rendimiento y precisión.
- **Actualizaciones y parcheos.** Implementar actualizaciones de *software* para solucionar problemas y mejorar la funcionalidad.

4. **Gestión de conflictos.** Durante la integración de la IA, pueden surgir conflictos entre equipos o con los propios usuarios de la aplicación.
Manejo de conflictos:

- **Comunicación efectiva.** Establecer canales claros de comunicación entre todos los involucrados.
- **Mediación.** Actuar como mediador neutral para resolver desacuerdos de manera equitativa.
- **Capacitación.** Ofrecer formación y recursos para ayudar a los equipos a adaptarse a los cambios tecnológicos.

5. **Prevención de futuros problemas.** Una vez resueltos los problemas, es importante tomar medidas preventivas.
   Medidas preventivas:

   ◡ **Pruebas regulares.** Realizar pruebas y auditorías periódicas para detectar problemas potenciales antes de que ocurran.
   ◡ **Mejora continua.** Implementar un ciclo de mejora continua basado en el *feedback* y los datos de rendimiento.
   ◡ **Documentación completa.** Mantener una documentación detallada de los problemas y las soluciones aplicadas para futuras referencias.

Es muy importante tomar decisiones responsables durante la Integración en plataformas de terceros, páginas web y redes sociales. La integración de IA en plataformas de terceros, páginas web y redes sociales debe realizarse de manera responsable, teniendo en cuenta las exigencias de la LOPDGDD y otras normativas más específicas que nacen relacionadas con inteligencia artificial. De partida, la LOPDGDD es la ley que proporciona un marco esencial para proteger los datos personales, garantizando que se respeten los derechos de los individuos y se mantenga la confianza del público.

 **RECUERDA**

Al tomar decisiones responsables, las empresas, organizaciones y profesionales no solo cumplen con la ley, sino que también demuestran su compromiso con la ética y la seguridad en el uso de tecnologías avanzadas como la inteligencia artificial.

Estos son los pasos que se dan antes de implementar un sistema inteligente en plataformas de terceros, páginas web y redes sociales:

1. **Evaluación del impacto.** Antes de integrar la IA, es esencial evaluar su impacto potencial en las plataformas y en los usuarios. Los pasos para la evaluación son:

   ◡ **Análisis de riesgos.** Identificar los posibles riesgos para la seguridad, la privacidad y la ética.
   ◡ **Consultas con *stakeholders*.** Involucrar a todas las partes interesadas para obtener una visión holística del impacto.
   ◡ **Pruebas piloto.** Implementar pruebas piloto para evaluar el impacto en un entorno controlado.

2. **Consideraciones éticas y legales.** La integración de IA debe adherirse a las normativas legales y a los estándares éticos. Los aspectos clave son:

   ◑ **Privacidad de datos.** Garantizar la protección de los datos personales y cumplir con las regulaciones como el GDPR.
   ◑ **Transparencia.** Asegurar que los usuarios comprendan cómo y por qué se utiliza la IA.
   ◑ **Equidad.** Evitar sesgos en los algoritmos que puedan perjudicar a ciertos grupos de usuarios.

3. **Toma de decisiones basada en datos.** Las decisiones deben fundamentarse en datos sólidos y análisis rigurosos. Los enfoques basados en datos son:

   ◑ **Análisis cuantitativo.** Utilizar métricas y análisis estadísticos para informar las decisiones.
   ◑ **Retroalimentación de usuarios.** Incorporar el *feedback* de los usuarios para ajustar y mejorar la IA.
   ◑ ***Benchmarking.*** Comparar el rendimiento con estándares de la industria para asegurar la competitividad.

4. **Implementación responsable.** La implementación debe ser cuidadosa y bien gestionada. Las estrategias de implementación son:

   ◑ **Despliegue gradual.** Introducir la IA de manera gradual para monitorear su impacto y hacer los ajustes necesarios.
   ◑ **Capacitación de usuarios.** Proveer formación y recursos para que los usuarios comprendan y se adapten a la IA.
   ◑ **Supervisión continua.** Monitorear continuamente el desempeño y el impacto de la IA para hacer mejoras continuas.

5. **Responsabilidad y rendición de cuentas.** Es fundamental mantener un sentido de responsabilidad y rendición de cuentas en todo el proceso de integración. Los mecanismos de responsabilidad son:

   ◑ **Auditorías regulares.** Realizar auditorías para asegurar el cumplimiento de las políticas y regulaciones.
   ◑ **Transparencia en la comunicación.** Mantener a los usuarios informados sobre los cambios y los motivos detrás de ellos.
   ◑ ***Feedback loop.*** Establecer un bucle de retroalimentación continuo para recibir y actuar sobre los comentarios de los usuarios y *stakeholders*.

 **EJEMPLO**

Un comercio electrónico decide integrar una solución de inteligencia artificial en su plataforma para mejorar la experiencia del usuario mediante recomendaciones personalizadas y *chatbots* automatizados. La solución de IA es proporcionada por un proveedor externo. Se topa con varios problemas a los que le busca la solución.

Problemas técnicos

Compatibilidad del sistema

Problema

La API del proveedor de IA no es completamente compatible con la infraestructura existente de la empresa de comercio electrónico, causa errores y mal funcionamiento.

Resolución

Se requiere una modificación significativa en la infraestructura tecnológica de la empresa para asegurar la compatibilidad, lo que implica tiempo y recursos adicionales.

Calidad de datos

Problema

La IA necesita grandes volúmenes de datos de clientes para funcionar correctamente. Sin embargo, los datos existentes están fragmentados y contienen inconsistencias.

Resolución

Se debe implementar un proceso de limpieza y unificación de datos antes de poder utilizar la IA de manera efectiva.

Conflictos internos

- Resistencia al cambio

Continúa en página siguiente >>

<< Viene de página anterior

Problema

Algunos empleados del departamento de TI y del equipo de atención al cliente muestran resistencia a la integración de la IA, preocupados por la posible pérdida de empleo y la alteración de los procesos de trabajo existentes.

Resolución

Se organizan sesiones de formación y talleres para explicar los beneficios de la IA y cómo puede mejorar su trabajo, además de ofrecer seguridad sobre la preservación de sus roles con nuevas responsabilidades.

- Prioridades divergentes

Problema

El equipo de *marketing* está ansioso por lanzar la nueva funcionalidad de IA para capitalizar las campañas de ventas estacionales, mientras que el equipo de TI insiste en realizar más pruebas para asegurar la estabilidad del sistema.

Resolución

La dirección establece un cronograma equilibrado que permite suficiente tiempo para pruebas sin comprometer las fechas clave de las campañas de *marketing*.

Problemas éticos y legales

- Privacidad de datos

Problema

La integración de IA implica el manejo de datos sensibles de clientes, lo que plantea preocupaciones sobre el cumplimiento de la LOPDGDD y el GDPR.

Resolución

Se debe realizar una evaluación de impacto de protección de datos (DPIA) y ajustar las políticas de privacidad para asegurar el cumplimiento legal, incluyendo la obtención de consentimiento explícito de los usuarios para el uso de sus datos en IA.

- Transparencia y sesgo

Continúa en página siguiente >>

<< Viene de página anterior

Problema

La IA comienza a mostrar recomendaciones que, aunque optimizadas para ventas, resultan ser sesgadas y no inclusivas, lo que afecta negativamente a ciertos grupos de usuarios.

Resolución

Se revisa el modelo de IA para identificar y corregir los sesgos, además de establecer mecanismos de transparencia para que los usuarios entiendan cómo se generan las recomendaciones.

Antes el escenario de conflicto con el proveedor de IA, el comercio electrónico detecta que el proveedor de IA ha subcontratado parte del desarrollo a terceros sin notificarlo previamente. Esta situación genera varias preocupaciones: relacionadas con la calidad y control, la seguridad de los datos.

1. La empresa teme que la subcontratación afecte la calidad del servicio y el control sobre los datos.
2. Existen preocupaciones sobre la seguridad de los datos, al ser manejados por múltiples entidades.

La resolución del conflicto parte de una reunión de negociación. La empresa organiza una reunión con el proveedor de IA para discutir las implicaciones de la subcontratación. Se establece la necesidad de un mayor control y supervisión sobre cómo y dónde se manejan los datos. Luego, se revisan y ajustan los términos del contrato para incluir cláusulas específicas sobre la subcontratación y la protección de datos, se incorpora un requisito de notificación previa y aprobación para cualquier futura subcontratación, se acuerda realizar auditorías de seguridad periódicas para asegurar que los datos se manejan de acuerdo con las políticas de la empresa y la LOPDGDD, donde el proveedor de IA debe proporcionar informes detallados sobre las medidas de seguridad implementadas por los subcontratistas.

Abordar problemas de manera proactiva y colaborativa, asegurando el cumplimiento de las leyes de protección de datos y manteniendo la transparencia y la comunicación abierta, es esencial para una implementación exitosa y responsable de sistemas inteligentes.

----

8. Resumen

El procesamiento del lenguaje natural (NLP) requiere de técnicas como la conversión de texto a voz (TTS) y voz a texto (STT), lo que facilita la interacción entre humanos y máquinas.

Text to speech (TTS)
Técnicas como la conversión de texto a voz.

Speech to text (STT)
Técnicas de conversión de voz a texto.

Herramientas como *Gemini* y *Vertex* AI permiten generar código basado en descripciones en lenguaje natural. Esto permite simplificar el desarrollo de *software* y aplicaciones, especialmente en contextos de *big data* y *blockchain*.

La integración de IA en plataformas de terceros, páginas web y redes sociales mejora la funcionalidad y la experiencia de las personas usuarias. Herramientas como *Orange* y *Weka* permiten la visualización interactiva de datos y la creación de flujos de trabajo eficientes. Estos flujos de trabajo incluyen multitud de algoritmos de *machine learning* y bases de datos propias, lo que facilita la toma de decisiones y el manejo responsable de programas y algoritmos de IA en entornos dinámicos.

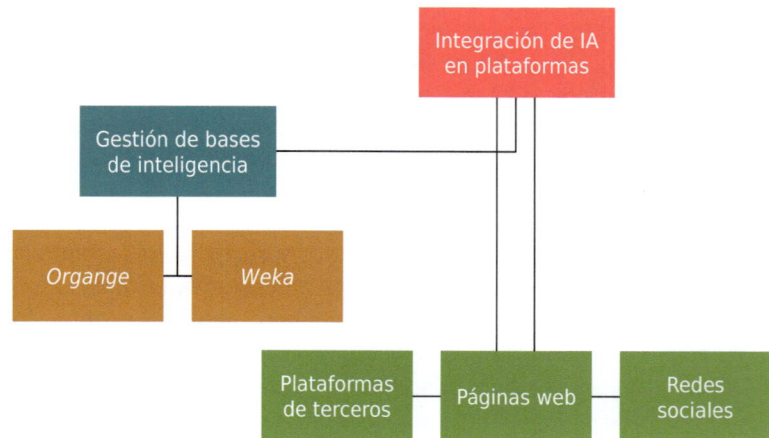

Ejercicios de autoevaluación
Unidad de Aprendizaje 6

1. Indica si las siguientes afirmaciones son verdaderas o falsas:

a. La era digital está marcada por un volumen de datos sin precedentes. Esto impulsa la necesidad de utilizar tecnologías avanzadas para procesar y analizar los datos con eficiencia y eficacia.

- ■ Verdadero
- ■ Falso

b. El siglo XXI ha sido testigo de una explosión sin precedentes en la cantidad de datos generados por individuos, empresas y dispositivos. Este fenómeno ha dado lugar al paradigma de las TIC, concepto que hace referencia a la gestión y análisis de conjuntos de datos extremadamente grandes y complejos que no pueden ser manejados por las herramientas de procesamiento de datos tradicionales.

- ■ Verdadero
- ■ Falso

c. *Big data* ha revolucionado la recolección de información, la infraestructura de almacenamiento, los repositorios analíticos, los métodos de análisis y los objetivos empresariales. Este cambio ha sido fundamental para la evolución de las estrategias de negocio y la toma de decisiones basadas en datos.

- ■ Verdadero
- ■ Falso

2. ¿Cuál es el proceso estructurado que permite a las empresas transformar grandes volúmenes de datos en inteligencia accionable?

a. Recopilación, almacenamiento, procesamiento, análisis e interpretación de datos.
b. Recolección, análisis, implementación y distribución de datos.
c. Obtención, transformación, transporte y aplicación de datos.
d. Almacenamiento, análisis, interpretación y publicación de datos.

3. ¿Cuál es uno de los principales beneficios de construir un proyecto de *big data* para una empresa?

    a. Reducir el número de empleados necesarios.
    b. Mejorar la toma de decisiones y personalizar la experiencia del cliente.
    c. Aumentar la cantidad de datos almacenados.
    d. Apostar por la tecnología innovadora para ganar visibilidad.

4. ¿Qué importante beneficio ofrecen herramientas como *Power BI, Grafana* y *Tableau*?

    a. Almacenamiento seguro de grandes volúmenes de datos
    b. Reducción del tamaño de los conjuntos de datos
    c. Eliminación de la necesidad de algoritmos de aprendizaje automático
    d. Visualización atractiva de datos para obtener *insights* y tomar mejores decisiones.

5. ¿Por qué es crucial el proceso de iterar en la última fase de un proyecto de *big data* en un entorno VUCA?

    a. Porque garantiza la seguridad de los datos.
    b. Porque permite reducir costes operativos.
    c. Porque asegura una rápida adaptación y respuesta a los cambios rápidos y necesidades cambiantes.
    d. Porque facilita la eliminación de datos redundantes.

6. ¿Cuál es la misión principal de un arquitecto de datos en un entorno de *big data*?

    a. Realizar análisis de datos y generar informes.
    b. Diseñar y mantener la infraestructura para gestionar el ciclo de vida completo de los datos.
    c. Crear algoritmos de aprendizaje automático.
    d. Supervisar la seguridad de la base de datos.

7. **¿Cuál de las siguientes opciones es una biblioteca de aprendizaje automático que se ejecuta sobre *Hadoop* y permite construir y aplicar algoritmos de *machine learning* directamente en un clúster de *Hadoop?***

    a. Apache Spark
    b. Hive
    c. HDFS
    d. Apache Mahout

8. **¿Cuál de las siguientes herramientas se utiliza para ejecutar consultas y transformaciones de datos en *Hadoop* utilizando SQL?**

    a. Apache Spark
    b. Apache Mahout
    c. Hive
    d. HDFS

9. **¿Cuál de las siguientes opciones describe mejor los datos semiestructurados?**

    a. Los datos que están organizados en un formato fijo, como tablas en bases de datos relacionales.
    b. Los datos que son organizados en estructuras de árbol jerárquicas, como XML o JSON.
    c. Los datos que no siguen un formato predefinido, como textos libres o imágenes.
    d. Los datos que tienen una estructura flexible que no se ajusta completamente a un modelo rígido, pero contienen etiquetas y elementos organizativos.

10. **¿Cuál es una de las principales diferencias entre las redes neuronales profundas y los sistemas expertos?**

    a. Las redes neuronales profundas utilizan reglas basadas en conocimiento para tomar decisiones, mientras que los sistemas expertos aprenden patrones de datos.
    b. Las redes neuronales profundas están formadas por múltiples capas de neuronas artificiales que procesan datos jerárquicamente, mientras que los sistemas expertos aplican reglas predefinidas y conocimientos específicos.

c. Los sistemas expertos están inspirados en la estructura del cerebro humano, mientras que las redes neuronales profundas emulan el juicio de un ser humano.

d. Las redes neuronales profundas se utilizan principalmente en diagnóstico médico y asesoramiento financiero, mientras que los sistemas expertos son aplicados en reconocimiento de imágenes y procesamiento de lenguaje natural.

Glosario

API (Interfaz de programación de aplicaciones)
Conjunto de herramientas y reglas que permite a *software* interactuar con otros.

Ad-hoc Reporting
Creación de informes de manera flexible y bajo demanda para abordar necesidades específicas de análisis.

Algoritmo de Aprendizaje Automático
Conjunto de instrucciones lógicas diseñadas para permitir que una máquina aprenda patrones a partir de datos y realice tareas específicas sin una programación explícita.

Análisis de sentimientos
Proceso de identificar, extraer y cuantificar opiniones, actitudes y emociones expresadas en datos no estructurados, como texto o comentarios en redes sociales.

Análisis predictivo
Método de análisis de datos que utiliza técnicas estadísticas y de modelado para predecir eventos futuros o resultados.

Arreglos
Estructuras de datos que almacenan elementos del mismo tipo en posiciones contiguas de memoria.

Autenticación
Proceso de verificar la identidad de un usuario, dispositivo o sistema.

Backup
Copia de seguridad de datos almacenada para su recuperación en caso de pérdida o daño.

Banda C
Rango de frecuencias utilizado en aplicaciones de telecomunicaciones.

Big Data
Conjunto de tecnologías capaces de almacenar, procesar y analizar datos extremadamente grande y complejo que requiere técnicas especiales de procesamiento para extraer información significativa.

Biometría
Uso de características físicas o comportamentales únicas para autenticar la identidad, como huellas dactilares o reconocimiento facial.

C#
Lenguaje de programación desarrollado por Microsoft, orientado a objetos y diseñado para aplicaciones .NET.

C++
Lenguaje de programación de propósito general, derivado de C, que soporta programación orientada a objetos.

Ciberseguridad
Prácticas y medidas diseñadas para proteger sistemas informáticos, redes y datos de amenazas cibernéticas.

Ciclo de vida de los datos
Proceso que abarca desde la recopilación hasta el almacenamiento, procesamiento y análisis de datos.

Ciencia de Datos
Campo interdisciplinario que utiliza métodos, procesos, algoritmos y sistemas científicos para extraer conocimiento y comprensión de datos estructurados y no estructurados.

Cifrado de clave pública
Técnica criptográfica que utiliza un par de claves para cifrar y descifrar información.

Clusterización
Técnica de análisis de datos utilizada para agrupar conjuntos de datos similares en grupos o clústeres basados en características comunes.

Colecciones
Estructuras de datos en Java que almacenan y manipulan conjuntos de elementos.

Compilación
Proceso de traducir el código fuente a un lenguaje intermedio o código máquina.

Constructores
Métodos especiales para inicializar objetos cuando se crean.

Criptografía asimétrica
Técnica criptográfica que utiliza dos claves diferentes: una para cifrar y otra para descifrar.

Cubo OLAP
Estructura multidimensional que permite el análisis y la exploración de datos desde diferentes perspectivas.

Data Mart
Subconjunto de un almacén de datos que se enfoca en un área específica de interés, como el área de ventas de una empresa o como el departamento de RRHH.

Data Mining
Proceso de descubrimiento de patrones y relaciones en grandes conjuntos de datos para identificar información relevante.

Data Quality
Proceso de aseguramiento de la calidad de los datos para garantizar su precisión, integridad y consistencia.

Deep Learning
Subcampo del aprendizaje automático que utiliza redes neuronales artificiales con múltiples capas de procesamiento para modelar y aprender patrones complejos en datos.

Dimensiones
Categorías o aspectos sobre los cuales se analizan los datos en un cubo OLAP.

Disponibilidad
Garantía de que los servicios, recursos o datos están disponibles para los usuarios autorizados cuando los necesiten.

Drill-down
Técnica que permite explorar datos de manera jerárquica, pasando de un nivel general a uno más detallado.

Eclipse
IDE popular para el desarrollo en Java.

Eficiencia Espectral
Medida de la capacidad de una red para transmitir datos de manera eficiente en el espectro de frecuencia.

Encapsulamiento
Principio de programación orientada a objetos que oculta los detalles internos de una clase y expone solo lo necesario.

Excepciones
Situaciones inesperadas que interrumpen el flujo normal de ejecución de un programa.

Explotación de datos
Proceso de utilizar datos recolectados para obtener información valiosa y aplicar esos conocimientos para tomar decisiones basadas en información de valor.

Expertise
Conocimiento y habilidades especializadas adquiridas a través de la experiencia y la formación en un campo específico.

Feature engineering
Proceso de seleccionar, extrapolar y transformar características o variables relevantes de los datos para mejorar el rendimiento de los modelos de aprendizaje automático.

Firewall
Dispositivo de seguridad que controla el tráfico de red basado en reglas predefinidas.

Forma clausal
Representación de expresiones lógicas en forma de cláusulas, comúnmente utilizada en lógica matemática y en algoritmos de resolución.

Granularidad
Nivel de detalle de los datos en un conjunto de datos o informe.

Herencia
Mecanismo en programación orientada a objetos que permite que una clase herede propiedades y comportamientos de otra.

IDE (Entorno de desarrollo integrado)
Herramienta que facilita el desarrollo de *software* al proporcionar funciones como edición, depuración y compilación en un solo entorno.

Innovación tecnológica
Introducción de nuevas tecnologías o la mejora significativa de las existentes para resolver problemas, mejorar procesos y crear nuevas oportunidades.

Inteligencia Artificial (IA)
Campo de la informática que se centra en el desarrollo de sistemas y algoritmos capaces de realizar tareas que normalmente requieren inteligencia humana.

Java
Lenguaje de programación de alto nivel, orientado a objetos y portable.

JavaFX
Biblioteca gráfica de Java para el desarrollo de interfaces de usuario.

JVM (Máquina virtual de java)
Entorno de ejecución que permite correr aplicaciones Java en cualquier plataforma.

Machine Learning (Aprendizaje automático)
Subcampo de la inteligencia artificial que se centra en el desarrollo de algoritmos y modelos que permiten a las máquinas aprender patrones a partir de datos y mejorar su rendimiento con la experiencia, sin necesidad de programación explícita.

Malware
Software malicioso diseñado para dañar, acceder o tomar el control de sistemas informáticos.

Massive MIMO
Múltiple Entrada, Múltiple Salida *(Multiple Input, Multiple Output)* a gran escala, mejora la eficiencia espectral.

Metadatos
Datos que describen características y propiedades de otros datos, como su origen, formato y significado.

Método
Bloque de código que realiza una tarea específica y puede ser llamado desde otros lugares del programa.

Modelo predictivo
Modelo estadístico o computacional que utiliza datos históricos para predecir eventos futuros o resultados basados en diferentes variables y características.

Motor de inferencia
Componente de un sistema de inteligencia artificial que aplica las reglas y el conocimiento almacenado en una base de datos para deducir nuevas informaciones y tomar decisiones.

No Repudio
Capacidad de demostrar que una entidad realizó una acción y no puede negar haberla hecho.

Operadores
Símbolos que realizan operaciones en variables y valores.

Paquetes
Mecanismo de organización del código en Java mediante la agrupación de clases relacionadas.

Patrones de Diseño
Soluciones generales para problemas comunes en el diseño de *software*.

Phishing
Técnica de engaño en línea utilizada para obtener información confidencial, como contraseñas y detalles de tarjetas de crédito.

Polimorfismo
Capacidad de objetos de diferentes clases para ser tratados de manera uniforme.

Política de Seguridad
Conjunto de reglas y prácticas establecidas para proteger la seguridad de la información en una organización.

Procesamiento en tiempo real
Procesamiento de datos que se realiza de manera instantánea o casi instantánea, lo que permite tomar decisiones rápidas basadas en las informaciones más recientes disponibles.

Procesamiento Inteligente
Uso de algoritmos avanzados para coordinar y dirigir inteligentemente señales en la red.

Proyecto 3GPP
Proyecto de asociación de tercera generación que aborda diversas tecnologías de telecomunicaciones, incluyendo las redes 5G.

RAN (Red de acceso por radio)
Parte de la red 5G que incluye estaciones base y antenas para la comunicación inalámbrica.

Realidad aumentada
Integración de elementos virtuales en el mundo real a través de dispositivos tecnológicos.

Realidad mixta
Fusión de la realidad virtual y la realidad aumentada, combinando elementos virtuales con el entorno real.

Realidad virtual
Entorno simulado generado por computadora que crea una experiencia inmersiva.

Redes neuronales
Modelo computacional inspirado en el sistema nervioso central de los humanos, utilizado en el aprendizaje automático para modelar y resolver problemas complejos basados en datos.

Reasignación para 5G
Utilización de nuevas frecuencias, como la banda C, para expandir el espectro disponible para las redes 5G

Scorecard
Herramienta que proporciona una visualización gráfica del desempeño de una organización en relación con sus objetivos estratégicos y KPIs.

Segmentación de datos
División de conjuntos de datos en subconjuntos más pequeños para análisis específicos.

Segmentación de red
División de la red en segmentos para mejorar el rendimiento y la seguridad.

Serie temporal
Conjunto de datos ordenados secuencialmente en función del tiempo, utilizado para análisis de tendencias y patrones.

Servicios de datos móviles
Ofrecer servicios que permiten la transmisión de datos a través de redes móviles.

Sesgos tecnológicos
Tendencias o prejuicios no intencionados introducidos en el diseño o funcionamiento de tecnologías, que pueden resultar en resultados injustos o no equitativos.

Sintaxis
Conjunto de reglas que definen la combinación correcta de símbolos en un lenguaje de programación.

Sobrecarga de métodos
Definir múltiples métodos con el mismo nombre pero con diferentes parámetros.

Swing
Biblioteca gráfica de Java para la creación de interfaces de usuario.

Tecnología 5G
Quinta generación de tecnologías móviles, que proporciona velocidades de descargas ultra rápidas, baja latencia y capacidad para conectar múltiples dispositivos simultáneamente.

Tecnología disruptiva
Innovación tecnológica que crea una nueva categoría de productos o servicios y altera de manera significativa el mercado o la industria existente.

Tecnología inmersiva
Tecnología que crea una experiencia digital envolvente, como la realidad virtual (VR) y la realidad aumentada (AR), que permite a los usuarios interactuar con entornos digitales de manera más natural y efectiva.

Variables y tipos de datos
Espacios de almacenamiento para valores y los diferentes tipos de datos que pueden contener.

Virtualización de Red
Creación de instancias virtuales de recursos de red para mejorar la flexibilidad y eficiencia.

Visual Studio
Entorno de desarrollo integrado desarrollado por Microsoft para múltiples lenguajes de programación, incluyendo C#.

Visualización de datos
Representación gráfica de datos e informac ón para facilitar la comprensión, el análisis y la interpretación de ɔatrones, tendencias y relaciones en los datos.

Visualización interactiva
Representación gráfica de datos que permite a los usuarios explorar y manipular la información de forma dinámica.

Zero-Day
Vulnerabilidad de seguridad desconocida y sin parche en un sistema, explotada antes de que se implemente una solución.

Bibliografía

Monografías

→ CASADO, M. M.: *Desarrollo de aplicaciones con Java*. IFCT034PO. Antequera: IC Editorial, 2022.

> Libro que se enfoca en el desarrollo de aplicaciones utilizando el lenguaje de programación Java, abordando tanto conceptos básicos como técnicas avanzadas.

→ Computer Economics: IT Spending & Staffing Benchmarks, 2018/2019.

> Informe y análisis sobre los efectos de la adopción de nuevas tecnologías en el sector financiero europeo.

→ HUGUET, R. P.: *Programación en Java. IFCD052PO*. Antequera: IC Editorial, 2023.

> Libro cuyo contenido se centra en la programación en el lenguaje Java.

→ LADRÓN de Guevara, J.: *Fundamentos de programación en Java*. Madrid: *Independently Published*, 2015.

> Trabajo fin de Carrera en el que se explican con detalles las características del lenguaje de programación.

→ LÓPEZ Benítez, Y.: *Business Intelligence*. Antequera: IC Editorial, 2019.

> Publicación que aborda las tecnologías que conforman la inteligencia de negocios.

→ LÓPEZ Benítez, Y.: *Gestión de la seguridad informática en la empresa*. IFCT050PO. Antequera: IC Editorial, 2019.

> Explica cómo abordar la gestión de la seguridad informática en las organizaciones.

→ LÓPEZ Benítez, Y.: *Transformación digital en la empresa.* Antequera: IC Editorial, 2021.

> Publicación sobre la importancia de la transformación digital en las organizaciones.

→ LÓPEZ Benítez, Y.: *Inteligencia artificial aplicada a la empresa.* Antequera: IC Editorial, 2021.

> Aborda la implementación de IA en las organizaciones.

→ LÓPEZ Benítez, Y.: *Introducción a la inteligencia artificial y los algoritmos.* Antequera: IC Editorial, 2023.

> Explica los fundamentos básicos de la IA y los algoritmos de aprendizaje automático.

→ STIGLITZ, J.: *The Revolution of Information Economics: The Past and the Future.* National Bureau of Economic Research. Working Paper, n.º 23780.

> Análisis sobre el pasado y futuro de la economía de la información, su impacto en la toma de decisiones y el mercado.

Textos electrónicos

→ *5G y realidad virtual aplicadas a la innovación educativa.* Telefónica Empresas, de: <https://www.telefonicaempresas.es/grandes-empresas/sobre-telefonica-empresas/casos-de-exito/5g-y-realidad-virtual-en-ie-university>.

> Artículo que explora cómo la combinación de 5G y realidad virtual contribuye a la innovación educativa, centrándose en el caso de IE University.

→ *Apache Spark vs Hadoop,* de: <https://youtu.be/g2ibl_-pHvQ>.

> Vídeo comparativo entre Apache Spark y Hadoop, dos herramientas clave en Big Data.

→ *Aprendizaje adaptativo: cómo aplicarlo en el aula y el trabajo,* de: <https://blogthinkbig.com/aprendizaje-adaptativo-como-aplicarlo-aula-trabajo>.

> Artículo que trata sobre plataformas de aprendizaje adaptativo y su aplicación en educación y trabajo.

→ Brújula Digital 2030: *el enfoque de Europa para el decenio digital,* de: <https://espanadigital.gob.es/sites/espanadigital/files/2022-06/Br%C3%BAjula%20Digital%202030.pdf>.

> Documento oficial que presenta el plan de digitalización de la UE para 2030.

→ *El desarrollo de las tecnologías TIC y los dispositivos inteligentes y su impacto en el big data*, de: <https://es.statista.com/temas/3604/big-data/#topicOverview>.

> Artículo que analiza el crecimiento exponencial de los datos a nivel mundial debido al avance de las TIC.

→ *How much data comes from the IoT?*, de: <https://www.sumologic.com/blog/iot-data-volume/>.

> Este artículo analiza la cantidad de datos generados por dispositivos IoT, destacando estimaciones como la de Cisco, que proyecta que para finales de 2019, el IoT generaría más de 500 zettabytes de datos por año.

→ *Librerías Más Usadas en Python*, de: <https://decodigo.com/2019/03/librerias-mas-usadas-python.html>.

> Artículo que aporta recursos sobre las librerías más usadas en Python para principiantes.

→ *Los 17 mejores editores de código*. Tutoriales Hostinger, de: <https://www.hostinger.es/tutoriales/editores-de-codigo#4_Notepad>.

> Artículo que presenta una lista de los mejores editores de código para desarrolladores.

→ *Los avances en la realidad virtual y aumentada: una nueva era en la tecnología*. Corporación Informática, de: <https://corporacioninformatica.com/los-avances-en-la-realidad-virtual-y-aumentada/>.

> Artículo que destaca los avances en tecnología de realidad virtual y aumentada, explorando su impacto en la era actual.

→ *Los nuevos modelos de negocio que llegan con el 5G*. Expansión, de: <https://www.expansion.com/empresas/tecnologia/2022/04/28/626a6805e5fdeae6478b4634.html>.

> Artículo sobre el impacto del 5G en la creación de nuevos modelos de negocio.

→ *No es China, es Madrid: El pago facial llega en fase de pruebas a los autobuses de la EMT*, de: <https://www.xataka.com/otros/no-china-madrid-pago-facial-llega-fase-pruebas-a-autobuses-emt>.

> Artículo sobre un proyecto piloto de pago facial en los autobuses de Madrid, impulsado por redes 5G.

→ O-RAN Alliance E.V, de: <https://www.o-ran.org/>.

> Página oficial de la Alianza O-RAN, que promueve la apertura y desagregación de la infraestructura de redes móviles.

→ *Pentaho BI Suite,* de: <https://www.dataprix.com/es/producto/tendencias-tecnologicas/pentaho-bi-suite>.

Artículo web que explica aspectos clave de la herramienta de inteligencia de negocios *Pentaho BI Suite*.

→ *Telefónica pone en marcha el primer caso de 5G y realidad virtual aplicados a la enseñanza universitaria,* de: <https://www.xatakamovil.com/movistar/telefonica-pone-marcha-primer-caso-5g-realidad-virtual-aplicados-a-ensenanza-universitaria>.

Artículo que detalla la implementación de 5G y realidad virtual a nivel de educación universitaria, liderado por Telefónica.

→ The Eclipse Foundation, de: <https://www.eclipse.org/>.

Página oficial de Eclipse Foundation, una comunidad de desarrollo de *software* de código abierto.